高等院校会计类创新系列规划教材

税 法 教 程

（第二版）

许淑琴 主 编

高 丽 高 磊 王洪艳 副主编

科学出版社

北 京

内 容 简 介

本书对照新旧税收法律法规,体现了最新的税法改革思想和改革内容。全书共分 13 章,主要涉及税法基本理论、税收各实体法、税收征收管理法,内容涵盖税法理论与实务两个方面。内容全面,重点突出,可读性强。各章设置有知识目标、能力目标、素质目标、关键术语、导入案例、阅读资料、回顾、复习题、阅读拓展等板块,便于知识的提炼和拓展。

本书可供普通高等院校经管类专业学生学习,也可供经济、管理、法律等领域工作者参考。

图书在版编目(CIP)数据

税法教程/许淑琴主编. —2 版. —北京:科学出版社,2019.2
(高等院校会计类创新系列规划教材)
ISBN 978-7-03-055562-5

Ⅰ. ①税… Ⅱ. ①许… Ⅲ. ①税法–中国-高等学校-教材 Ⅳ. ① D922.22

中国版本图书馆 CIP 数据核字(2017)第 287516 号

责任编辑:王彦刚 杨 昕 / 责任校对:陶丽荣
责任印制:吕春珉 / 封面设计:东方人华平面设计部

科学出版社 出版
北京东黄城根北街 16 号
邮政编码:100717
http://www.sciencep.com
三河市荣展印务有限公司 印刷
科学出版社发行 各地新华书店经销
*
2013 年 1 月第 一 版   开本:787×1092 1/16
2019 年 2 月第 二 版   印张:22 1/2
2020 年 8 月第六次印刷   字数:534 000
定价:56.00 元
(如有印装质量问题,我社负责调换〈荣展〉)
销售部电话 010-62136230 编辑部电话 010-62135397-2032(HF02)

第二版前言

当前我国财税体制改革正进入"深水区",税制内容在不断变化。本书作为经管专业核心课程之一的"税法"课程的配套教材也要进行全方位的再版修订。为了更好地服务广大读者,本书在第一版基本框架上做了以下变动。

1)根据各章内容特点,在每章中设置了素质目标,以税德思想贯穿全书始终,旨在把握立德树人之本,引导学生恪守职业道德。各章的阅读资料、案例分析、回顾、复习题、阅读拓展等内容都相应做了更新和调整。

2)在知识内容上,对于变化大的增值税法、城市维护建设税法、关税法、资源税法、个人所得税法进行了更新,对消费税法、房产税法、印花税法、企业所得税法做了较大改动,增加了船舶吨税法和环境保护税法。

本书以税德先行,知识体系完整,具有内容前沿、体例合理、特色鲜明、案例典型丰富、理论与实践相结合的特点。

本书介绍的各种纳税申报表等数字资源,可从 www.abook.cn 下载。

本书由哈尔滨学院许淑琴教授担任主编,由哈尔滨学院高丽、大庆师范学院高磊、南京审计大学金审学院王洪艳担任副主编。具体编写分工如下:第 1 章、第 11 章、第 12 章由许淑琴编写,第 2 章~第 6 章由高丽编写,第 7~9 章由高磊编写,第 10 章、第 13 章由王洪艳编写,全书由许淑琴统稿。

在编写本书的过程中,编者参考了相关著作和文献,研读了税收法律法规和条例,吸收了同行的意见,得到了专家学者的指导和兄弟院校的大力支持,在此一并表示感谢!

限于编者水平,加之我国税制处在不断变革完善过程中,书中不当之处在所难免,敬请广大读者批评指正。

编 者

2019 年 1 月

第一版前言

税法是调整国家与各纳税单位及公民之间分配关系的基本法律规范，是维护经济秩序、保持社会安定、保障国家利益和公民合法权益的法律规范，也是征纳双方的行为准则。税法课程专业性强，跨多学科，是财经类专业的核心课之一。

本书以我国税收法律法规为标准，以最新颁布的法律法规为基础，根据普通高等院校税法教学规律和特点，全面系统地阐述了税法理论和实践应用内容。全书共分 14 章，主要内容包括税法基础理论，增值税法、消费税法、营业税法、城市维护建设税法、关税法、企业所得税法、个人所得税法、资源税法、土地增值税法、城镇土地使用税法、车辆购置税法、耕地占用税法、房产税法、车船税法、印花税法、契税法 16 个实体法，以及税收征收管理法三大部分内容。另外，对烟叶税法、筵席税法和固定资产调节税法在专栏中有所介绍，以便读者了解我国税法的全面内容。

本书有如下特点：第一，体例合理，形式新颖，方便教师使用和学生阅读，重点难点得以充分体现；第二，体现应用型特色，突出税收法规的教学要求和贯穿全书主线的能力要求；第三，实例丰富，实践操作性强，理论联系实际紧密，便于广大师生阅读和税务工作者参考借鉴。在主体教材之外，本书还配有相关教学资源，主要包括教学大纲、习题答案等辅助资料供读者选用。

本书由哈尔滨学院经济管理学院许淑琴教授任主编，大庆师范学院经济管理学院高磊副教授、沈阳大学经济学院高文敏副教授任副主编，哈尔滨学院经济管理学院高丽老师参编。其中第 1 章至第 5 章由许淑琴编写；第 7 章至第 11 章由高磊编写；第 12 章和第 13 章由高文敏编写；第 6 章、第 14 章由高丽编写，全书由许淑琴主编总撰。另外，在教材编写过程中，编委所在院校给予了大力支持，在此特别表示感谢！

限于编者水平，加之我国税制正处在不断变革完善之中；同时特色应用型教材建设尚处于尝试阶段，需要不断探索改进，因此，书中不当之处在所难免，敬请广大专家、同行和读者批评指正，多提宝贵意见。在此对您的支持深表谢意，并希望进一步交流合作！

联系方式：xushuqin06@126.com。

编　者

2012 年 6 月

目　　录

第 1 章

税 法 概 论

知识目标

掌握税法的概念和分类;
了解税法的作用;
理解税收法律关系;
掌握税法的构成要素;
了解我国税收管理体制。

能力目标

有能力辨别税收实体法中税法的构成要素,正确区分税收法律关系中的权利主体和权利客体,以及权利主体所享有的权利和应承担的义务。

素质目标

认清税法和其他任何法律制度一样,是以一定道德价值为根据和基础制定的,征纳双方均要认同税德是税法的价值导向,要具备税德,并且具有依法征税和纳税的意识。

关键术语

税收　税法　税收法律关系　纳税义务人　征税对象　税率　税收管理体制

导入案例

张华研究生毕业后通过公务员招考成为省会城市税务局的干部,当他每天上班穿好带有"税"字肩章的制服,与纳税人打交道时心中总是充满庄严和神圣感。他经常说,穿上这身衣服就是一名执法者,一举一动都有了约束,一言一行不仅仅代表个人,更是代表国家来行使依法征税、税务检查及对违法者进行处罚等权利;并履行向纳税人进行税务宣传、咨询、解读,依法受理纳税人对税收争议的申诉等义务。张华所说的法,就是"税法"。那么,执法者应依据哪些法律法规?这些法律法规都有哪些具体规定?如何据此执法呢?纳税人又该懂得哪些税法知识,如何成为守法公民呢?

1.1 税　收

1.1.1 税收的概念

马克思曾经说过"国家存在的经济体现就是捐税"，"官吏和僧侣、士兵与女舞蹈家、教师与警察、希腊式的博物馆和哥德式的尖塔、王室费用和官阶表，这一切童话般的存在物，于胚胎时期就已安睡在一个共同的种子——捐税之中了"。

税收是国家为了满足社会公共需要，实现其职能，凭借政治权力，强制、无偿地取得财政收入的一种形式。理解税收的概念可以从以下几个方面入手。

1. 税收是国家凭借政治权力参与社会剩余产品分配的法定形式

税收解决的是分配问题，是国家参与社会产品价值分配的法定形式。税收分配与一般分配不同。税收分配是以国家为主体凭借政治权力进行的分配，而一般分配则是以各生产要素的所有者为主体基于生产要素所进行的分配。

2. 税收是国家取得财政收入的主要形式

国家行使其职能必须要有一定的财政收入作为保障，如征税、发行货币、发行国债、收费等，而税收则是国家取得财政收入的主要形式。我国自 1994 年税制改革以来，税收收入占财政收入的比例大多数年份都维持在 90%以上。

3. 税收是为了满足社会公共的需要

公共产品提供的特殊性决定了公共支出一般情况下不可能由公民个人、企业采取自愿出价的方式，而只能采用由国家强制征税的方式取得收入，满足提供公共产品、由政府弥补市场失灵、促进公平分配等的需要。

4. 税收具有无偿性、强制性和固定性

（1）税收的无偿性

国家征税以后对具体纳税人既不要求直接偿还，也不要求付出任何直接形式的报酬，纳税人从政府支出所获利益与其支付的税款不对等。无偿性决定了税收是国家筹集财政收入的主要手段，并成为调节经济和矫正社会分配不公的有力工具。

（2）税收的强制性

税收的强制性是指国家凭借政治权力，通过法律形式对社会产品进行的强制性分

配。纳税人必须依法纳税，否则会受到法律制裁。强制性是国家权力在税收上的法律体现，是国家取得税收收入的根本前提。

（3）税收的固定性

税收是国家通过法律形式预先规定了征税对象及其征收比例等税制要求，并保持相对的连续性和稳定性。即使税制要素的具体内容会因经济发展水平、国家经济政策的变化而进行必要的改革和调整，但这种改革和调整也总是要通过法律形式事先规定，而且改革调整后要保持一定时期的相对稳定。

（4）税收"三性"的关系

税收的无偿性、强制性和固定性是一个完整的统一体，它们相辅相成、缺一不可。其中，无偿性是核心，强制性是保障，固定性是对强制性和无偿性的一种规范和约束。

1.1.2　税收的产生和发展

在人类发展历史上，私有制先于国家形成，但对税收而言，私有制、国家这两个前提条件具备了，税收才产生。可以说，税收是私有财产制度和国家政权相结合的产物。

1. 私有制的产生是税收产生的经济条件

当社会出现私有制，国家需要将一部分属于私人所有的社会产品转变为国家所有的时候，国家凭借其政治权力，对私有财产行使一定的支配权。如果没有私有制，国家对本来就属于自己所有的社会产品无须征税。

2. 国家的产生是税收产生的社会条件

税收是实现国家职能的物质基础，国家为了行使其职能，所建立的军队、警察、法庭、监狱等专政机构，以及动用社会力量，征用自然资源，兴办公共建筑和公共事业，建立管理国家公共事务的行政管理机构等一切公共需求，都要耗用一定的物质资料，这就需要国家凭借政治权力向社会成员征税。

3. 我国税收的产生和发展

我国自夏代开始进入奴隶制社会以后，在夏、商、周三代土地均归王室所有，国王不仅是全国的最高统治者，也是全国土地的所有者。国王对其所拥有的土地，除了小部分由王室直接管理外，大部分分封给诸侯和臣属，小部分授给平民耕种。夏、商、周三代的"贡法""助法""彻法"，都是取自于农业的强制征税形式，是我国税收发展的雏形。进入春秋时期，鲁国适应土地私有制发展实行"初税亩"，对私田按亩征税，即"履亩十取一也"，首次从法律上承认了土地私有制，同时也标志着我国税收从雏形阶段进入了成熟时期。

之后我国税收经历了封建社会的发展，如秦汉时期颁布了《田律》《仓律》和《徭律》，唐朝开始实行"两税法"，明清时期实行"一条鞭法"；在半封建半殖民地时期，因内忧外患与近代工商业兴起，这一时期税种繁杂，税源结构发生较大变化，但客观上工商税收得到了较快发展。

中华人民共和国成立后，1950年政务院颁布了《全国税政实施要则》，1954年将"中华人民共和国公民有依照法律纳税的义务"写入首部《中华人民共和国宪法》（以下简称《宪法》），使中国税法确立了最直接的宪法依据。随着社会经济的发展，我国税收制度和税法体系得到逐步发展和完善。

阅读资料

我国古人的税收思想

管仲认为，统治者在征收赋税方面要懂得"将欲取之，必固与之"的道理，"知与之为取，政之宝也"。对民有所予，才能向民有所索求。予正是为了取，多予才能多取，只取不予，最终什么也取不上来。

孔子主张培养税源。他认为，"百姓足，君孰与不足？百姓不足，君孰与足"，要求国家赋税建立在百姓富足的基础上。

商鞅主张国家的赋税政策必须为耕战服务，对勤劳耕作的农民给予奖励。"戮力本业，耕织致粟帛多者，复其身"，即耕织粟帛多的人可以免除徭役。为吸引其他诸侯国的百姓来秦国务农，规定免除其父、子、孙三代的兵役，对其所开垦的荒地则免10年的赋税。

"有恒产者有恒心，无恒产者无恒心"是孟子赋税思想的理论基础。孟子认为要达到仁政的目的，必须使百姓拥有可靠的财产，为此必须实行轻税政策。

董仲舒主张实行轻徭薄役的政策。他主张通过限田达到"使富者足以示贵而不至于骄，贫者足以养生而不至于忧。以此为度而调均之，是以财不匮而上下相安"的目标。

1.1.3　税收的职能

税收的职能一般是指税收分配在一定社会制度下所固有的功能和职责，是税收的一种长期固定的属性。一般认为税收具有财政职能、经济职能和管理职能。

1．税收的财政职能

税收的财政职能是指税收为国家组织财政收入的功能。税收是国家财政的主要支柱，如果没有税收，国家的职能就无法实现，国家就无法存在。

2．税收的经济职能

税收的经济职能是指国家运用税收来调控经济运行的功能。国家向企业和个人征税，把一部分国民收入转为国家所有，必然要改变原有的分配关系，对生产结构、消费结构和生产关系结构等产生一定的影响。

3．税收的管理职能

税收的管理职能是指国家通过《中华人民共和国税收征收管理法》（以下简称《税收征收管理法》）来约束纳税人社会经济行为的功能。税收的监督、检查、纠正、统计、预测和调查等一系列工作都是税收征管的体现。

阅读资料

赵 奢 巧 谏

赵奢原本是赵国负责征收田租的一名小官吏。他向平原君家收田税时，平原君家拒绝缴纳，一再抗税。赵奢便依法处理，判平原君家的九位当权管事的人死罪。平原君大怒，要杀赵奢。赵奢就拿这件事开导他说："你是赵国最尊贵的公子。现在你竟听任你的当权管事人不遵守国家的法律，抗租抗税。国家的律法受到了破坏，就谈不上法治。国家的法律减弱了它的效力，国家也就强盛不起来。国家不能强盛，诸侯们就会趁虚举兵入侵。诸侯们都打进来了，赵国还能生存吗？这时，你家怎能保持得了现在这样的富裕呢？像你如此高贵，能够奉公守法，那么，上层最高的统治者，下层最普通的老百姓，也都能公平合理遵守国家法律，国家也一定会团结巩固。国家巩固，势力强大，你是国王尊贵的亲戚，还能被天下人小瞧吗？"平原君听了，认为赵奢认真负责，执法严而公正，便把这件事情告诉了赵惠文王。赵惠文王便起用赵奢掌管全国赋税。自此，赵国赋税征收做得非常公平合理。老百姓因此富足起来，国库也充实了。

1.2　税法基础知识

1.2.1　税法的概念

税法是国家制定的用以调整国家与纳税人之间在征纳税方面的权利及义务关系的法律规范的总称。它是国家及纳税人依法征税、依法纳税的行为准则，其目的是保障国家利益和纳税人的合法权益，维护正常的税收秩序，保证国家的财政收入。

1. 税收和税法的关系

税收是政府取得收入的一种形式，其本质是一种分配关系，是经济学概念。税法是税收的法律表现形式，其本质是规范权利义务关系，是法学概念。税法所确定的具体内容就是税收制度。税收制度是在税收分配活动中税收征纳双方所应遵守的行为规范的总和，其内容主要包括各税种的法律法规，以及为了保证这些税法得以实施的税收征管制度和税收管理体制。

2. 税法的特点

（1）税法是义务性法规

从法律性质上看，税法属于义务性法规，以规定纳税人的义务为主。纳税人的权利建立在其纳税义务的基础之上，处于从属地位。税法属义务性法规的这一特点是由税收的无偿性和强制性决定的。

（2）税法是综合性法规

税法的综合性在于它是由一系列单行税收法律法规及行政规章制度组成的体系，其内容涉及课税的基本原则、征纳双方的权利和义务、税收管理规则、法律责任、解决税务争议的法律规范等。税法的综合性特点是由税收制度所调整的税收分配关系和税收法律关系的复杂性所决定的。

1.2.2　税法的分类

为了满足税收理论研究和税制建设方面的需要，各税种可按以下标准分类。

1. 按照税法的基本内容和效力划分

按照这种方法，税法可分为税收基本法和税收普通法。

1）税收基本法也称税收通则，是税法体系的主体和核心，在税法体系中起着税收母法的作用。其基本内容包括税收制度的性质、税务管理机构、税收立法与管理权限、纳税人的基本权利与义务、征税机关的权利和义务、税种设置等。我国目前还没有制定统一的税收基本法，随着我国税收法制建设的发展和完善，将研究制定税收基本法。

2）税收普通法是根据税收基本法的原则，对税收基本法规定的事项分别立法实施的法律，如个人所得税法、税收征收管理法等。

2. 按照税法的职能作用划分

按照这种方法，税法可分为税收实体法和税收程序法。

1）税收实体法主要是指确定税种立法，具体规定各税种的征收对象、征收范围、税目、税率、纳税地点等。其结构具有统一性和规范性的特点，统一性体现在税种与税收实体法一一对应，即一税一法，规范性取决于税收要素的固定性。我国税收实体法的内容包括以下五大类。

① 商品和劳务税类，包括增值税、消费税、关税，是针对纳税人在商品生产、流通或服务业领域的流转额征收的税。这类税的征收对象和税率，对商品经济活动有直接的影响，易于发挥对经济的宏观调控作用。

② 所得税类，包括企业所得税、个人所得税，是调节生产经营者的利润和个人纯收入的一类税。其特点是可以直接调节纳税人收入，发挥其公平税负、调整分配关系的作用。

③ 资源税和环境保护税类，包括资源税、土地增值税、城镇土地使用税、环境保护税，是对开发和利用自然资源差异而形成的级差收入发挥调节作用。

④ 特定目的税类，包括城市维护建设税、车辆购置税、船舶吨税、耕地占用税和烟叶税，是为达到特定目的，调节特定对象和特定行为的税。

⑤ 财产和行为税类，包括房产税、印花税、车船税、契税，是对某些财产和某种行为课征的税。

其中，关税和船舶吨税由海关负责征收管理，其他税种由税务机关负责征收管理。

2）税收程序法是规范税务机关与税务行政相对人在行政程序中权利义务的法律规范的总称，只要是与税收程序有关的法律规范，都属于税收程序法的范畴。在征收管理上规定，由税务机关负责征收的税种的征收管理，按《税收征收管理法》及各实体税法中的征管规定执行；由海关负责征收的税种的征收管理，按《中华人民共和国海关法》（以下简称《海关法》）及《中华人民共和国进出口关税条例》（以下简称《进出口关税条例》）等有关规定执行。

3. 按照主权国家行使的税收管辖权划分

按照这种方法，税法可分为国内税法、国际税法、外国税法等。

1）国内税法一般是按照属人或属地原则，规定一个国家的内部税收制度。

2）国际税法是指国家间形成的税收制度，主要包括双边或多边国家间的税收协定、条约和国际惯例等，一般而言，其效力高于国内税法。

3）外国税法是指其他国家制定的税收制度。

阅读资料

关于税收的几组术语

1．间接税和直接税

间接税和直接税一般是根据税负能否转嫁为标准来划分的，凡是税负能够转嫁的税种，称为间接税，如流转税，虽然是由纳税人负责缴纳，但最终是由商品和劳务的购买者即消费者负担的；凡是税负不能转嫁的税种，称为直接税，即该税种的纳税人本身就是负税人，如所得税和财产税。我国目前的税制仍然是以间接税和直接税为"双主体"的税制结构，间接税占全部税收收入的比例虽有所下降，但仍占60%以上。

2．从量税和从价税

国家征税时必须按一定标准对课税对象予以度量。按照课税对象的数量、重量、容量或体积计税的税种被称为从量税，如我国的资源税、车船税；按照课税对象的价格计税的税种被称为从价税，我国大部分税种采用从价计税的方法，如所得税。

3．价内税和价外税

以税收与价格的关系为标准，可将税收分为价内税和价外税。凡税金构成价格组成部分的，称为价内税；凡税金作为价格之外附加的，称为价外税。例如，我国的增值税在零售以前各环节采取价外税，在零售环节采取价内税。

1.2.3 税法的作用

正确认识税法在我国社会主义市场经济发展中的重要作用，有利于准确地把握和认真执行税法的各项规定。税法的作用主要有以下几个方面。

1．税法是税收根本职能得以实现的法律保障

组织财政收入是税收最根本的职能。税法为取得税收收入提供了保证，一方面，税法设定了各种纳税义务，纳税人没有履行纳税义务，就是违反国家法律，就要受到相应的法律制裁。另一方面，法律要求相对的稳定性，不能朝令夕改。税收制度一旦成为法

律，其固定性就有了法律保证，即使国家也不能对基本的税制要素随意改动。

2. 税法是正确处理税收分配关系的法律依据

税收分配是社会剩余产品由纳税人向国家无偿、单向的转移。为更好地进行税收分配，需要一套具备权威性、对征纳双方都有约束力的规范标准，以保证国家及时、稳定地取得财政收入，保护纳税人的合法权益。在现有的各种规范、标准中，最权威、最公正、最客观、最具约束力的唯有税收的法律形式，即税法。

3. 税法是国家宏观调控经济的法律手段

税收作为国家宏观调控的重要手段，通过法律形式确定国家与纳税人之间的利益分配关系，调节社会成员的收入水平，调整产业结构和社会资源的优化配置，使之符合国家的宏观经济政策；并以法律的平等原则，平衡纳税人的税收负担，鼓励平等竞争，为市场经济的发展创造良好的条件。

4. 税法是监督管理经济活动的有力武器

税收采用法的形式，使其对经济活动的监督上升到法律的高度，成为法律监督的组成部分，其约束力大大增强。国家要实施宏观控制就必须建立较完备的监督体系，对市场及经营者的活动实施直接或间接的监督管理，这样才能维护市场规则，健全经济法制。

5. 税法是维护国家权益的重要手段

税收采用法的形式，有助于提高税收维护国家权益的权威性和总体效力，便于在签订有关双边或多边国际税收协定时坚持国际通用的法律原则和法律规范，对等处理税收利益关系。

1.3 税收法律关系

税收法律关系是国家征税与纳税人纳税过程中发生的利益分配关系，是由于税收征收管理而发生的特定权利义务关系。了解税收法律关系及其构成，对于正确理解国家税法的本质，严格依法纳税、依法征税都具有重要的意义。

1.3.1 税收法律关系的权利主体

税收法律关系的权利主体是法律关系的参加者，即税收法律关系中享有权利和承担义务的当事人。在我国税收法律关系中，权利主体一方是代表国家行使征税职责的国家行政机关，包括国家各级税务机关、海关和财政机关，另一方是履行纳税义务的人，包括法人、自然人和其他组织，在华的外国企业、组织、外籍人、无国籍人，以及在华虽然没有机构、场所但有来源于中国境内所得的外国企业或组织。

在税收法律关系中权利主体双方法律地位是平等的。由于权利主体双方是行政管理者与被管理者的关系，所以双方的权利与义务是不对等的。这是区别于一般民事法律关系中主体双方权利与义务平等的一个重要特征。

阅读资料

属地兼属人的原则

我国对权利主体另一方即纳税人的确定，采取属地兼属人的原则。属地原则是对纳税人来源于本国领土范围内的应税收益、所得，以及应税一般财产价值征税。即使这个纳税人是一个外国的公民或居民，也不例外。属人原则对属于或居住在本国的居民的一切应税收益、所得或一般财产价值征税。即使这个居民或公民的应税收益、所得或一般财产价值中，有一部分，甚至全部来源或存在于其他国家的领土范围以内，也不例外。

在这两种不同的税收管辖权的相互关系中，属地原则处于优先地位是国际惯例。我国和世界大多数国家一样，从保证国家税收利益最大化的角度，同时使用两种征税原则。属地兼属人的原则规定了对同一种所得征税的顺序，一般当发生"居住国对本国居民的境外所得在来源国的已纳税额进行抵免"时采用。

1.3.2 税收法律关系的权利客体

税收法律关系的权利客体即税收法律关系主体的权利、义务所共同指向的对象，也就是征税对象。例如，所得税法律关系客体就是生产经营所得和其他所得，财产税法律关系客体就是财产，流转税法律关系客体就是货物销售收入或劳务收入。

税收法律关系客体也是国家利用税收杠杆调整和控制的目标，国家在一定时期根据客观经济形势发展的需要，通过扩大或缩小征税范围调整征税对象，以达到限制或鼓励国民经济中某些产业、行业发展的目的。

1.3.3 税收法律关系的内容

税收法律关系的内容就是权利主体所享有的权利和所应承担的义务，这是税收法律关系的实质，也是税法的灵魂。它规定权利主体可以有什么行为，不可以有什么行为，若违反了这些规定，须承担相应的法律责任。

税法是引起税收法律关系的前提条件，但税法本身并不能产生具体的税收法律关系。税收法律关系的产生、变更和消灭是由税收法律事实决定的。

例如，纳税人开办公司从事经营活动，税收法律关系随即产生，纳税人转业或停业，就造成原有的税收法律关系随之变更或消灭。再如，因地震、泥石流、雪灾、冻雨等自然灾害导致的税收减免，税收法律关系也会同时发生变更或消灭。

【例1.1】单项选择题

在税收法律关系中，权利主体双方（　　　）。

A. 法律地位平等，权利义务对等　　　B. 法律地位平等，权利义务不对等

C. 法律地位不平等，权利义务对等　　D. 法律地位不平等，权利义务不对等

答案： B

解析： 在税收法律关系中，征纳双方法律地位平等，但因双方是行政管理者与被管理者的关系，双方权利与义务不对等。

1.4 税法的构成要素

税法的构成要素是指各种单行税法具有共同的基本要素的总称。税法具体规定各税种的纳税义务人、征税对象、税目、税率、纳税环节、纳税期限、纳税地点、减税免税等项目。

1.4.1 纳税义务人

纳税义务人即纳税人，又叫纳税主体，是税法规定的直接负有纳税义务的单位和个人。无论征收什么税种，其税负总要由有关的纳税人来承担，任何一个税种首先要解决的就是国家对谁征税的问题。

1. 纳税人的两种形式

纳税人的两种基本形式是自然人和法人。自然人和法人是两个相对称的法律概念。自然人是基于自然规律而出生的，有民事权利和义务的主体，包括本国公民，也包括外国人和无国籍人。法人是自然人的对称，法人是基于法律规定享有权利能力和行为能力，具有独立的财产和经费，依法独立承担民事责任的社会组织。我国的法人主要有四种：

机关法人、事业法人、企业法人和社团法人。

2. 与纳税人相关的概念

（1）负税人

负税人是实际负担税款的单位和个人。其与纳税人既有联系又有区别，纳税人若能通过一定途径把税款转嫁或转移出去，纳税人就不再是负税人。否则，纳税人同时也是负税人。

（2）代缴义务人

代缴义务人包括代扣代缴义务人和代收代缴义务人。

1）代扣代缴义务人是指虽不承担纳税义务，但依照有关规定，在向纳税人支付收入、结算货款时有义务代扣代缴其应纳税款的单位和个人，如出版社代扣作者稿酬所得的个人所得税等。如果代扣代缴义务人按规定履行了代扣代缴义务，税务机关将支付一定的手续费。反之，未按规定代扣代缴税款，造成应纳税款流失或将已扣缴的税款私自截留挪用、不按时缴入国库，一经税务机关发现，将要承担相应的法律责任。

2）代收代缴义务人是指虽不承担纳税义务，但依照有关规定，在向纳税人收取商品或劳务收入时，有义务代收代缴其应纳税款的单位和个人。例如，消费税条例规定，委托加工的应税消费品，由受托方在向委托方交货时代收代缴委托方应当缴纳的消费税。

1.4.2　征税对象

征税对象又叫课税对象、征税客体，指税法规定对什么征税，是征纳税双方权利义务共同指向的客体或标的物，是区别一种税与另一种税的重要标志。例如，消费税的征税对象是消费税法所列举的应税消费品，房产税的征税对象是房屋等。

征税对象是税法最基本的要素，因为它体现着征税的最基本界限，决定着某一种税的基本征税范围，同时，征税对象也决定了各个不同税种的名称。例如，消费税、土地增值税、个人所得税等，这些税种因征税对象不同、性质不同，税种的名称也就不同。

税基又叫计税依据，是据以计算征税对象应纳税款的直接数量依据，它解决了对征税对象课税的计算问题，是对课税对象的量的规定。

税基按照计量单位的性质划分，有两种基本形态：价值形态和物理形态。价值形态包括应纳税所得额、销售收入、营业收入等；物理形态包括面积、体积、容积、重量等。以价值形态作为税基，又称为从价计征，如生产销售化妆品应纳消费税税额是由化妆品的销售收入乘以适用税率计算产生的，其税基为销售收入。以物理形态作为税基，又称为从量计征，即直接按征税对象的自然单位计算，如城镇土地使用税应纳税额是由占用土地的面积乘以每单位面积应纳税额计算产生的，其税基为占用土地的面积。

1.4.3 税目

税目是征税对象的具体化，反映具体的征税范围，是对课税对象质的界定。不是所有的税种都规定税目。有些税种具体课税对象比较复杂，且税种内部不同课税对象之间又需要采取不同的税率档次进行调节，所以需要规定税目，如消费税中的烟、酒、高档化妆品、电池、涂料，资源税中的原油、天然气、煤炭、黑色金属矿原矿等。

1.4.4 税率

税率是对征税对象的征收比例或征收额度，是计算税额的尺度，也是衡量税负轻重与否的重要标志。我国现行的税率如下。

1. 比例税率

比例税率是对同一征税对象，不分数额大小，规定相同的征收比例。我国的增值税、城市维护建设税、企业所得税等采用的是比例税率。比例税率在适用中又可分为三种具体形式。

1）单一比例税率：对同一征税对象的所有纳税人都适用的同一比例税率。

2）差别比例税率：对同一征税对象的不同纳税人适用不同的比例税率。

3）幅度比例税率：对同一征税对象，税法只规定最低税率和最高税率，各地区在该幅度内确定具体的适用税率。

2. 累进税率

累进税率是指随着征税对象数量增大而随之提高的税率，即按征税对象数额的大小划分为若干等级，不同等级的课税数额分别适用不同的税率，课税数额越大，适用税率越高。

累进税率按照征税的依据，分为额累和率累两类。我国目前采用的是超额累进税率和超率累进税率两种形式。

（1）全额累进税率

全额累进税率是把征税对象的数额划分为若干等级，对每个等级分别规定相应税率，当税基超过某个级距时，课税对象的全部数额按提高后级距的相应税率征税。目前，我国不使用全额累进税率。

（2）超额累进税率

超额累进税率是指把征税对象按数额的大小分成若干等级，每一等级规定一个税率，税率依次提高，但每一纳税人的征税对象则依所属等级同时适用几个税率分别计算，将计算结果相加后得出应纳税款。超额累进税率一般情况下可以避免因重复纳税产生的跳跃式递增的弊端。

（3）超率累进税率

超率累进税率即以征税对象数额的相对率划分若干级距，分别规定相应的差别税率，相对率每超过一个级距的，对超过部分按高一级税率计算征税。目前我国采用此税率计征的税种是土地增值税。

3．定额税率

定额税率即按征税对象确定的计算单位直接规定一个固定的税额。目前我国采用定额税率计征的税种有资源税、城镇土地使用税、车船税等。

1.4.5　纳税环节

纳税环节是指税法规定的征税对象在从生产到消费的流转过程中应当缴纳税款的环节。例如，流转税在生产和流通环节纳税，所得税在分配环节纳税，资源税在生产环节纳税等。

1.4.6　纳税期限

纳税期限是纳税人向国家缴纳税款的法定期限。税法关于纳税期限的规定有以下三个概念。

1）纳税义务发生时间。这是指应税行为发生的时间。例如，《中华人民共和国增值税暂行条例》（以下简称《增值税暂行条例》）规定采取预收货款方式销售货物的，其纳税义务发生时间为货物发出的当天。

2）纳税期限。纳税人每次发生纳税义务后，不可能马上缴纳税款，税法规定了每种税的纳税期限。纳税人的具体纳税期限，由主管税务机关根据纳税人应纳税额的大小分别核定；不能按照固定期限纳税的，可以按次纳税。

3）缴库期限。这是指税法规定的纳税期满后，纳税人将应纳税款缴入国库的期限。

1.4.7　纳税地点

纳税地点主要是指根据各个税种纳税对象的纳税环节和有利于对税款的源泉控制而规定的纳税人（包括代征、代扣、代缴义务人）的具体税收缴纳地点。

1.4.8　减税免税

减税免税是指对某些纳税人和征税对象采取减少征税或者免予征税的特殊规定。减税免税主要有税基式减免，即以直接缩小计税依据的方式实现减免；税率式减免，即直接降低税率；税额式减免，即直接减免应纳税税额。

税基式减免中起征点与免征额既相联系又相区别。其中，起征点是征税对象达到一定数额后，全额计税；免征额是在征税对象的全部数额中免予征税的数额。对纳税人来说，在收入未达到起征点或未超过免征额的情况下，都不征税；但收入达到或超过起征点时，就全额征税；而当收入超过免征额时，只就超过的部分征税。

【例 1.2】单项选择题

下列说法不正确的是（　　）。
A. 征税对象是区分不同税种的主要标志
B. 税目是征税对象的具体化
C. 税率是衡量税负轻重与否的唯一标志
D. 纳税义务人是纳税主体
答案： C
解析： 税率是衡量税负轻重与否的重要标志。

1.5 我国税收管理体制

税收管理体制是在各级国家机构之间划分税权的制度。我国税收管理体制，是税收制度的重要组成部分，也是财政管理体制的重要内容。税收管理权限可分为税收立法权和税收执法权两类，具体包括税收立法权、税收法律法规的解释权、税种的开征或停征权、税目和税率的调整权、税收的加征和减免权等。

1.5.1 税收立法权

税收立法是指国家机关依照其职权范围，通过一定程序制定（包括修改和废止）税收法律规范的活动。税收立法权是制定、修改、解释或废止税收法律、法规、规章和规范性文件的权力。它包括两个方面的内容：一是什么机关有税收立法权；二是各级机关的税收立法权是如何划分的。具体地说，我国税收立法权主要分为以下几个层次。

1. 全国人民代表大会及其常务委员会制定税收法律

在税法体系中，税收法律具有最高的法律效力，是其他有权机关制定税收法规、规章的法律依据。全国性税种的立法权和税种的开征、停征权，属于全国人民代表大会及其常务委员会。

2. 全国人民代表大会及其常务委员会授权立法

经全国人民代表大会及其常务委员会授权，全国性税种可先由国务院以"条例"或"暂行条例"的形式发布施行。授权立法与制定行政法规不同，其法律效力高于行政法规。

3. 国务院制定税收行政法规

国务院作为最高国家权力机关的执行机关，是最高的国家行政机关，拥有广泛的行政立法权。税收行政法规的立法目的在于保证税收法律的实施，不得与税收法律相抵触，国务院发布的《中华人民共和国企业所得税法实施条例》（以下简称《企业所得税法实施条例》）、《中华人民共和国税收征收管理法实施细则》（以下简称《税收征收管理法实施细则》）等属于税收行政法规。

4. 地方人民代表大会及其常务委员会制定税收地方性法规

我国在税收立法上坚持"统一税法"的原则，除海南省、民族自治地区按照全国人民代表大会授权立法规定，在遵循宪法、法律和行政法规的原则基础上，可制定有关税收的地方性法规外，其他省、市无权自定税收地方性法规。

5. 国务院税务主管部门制定税收部门规章

有权制定税收部门规章的税务主管机关是财政部、国家税务总局及海关总署，其制定规章的范围包括对有关税收法律、法规的具体解释，税收征收管理的具体规定、办法等，税收部门规章在全国范围内具有普遍适用效力，但不得与税收法律、行政法规相抵触。

6. 地方政府制定税收地方规章

按照"统一税法"的原则，在税收法律、法规明确授权的前提下，省、自治区、直辖市及省、自治区人民政府所在地的市和国务院批准的较大的市的人民政府，可以制定规章，但不得与税收法律、行政法规相抵触。

【例1.3】单项选择题

有权以"条例"或"暂行条例"的形式发布施行全国性税种的部门是（　　　）。
A. 国家税务总局　　　　　　B. 全国人民代表大会及其常务委员会
C. 国务院　　　　　　　　　D. 省级人民代表大会及其常务委员会
答案：C

解析：经全国人民代表大会及其常务委员会授权，全国性税种可先由国务院以"条例"或"暂行条例"的形式发布施行。

1.5.2 税收执法权

税收执法权和行政管理权是国家赋予税务机关的基本权力，是税务机关实施税收管理和系统内部行政管理的法律手段。其中税收执法权是指税收机关依法征收税款，依法进行税收管理活动的权力，具体包括税款征收管理权、税务检查权、税务稽查权、税务行政复议裁决权及其他税收执法权。

1. 税款征收管理权

《税收征收管理法》第二十八条规定："税务机关依照法律、行政法规的规定征收税款，不得违反法律、行政法规的规定开征、停征、多征、少征、提前征收、延缓征收或者摊派税款。农业税应纳税额按照法律、行政法规的规定核定。"

根据我国经济和社会发展及实行分税制财政管理体制的需要，2018 年 3 月 13 日，十三届全国人民代表大会一次会议指出："改革国税地税征管体制，将省级和省级以下国税地税机构合并，具体承担所辖区域内的各项税收、非税收入征管等职责。国税地税机构合并后，实行以国家税务总局为主与省（区、市）人民政府双重领导管理体制。"

按照"机构改革，服务先行"的理念，2018 年 5 月 1 日全国基本实现了国税地税业务在实体办税服务厅"一厅通办"、网上税务局"一网办理"和 12366 纳税服务热线"一键咨询"，给纳税人带来便利。

2018 年 6 月 15 日，全国各省（自治区、直辖市）级以及计划单列市国税局、地税局合并且统一挂牌，标志着国税地税征管体制改革迈出阶段性关键一步。2018 年 7 月 5 日，全国各市级国税局、地税局合并，535 个市级新税务局集中统一挂牌并对外履行职责，标志着国税地税征管体制改革顺利向纵深推进。2018 年 7 月 20 日，全国县、乡国税、地税机构正式合并，所有县级和乡镇新税务机构统一挂牌，标志着全国省、市、县、乡四级税务机构分步合并和相应挂牌工作全部完成。

另外，海关总署及下属机关负责关税、船舶吨税征收管理和受托征收进口增值税、消费税等税收。

2. 税务检查权

税务检查是税务机关依据国家的税收法律、法规对纳税人履行法定义务的情况进行审查、监督的执法活动。有效的税务检查可以抑制不法纳税人的侥幸心理，提高税法的威慑力，减少税收违法犯罪行为，保证国家收入，维护税收公平与合法纳税人的合法利益。

3. 税务稽查权

税务稽查是税务机关依法对纳税人、扣缴义务人履行纳税义务、扣缴义务情况所进行的税务检查和处理工作的总称。税务稽查权是税收执法权的一个重要组成部分，也是整个国家行政监督体系中的一种特殊的监督权行使形式。

4. 税务行政复议裁决权

税务行政复议裁决权是税收执法权的有机组成部分，依据《中华人民共和国行政复议法》《税收征收管理法》等实现。该权利的实现对保障和监督税务机关依法行使税收执法权，防止和纠正违法或者不当的具体税务行为，保护纳税人和其他有关当事人的合法权益，发挥积极作用。

5. 其他税收执法权

在除上述税收执法权的几个方面以外，根据法律规定，税务机关还享有其他相关税收执法权。其中主要有税务行政处罚权等。

税务行政处罚权是指税务机关依法对纳税主体违反税法尚未构成犯罪，但应承担相应法律责任的行为实施制裁措施的权力。根据《税收征收管理法》相关规定，税务行政处罚的种类应当有警告（责令限期改正）、罚款、停止出口退税权、没收违法所得、收缴发票或者停止发售发票、提请吊销营业执照、通知出境管理机关阻止出境等。

1.6 案 例 分 析

案例 1　公司经营中的税收法律关系

北京苏果有限公司成立于 2018 年 8 月，主要经营烟、酒、百货、日杂、副食品等商品的批发和零售业务。注册资金 120 万元，法人代表：王某，企业性质：有限公司，注册地：北京市海淀区清河路 13 号。

请指出该公司在经营过程中产生的税收法律关系的权利主体、权利客体；北京苏果有限公司、北京市海淀区税务局各自具有的主要权利和拥有的主要义务。

解析： 本例中北京苏果有限公司和北京市海淀区税务局均是税收法律关系中的权利主体；烟、酒、百货、日杂、副食品等商品的批发和零售业务收入等是税收法律关系中的权利客体。

依法对北京苏果有限公司的销售行为征税、进行税务检查，以及对其违规行为进行处罚等是北京市海淀区税务局的权力。

向北京苏果有限公司宣传、咨询、辅导解读税法，及时征收税款，及时将税款征缴入库，依法受理其税收争议的申诉是北京市海淀区税务局的义务。

北京苏果有限公司的权利有向北京市海淀区税务局申请其多缴税款退还权、延期纳税权、依法申请减免税权、申请复议权、提起诉讼权。

按税法规定办理税务登记、进行纳税申报、接受税务检查、依法缴纳税款等是北京苏果有限公司的义务。

案例 2　事项中的税法构成要素

北京风顺摩托车有限责任公司主要生产 BL 型号的摩托车，其纳税人账号为110102767506878，其消费税纳税期限为 1 个月；2018 年 6 月采用委托银行收款方式销售 BL 型号摩托车 30 辆，货已发出并办妥托收手续，款项未收到，每辆不含税价 14 000 元（摩托车适用消费税税率为 10%）。

请指出以上信息包含的税法构成要素。

解析：

该案例中的消费税纳税人：北京风顺摩托车有限责任公司。

征税对象：销售的 BL 型号的摩托车。

税率：10%。

税基：所取得的收入 420 000 元，即 $30 \times 14\,000 = 420\,000$（元）。

纳税地点：其营业地的税务局。

纳税环节：BL 型号摩托车实现销售环节。

纳税期限：1 个月。

应缴纳的消费税税额 $= 30 \times 14\,000 \times 10\% = 42\,000$（元）。

回　　顾

税收是政府为了满足社会公共需要，凭借政治权力，强制地、无偿地取得财政收入的一种形式，其本质是一种分配关系。税法是国家制定的用以调整国家与纳税人之间在征纳税方面的权利与义务关系的法律规范的总称，其本质是权利义务关系；其目的是保障国家利益和纳税人的合法权益，维护正常的税收秩序，保证国家的财政收入。税法属于国家法律体系中一个重要的部门法，它是调整国家与各个经济单位及公民个人分配关系的基本法律规范。税收法律关系的主体，是税收法律关系中享有权利和承担义务的当事人，包括征纳双方。权利主体一方是代表国家行使征税职责的国家税务机关，另一方是履行纳税义务的人。纳税人是税法规定的直接负有纳税义务的单位和个人。征税对象是指征纳双方权利义务共同指向的标的物。税目是对征税对象的具体划分。税率是应纳税额与征税对象的比例。税收管理体制是在各级国家机构之间划分税权的制度。

复　习　题

一、速答题

扫描二维码，快速回答问题。

速答题

二、简答题

1. 如何理解税法与税收的关系？
2. 简述税收的主要特征。
3. 简述税收法律关系的构成。
4. 税法构成要素的内容是什么？
5. 我国中央政府与地方政府税收收入是如何划分的？
6. 我国目前税收管理体制存在哪些弊端？
7. 谈谈你对税法和税德的理解。

阅　读　拓　展

国家税务总局网.

王军昆，2017. 加快构建具有中国特色的直接税制度[J]. 税务研究，1:56-58.

中国税务报网络报.

第 2 章

增 值 税 法

2.1 增值税基础知识

2.1.1 增值税的概念

一般意义上讲，增值税是以商品生产、流通或应税劳务服务各环节的增值额为计税依据而征收的一种流转税。在我国，按照《增值税暂行条例》《中华人民共和国增值税暂行条例实施细则》（以下简称《增值税暂行条例实施细则》）及《营业税改征增值税试点实施办法》的规定，增值税是对在我国境内销售货物、销售服务、销售无形资产或不动产或者提供劳务及进口货物的企业单位和个人，就其货物、服务、无形资产或不动产销售、提供劳务的增值额和货物进口金额为计税依据而课征的一种流转税。

增值额是纳税人在生产经营应税货物、服务、无形资产或不动产或提供应税劳务过程中，新创造的价值。

阅读资料

增值税的类型

根据对购入固定资产已纳税款处理的不同，可以将增值税分为不同的类型。依据实行增值税的各个国家允许抵扣已纳税款的扣除项目范围的大小，增值税分为生产型增值税、收入型增值税、消费型增值税三种类型。

1．生产型增值税

生产型增值税是指在计算增值税时，不扣除固定资产价值中所含有的税款，或者说在确定增值额时，不扣除固定资产的价值。它只以纳税人的销售收入（或劳务收入）减去用于生产、经营的外购原材料、燃料、动力等物质资料价值后的余额作为法定的增值额。就整个社会而言，增值额大体上相当于国民生产总值。

2．收入型增值税

收入型增值税是指在计算增值税时，可以扣除固定资产折旧部分所含的税款，或者说在确定增值额时，可以扣除固定资产折旧部分，不扣除未提折旧部分。这个法定增值额，就整个社会来说，相当于国民收入，所以称为收入型增值税。

3．消费型增值税

消费型增值税是指在计算增值税时，可以将固定资产价值中所含的税款全部扣除，或者说在确定增值额时，允许扣除固定资产的价值。就整个社会而言，增值额仅相当于社会消费资料的价值。

我国从 2009 年 1 月 1 日起全面实行消费型增值税，不再实行此前的生产型增值税。从经济角度看，这有利于鼓励投资，特别是民间投资，有利于促进产业结构调整和技术升级，有利于提高我国产品的竞争力；从财政角度看，有利于消除重复征税，有利于使内外资企业和国内外产品的税收负担平等、公平，有利于税制的优化；从管理角度看，使非抵扣项目大为减少，征收和缴纳更顺畅，有利于降低税收管理成本，提高征收管理的效率。

2.1.2 增值税的特点

与其他流转税相比，增值税具有以下特点。

1. 实行价外计征

增值税属于价外税，税金不包括在销售额内，企业的成本核算与利润水平不受增值税税金的影响。这样有利于形成均衡的生产价格，并有利于税负转嫁的实现。

2. 征收范围广

凡是从事生产、经营和提供应税劳务的单位或个人，只要产生增值都应缴纳税金，征税对象十分广泛；增值税的征税范围延伸到生产和流通的各个环节，体现了征税的普遍性。

3. 税负具有中性

对同一商品而言，无论流转环节的多与少，只要增值额相同，税负就相等，不会影响商品的生产结构、组织结构和产品结构，体现了税负公平的原则。

4. 税负具有转嫁性

增值税税负具有转嫁性，从理论上讲，虽然增值税是向企业主征收，但企业主在销售商品时又可以通过价格将税收负担转嫁给下一生产流通环节，最后由最终消费者负担。

5. 实行比例税率

增值税一般采用单一的比例税率，对所有应税货物与劳务，无论增值额大小，一律平等征税，且简便易行。

6. 实行税款抵扣制度

为避免重复征税，在计算企业应纳税款时，凭购货发票扣除商品在以前生产环节已负担的税款。

2.1.3 增值税的作用

1. 保证财政收入稳定增长

增值税课税范围涉及社会的生产、流通、消费、劳务等诸多生产经营领域，且增值税不受生产结构、经营环节变化的影响，使收入具有稳定性；增值税在货物销售或应税劳务提供的环节课征，其税款随同销售额一并向购买方收取，可以保证财政收入及时入库。

2. 促进专业化协作生产的发展

实行增值税可以有效地排除按销售全额计税所造成的重复征税的弊端，使税负不受生产组织结构和经营方式变化的影响，有利于社会生产要素的优化配置。在商品流通环节，增值税负担不受商品流转环节多少的影响，有利于企业专业化协作发展，适应现代化生产需要。

3. 有利于促进对外贸易的发展

在国际上，实行增值税国家的通行做法是对出口实行零税率，即对出口的货物或劳务在国内已纳的增值税全部退还给纳税人，出口商品以不含税的价格在国际市场上参与竞争。在进口环节对应税货物征收增值税，使进口货物与本国同种货物之间税负一致，有利于维护本国的权益。

阅读资料

增值税的产生与发展

增值额征税思想最早是在 1917 年由美国耶鲁大学的教授托马斯·亚当斯提出的。1921 年，德国学者西门子提出了增值税一词，但是增值税最终得以确立并征收的国家是法国。

1954 年，法国在生产阶段对原来的按营业额全额课征改为按全额计算后允许扣除购进项目已缴纳的税款，率先按增值额征税。到 2015 年，世界上有 190 多个国家和地区建立了各自不同的增值税征收制度。

我国自 1979 年开始试行增值税,1984 年国务院颁布了《中华人民共和国增值税条例(草案)》,于当年 10 月试行。1993 年国务院颁布《增值税暂行条例》,于 1994 年 1 月 1 日在全国范围内全面推行增值税,实行生产型增值税。为了进一步完善税收制度,国家决定实行增值税转型,2008 年国务院修订《增值税暂行条例》,自 2009 年 1 月 1 日起在全国范围内实施消费型增值税。为进一步完善税收制度,支持现代服务业发展,2011 年,经国务院批准,财政部、国家税务总局联合下发营业税改征增值税试点方案。从 2012 年 1 月 1 日起至 2016 年 5 月 1 日,在全国范围内全面推开"营改增",至此营业税全部改征增值税,流通环节由增值税全面覆盖。

2.2　增值税法的基本内容

2.2.1　增值税的纳税义务人

1. 纳税义务人

凡在中华人民共和国境内销售货物、服务、无形资产或者不动产或提供加工、修理修配劳务及进口货物的单位和个人都是增值税的纳税人。其中,单位是指国有企业、集体企业、私人企业、其他企业,以及行政单位、事业单位、军事单位、社会团体和其他单位,还包括外商投资企业和外国企业;个人包括个体工商户和其他个人。

企业租赁或承包给他人经营的,以承租人或承包人为纳税人。

2. 一般纳税人和小规模纳税人

按照生产规模大小和财务会计核算是否健全,将增值税的纳税人划分为一般纳税人和小规模纳税人。

(1)一般纳税人

一般纳税人是指经营规模达到规定标准、会计核算健全的纳税人,通常为年应征增值税的销售额超过《增值税暂行条例实施细则》及《营业税改征增值税试点实施办法》规定的小规模纳税人标准的企业和企业性单位。

下列单位或个人不属于一般纳税人:年应税销售额未超过小规模纳税人标准的企业;个人(除个体经营者以外的其他个人);非企业性单位;不经常发生增值税应税行为的企业。

(2)小规模纳税人

按照我国税法的规定,小规模纳税人是指年销售额在规定标准以下,并且会计核算不健全，不能按规定报送有关税务资料的增值税纳税人。

小规模纳税人的认定标准如下。

1）增值税小规模纳税人，年应征增值税销售额500万元及以下的。

2）年应税销售额超过小规模纳税人标准的其他个人按小规模纳税人纳税。

3）非企业性单位、不经常发生应税行为的企业可选择按小规模纳税人纳税。

小规模纳税人会计核算健全，能够提供准确税务资料的，可以向主管税务机关申请资格认定，不作为小规模纳税人，依照一般纳税人的有关规定计算应纳税额。所称会计核算健全，是指能够按照国家统一的会计制度规定设置账簿，根据合法、有效凭证核算。

已登记为增值税一般纳税人的单位和个人，在2018年12月31日前，可转登记为小规模纳税人，其未抵扣的进项税额作转出处理。

【例2.1】多项选择题

下列可选择成为增值税小规模纳税人的是（　　）。

A．非企业性单位　　　　　　　B．不经常发生增值税应税行为的企业

C．个体经营者　　　　　　　　D．年应税销售额未超过小规模纳税人标准的企业

答案： AB

解析： 可选择成为小规模纳税人的是，不经常发生增值税应税行为的企业、非企业性单位。

3．扣缴义务人

扣缴义务人是指依法负有代扣代缴增值税款义务的单位和个人。中华人民共和国境外的单位或者个人在境内提供应税劳务，在境内未设有经营机构的，以其境内代理人为扣缴义务人；在境内没有代理人的，以购买方为扣缴义务人。

2.2.2 增值税的征税范围

1．一般规定

增值税的征税范围主要包括在境内销售货物、服务或者进口货物，在境内销售无形资产和不动产，以及在境内提供加工和修理修配劳务。

（1）在境内销售货物

货物是指有形动产，包括电力、热力、气体在内。销售货物是指有偿转让货物的所有权。在境内销售货物，是指销售货物的起运地或者所在地在中国境内。

（2）有偿提供加工、修理修配劳务

加工是指受托加工货物，即委托方提供原料及主要材料，受托方按照委托方的要求制造货物并收取加工费的业务；修理修配是指受托对损失和丧失功能的货物进行有偿修复，使其恢复原状和功能的业务。同时提供的加工、修理修配劳务发生在中国境内。

（3）在境内销售服务

销售服务、无形资产或者不动产，是指有偿提供服务、有偿转让无形资产或者不动产，但属于下列非经营活动的情形除外。

第一，行政单位收取的同时满足以下条件的政府性基金或者行政事业性收费。

一是由国务院或者财政部批准设立的政府性基金，由国务院或者省级人民政府及其财政、价格主管部门批准设立的行政事业性收费；二是收取时开具省级以上（含省级）财政部门监（印）制的财政票据；三是所收款项全额上缴财政。

第二，单位或者个体工商户聘用的员工为本单位或者雇主提供取得工资的服务。

第三，单位或者个体工商户为聘用的员工提供服务。

第四，财政部和国家税务总局规定的其他情形。

在境内销售服务、无形资产或者不动产是指：服务（租赁不动产除外）或者无形资产（自然资源使用权除外）的销售方或者购买方在境内；所销售或者租赁的不动产在境内；所销售自然资源使用权的自然资源在境内；财政部和国家税务总局规定的其他情形。

销售服务是指提供交通运输服务、邮政服务、电信服务、建筑服务、金融服务、现代服务、生活服务。

1）交通运输服务。交通运输服务是指利用运输工具将货物或者旅客送达目的地，使其空间位置得到转移的业务活动，包括陆路运输服务、水路运输服务、航空运输服务和管道运输服务。

① 陆路运输服务。陆路运输服务是指通过陆路（地上或者地下）运送货物或者旅客的运输业务活动，包括铁路运输服务和其他陆路运输服务。其他陆路运输服务包括公路运输、缆车运输、索道运输、地铁运输、城市轻轨运输等。

出租车公司向使用本公司自有出租车的出租车司机收取的管理费用，按照陆路运输服务缴纳增值税。

② 水路运输服务。水路运输服务是指通过江、河、湖、川等天然、人工水道或者海洋航道运送货物或者旅客的运输业务活动。水路运输的程租、期租业务，属于水路运输服务。

程租业务是指运输企业为租船人完成某一特定航次的运输任务并收取租赁费的业务。

期租业务是指运输企业将配备有操作人员的船舶承租给他人使用一定期限，承租期内听候承租方调遣，不论是否经营，均按天向承租方收取租赁费，发生的固定费用均由船东负担的业务。

③ 航空运输服务。航空运输服务是指通过空中航线运送货物或者旅客的运输业务活动。航空运输的湿租业务属于航空运输服务。

湿租业务是指航空运输企业将配备有机组人员的飞机承租给他人使用一定期限，承租期内听候承租方调遣，不论是否经营，均按一定标准向承租方收取租赁费，发生的固定费用均由承租方承担的业务。

航天运输服务按照航空运输服务缴纳增值税。它是利用火箭等载体将卫星、空间探测器等空间飞行器发射到空间轨道的业务活动。

④ 管道运输服务。管道运输服务是指通过管道设施输送气体、液体、固体物质的运输业务活动。无运输工具承运业务，按照交通运输服务缴纳增值税。

无运输工具承运业务是指经营者以承运人身份与托运人签订运输服务合同，收取运费并承担承运人责任，然后委托实际承运人完成运输服务的经营活动。

自2018年1月1日起，纳税人已售票但客户逾期未消费取得的运输逾期票证收入，按照"交通运输服务"缴纳增值税。

2）邮政服务。邮政服务是指中国邮政集团公司及其所属邮政企业提供邮件寄递、邮政汇兑和机要通信等邮政基本服务的业务活动，包括邮政普遍服务、邮政特殊服务和其他邮政服务。

① 邮政普遍服务。邮政普遍服务是指函件、包裹等邮件寄递，以及邮票发行、报刊发行和邮政汇兑等业务活动。

② 邮政特殊服务。邮政特殊服务是指义务兵平常信函、机要通信、盲人读物和革命烈士遗物的寄递等业务活动。

③ 其他邮政服务。其他邮政服务是指邮册等邮品销售、邮政代理等业务活动。

3）电信服务。电信服务是指利用有线、无线的电磁系统或者光电系统等各种通信网络资源，提供语音通话服务，传送、发射、接收或者应用图像、短信等电子数据和信息的业务活动，包括基础电信服务和增值电信服务。

① 基础电信服务。基础电信服务是指利用固网、移动网、卫星、互联网，提供语音通话服务的业务活动，以及出租或者出售带宽、波长等网络元素的业务活动。

② 增值电信服务。增值电信服务是指利用固网、移动网、卫星、互联网、有线电视网络，提供短信和彩信服务、电子数据和信息的传输及应用服务、互联网接入服务等业务活动。卫星电视信号落地转接服务，按照增值电信服务缴纳增值税。

4）建筑服务。建筑服务是指各类建筑物、构筑物及其附属设施的建造、修缮、装饰，线路、管道、设备、设施等的安装及其他工程作业的业务活动，包括工程服务、安装服务、修缮服务、装饰服务和其他建筑服务。

① 工程服务。工程服务是指新建、改建各种建筑物、构筑物的工程作业，包括与建筑物相连的各种设备或者支柱、操作平台的安装或者装设工程作业，以及各种窑炉和金属结构工程作业。

② 安装服务。安装服务是指生产设备、动力设备、起重设备、运输设备、传动设备、医疗实验设备，以及其他各种设备、设施的装配、安置工程作业，包括与被安装设备相连的工作台、梯子、栏杆的装设工程作业，以及被安装设备的绝缘、防腐、保温、油漆等工程作业。

固定电话、有线电视、宽带、水、电、燃气、暖气等经营者向用户收取的安装费、初装费、开户费、扩容费及类似收费，按照安装服务缴纳增值税。

③ 修缮服务。修缮服务是指对建筑物、构筑物进行修补、加固、养护、改善，使之恢复原来的使用价值或者延长其使用期限的工程作业。

④ 装饰服务。装饰服务是指对建筑物、构筑物进行修饰装修，使之美观或者具有特定用途的工程作业。

⑤ 其他建筑服务。其他建筑服务是指上列工程作业之外的各种工程作业服务，如钻井（打井）、拆除建筑物或者构筑物、平整土地、园林绿化、疏浚（不包括航道疏浚）、建筑物平移、搭脚手架、爆破、矿山穿孔、表面附着物（包括岩层、土层、沙层等）剥离和清理等工程作业。

5）金融服务。金融服务是指经营金融保险的业务活动，包括贷款服务、直接收费金融服务、保险服务和金融商品转让。

① 贷款服务。贷款是指将资金贷与他人使用而取得利息收入的业务活动。

各种占用、拆借资金取得的收入，包括金融商品持有期间（含到期）利息（保本收益、报酬、资金占用费、补偿金等）收入，信用卡透支利息收入，买入返售金融商品利息收入，融资融券收取的利息收入，以及融资性售后回租、押汇、罚息、票据贴现、转贷等业务取得的利息及利息性质的收入，按照贷款服务缴纳增值税。

融资性售后回租是指承租方以融资为目的，将资产出售给从事融资性售后回租业务的企业后，从事融资性售后回租业务的企业将该资产出租给承租方的业务活动。

以货币资金投资收取的固定利润或者保底利润，按照贷款服务缴纳增值税。

② 直接收费金融服务。直接收费金融服务是指为货币资金融通及其他金融业务提供相关服务并且收取费用的业务活动，包括提供货币兑换、账户管理、电子银行、信用卡、信用证、财务担保、资产管理、信托管理、基金管理、金融交易场所（平台）管理、资金结算、资金清算、金融支付等服务。

③ 保险服务。保险服务是指投保人根据合同约定，向保险人支付保险费，保险人对于合同约定的可能发生的事故，因其发生所造成的财产损失承担赔偿保险金责任，或者当被保险人死亡、伤残、疾病或者达到合同约定的年龄、期限等条件时承担给付保险金责任的商业保险行为，包括人身保险服务和财产保险服务。

④ 金融商品转让。金融商品转让是指转让外汇、有价证券、非货物期货和其他金融商品所有权的业务活动。

其他金融商品转让包括基金、信托、理财产品等各类资产管理产品和各种金融衍生品的转让。

6）现代服务。现代服务是指围绕制造业、文化产业、现代物流产业等提供技术性、知识性服务的业务活动，包括研发和技术服务、信息技术服务、文化创意服务、物流辅助服务、租赁服务、鉴证咨询服务、广播影视服务、商务辅助服务和其他现代服务。

① 研发和技术服务。研发和技术服务，包括研发服务、合同能源管理服务、工程勘察勘探服务、专业技术服务。

② 信息技术服务。信息技术服务，包括软件服务、电路设计及测试服务、信息系统服务、业务流程管理服务和信息系统增值服务。

③ 文化创意服务。文化创意服务，包括设计服务、知识产权服务、广告服务和会议展览服务。

④ 物流辅助服务。物流辅助服务，包括航空服务、港口码头服务、货运客运场站服务、打捞救助服务、装卸搬运服务、仓储服务和收派服务。

⑤ 租赁服务。租赁服务，包括融资租赁服务和经营租赁服务。

将建筑物、构筑物等不动产或者飞机、车辆等有形动产的广告位出租给其他单位或者个人用于发布广告，按照经营租赁服务缴纳增值税。车辆停放服务、道路通行服务（包括过路费、过桥费、过闸费等）等按照不动产经营租赁服务缴纳增值税。

水路运输的光租业务、航空运输的干租业务，属于经营租赁。光租业务是指运输企业将船舶在约定的时间内出租给他人使用，不配备操作人员，不承担运输过程中发生的各项费用，只收取固定租赁费的业务活动。干租业务是指航空运输企业将飞机在约定的时间内出租给他人使用，不配备机组人员，不承担运输过程中发生的各项费用，只收取固定租赁费的业务活动。

⑥ 鉴证咨询服务。鉴证咨询服务，包括认证服务、鉴证服务和咨询服务。翻译服务和市场调查服务按照咨询服务缴纳增值税。

⑦ 广播影视服务。广播影视服务，包括广播影视节目（作品）的制作服务、发行服务和播映（含放映，下同）服务。

⑧ 商务辅助服务。商务辅助服务，包括企业管理服务、经纪代理服务、人力资源服务、安全保护服务。

经纪代理服务，包括金融代理、知识产权代理、货物运输代理、代理报关、法律代理、房地产中介、职业中介、婚姻中介、代理记账、拍卖等。

⑨ 其他现代服务。其他现代服务是指除研发和技术服务、信息技术服务、文化创意服务、物流辅助服务、租赁服务、鉴证咨询服务、广播影视服务和商务辅助服务以外的现代服务。

自 2018 年 1 月 1 日起，纳税人为客户办理退票而向客户收取的退票费、手续费等收入，按照"其他现代服务"缴纳增值税。

纳税人对安装运行后的电梯提供的维护保养服务，按照"其他现代服务"缴纳增值税。

7）生活服务。生活服务是指为满足城乡居民日常生活需求提供的各类服务活动，包括文化体育服务、教育医疗服务、旅游娱乐服务、餐饮住宿服务、居民日常服务和其他生活服务。

① 文化体育服务。文化体育服务，包括文化服务和体育服务。文化服务，包括文艺创作、文艺表演、文化比赛，图书馆的图书和资料借阅，档案馆的档案管理，文物及非物质遗产保护，组织举办宗教活动、科技活动、文化活动，提供游览场所。

② 教育医疗服务。教育医疗服务，包括教育服务和医疗服务。教育服务，包括学历教育服务、非学历教育服务、教育辅助服务。

③ 旅游娱乐服务。旅游娱乐服务，包括旅游服务和娱乐服务。娱乐服务，包括歌厅、舞厅、夜总会、酒吧、台球、高尔夫球、保龄球、游艺（包括射击、狩猎、跑马、游戏机、蹦极、卡丁车、热气球、动力伞、射箭、飞镖）。

④ 餐饮住宿服务。餐饮住宿服务，包括餐饮服务和住宿服务。

⑤ 居民日常服务。居民日常服务是指主要为满足居民个人及其家庭日常生活需求提供的服务，包括市容市政管理、家政、婚庆、养老、殡葬、照料和护理、救助救济、美容美发、按摩、桑拿、氧吧、足疗、沐浴、洗染、摄影扩印等服务。

⑥ 其他生活服务。其他生活服务是指除文化体育服务、教育医疗服务、旅游娱乐服务、餐饮住宿服务和居民日常服务之外的生活服务。

（4）销售无形资产

销售无形资产是指转让无形资产所有权或者使用权的业务活动。无形资产是指不具有实物形态，但能带来经济利益的资产，包括技术、商标、著作权、商誉、自然资源使用权和其他权益性无形资产。

（5）销售不动产

销售不动产是指转让不动产所有权的业务活动。不动产是指不能移动或者移动后会引起性质、形状改变的财产，包括建筑物、构筑物等。

转让建筑物有限产权或者永久使用权的，转让在建的建筑物或者构筑物所有权的，以及在转让建筑物或者构筑物时一并转让其所占土地的使用权的，按照销售不动产缴纳增值税。

（6）进口货物

进口货物是指对纳税人报关进口的货物及应税服务，按照规定征收增值税。

【例2.2】多项选择题

下列各项中，属于增值税征收范围的有（   ）。

A. 广告设计   B. 会议展览   C. 技术咨询   D. 有形动产租赁

答案：ABCD

解析："营改增"之后，增值税的计征范围包括在境内销售货物及应税劳务服务（应税劳务服务包括加工修理修配劳务，以及原征收营业税的劳务服务）、进口货物，以及在境内销售无形资产和不动产。因此以上选项都属于增值税计征范围。

2. 特殊规定

（1）视同销售货物行为

单位或个体工商户的下列行为视同销售货物，应当征收增值税。

1）将货物交付其他单位或者个人代销。

2）销售代销货物。

3）设有两个以上机构并实行统一核算的纳税人，将货物从一个机构移送至其他机构用于销售，但相关机构设在同一县（市）的除外。

4）将自产、委托加工的货物用于非应税项目。

5）将自产、委托加工或购进的货物作为投资，提供给其他单位或个体工商户。

6）将自产、委托加工或购进的货物分配给股东或投资者。

7）将自产、委托加工的货物用于集体福利或个人消费。

8）将自产、委托加工或购进的货物无偿赠送其他单位或他人。

9）向其他单位或个人无偿提供服务、无偿转让无形资产或不动产，但用于公益事业或以社会公众为对象的除外。

10）财政部和国家税务总局规定的其他情形。

（2）混合销售行为

一项销售行为如果既涉及货物又涉及服务，则为混合销售。从事货物的生产、批发或者零售的单位和个体工商户的混合销售行为，按照销售货物缴纳增值税；其他单位和个体工商户的混合销售行为，按照销售服务缴纳增值税。

上述从事货物的生产、批发或者零售的单位和个体工商户，包括以从事货物的生产、批发或者零售为主，并兼营销售服务的单位和个体工商户在内。

（3）兼营行为

兼营是指纳税人的经营中既包括销售货物和加工修理修配劳务，又包括销售服务、无形资产和不动产的行为。

纳税人销售货物、加工修理修配劳务、服务、无形资产或者不动产适用不同税率或者征收率的，应当分别核算适用不同税率或者征收率的销售额，未分别核算销售额的，按照以下方法适用税率或者征收率。

1）兼有不同税率的销售货物、加工修理修配劳务、服务、无形资产或者不动产，从高适用税率。

2）兼有不同征收率的销售货物、加工修理修配劳务、服务、无形资产或者不动产，从高适用征收率。

3）兼有不同税率和征收率的销售货物、加工修理修配劳务、服务、无形资产或者不动产，从高适用税率。

混合销售和兼营既有相同之处，也有不同之处。相同之处：纳税人在生产经营活动中都涉及销售货物和服务两类业务。不同之处：混合销售是在同一项（次）销售业务中同时涉及货物和应税服务，货物销售款和服务价款同时从一个客户处收取。兼营是纳税人兼有销售货物和服务两类业务，并且这种经营活动并不发生在同一项（次）业务中。

【例2.3】多项选择题

下列各项中，应视同销售货物行为征收增值税的是（   ）。

A. 将委托加工的货物用于非应税项目　　B. 将外购货物用于个人消费

C. 销售代销货物　　　　　　　　　　　D. 将自产货物用于集体福利

答案： ACD

解析： 按规定选项A、C、D应视同销售征收增值税，选项B不属于视同销售货物的情形。

【例2.4】多项选择题

下列各项中，属于混合销售行为征收增值税的是（   ）。

A. 百货商店在销售商品的同时又提供送货服务

B. 餐饮公司提供餐饮服务的同时又销售烟酒

C. 建材商店在销售木质地板的同时提供安装服务

D. 歌舞厅在提供娱乐服务的同时销售食品

答案： ABCD

解析： 一项销售行为如果既涉及货物又涉及服务，为混合销售行为。选项A、B、C、D均为混合销售行为。

3. 不征收增值税的项目

1）供应或开采未经加工的天然水，不征收增值税。

2）对国家管理部门行使公共管理职能，发放的执照、牌照和有关证书等取得工本费收入，不征收增值税。

3）对体育彩票的发行收入，不征收增值税。

4）对增值税纳税人收取的会员费收入，不征收增值税。

5）根据国家指令无偿提供的铁路运输服务、航空运输服务，属于《营业税改征增值税试点实施办法》第十四条规定的用于公益事业的服务，不征收增值税。

6）存款利息，不征收增值税。

7）被保险人获得的保险赔付，不征收增值税。

8）房地产主管部门或者其指定机构、公积金管理中心、开发企业，以及物业管理单位代收的住宅专项维修资金，不征收增值税。

9）在资产重组过程中，通过合并、分立、出售、置换等方式，将全部或者部分实物资产，以及与其相关联的债权、负债和劳动力一并转让给其他单位和个人，其中涉及的不动产、土地使用权转让行为，不征收增值税。

2.2.3 增值税的税率及征收率

我国增值税实行单一比例税率。对一些特殊行业或产品设置低税率，对出口产品实行零税率，对一般纳税人和小规模纳税人采用不同的税率。

1. 基本税率

增值税一般纳税人销售或者进口货物，提供加工、修理修配劳务、提供有形动产租赁服务，除低税率适用范围和销售个别旧货适用征收率外，一律适用16%的基本税率。

2. 低税率

（1）10%税率

1）粮食、食用植物油。

2）自来水、暖气、冷气、热水、煤气、石油液化气、天然气、沼气、居民用煤炭制品。

3）图书、报纸、杂志。

4）饲料、化肥、农药、农机、农膜。

5）国务院及其有关部门规定的其他货物，主要包括农产品、音像制品、电子出版物和二甲醚等。

6）提供交通运输、邮政、基础电信、建筑、不动产租赁服务，销售不动产，转让土地使用权。

（2）6%税率

提供增值电信服务、金融服务、现代服务（除有形动产租赁服务和不动产租赁服务外）、生活服务、销售无形资产（除转让土地使用权外）。

3. 零税率

1）纳税人出口货物，税率为零，但国务院另有规定的除外。

2）境内单位和个人发生的跨境应税行为，税率为零。具体范围由财政部和国家税务总局另行规定。

4. 征收率

小规模纳税人采用简易办法，征收率为 3%，财政部和国家税务总局另有规定的除外。按照其销售额与规定的征收率计算缴纳增值税，不允许抵扣进项税额，不得自行开具增值税专用发票。

按照现行增值税有关规定，对于一般纳税人销售的特定货物确定征收率，按照简易办法征收增值税，并视不同情况采取不同的征收管理办法。

2.2.4 增值税的优惠政策

1. 未达起征点免征

起征点是指开始征税的起点。对个人销售额未达到规定起征点的，免征增值税，销售额达到起征点的，全额计算纳税。具体规定如下。

1）按期纳税的，月销售额为 5 000～20 000 元（含本数）。

2）按次纳税的，每次（日）销售额 300～500 元（含本数）。

2. 增值税的免税项目

（1）《增值税暂行条例》规定的免税项目

1）农业生产者销售的自产农产品。

2）避孕药品和用具。

3）古旧图书。古旧图书是指向社会收购的古书和旧书。

4）直接用于科学研究、科学试验和教学的进口仪器、设备。

5）外国政府、国际组织无偿援助的进口物资和设备。

6）由残疾人的组织直接进口供残疾人专用的物品。

7）销售的自己使用过的物品。自己使用过的物品是指其他个人自己使用过的物品。

（2）《营业税改征增值税试点过渡政策的规定》中的免税项目

1）托儿所、幼儿园提供的保育和教育服务。

2）养老机构提供的养老服务。

3）残疾人福利机构提供的育养服务。

4）婚姻介绍服务。

5）殡葬服务。

6）残疾人员本人为社会提供的服务。

7）医疗机构提供的医疗服务。

8）从事学历教育的学校提供的教育服务。

9）学生勤工俭学提供的服务。

10）农业机耕、排灌、病虫害防治、植物保护、农牧保险及相关技术培训业务，家禽、牲畜、水生动物的配种和疾病防治。

11）纪念馆、博物馆、文化馆、文物保护单位管理机构、美术馆、展览馆、书画院、图书馆在自己的场所提供文化体育服务取得的第一道门票收入。

12）寺院、宫观、清真寺和教堂举办文化、宗教活动的门票收入。

13）行政单位之外的其他单位收取的符合《营业税改征增值税试点实施办法》第十条规定条件的政府性基金和行政事业性收费。

14）个人转让著作权。

15）个人销售自建自用住房。

16）2018 年 12 月 31 日前，公共租赁住房经营管理单位出租公共租赁住房。

17）台湾航运公司、航空公司从事海峡两岸海上直航、空中直航业务在大陆取得的运输收入。

18）纳税人提供的直接或者间接国际货物运输代理服务。

19）符合条件的贷款、利息收入。

20）被撤销金融机构以货物、不动产、无形资产、有价证券、票据等财产清偿债务。

21）保险公司开办的一年期以上人身保险产品取得的保费收入。

22）符合规定的金融商品转让收入。

23）金融同业往来利息收入。

24）符合规定条件的担保机构从事中小企业信用担保或者再担保业务取得的收入（不含信用评级、咨询、培训等收入）3 年内免征增值税。

25）国家商品储备管理单位及其直属企业承担商品储备任务，从中央或者地方财政取得的利息补贴收入和价差补贴收入。

26）纳税人提供技术转让、技术开发和与之相关的技术咨询、技术服务。

27）符合规定条件的合同能源管理服务。

28）2017 年 12 月 31 日前，科普单位的门票收入，以及县级及以上党政部门和科协开展科普活动的门票收入。

29）政府举办的从事学历教育的高等、中等和初等学校（不含下属单位），举办进修班、培训班取得的全部归该学校所有的收入。

30）政府举办的职业学校设立的主要为在校学生提供实习场所、并由学校出资自办、由学校负责经营管理、经营收入归学校所有的企业，从事《销售服务、无形资产或者不动产注释》中"现代服务"（不含融资租赁服务、广告服务和其他现代服务）、"生活服务"（不含文化体育服务、其他生活服务和桑拿、氧吧）业务活动取得的收入。

31）家政服务企业由员工制家政服务员提供家政服务取得的收入。

32）福利彩票、体育彩票的发行收入。

33）军队空余房产租赁收入。

34）为了配合国家住房制度改革，企业、行政事业单位按房改成本价、标准价出售住房取得的收入。

35）将土地使用权转让给农业生产者用于农业生产。

36）涉及家庭财产分割的个人无偿转让不动产、土地使用权。

37）土地所有者出让土地使用权和土地使用者将土地使用权归还给土地所有者。

38）县级以上地方人民政府或自然资源行政主管部门出让、转让或收回自然资源使用权（不含土地使用权）。

39）随军家属就业。

40）军队转业干部就业。

（3）《营业税改征增值税试点过渡政策的规定》中的即征即退项目

1）一般纳税人提供管道运输服务，对其增值税实际税负超过3%的部分实行增值税即征即退政策。

2）经人民银行、银监会或者商务部批准从事融资租赁业务的试点纳税人中的一般纳税人，提供有形动产融资租赁服务和有形动产融资性售后回租服务，对其增值税实际税负超过3%的部分实行增值税即征即退政策。

《营业税改征增值税试点过渡政策的规定》所称增值税实际税负，是指纳税人当期提供应税服务实际缴纳的增值税额占纳税人当期提供应税服务取得的全部价款和价外费用的比例。

（4）《营业税改征增值税试点过渡政策的规定》中的扣减增值税项目

1）退役士兵创业就业。

2）重点群体创业就业。

（5）《营业税改征增值税试点过渡政策的规定》中的其他税收优惠

1）金融企业发放贷款后，自结息日起90天内发生的应收未收利息按现行规定缴纳增值税，自结息日起90天后发生的应收未收利息暂不缴纳增值税，待实际收到利息时按规定缴纳增值税。

2）个人将购买不足2年的住房对外销售的，按照5%的征收率全额缴纳增值税；个人将购买2年以上（含2年）的住房对外销售的，免征增值税。上述政策适用于北京市、上海市、广州市和深圳市之外的地区。

个人将购买不足 2 年的住房对外销售的，按照 5%的征收率全额缴纳增值税；个人将购买 2 年以上（含 2 年）的非普通住房对外销售的，以销售收入减去购买住房价款后的差额按照 5%的征收率缴纳增值税；个人将购买 2 年以上（含 2 年）的普通住房对外销售的，免征增值税。上述政策仅适用于北京市、上海市、广州市和深圳市。

（6）其他免税规定

1）纳税人发生应税行为适用免税、减税规定的，可以放弃免税、减税，放弃免税、减税后，36 个月内不得再申请免税、减税。

纳税人发生应税行为同时适用免税和零税率规定的，纳税人可以选择适用免税或者零税率。

2）对小微企业、个体工商户和其他个人的小规模纳税 2019 年 1 月 1 日至 2021 年 12 月 31 日，销售货物或提供加工修理修配劳务，销售服务、无形资产月销售额不超过 10 万元（按季纳税 30 万元），免征增值税。

3）纳税人兼营免税、减税项目的，应当分别核算免税、减税项目的销售额，未分别核算销售额的，不得免税、减税。

2.3 增值税的计算与缴纳

2.3.1 一般计税方法应纳税额的计算

我国增值税一般纳税人销售货物、提供劳务、销售应税服务、无形资产或不动产，采用一般计税方法缴纳增值税，即采用国际上通行的购进扣税法，当期应纳增值税的税额取决于当期销项税额和当期进项税额。

购进扣税法即先按当期销售额和适用税率计算出销项税额，然后对当期购进项目已经缴纳的税款进行抵扣，从而间接计算出当期应纳税额的方法。计算公式为

$$应纳税额＝当期销项税额－当期进项税额$$

当期销项税额小于当期进项税额不足抵扣时，其不足部分可以结转下期继续抵扣。

1. 当期销项税额的确定

销项税额是指纳税人销售货物或提供应税劳务，按照销售额和规定的税率计算并向购买方收取的增值税额。计算公式为

$$销项税额＝销售额（或组成计税价格）×税率$$

（1）一般销售方式下销售额的确定

销售额是指纳税人销售货物或者提供应税劳务向购买方收取的全部价款和价外费用，但销售额中不包括向购买方收取的销项税额。由于消费税属于价内税，因此，凡征

收消费税的货物在计征增值税税额时,其应税销售额应包括消费税税金。

价外费用是指在价外向购买方收取的手续费、补贴、基金、集资费、返还利润、奖励费、违约金、滞纳金、延期付款利息、赔偿金、代收款项、代垫款项、包装费、包装物租金、储备费、优质费、运输装卸费及其他各种性质的价外收费。

价外费用不包括的项目如下。

1)向购买方收取的增值税税额。

2)受托加工应征消费税的消费品所代收代缴的消费税。

3)同时符合以下条件代为收取的政府性基金或者行政事业性收费。

① 由国务院或者财政部批准设立的政府性基金,由国务院或者省级人民政府及其财政、价格主管部门批准设立的行政事业性收费。

② 收取时开具省级以上财政部门印制的财政票据。

③ 所收款项全额上缴财政。

4)代收取的费用,包括销售货物的同时代办保险等而向购买方收取的保险费,以及向购买方收取的代购买方缴纳的车辆购置税、车辆牌照费。

5)以委托方名义开具发票代委托方收取的款项。

【例2.5】判断题

纳税人代政府机关收取的经国务院批准的收费,不属于价外费用,不征收增值税。

（　　　）

答案:×

解析:纳税人代政府机关收取费用需要同时符合规定的三个条件:经国务院、国务院有关部门或省级政府批准;开具经财政部门批准使用的行政事业收费专用票据;所收款项全额上缴财政或虽不上缴财政但由政府部门监管,专款专用,否则需要征收增值税。

（2）特殊销售方式下销售额的确定

1)折扣销售。折扣销售是指销售方为了促销或者由于市场价格下降等原因而给予的价格折让（也称商业折扣）。如果销售额和折扣额同在一张发票上并分别注明的,可按冲减折扣额后的余额征收增值税;如果将折扣额另开发票的,不论其在财务上如何处理,均不得从销售额中扣减折扣额。

实际操作中,应注意区分折扣销售、销售折扣和销售折让。

① 销售折扣也称现金折扣,是销售方为鼓励买方在一定期限内早日付款而给予的一种折扣优惠。例如,10天内付款,货款折扣3%;20天内付款,折扣2%;30天内全价付款,属于企业融资行为。计征增值税时,现金折扣不允许从销售额中扣减。

② 销售折让是指货物销售后,由于其品种、质量等原因购货方未予退货,但销货方需给予购货方一定的价格折让。因为销售折让是由于货物的品种和质量引起销售额的减少,因此,对销售折让可以按照折让后的货款作为销售额。

③ 折扣销售仅限于价格折扣，如果销货方将货物用于实物折扣的（如买一赠一），则不能从销售额中减除，即实物折扣视同销售要计税。

【例2.6】计算题

某企业为一般纳税人，生产销售一批货物，不含税销售额为 20 万元，适用税率为 16%。结算时，该企业按含税销售额给予购买方 4% 的现金折扣，开具红字发票入账。计算其销项税额。

解析： 该企业给予购买方的现金折扣是一笔理财费用，应作为财务费用处理，不得从销售额中减除。

$$销项税额 = 200\,000 \times 16\% = 32\,000（元）$$

2）以旧换新销售。以旧换新销售是纳税人在销售货物时，折价收回同类旧货物，并以折价款部分冲减新货物价款的一种销售方式。采取以旧换新方式销售货物的，应按新货物的同期销售价格确定销售额，不得扣减旧货物的收购价格。

【例2.7】计算题

某电器商场为一般纳税人，现采取以旧换新方式销售电冰箱。3 月 5 日以旧换新销售电冰箱 1 台，收取现金 3 802 元，旧冰箱作价 200 元。该型号电冰箱零售价 4 002 元，计算其销项税额。

解析：

$$电冰箱的销项税额 = 4\,002 \div （1+16\%）\times 16\% = 552（元）$$

需要注意的是，金银首饰以旧换新业务，可以按销售方实际收取的不含增值税的全部价款征收增值税。

3）还本销售。还本销售是指纳税人在销售货物后，到一定期限由销售方一次或分次退还给购货方全部或部分价款。这种方式实际上是一种筹资，是以货物换取资金的使用价值，到期还本不付息的方法。采取还本销售方式销售货物，不得从销售额中减除还本支出。

4）以物易物销售。以物易物就购销双方而言不是以货币结算，而是以同行价款的货物相互结算，实现货物购销的一种方式。以物易物方式销售，购销双方都应作购销处理，以各自发出的货物核算销售额并计算销项税额，以各自收到的货物按规定核算购货额并计算进项税额。

【例2.8】计算题

某卷烟厂以雪茄烟 40 箱与汽车制造厂换回小轿车 3 辆，当期雪茄烟每箱不含税市场零售价为 2 万元。计算卷烟厂销项税额和当期进项税额（双方均为一般纳税人）。

解析： 卷烟厂的 40 箱卷烟应按市场价确定不含税销售额，并据以计算当期销项税额；换回的小轿车 3 辆应作为购进业务，价款 80 万元，计算的税额应作为当期进项税额抵扣。

$$卷烟厂销售额=2×40=80（万元）$$
$$当期销项税额=80×16\%=12.8（万元）$$
$$当期进项税额=80×16\%=12.8（万元）$$

应当注意的是，在以物易物活动中，应分别开具合法的票据，如果收到的货物不能取得相应的增值税专用发票或其他合法票据，就不能抵扣进项税额。

5）销售退回或折让。纳税人发生销售货物、应税劳务或应税行为退回或折让而退还给购买方的增值税税额，应从发生销售货物退回或折让当期的销项税额中扣减。

纳税人发生销售货物、应税劳务或应税行为，开具增值税专用发票后，发生开票有误或者销售折让、中止、退回等情形的，应当按照国家税务总局的规定开具红字增值税专用发票；未按照规定开具红字增值税专用发票的，不得扣减销项税额或者销售额。

6）包装物押金计税问题。纳税人为销售货物而出租出借包装物收取的押金，单独记账核算的，时间在 1 年以内，又未过期的，不并入销售额征税，但对因逾期未收回包装物不再退还的押金，应按包装货物的适用税率计算销项税额。

酒类产品的包装物押金，从 1995 年 6 月 1 日起，对销售啤酒、黄酒所收取的押金按照以上规定执行。对销售除啤酒、黄酒以外的其他酒类产品而收取的包装物押金，无论是否返还及会计上如何核算，均应并入当期销售额征税。

实践中，应注意以下几点。

① "逾期"是按合同约定实际逾期或以 1 年为期限，对收取 1 年以上的押金，无论是否退还均并入销售额征税。

② 包装物押金是含税收入，在并入销售额征税时，需要先将该押金换算为不含税收入，再计算应纳增值税税额。

③ 包装物押金不同于包装物租金，包装物租金属于价外费用，在销售货物时随同货款一并计算增值税税额。

【例2.9】计算题

某酒厂为一般纳税人，本月销售散装白酒 30 吨，出厂价格为 4 200 元/吨，取得销售收入为 126 000 元。同时收取包装物押金 5 000 元，单独记账核算。

要求：①计算销售白酒应计销项税额；②若一年前销售啤酒收取的啤酒包装物押金 20 000 元本月逾期未返还，计算本月的销项税额。

解析：

① 销售白酒的包装物押金应当并入当期销售额计税，包装物押金一般为含税收入。

$$销售白酒应计销项税额 = [126\,000 + 5\,000 \div (1 + 16\%)] \times 16\%$$
$$\approx 20\,849.66（元）$$

② 啤酒包装物押金逾期应计入销售额。

$$应计销项税额 = 20\,000 \div (1 + 16\%) \times 16\% \approx 2\,758.62（元）$$
$$本月销项税额 = 20\,849.66 + 2\,758.62 = 23\,608.28（元）$$

7）核定销售额。我国税法规定，对纳税人销售货物或者应税劳务的价格明显偏低并无正当理由的，以及视同销售征税而无销售额的，按下列顺序确定其销售额。

① 按纳税人最近时期销售同类货物、服务、无形资产或不动产的平均价格确定。

② 按其他纳税人最近时期销售同类货物、服务、无形资产或不动产的平均价格确定。

③ 按组成计税价格确定。组成计税价格的公式为

$$组成计税价格 = 成本 \times (1 + 成本利润率)$$

已征收增值税的货物，同时又征收消费税的，其组成计税价格中应加上消费税税额，其组成计税价格公式为

$$组成计税价格 = 成本 \times (1 + 成本利润率) + 消费税税额$$

或

$$组成计税价格 = 成本 \times (1 + 成本利润率) \div (1 - 消费税税率)$$

其中，销售自产货物的成本为实际生产成本，销售外购货物的成本为实际采购成本；成本利润率为国家税务总局确定的平均成本利润率（10%），但属于应从价定率征收消费税的货物，其组成计税价格公式中的成本利润率，为国家税务总局确定的成本利润率。

（3）有关行业销售额的特殊规定

1）贷款服务，以提供贷款服务取得的全部利息及利息性质的收入为销售额。

2）直接收费金融服务，以提供直接收费金融服务收取的手续费、佣金、酬金、管理费、服务费、经手费、开户费、过户费、结算费、转托管费等各类费用为销售额。

3）金融商品转让，按照卖出价扣除买入价后的余额为销售额。

转让金融商品出现的正负差，按盈亏相抵后的余额为销售额。若相抵后出现负差，可结转下一纳税期与下期转让金融商品销售额相抵，但年末时仍出现负差的，不得转入下一个会计年度。

金融商品的买入价，可以选择按照加权平均法或者移动加权平均法进行核算，选择后 36 个月内不得变更。

金融商品转让，不得开具增值税专用发票。

4）经纪代理服务，以取得的全部价款和价外费用，扣除向委托方收取并代为支付的政府性基金或者行政事业性收费后的余额为销售额。向委托方收取的政府性基金或者行政事业性收费，不得开具增值税专用发票。

5）融资租赁和融资性售后回租业务。

① 经批准，试点纳税人提供融资租赁服务的，以取得的全部价款和价外费用，扣除支付的借款利息（包括外汇借款和人民币借款利息）、发行债券利息和车辆购置税后的余额为销售额。

② 经批准，试点纳税人提供融资性售后回租服务的，以取得的全部价款和价外费用（不含本金），扣除对外支付的借款利息（包括外汇借款和人民币借款利息）、发行债券利息后的余额作为销售额。

③ 试点纳税人根据 2016 年 4 月 30 日前签订的有形动产融资性售后回租合同，在合同到期前提供的有形动产融资性售后回租服务，可继续按照有形动产融资租赁服务缴纳增值税。

6）航空运输企业的销售额，不包括代收的机场建设费和代售其他航空运输企业客票而代收转付的价款。

自 2018 年 1 月 1 日起，航空运输销售代理企业提供境外航段机票代理服务，以取得的全部价款和价外费用，扣除向客户收取并支付给其他单位或者个人的境外航段机票结算款和相关费用后的余额为销售额。

7）试点纳税人中的一般纳税人（以下称一般纳税人）提供客运场站服务，以其取得的全部价款和价外费用，扣除支付给承运方运费后的余额为销售额。

8）试点纳税人提供旅游服务，可以选择以取得的全部价款和价外费用，扣除向旅游服务购买方收取并支付给其他单位或者个人的住宿费、餐饮费、交通费、签证费、门票费和支付给其他接团旅游企业的旅游费用后的余额为销售额。

选择上述办法计算销售额的试点纳税人，向旅游服务购买方收取并支付的上述费用，不得开具增值税专用发票，可以开具普通发票。

9）试点纳税人提供建筑服务适用简易计税方法的，以取得的全部价款和价外费用扣除支付的分包款后的余额为销售额。

10）房地产开发企业中的一般纳税人销售其开发的房地产项目（选择简易计税方法的房地产老项目除外），以取得的全部价款和价外费用，扣除受让土地时向政府部门支付的土地价款后的余额为销售额。

房地产老项目是指建筑工程施工许可证注明的合同开工日期在 2016 年 4 月 30 日前的房地产项目。

值得注意的是，试点纳税人按照上述 4）～10）款的规定从全部价款和价外费用中扣除的价款，应当取得符合法律、行政法规和国家税务总局规定的有效凭证，否则不得扣除。

（4）含税销售额

一般纳税人（包括纳税人自己或代其他部门）向购买方收取的价外费用和逾期包装物押金，应视为含税收入，在征税时换算成不含税收入再并入销售额。

商品零售企业或其他企业将货物或应税劳务出售给消费者、使用单位或小规模纳税人，只能开具普通发票，将价款和税款合并计价，销售额和增值税额合并收取，计税时应将含税销售额换算为不含税销售额。换算公式为

不含税销售额＝含税销售额÷（1＋税率）

（5）外币销售额的折算

纳税人以人民币以外的货币结算销售额的，应当折算成人民币计算。其销售额的人民币折合率可以选择结算的当天或者当月 1 日的国家外汇牌价（原则上为中间价）。纳税人应在事先确定采用何种折合率，确定后 12 个月内不得变更。

2. 当期进项税额的确定

进项税额是指纳税人购进货物或者接受应税劳务支付或者负担的增值税额。

（1）准予从销项税额中抵扣的进项税额

1）从销售方取得的增值税专用发票（含税控机动车销售统一发票，下同）上注明的增值税额。

2）从海关取得的海关进口增值税专用缴款书上注明的增值税税额。

3）购进农产品进项税额的确定与抵扣。购进农产品除取得增值税专用发票或者海关进口增值税专用缴款书外，按照农产品收购发票或者销售发票上注明的农产品买价和10%的扣除率计算进项税额；纳税人购进用于生产销售或委托加工 16%税率货物的农产品，按照 12%的扣除率计算进项税额。计算公式为

准予抵扣的进项税额＝买价×扣除率（10%或12%）

农产品是指直接从事植物的种植、收割和动物的饲养、捕捞的单位和个人销售的自产而且免征增值税的农业产品；购买农业产品的买价，包括纳税人购进农产品在农产品收购发票或者销售发票上注明的价款和按规定缴纳的烟叶税；对烟叶纳税人按规定缴纳的烟叶税准予并入烟叶的买价计算增值税的进项税额，并在计算缴纳增值税时扣除。

阅读资料

烟 叶 税 法

烟叶税法是我国现行税收实体法体系中 19 个税收法律、法规之一。

为减轻农民负担，党的十六届三中全会确立了深化农村税费改革的各项政策目标。2004 年 6 月，根据中共中央、国务院《关于促进农民增加收入若干政策的意见》，财政部、国家税务总局下发了《关于取消除烟叶外的农业特产农业税有关问题的通

知》，要求从 2004 年起，除对烟叶暂保留征收农业特产农业税外，取消对其他农业特产品征收的农业特产农业税。2005 年 12 月 29 日，第十届全国人民代表大会常务委员会第十九次会议决定废止《中华人民共和国农业税条例》(以下简称《农业税条例》)。农业特产农业税是依据《农业税条例》开征的，取消农业税以后，意味着农业特产农业税要同时取消。因此，2006 年 2 月 17 日，国务院第 459 号令废止了《关于对农业特产收入征收农业税的规定》。这样，对烟叶征收农业特产农业税也失去了法律依据。停止征收烟叶特产农业税，会产生一些新的问题：一是烟叶产区的县乡财政收入将受到较大的影响；二是对当地基层政权的正常运转和各项公共事业的发展会产生一定的负面影响，不利于烟叶产区县乡经济的发展；三是影响地方政府引导和发展烟叶种植的积极性，不利于卷烟工业的持续稳定发展。

基于以上情况，国务院 2006 年 4 月 28 日颁布并实施《中华人民共和国烟叶税暂行条例》(国务院第 464 号令，以下简称《烟叶税暂行条例》)，开征烟叶税取代原烟叶特产农业税，从而保持政策的连续性，实现烟叶税制的转变，保证地方财政收入稳定，引导烟叶种植和烟草行业健康发展。《烟叶税暂行条例》主要规定以下内容。

1）烟叶税的纳税人为在中华人民共和国境内从事烟叶收购的单位。

2）烟叶税的征收环节为烟叶收购环节。

3）烟叶税的税率为 20% 的比例税率。

4）烟叶税的计税依据为烟叶的收购金额。

纳税人收购烟叶实际支付的价款总额包括纳税人支付给烟叶生产销售单位和个人的烟叶收购价款和价外补贴。其中，价外补贴统一按照烟叶收购价款的 10% 计算。

5）烟叶税的征收机关为税务机关。

6）烟叶税的纳税义务发生时间为纳税人收购烟叶的当天。

7）纳税人应当自纳税义务发生之日起 30 日内申报纳税。

4）从境外单位或者个人购进服务、无形资产或者不动产，自税务机关或者扣缴义务人取得的解缴税款的完税凭证上注明的增值税额。

纳税人取得的增值税扣税凭证不符合法律、行政法规或者国家税务总局有关规定的，其进项税额不得从销项税额中抵扣。

增值税扣税凭证是指增值税专用发票、海关进口增值税专用缴款书、农产品收购发票、农产品销售发票和完税凭证。

纳税人凭完税凭证抵扣进项税额的，应当具备书面合同、付款证明和境外单位的对账单或者发票。资料不全的，其进项税额不得从销项税额中抵扣。

（2）不得从销项税额中抵扣的进项税额

1）用于简易计税方法计税项目、免征增值税项目、集体福利或者个人消费的购进货物、加工修理修配劳务、服务、无形资产和不动产。其中涉及的固定资产、无形资产、不动产，仅指专用于上述项目的固定资产、无形资产（不包括其他权益性无形资产）、不动产。纳税人的交际应酬消费属于个人消费。

2）非正常损失的购进货物，以及相关的加工修理修配劳务和交通运输服务。

3）非正常损失的在产品、产成品所耗用的购进货物（不包括固定资产）、加工修理修配劳务和交通运输服务。

4）非正常损失的不动产，以及该不动产所耗用的购进货物、设计服务和建筑服务。

5）非正常损失的不动产在建工程所耗用的购进货物、设计服务和建筑服务。纳税人新建、改建、扩建、修缮、装饰不动产，均属于不动产在建工程。

6）购进的旅客运输服务、贷款服务、餐饮服务、居民日常服务和娱乐服务。

7）纳税人接受贷款服务向贷款方支付的与该笔贷款直接相关的投融资顾问费、手续费、咨询费等费用，其进项税额不得从销项税额中抵扣。

8）财政部和国家税务总局规定的其他情形。

上述4）项、5）项所称货物是指构成不动产实体的材料和设备，包括建筑装饰材料和给排水、采暖、卫生、通风、照明、通信、煤气、消防、中央空调、电梯、电气、智能化楼宇设备及配套设施。

固定资产是指使用期限超过 12 个月的机器、机械、运输工具，以及其他与生产经营有关的设备、工具、器具等有形动产。

非正常损失是指因管理不善造成货物被盗、丢失、霉烂变质，以及因违反法律法规造成货物或者不动产被依法没收、销毁、拆除的情形。

【例 2.10】单项选择题

下列各项中，不得从销项税额中抵扣进项税额的是（　　　）。

A. 购进生产用燃料所支付的增值税税款

B. 不合格产品耗用材料所支付的增值税税款

C. 因管理不善被盗材料所支付的增值税税款

D. 购进不动产耗用装修材料所支付的增值税税款

答案： C

解析： 因管理不善造成货物被盗、丢失、霉烂变质的损失，以及因违反法律法规造成货物或者不动产被依法没收、销毁、拆除的损失不得从销项税额中抵扣。

（3）其他规定

1）适用一般计税方法的纳税人，兼营简易计税方法计税项目、免征增值税项目而无法划分不得抵扣的进项税额，按照下列公式计算不得抵扣的进项税额。

不得抵扣的进项税额＝当期无法划分的全部进项税额

×（当期简易计税方法计税项目销售额

＋免征增值税项目销售额）÷当期全部销售额

主管税务机关可以按照上述公式依据年度数据对不得抵扣的进项税额进行清算。

需要说明的是，自2018年1月1日起，纳税人租入固定资产、不动产，既用于一般计税方法计税项目，又用于简易计税方法计税项目、免征增值税项目、集体福利或者个人消费的，其进项税额准予从销项税额中全额抵扣。

2）适用一般计税方法计税的纳税人，因销售折让、中止或者退回而退还给购买方的增值税税额，应当从当期的销项税额中扣减；因销售折让、中止或者退回而收回的增值税税额，应当从当期的进项税额中扣减。

3）适用一般计税方法的试点纳税人，2016年5月1日后取得并在会计制度上按固定资产核算的不动产或者2016年5月1日后取得的不动产在建工程，其进项税额应自取得之日起分2年从销项税额中抵扣，第一年抵扣比例为60%，第二年抵扣比例为40%。

取得不动产，包括以直接购买、接受捐赠、接受投资入股、自建及抵债等各种形式取得不动产，不包括房地产开发企业自行开发的房地产项目。

融资租入的不动产及在施工现场修建的临时建筑物、构筑物，其进项税额不适用上述分2年抵扣的规定。

4）有下列情形之一者，应当按照销售额和增值税税率计算应纳税额，不得抵扣进项税额，也不得使用增值税专用发票：一般纳税人会计核算不健全，或者不能够提供准确税务资料的；应当办理一般纳税人资格登记而未办理的。

5）已抵扣进项税额的购进货物（不含固定资产）、劳务、服务，发生《营业税改征增值税试点实施办法》第二十七条规定情形（简易计税方法计税项目、免征增值税项目除外）的，应当将该进项税额从当期进项税额中扣减；无法确定该进项税额的，按照当期实际成本计算应扣减的进项税额。

【例2.11】计算题

某生产企业为一般纳税人，本月将库存的一批生产用材料用于本企业维修库房，实际成本10万元。该材料的进项税额已在购进月份申报抵扣，适用的增值税税率为16%。计算其进项税额转出额。

解析：该批材料已改变用途，用于非增值税应税项目，应作进项税额转出。

进项税额转出额＝100 000×16%＝16 000（元）

6）已抵扣进项税额的固定资产、无形资产或者不动产，发生《营业税改征增值税试点实施办法》第二十七条规定情形的，按照下列公式计算不得抵扣的进项税额。

不得抵扣的进项税额＝固定资产、无形资产或者不动产净值×适用税率固定资产、无形资产或者不动产净值，是指纳税人根据财务会计制度计提折旧或摊销后的余额。

【例 2.12】计算题

某生产企业（一般纳税人）因管理不善，致使一台原值（不含增值税）为 20 万元的生产设备损失报废。该台设备现已使用 1 年，企业确定的该台设备折旧年限为 10 年，已提取折旧额 2 万元。经查账显示进项税额 32 000 元已在购进月份申报抵扣。

解析：

$$进项税额转出额 =（200\,000 - 20\,000）\times 16\% = 28\,800（元）$$

7）按照《增值税暂行条例》和《营业税改征增值税试点有关事项的规定》不得抵扣且未抵扣进项税额的固定资产、无形资产、不动产，发生用途改变，用于允许抵扣进项税额的应税项目，可在用途改变的次月按照下列公式计算可以抵扣的进项税额。

$$可以抵扣的进项税额 = 固定资产、无形资产、不动产净值 \div（1 + 适用税率）\times 适用税率$$

上述可以抵扣的进项税额应取得合法有效的增值税扣税凭证。

8）纳税人支付的道路通行费，按照收费公路通行费增值税电子普通发票上注明的增值税税额抵扣进项税额。2018 年 1 月 1 日至 12 月 31 日，纳税人支付的一级、二级公路通行费，若暂未能取得收费公路通行费增值税电子普通发票，可凭取得的通行费发票上注明的收费金额按照下式计算可抵扣进项税额：

$$一级、二级公路通行费可抵扣进项税额 = 一级、二级公路通行费发票上注明的金额 \div（1 + 5\%）\times 5\%$$

纳税人支付的桥、闸通行费，暂凭取得的通行费发票上注明的收费金额按照下式计算可抵扣的进项税额：

$$桥、闸通行费可抵扣进项税额 = 桥、闸通行费发票上注明的金额 \div（1 + 5\%）\times 5\%$$

（4）进项税额申报抵扣的时间

1）自 2017 年 7 月 1 日起，增值税一般纳税人取得的 2017 年 7 月 1 日及以后开具的增值税专用发票和机动车销售统一发票，应自开具之日起 360 日内认证或登录增值税发票选择确认平台进行确认，并在规定的纳税申报期内，向主管国税机关申报抵扣进项税额。

2）增值税一般纳税人取得的 2017 年 7 月 1 日及以后开具的海关进口增值税专用缴款书，应自开具之日起 360 日内向主管国税机关报送《海关完税凭证抵扣清单》，申请稽核比对。

（5）增值税期末留抵税额

原增值税一般纳税人兼有销售服务、无形资产或者不动产的，截止到纳入"营改增"试点之日前的增值税期末留抵税额，不得从销售服务、无形资产或者不动产的销项税额中抵扣。

【例2.13】计算题

某制造企业为增值税一般纳税人，2018 年 7 月发生经济业务如下。

① 购进原材料一批，取得的增值税专用发票上注明的金额为 100 万元，增值税税额为 16 万元。支付运费，取得增值税普通发票，注明的金额为 2 万元，增值税税额为 0.2 万元。

② 接受其他企业投资转入材料一批，取得的增值税专用发票上注明的金额为 120 万元，增值税税额为 19.2 万元。

③ 购进低值易耗品，取得的增值税专用发票上注明的金额为 6 万元，增值税税额为 0.96 万元。

④ 销售产品一批，取得不含税销售额 200 万元，另外收取包装物租金 1.16 万元。

⑤ 采取以旧换新方式销售产品，新产品的含税售价 8.12 万元，旧产品作价 2 万元。

⑥ 因仓库管理不善，上月购进一批工具被盗，该批工具的采购成本为 8 万元（购进工具的进项税额已经抵扣）。

已知：该企业取得增值税专用发票均符合规定，并已认证；购进和销售产品适用的税率为 16%。计算该企业应纳增值税税额。

解析：

$$进项税额＝16＋19.2＋0.96＝36.16（万元）$$
$$销项税额＝200×16\%＋1.16÷（1＋16\%）×16\%$$
$$＋8.12÷（1＋16\%）×16\%$$
$$＝33.28（万元）$$
$$进项税额转出额＝8×16\%＝1.28（万元）$$
$$应纳增值税税额＝33.28－36.16＋1.28＝－1.6（万元）$$

【例2.14】计算题

某公司为增值税一般纳税人，专门从事认证服务。2018 年 5 月发生如下业务。

① 16 日，取得某项认证服务收入 106 万元，开具增值税专用发票，价税合计 106 万元。

② 18 日，购进一台经营用设备，取得增值税专用发票，注明金额为 20 万元，增值税税额为 3.2 万元，支付运输费，取得增值税专用发票，注明金额为 0.5 万元，增值税税额为 0.05 万元。

③ 20 日支付广告服务费，取得增值税专用发票，注明金额为 5 万元，增值税税额为 0.3 万元。

④ 28 日销售 2009 年 1 月 1 日以前购进的一台固定资产售价 0.206 万元（不开具专用发票）。

已知：增值税税率为6%，征收率为3%。计算该公司当月应纳增值税税额。

解析：

$$销项税额＝106÷（1＋6\%）×6\%＝6（万元）$$
$$进项税额＝3.2＋0.05＋0.3＝3.55（万元）$$
$$一般计税方法的应纳增值税税额＝6－3.55＝2.45（万元）$$
$$简易方法的应纳增值税税额＝0.206÷（1＋3\%）×2\%＝0.004（万元）$$
$$应纳增值税税额＝2.45＋0.004＝2.454（万元）$$

2.3.2　简易计税方法应纳税额的计算

根据《增值税暂行条例》和《营业税改征增值税试点实施办法》的规定，小规模纳税人销售货物或提供应税劳务和服务，按简易办法计税，不得抵扣进项税额，销售货物不得自行开具增值税专用发票。一般纳税人发生财政部和国家税务总局规定的特定应税行为，可以选择适用简易计税方法计税。计算公式为

$$应纳税额＝销售额×征收率$$

1.　小规模纳税人应纳税额的确定

小规模纳税人的销售额也是销售货物或提供应税劳务向购买方收取的全部价款和价外费用。在销售货物或应税劳务时，一般只能开具普通发票，取得的销售收入均为含税销售额。计算公式为

$$不含税销售额＝含税销售额÷（1＋征收率）$$

$$应纳税额＝销售额×征收率$$

【例2.15】计算题

某商店是增值税小规模纳税人。2018年9月取得零售收入20 600元，当月购进商品价款为16 800元，另支付运费2 000元。试计算该商店9月份应纳增值税税额。

解析：小规模纳税人不得抵扣任何进项税额。

$$应纳增值税税额＝20 600÷（1＋3\%）×3\%＝600（元）$$

（1）购进税控收款机的进项税额抵扣

自2004年12月1日起，小规模纳税人购置税控收款机，经主管税务机关审核批准后，可凭购进税控收款机取得的增值税专用发票，按照发票上注明的增值税税额，抵免当期应纳增值税税额，或者按照购进税控收款机取得的普通发票上注明的价款计算可抵免税额。计算公式为

$$可抵免税额＝价款÷（1＋适用税率）×适用税率$$

当期应纳税额不足抵免的，未抵免部分可在下期继续抵免。

（2）销售自己使用过的物品

小规模纳税人（除其他个人外）销售自己使用过的固定资产减按 2%征收率征收增值税；销售自己使用过的除固定资产以外的物品，应按 3%的征收率征收增值税。

（3）"营改增"试点相关政策

1）试点纳税人中的小规模纳税人（以下称小规模纳税人）跨县（市）提供建筑服务，应以取得的全部价款和价外费用扣除支付的分包款后的余额为销售额，按照 3%的征收率计算应纳税额。

2）小规模纳税人销售其取得（不含自建）的不动产（不含个体工商户销售购买的住房和其他个人销售不动产），应以取得的全部价款和价外费用减去该项不动产购置原价或者取得不动产时的作价后的余额为销售额，按照 5%的征收率计算应纳税额。

3）小规模纳税人销售其自建的不动产，应以取得的全部价款和价外费用为销售额，按照 5%的征收率计算应纳税额。

4）房地产开发企业中的小规模纳税人，销售自行开发的房地产项目，按照 5%的征收率计税。

5）其他个人销售其取得（不含自建）的不动产（不含其购买的住房），应以取得的全部价款和价外费用减去该项不动产购置原价或者取得不动产时的作价后的余额为销售额，按照 5%的征收率计算应纳税额。

6）小规模纳税人出租其取得的不动产（不含个人出租住房），应按照 5%的征收率计算应纳税额。纳税人出租与机构所在地不在同一县（市）的不动产，应按照上述计税方法在不动产所在地预缴税款后，向机构所在地主管税务机关进行纳税申报。

7）其他个人出租其取得的不动产（不含住房），应按照 5%的征收率计算应纳税额。

8）个人出租住房，应按照 5%的征收率减按 1.5%计算应纳税额。

2. 一般纳税人应纳税额的确定

（1）销售自己使用过的物品

1）一般纳税人销售自己使用过的属于《增值税暂行条例》第十条规定不得抵扣且未抵扣进项税额的固定资产，按简易办法依 3%征收率减按 2%征收增值税。一般纳税人销售自己使用过的其他固定资产（以下简称已使用过的固定资产），应区分不同情形征收增值税。

① 销售自己使用过的 2009 年 1 月 1 日以后购进或者自制的固定资产，按照适用税率征收增值税。

② 2008 年 12 月 31 日以前未纳入扩大增值税抵扣范围试点的纳税人，销售自己使用过的 2008 年 12 月 31 日以前购进或者自制的固定资产，按照 3%征收率减按 2%征收增值税。

③ 2008 年 12 月 31 日以前已纳入扩大增值税抵扣范围试点的纳税人，销售自己使用过的在本地区扩大增值税抵扣范围试点以前购进或者自制的固定资产，按照 3%征收率减按 2%征收增值税；销售自己使用过的在本地区扩大增值税抵扣范围试点以后购进或者自制的固定资产，按照适用税率征收增值税。

上述所称已使用过的固定资产，是纳税人根据财务会计制度已经计提折旧的固定资产。

按照《关于营业税改征增值税试点期间有关增值税问题的公告》的规定，自 2016 年 2 月 1 日起，纳税人销售自己使用过的固定资产，适用简易办法依照 3%征收率减按 2%征收增值税政策的，可以放弃减税，按照简易办法依照 3%征收率缴纳增值税，并可以开具增值税专用发票。

2）一般纳税人销售自己使用过的除固定资产以外的物品，应当按照适用税率征收增值税。

（2）依照 3%征收率计算

1）一般纳税人销售自产的下列货物，可选择按照简易办法依照 3%征收率计算缴纳增值税，选择简易办法计算缴纳增值税后，36 个月内不得变更。

① 县级及县级以下小型水力发电单位生产的电力。

② 建筑用和生产建筑材料所用的砂、土、石料。

③ 以自己采掘的砂、土、石料或其他矿物连续生产的砖、瓦、石灰（不含黏土的实心砖、瓦）。

④ 用微生物、微生物代谢产物、动物毒素、人或动物的血液或组织制成的生物制品。

⑤ 自来水。

⑥ 商品混凝土（仅限于以水泥为原料生产的水泥混凝土）。

2）一般纳税人销售货物属于下列情形之一的，暂按简易办法依照 3%征收率计算缴纳增值税。

① 寄售商店代销寄售物品（包括居民个人寄售的物品在内）。

② 典当业销售死当物品。

（3）"营改增"试点相关政策

1）一般纳税人发生下列应税行为可以选择适用简易计税方法 3%计税。

① 公共交通运输服务。

② 动漫服务。经认定的动漫企业为开发动漫产品提供的动漫脚本编撰、形象设计、背景设计、动画设计、分镜、动画制作等服务，以及在境内转让动漫版权。

③ 电影放映服务、仓储服务、装卸搬运服务、收派服务和文化体育服务。

④ 经营租赁服务。以纳入"营改增"试点之日前取得的有形动产为标的物提供的经营租赁服务。

⑤ 有形动产租赁服务。在纳入"营改增"试点之日前签订的尚未执行完毕的有形动产租赁合同。

2）建筑服务相关规定。

① 一般纳税人以清包工方式提供的建筑服务，可以选择适用简易计税方法 3%计税。以清包工方式提供建筑服务是指施工方不采购建筑工程所需的材料或只采购辅助材料，并收取人工费、管理费或者其他费用的建筑服务。

② 一般纳税人为甲供工程提供的建筑服务，可以选择适用简易计税方法 3%计税。甲供工程是指全部或部分设备、材料、动力由工程发包方自行采购的建筑工程。

③ 一般纳税人为建筑工程老项目提供的建筑服务，可以选择适用简易计税方法 3%计税。建筑工程老项目是指建筑工程施工许可证注明的合同开工日期在 2016 年 4 月 30 日前的建筑工程项目；未取得建筑工程施工许可证的，建筑工程承包合同注明的开工日期在 2016 年 4 月 30 日前的建筑工程项目。

④ 一般纳税人跨县（市）提供建筑服务，选择适用简易计税方法计税的，应以取得的全部价款和价外费用扣除支付的分包款后的余额为销售额，按照 3%的征收率计算应纳税额。

3）销售不动产相关规定。

① 一般纳税人销售其 2016 年 4 月 30 日前取得（不含自建）的不动产，可以选择适用简易计税方法，以取得的全部价款和价外费用减去该项不动产购置原价或者取得不动产时的作价后的余额为销售额，按照 5%的征收率计算应纳税额。

② 一般纳税人销售其 2016 年 4 月 30 日前自建的不动产，可以选择适用简易计税方法，以取得的全部价款和价外费用为销售额，按照 5%的征收率计算应纳税额。

③ 房地产开发企业中的一般纳税人，销售自行开发的房地产老项目，可以选择适用简易计税方法按照 5%的征收率计税。

④ 房地产开发企业采取预收款方式销售所开发的房地产项目，在收到预收款时按照 3%的预征率预缴增值税。

4）不动产经营租赁服务相关规定。

① 一般纳税人出租其 2016 年 4 月 30 日前取得的不动产，可以选择适用简易计税方法，按照 5%的征收率计算应纳税额。

② 公路经营企业中的一般纳税人收取试点前开工的高速公路的车辆通行费，可以选择适用简易计税方法，减按 3%的征收率计算应纳税额。

试点前开工的高速公路，是指相关施工许可证明上注明的合同开工日期在 2016 年 4 月 30 日前的高速公路。

③ 一般纳税人出租其 2016 年 5 月 1 日后取得的与机构所在地不在同一县（市）的不动产，应按照 3%的预征率在不动产所在地预缴税款后，向机构所在地主管税务机关进行纳税申报。

【例 2.16】计算题

接例 2.15，假设该商店 2018 年 9 月因对方退货而退还给某高校 8 月销货款 10 000 元，则该商店 9 月份应纳增值税税额是多少？

解析：

应纳增值税税额＝（20 600－10 000）÷（1＋3%）×3%≈308.74（元）

【例 2.17】多项选择题

"营改增"试点一般纳税人发生的下列应税行为中，可以选择简易计税方法计税的有（　）。

A. 公交客运服务　　B. 动画设计服务　　C. 仓储服务　　D. 装卸搬运服务

答案： ABCD

解析： 根据《营业税改征增值税试点实施办法》及相关规定，适用一般计税方法的试点纳税人提供公交客运服务、动画设计服务、仓储服务、装卸搬运服务，可以选择适用简易计税方法计税。

2.3.3 进口货物应纳税额的计算

1. 进口货物的纳税人

增值税进口货物的纳税人是进口货物的收货人或办理报关手续的单位和个人。

2. 进口货物征税范围

根据《增值税暂行条例》规定，申报进入中华人民共和国海关境内的货物，均应缴纳增值税。

3. 进口货物适用的税率

税率采用国民待遇的原则，即进口货物增值税税率与增值税一般纳税人在国内销售同类货物的税率相同。

4. 进口货物应纳税额的计算

不管纳税人是一般纳税人还是小规模纳税人，均按进口货物的组成计税价格和规定的税率计算，并且不能抵扣任何进项税额。计算公式为

应纳税额＝组成计税价格×适用税率

如果进口货物不征收消费税，其组成计税价格的计算公式为

组成计税价格＝关税完税价格＋关税

如果进口货物同时缴纳消费税，其组成计税价格的计算公式为

组成计税价格＝关税完税价格＋关税＋消费税

或

组成计税价格＝（关税完税价格＋关税）÷（1－消费税税率）

其中，关税的完税价格以海关审定的成交价格为基础的到岸价格作为完税价格，到岸价格包括货价、货物运抵我国关境内输入地点起卸前的包装费、运费、保险费和其他劳务费等。

【例 2.18】计算题

某进出口公司为一般纳税人，2018 年 6 月报关进口电子游戏机 100 台（非消费税应税产品），关税完税价格为 30 000 元，关税税额为 39 000 元。已缴纳进口关税和海关代征的增值税税款，并已取得增值税完税凭证。当月对外售出 90 台，每台不含税售价为 800 元。试计算该公司当月进口环节和销售环节应纳增值税税额。

解析：

① 进口环节应纳税额计算。

组成计税价格＝30 000＋39 000＝69 000（元）

应纳增值税税额＝69 000×16%＝11 040（元）

② 销售环节应纳增值税税额计算。

销项税额＝90×800×16%＝11 520（元）

应纳增值税税额＝11 520－11 040＝480（元）

2.3.4 税款的缴纳

1. 纳税义务发生时间

纳税义务发生时间为收讫销售款项或取得索取销售款项凭据的当天，先开发票的为开具发票的当天。一般按照财务制度的规定，根据权责发生制原则，以销售实现时间来确定。具体按结算方式不同，可分为以下情况。

1）采取直接收款方式销售货物，不论货物是否发出，均为收到销售额或取得索取销售额的凭据，并将提货单交到买方的当天。

2）采取托收承付和委托银行收款方式销售货物，为发出货物并办妥托收手续的当天。

3）采取赊销和分期收款方式销售货物，为按合同约定的收款日期的当天，没有书面合同或没有约定收款日期的，为货物发出的当天。

4）采取预收货款方式销售货物，为货物发出的当天。

5）委托其他纳税人代销货物，为收到代销单位销售的代销清单或者收到货款的当天。

6）销售应税劳务，为提供劳务同时收讫销售额或取得索取销售额的凭据的当天。

7）纳税人发生视同销售货物行为，为货物移送的当天。

8）纳税人提供建筑服务、租赁服务采取预收款方式的，其纳税义务发生时间为收到预收款的当天。

9）纳税人从事金融商品转让的，为金融商品所有权转移的当天。

10）纳税人发生视同销售情形的，其纳税义务发生时间为服务、无形资产转让完成的当天或者不动产权属变更的当天。

11）进口货物，为报关进口的当天。

12）增值税扣缴义务发生时间为纳税人增值税纳税义务发生的当天。

【例2.19】多项选择题

税法规定的增值税纳税义务发生时间有（　　　　）。

A. 以预收款方式销售货物的，为收到货款当天

B. 销售应税劳务，为提供劳务同时收讫销售款或者取得索取销售款的凭据的当天

C. 采取托收承付和委托银行收款方式销售货物，为发出货物并办妥托收手续的当天

D. 委托他人代销货物的，为货物发出当天

答案： BC

解析： 以预收款方式销售货物的，增值税纳税义务发生时间为货物发出当天。委托他人代销货物的，委托其他纳税人代销货物，为收到代销单位的代销清单或者收到全部或者部分货款的当天。未收到代销清单及货款的，为发出代销货物满180天的当天。

【例2.20】判断题

某房地产企业采取预收款方式销售不动产，其纳税义务发生时间为收到预收款的当天。　　　　　　　　　　　　　　　　　　　　　　　　　　　　（　　　）

答案： ×

解析： 纳税人提供建筑服务、租赁服务采取预收款方式的，其纳税义务发生时间为收到预收款的当天，不包括销售不动产。

2. 纳税期限与地点

（1）纳税期限

增值税的纳税期限分别为1日、3日、5日、10日、15日、1个月或者1个季度。纳税人的具体纳税期限，由主管税务机关根据纳税人应纳税额的大小分别核定。以1个季度为纳税期限的规定适用于小规模纳税人、银行、财务公司、信托投资公司、信用社，以及财政部和国家税务总局规定的其他纳税人。不能按照固定期限纳税的，可以按次纳税。

纳税人以1个月或者1个季度为1个纳税期的，自期满之日起15日内申报纳税；

以 1 日、3 日、5 日、10 日或者 15 日为 1 个纳税期的,自期满之日起 5 日内预缴税款,于次月 1 日起 15 日内申报纳税并结清上月应纳税款。

纳税人进口货物,应当自海关填发海关进口增值税专用缴款书之日起 15 日内缴纳税款。

对于纳税人出口适用税率为零的货物,应按月向税务机关申报办理该项出口货物的退税。

【例 2.21】单项选择题

增值税的纳税期限为（　　）。

A. 5 日、10 日、15 日

B. 1 日、5 日、10 日、15 日

C. 1 日、3 日、5 日、10 日、15 日、1 个月

D. 1 日、3 日、5 日、10 日、15 日、1 个月或 1 个季度

答案：D

解析：增值税的纳税期限分别为 1 日、3 日、5 日、10 日、15 日、1 个月或者 1 个季度。

（2）纳税地点

增值税纳税地点的规定主要有以下几种情况。

1）固定业户应当向其机构所在地的主管税务机关申报纳税。总机构和分支机构不在同一县（市）的,应当分别向各自所在地的主管税务机关申报纳税;经国务院财政、税务主管部门或者其授权的财政、税务机关批准,可以由总机构汇总向总机构所在地的主管税务机关申报纳税。

2）固定业户到外县（市）销售货物或者应税劳务,应当向其机构所在地的主管税务机关申请开具外出经营活动税收管理证明,并向其机构所在地的主管税务机关申报纳税;未开具证明的,应当向销售地或者劳务发生地的主管税务机关申报纳税;未向销售地或者劳务发生地的主管税务机关申报纳税的,由其机构所在地的主管税务机关补征税款。

3）非固定业户应当向应税行为发生地主管税务机关申报纳税;未申报纳税的,由其机构所在地或者居住地主管税务机关补征税款。

4）其他个人提供建筑服务,销售或者租赁不动产,转让自然资源使用权,应向建筑服务发生地、不动产所在地、自然资源所在地主管税务机关申报纳税。

5）一般纳税人固定业户临时到外省、市销售货物的,必须向经营地税务机关出示外出经营活动税收管理证明回原地纳税,需要向购货方开具专用发票的,亦回原地补开。

6）对于纳税人进口货物,应当由进口人或其代理人向报关地海关申报纳税。

7）扣缴义务人应当向其机构所在地或者居住地的主管税务机关申报缴纳其扣缴的税款。

【例 2.22】多项选择题

以下关于增值税纳税地点的表述正确的是（　　　）。

A. 固定业户在其机构所在地

B. 进口货物向报关地海关申报纳税

C. 总机构分支机构不在同一县（市）的，分别向各自所在地主管税务机关申报纳税

D. 扣缴义务人应当向其机构所在地或者居住地的主管税务机关申报缴纳其扣缴的税款

答案： ABCD

解析： 固定业户在其机构所在地；非固定业户在其销售所在地，未在销售地纳税的，回机构所在地或居住地补纳；进口货物向报关地海关申报纳税；总机构分支机构不在同一县（市）的，分别向各自所在地主管税务机关申报纳税。

2.3.5　增值税的纳税申报

在我国，纳税人无论有无销售额，均应按主管税务机关核定的纳税期限填报纳税申报表，并于次月按规定纳税期限向当地税务局申报纳税并结清上月应纳税款。无论是一般纳税人还是小规模纳税人，均由税务局征收管理。增值税纳税申报表包括增值税纳税申报表（一般纳税人适用）、增值税纳税申报表（小规模纳税人适用）等共 14 张纳税申报表，纳税人应按有关规定及时办理纳税申报，如实填写增值税纳税申报表。

2.4　增值税专用发票管理

增值税专用发票是增值税一般纳税人销售货物或者提供应税劳务开具的发票，是购买方支付增值税额并可按照增值税有关规定据以抵扣增值税进项税额的凭证。

1. 专用发票的联次

增值税专用发票由基本联次或者基本联次附加其他联次构成，基本联次为三联：发票联、抵扣联和记账联。其中，发票联作为购买方核算采购成本和增值税进项税额的记账凭证；抵扣联作为购买方报送主管税务机关认证和留存备查的凭证；记账联作为销售方核算销售收入和增值税销项税额的记账凭证。其他联次用途，由一般纳税人自行确定。

2. 开票限额相关规定

在我国，最高开票限额是指单份专用发票开具的销售额合计数不得达到的上限额

度。专用发票实行最高开票限额管理制度。

最高开票限额由一般纳税人申请，区县税务机关依法审批。一般纳税人申请最高开票限额时，需填报增值税专用发票最高开票限额申请单，主管税务机关受理纳税人申请以后，根据需要进行实地查验。实地查验的范围和方法由各省国税机关确定。

自 2014 年 5 月 1 日起，最高开票限额（包括增值税专用发票和货物运输业增值税专用发票）不超过 10 万元的，主管税务机关不需要事前进行实地查验。各省国税机关可在这些基础上适当扩大不需要事前实地查验的范围，实地查验的范围和方法由省国税机关确定。

3. 专用发票初始发行

专用发票初始发行是指主管税务机关将一般纳税人的下列信息载入空白的金税卡和 IC 卡的行为。

① 企业名称。
② 税务登记代码。
③ 开票限额。
④ 购票限量。
⑤ 购票人员姓名、密码。
⑥ 开票机数量。
⑦ 国家税务总局规定的其他信息。

一般纳税人领购专用设备后，凭最高开票限额申请表、发票领购簿到税务机关办理初始发行。

其中，一般纳税人发生上列第①、③、④、⑤、⑥、⑦项信息变化，应向主管税务机关申请变更发行；发生②信息变化，应向主管税务机关申请注销发行。

4. 专用发票领购

采用扣税办法计算征收增值税一般纳税人和采用简易办法或采用简易办法计算征收增值税的一般纳税人，可以领购并自行开具增值税专用发票。

增值税小规模纳税人（以下简称小规模纳税人）需要开具专用发票的，可向主管税务机关申请代开。非增值税纳税人不得领购和使用增值税专用发票。

一般纳税人有下列情形的，不得领购开具专用发票，已经领购使用的由税务机关收缴其尚未使用的增值税专用发票。

1）会计核算不健全，不能向税务机关准确提供增值税销项税额、进项税额、应纳税额数据及其他有关增值税税务资料的。

2）有《税收征收管理法》规定的税收违法行为，拒不接受税务机关处理的。

3）销售的货物全部属于免税项目的。

4）有下列行为之一，经税务机关责令限期改正而仍未改正的。

① 虚开增值税专用发票。

② 私自印制专用发票。

③ 向税务机关以外的单位和个人买取专用发票。

④ 借用他人专用发票。

⑤ 未按规定开具专用发票。

⑥ 未按规定保管专用发票和专用设备。

⑦ 未按规定申请办理防伪税控系统变更发行。

⑧ 未按规定接受税务机关检查。

5. 专用发票开具要求

（1）开具要求

开具增值税专用发票，要达到如下要求：项目齐全，与实际交易相符；字迹清楚，不得压线、错格；发票联和抵扣联加盖财务专用章或者发票专用章；按照增值税纳税义务的发生时间开具。

（2）开具范围

1）一般纳税人销售货物、提供应税劳务和应税服务开具增值税专用发票、货物运输业增值税专用发票和增值税普通发票。

2）小规模纳税人销售货物、提供应税劳务和应税服务开具增值税专用发票，由税务机关代开。

3）一般纳税人和小规模纳税人从事机动车（旧机动车除外）零售业务开具机动车销售统一发票。

4）通用定额发票、客运发票和二手车销售统一发票继续使用。

5）纳税人使用增值税普通发票开具收购发票，系统在发票左上角自动打印"收购"字样。

6. 专用发票作废

（1）即时作废

即时作废是指开具时发现有误的立即作废。

（2）符合条件作废

符合条件作废是指一般纳税人在开具专用发票当月，发生销货退回、开票有误等情形，收到退回的发票联、抵扣联符合作废条件的。

符合作废条件是指同时具有下列情形。

① 收到退回的发票联、抵扣联时间未超过销售方开票当月。

② 销售方未抄税并且未记账。

③ 购买方未认证或者认证结果为"纳税人识别号认证不符""专用发票代码、号码认证不符"。

作废专用发票须在防伪税控系统中将相应的数据电文按"作废"处理,在纸质专用发票(含未打印的专用发票)各联次上注明"作废"字样,全联次存留。

7. 红字发票开具

增值税一般纳税人开具增值税专用发票后,发生销售退回,销售折让及开票有误等情况需要开具红字专用发票的,视不同情况分别按以下办法处理。

1)因专用发票抵扣联、发票联均无法认证的,由购买方填报开具红字增值税专用发票申请单,并在申请单上填写具体原因及相对应蓝字专用发票的信息,主管税务机关审核后出具开具红字增值税专用发票通知单。购买方不作进项税额转出处理。

2)购买方所购货物不属于增值税扣税项目范围,取得的专用发票未经认证的,由购买方填报申请单,并在申请单上填写具体原因及相对应蓝字专用发票的信息,主管税务机关审核后出具通知单。购买方不作进项税额转出处理。

3)因开票有误购买方拒收专用发票的,销售方须在专用发票认证期限内向主管税务机关填报开具红字增值税专用发票申请单,并在申请单上填写具体原因及相对应蓝字专用发票的信息,同时提供由购买方出具的写明拒收理由、错误具体项目及正确内容的书面材料,主管税务机关审核确认后出具通知单。销售方凭通知单开具红字专用发票。

4)因开票有误等原因尚未将专用发票交付购买方的,销售方须在开具有误专用发票的次月内向主管税务机关填报开具红字增值税专用发票申请单,并在申请单上填写具体原因及相对应蓝字专用发票的信息,同时提供由销售方出具的写明具体理由、错误具体项目及正确内容的书面材料,主管税务机关审核确认后出具通知单。销售方凭通知单开具红字专用发票。

5)一般纳税人取得专用发票后,发生销货退回或销售折让、开票有误等情形但不符合作废条件的,购买方应向主管税务机关填报开具红字增值税专用发票申请单,申请单所对应的蓝字专用发票应经税务机关认证后出具通知单。

8. 专用发票认证结果异常处理

1)按照我国税法规定,有下列情形之一的,不得作为增值税进项税额的抵扣凭证,税务机关退还原件,购买方可要求销售方重新开具专用发票。

① 无法认证。

② 纳税人识别号认证不符。

③ 专用发票代码、号码认证不符。

2)我国税法规定,有下列情形的,暂不得作为增值税进项税额的抵扣凭证,税务机关扣留原件,查明原因,分情况进行处理。

① 重复认证。

② 密文有误。

③ 认证不符。

④ 列为失控专用发票。

9. 对丢失已开具专用发票的发票联和抵扣联的处理

1）一般纳税人丢失已开具专用发票的发票联和抵扣联，如果丢失前已认证相符的，购买方凭销售方提供的相应专用发票记账联复印件及销售方所在地主管税务机关出具的丢失增值税专用发票已报税证明单，作为增值税进项税额的抵扣凭证；对于丢失前未认证的，购买方凭销售方提供的相应专用发票记账联复印件到主管税务机关进行认证，认证相符的凭该专用发票记账联复印件及销售方所在地主管税务机关出具的证明单，作为增值税进项税额的抵扣凭证。

2）一般纳税人丢失已开具专用发票的抵扣联，如果丢失前已认证相符的，可使用专用发票发票联复印件留存备查。如果丢失前未认证的，可使用专用发票的发票联到主管税务机关认证，专用发票的发票联复印件留存备查。

3）一般纳税人丢失已开具专用发票的发票联，可将专用发票抵扣联作为记账凭证，专用发票抵扣联复印件留存备查。

阅读资料

虚开增值税专用发票

虚开增值税专用发票是一种违法行为。具体来讲，纳税人没有货物购销或者没有提供或接受应税劳务而为他人、为自己、让他人为自己、介绍他人开具增值税专用发票，或者即使有货物购销或提供或接受了应税劳务但为他人、为自己、让他人为自己、介绍他人开具数量或者金额不实的增值税专用发票，或者进行了实际经营活动，但让他人为自己代开增值税专用发票的行为。

1．三年以下有期徒刑、拘役量刑格

虚开增值税专用发票税款数额 1 万元或使国家税款被骗取 5 000 元的，基准刑为有期徒刑六个月；虚开的税款数额每增加 3 000 元或实际被骗取的税款数额每增加 1 500 元，刑期增加一个月。

虚开增值税专用发票税款数额不满 1 万元或使国家税款被骗取不满 5 000 元的，情节严重的，可以本罪论处，基准刑为拘役刑。

2．三年以上十年以下有期徒刑量刑格

虚开增值税专用发票税款数额 10 万元或使国家税款被骗取 5 万元的，或有其他严重情节的，基准刑为有期徒刑三年；虚开的税款数额每增加 6 000 元或实际被骗取的税款数额每增加 3 000 元，刑期增加一个月。

3．十年以上有期徒刑量刑格

虚开增值税专用发票税款数额 50 万元或使国家税款被骗取 30 万元的，基准刑为有期徒刑十年；虚开的税款数额每增加 1 万元或实际被骗取的税款数额每增加 5 000 元，刑期增加一个月。

4．缓刑适用书

有下列情形之一的，不适用缓刑：

1）虚开增值税专用发票税款数额 30 万元以上或使国家税款被骗取 25 万元以上的。

2）曾因虚开增值税专用发票被行政处罚或判刑的。

3）虚开增值税专用发票累计五次以上的。

4）未按规定缴纳 60% 以上罚金的。

【例 2.23】单项选择题

纳税人销售货物时，下列情况中可以开具增值税专用发票的有（　　）。

A．企业购买劳保用品　　　　B．消费者个人购进计算机

C．商业零售化妆品　　　　　D．购货方购进免税药品

答案：A

解析：掌握增值税专用发票的具体开具范围。销售免税药品、商业零售化妆品、将货物用于个人消费均不得开具增值税专用发票。

2.5　增值税出口退（免）税

我国和世界各国一样，为鼓励本国产品出口，使本国产品以不含税价格进入国际市场，增强产品的竞争能力，采取了增值税出口退（免）税的政策。出口货物、劳务、跨境应税行为退（免）税是指在国际贸易业务中，对我国报关出口的货物、劳务、跨境应税行为退还或免征其在国内各生产和流转环节按税法规定缴纳的增值税和消费税，即对增值税出口货物、劳务、跨境应税行为实行零税率，对消费税出口货物免税。

零税率是指货物、劳务、跨境应税行为在出口时，整体税负为零，不但出口环节不

必纳税，而且可以退还以前环节已纳税款。

2.5.1 增值税出口退（免）税政策

目前，我国的出口货物、劳务、跨境应税行为税收政策分为出口免税并退税、出口免税不退税、出口不免税也不退税三种。

1. 出口免税并退税

出口免税是指对货物、劳务、跨境应税行为在出口销售环节不征增值税、消费税，这是把货物、劳务、跨境应税行为出口环节与出口前的销售环节同样视为一个征税环节；出口退税是指对货物、劳务、跨境应税行为在出口前，实际承担的税收负担，按规定的退税率计算后予以退还。

2. 出口免税不退税

出口免税与上述含义相同。出口不退税是指适用这个政策的出口货物、劳务、跨境应税行为因在前一道生产、销售环节或进口环节是免税的，因此，出口时货物、劳务、跨境应税行为的价格中本身就不含税，也无须退税。

3. 出口不免税也不退税

出口不免税是指对国家限制或禁止出口的某些货物、劳务、跨境应税行为的出口环节视同内销环节，照常征税；出口不退税是指对这些货物、劳务、跨境应税行为出口不退还出口前其所负担的税款。

2.5.2 增值税出口退（免）税的适用范围

1. 适用增值税退（免）税政策的范围

下列出口货物、劳务和跨境应税行为，除法律另有规定外，实行免征和退还增值税［以下称增值税退（免）税］政策。
① 出口企业出口货物。
② 出口企业或其他单位视同出口货物。
③ 出口企业对外提供加工修理修配劳务。

2. 增值税退（免）税办法

（1）"免、抵、退"税办法
适用增值税一般计税方法的生产企业出口自产货物与视同自产货物、对外提供加工修理修配劳务，以及列名的 74 家生产企业出口非自产货物，免征增值税，相应的进项税额抵减应纳增值税税额，未抵减完的部分予以退还。

（2）"免、退"税办法

适用增值税一般计税方法的外贸企业外购服务或无形资产出口实行"免、退"税办法。不具有生产能力的出口企业（以下简称外贸企业）或其他单位出口货物、劳务，免征增值税，相应的进项税予以退还。

【例 2.24】多项选择题

出口货物退（免）税的税种，不包括（　　）。

A．增值税　　　　B．消费税　　　　C．城市维护建设税　　　　D．关税

答案：CD

解析：出口货物退（免）税的税种仅限于增值税和消费税。

2.5.3　出口退税的计算

1．出口货物退税率

除财政部和国家税务总局根据国务院决定而明确的增值税出口退税率（以下简称退税率）外，出口货物的退税率为其适用税率。

2．出口货物退税额的计算

我国目前出口货物退（免）税计算办法主要有两种，即"免、抵、退"办法和"免、抵"办法。其中，"免、抵、退"办法主要适用于自营和委托出口自产货物的生产企业；"免、抵"办法主要用于收购货物出口的外贸企业。

（1）"免、抵、退"税的计算方法

除另有规定外，生产企业出口自产货物与视同自产货物、对外提供加工修理修配劳务，增值税实行"免、抵、退"税管理办法。生产企业是指独立核算，经主管国税机关认定为增值税一般纳税人，具有实际生产能力的企业和企业集团。

实行"免、抵、退"税办法的"免"税，是指对生产企业出口的自产货物与视同自产货物、对外提供加工修理修配劳务，在出口时免征本企业生产销售环节的增值税；"抵"税是指生产企业出口自产货物与视同自产货物、对外提供加工修理修配劳务所耗用的原材料、零部件、燃料、动力等所含应予退还的进项税额，抵顶内销货物的应纳税额；"退"税是指生产企业出口的自产货物与视同自产货物、对外提供加工修理修配劳务在当月内应抵顶的进项税额大于应纳税额时，对未抵顶完的部分予以退税。其具体计算方法如下。

1）当期应纳税额的计算。计算公式为

当期应纳税额＝当期内销货物的销项税额－（当期进项税额
－当期免抵退税不得免征和抵扣税额）－上期留抵税额

需要注意的是：

当期免抵退税不得免征和抵扣税额＝出口货物离岸价×外汇人民币牌价

×（出口货物征税率－出口货物退税率）

－免抵退税不得免征和抵扣税额抵减额

免抵退税不得免征和抵扣税额抵减额＝免税购进原材料价格×（出口货物征税率

－出口货物退税率）

进料加工免税进口料件的组成计税价格＝货物的到岸价＋海关关税＋消费税

2）免抵退税额的计算。计算公式为

免抵退税额＝出口货物离岸价×外汇人民币牌价×出口货物退税率

－免抵退税额抵减额

需要注意的是：

免抵退税额抵减额＝免税购进原材料价格×出口货物退税率

3）当期应退税额和免抵税额的计算。分两种情况：

如果当期期末留抵税额≤当期免抵退税额，则计算公式为

当期应退税额＝当期期末留抵税额

当期免抵税额＝当期免抵退税额－当期应退税额

如果当期期末留抵税额＞当期免抵退税额，则计算公式为

当期应退税额＝当期免抵退税额

当期免抵税额＝0

【例2.25】多项选择题

出口货物退税的计算方法有"免、抵、退"税办法，主要适用于（　　　）。

A．自营出口自产产品的生产企业　　　B．委托出口自产产品的生产企业

C．收购货物出口的外贸企业　　　D．自营出口外购产品的商业企业

答案： AB

解析： 出口货物退税的计算方法有"免、抵、退"税办法，主要适用于自营和委托出口自产产品的生产企业。

【例2.26】计算题

某自营出口的生产企业为增值税一般纳税人，出口货物的征税税率为16%，退税率为13%。2018年11月的有关经营业务为：购进原材料一批，取得的增值税专用发票注明的价款为300万元，外购货物准予抵扣的进项税额为48万元，货物已验收入库。上月末留抵税款5万元；本月内销货物不含税销售额100万元，收款116万元存入银行；本月出口货物的销售额折合人民币为300万元。请计算该企业当期的免、抵、退税额。

解析:

当期免抵退税不得免征和抵扣税额＝300×（16%－13%）＝9（万元）

当期应纳增值税税额＝100×16%－（48－9）－5＝－28（万元）

出口货物的免抵退税额＝300×13%＝39（万元）

按规定,如果当期期末留抵税额≤当期免抵退税额时,当期应退税额＝当期期末留抵税额,即该企业当期应退税额＝28（万元）。

当期免抵税额＝当期免抵退税额－当期应退税额＝39－28＝11（万元）

（2）"免、退"税的计算方法

1）外贸企业出口委托加工修理修配货物以外的货物的计算公式为

增值税应退税额＝增值税退（免）税计税依据×出口货物退税率

2）外贸企业出口委托加工修理修配货物的计算公式为

增值税应退税额＝委托加工修理修配的增值税退（免）税计税依据×出口货物退税率

【例 2.27】计算题

某进出口公司 2018 年 8 月购进牛仔布委托加工成服装出口,取得牛仔布增值税专用发票一张,注明计税金额 20 000 元（退税率为 13%）,取得服装加工费计税金额 4 000 元（退税率为 16%）。计算该企业的应退税额。

解析:

应退税额＝20 000×13%＋4 000×16%＝2 600＋640＝3 240（元）

2.5.4 增值税出口退（免）税的管理

出口商自营或委托出口的货物,除另有规定者外,可在货物报关出口并在财务上作销售核算后,凭有关凭证报送所在地国家税务局批准退还或免征增值税和消费税。

出口商包括对外贸易经营者、没有出口经营资格委托出口的生产企业、特定退（免）税的企业和人员。其中,对外贸易经营者是指依法办理工商登记或者其他执业手续,经商务部及其授权单位赋予出口经营资格的从事对外贸易经营活动的法人、其他组织或者个人。个人（包括外国人）是指注册登记为个体工商户、个人独资企业或合伙企业。特定退（免）税的企业和人员是指按国家有关规定可以申请出口货物退（免）税的企业和人员。

税务机关按照办理出口货物退（免）税的程序,根据工作需要,设置出口货物退（免）税认定管理、申报受理、日常管理及违章处理等相应工作岗位,加强管理和监督。

2.6　案例分析

案例1　商业企业增值税的缴纳

某百货商场注册资本为 500 万元，为增值税一般纳税人，主要经营销售家用电器、珠宝首饰、酒及食品等。2018 年 11 月，该商场的财务总监李先生将商场该月的经销账单拿出来"晒一晒"，具体如下。

① 销售 A 牌冰箱 1 000 台，每台市场不含税销售价 0.2 万元。销售合同记载取得不含税销售收入 200 万元。由于部分冰箱由该生产企业直接送货，运输合同记载取得送货的运输费收入 46.4 万元并开具普通发票。

② 销售空调机 3 000 台（其中一半以旧换新方式销售），每台新空调零售价格 0.232 万元，以旧换新旧空调折价 234 元。

③ 将外购的库存红酒 100 箱作为福利分发给职工，另 150 箱赠送他人，红酒每箱进价 200 元（不含税），零售价格为 348 元/箱。

④ 本月以一批金银首饰抵偿 6 个月以前购进的某食品厂的欠款，所欠款项价税合计 23.4 万元。该批金银首饰的成本为 14 万元，若按同类商品的平均价格计算，该批金银首饰的不含税价格为 19 万元；若按同类产品的最高销售价格计算，该批首饰的不含税价格为 22 万元。

⑤ 外购食品均取得增值税专用发票，购货合同记载支付食品价款共计 300 万元，增值税进项税额 48 万元。运输合同记载支付运输公司的不含税运输费用 10 万元，取得货物运输增值税专用发票。

⑥ 因管理不善，库存存货成本损失 30 万元，且已抵扣进项税额。

⑦ 购进空调机 200 台，取得增值税专用发票注明价款 42 万元，货款未支付；另支付运输费 2 万元，取得货物运输增值税专用发票。

⑧ 接受投资商品一批，收到的增值税防伪税控系统开具的专用发票上注明的价格为 100 万元，增值税税额为 16 万元。

对于上述业务，假定你是该企业的税务顾问，你会给出什么样的税务处理意见？

解析：

1）针对业务①：开具普通发票收取的运费收入应作为价外费用收入计算增值税销项税额。

销售 A 牌冰箱的销项税额＝200×16%＋46.4÷（1+16%）×16%＝38.4（万元）

2）针对业务②：以旧换新销售 1 500 台，应以一般货物的零售价确认收入，不能冲减旧货价款。

销售 3 000 台空调销项税额＝3 000×0.232÷（1＋16%）×16%＝96（万元）

3）针对业务③：外购货物用于集体福利属于非应税项目，其进项税额不得抵扣应当转出；而将外购货物用于赠送他人应视同销售，并按市价计算销项税额。

集体福利应转出进项税额＝100×0.02×16%＝0.32（万元）

赠送他人的销项税额＝150×0.0348÷（1＋16%）×16%＝0.72（万元）

4）针对业务④：以商品偿债按同类商品的平均价格计算销项税额。

销项税额＝19×16%＝3.04（万元）

5）针对业务⑤：外购食品进项税额＝48＋10×10%＝49（万元）

6）针对业务⑥：非正常损失的购进货物的进项税应作为进项税转出。

进项税转出额＝30×16%＝4.8（万元）

7）针对业务⑦：购进空调进项税额＝42×16%＋2×10%＝6.92（万元）

8）针对业务⑧：接受投资的商品允许抵扣进项税额。

接受投资商品的进项税额＝16（万元）

综上，

本月该企业的销项税额＝38.4＋96＋0.72＋3.04＝138.16（万元）

本月该企业允许抵扣的进项税额＝49－0.32－4.8＋6.92＋16＝66.8（万元）

本月该企业应缴纳的增值税税额＝138.16－66.8＝71.36（万元）

案例 2　生产企业增值税的缴纳

某生产企业为增值税一般纳税人，适用的增值税税率为 16%，2018 年 8 月份的生产经营业务如下。

① 销售 A 产品给批发公司，开具增值税专用发票，取得不含税销售额 100 万元，同时提供送货业务，取得销售 A 产品的送货运输费收入 5.8 万元。

② 销售 B 产品，开具普通发票，取得含税销售额 29 万元。

③ 将 C 产品一批用于本企业职工福利，成本价为 50 万元，成本利润率为 10%，该新产品无同类产品市场销售价格。

④ 销售 2012 年 7 月份购进作为固定资产使用过的生产经营用设备 5 台，开具普通发票，每台取得含税销售额 1.16 万元，该设备原值每台 0.9 万元。

⑤ 购进货物取得增值税专用发票，注明支付的货款 60 万元、进项税额 9.6 万元；另外支付购货的运输费用 6 万元，取得运输公司开具的普通发票。

⑥ 向农业生产者购进免税农产品用于深加工 16% 的产品，支付收购价 30 万元，支付给运输单位的运费 5 万元，取得相关的合法票据。本月下旬将购进的农产品的 20% 用于本企业职工福利。

已知：以上相关票据均符合税法的规定。按下列顺序计算该企业 8 月份应缴纳的增值税税额。

1）该企业销售 A 产品的销项税额是多少？

2）销售 B 产品的销项税额是多少？

3）计算 C 产品的销项税额，并简要说明理由。

4）计算该企业销售使用过的生产经营用设备的应纳增值税税额，并简要说明理由。

5）计算外购货物应抵扣的进项税额，并简要说明理由。

6）计算该企业外购免税农产品应抵扣的进项税额，并简要说明理由。

7）计算该企业 8 月份合计应缴纳的增值税税额。

解析：

1）销售 A 产品的销项税额＝$100\times16\%+5.8\div(1+16\%)\times16\%=16.8$（万元）。

2）销售 B 产品的销项税额＝$29\div(1+16\%)\times16\%=4$（万元）。

3）企业自用 C 产品的销项税额＝$50\times(1+10\%)\times16\%=8.8$（万元）。

理由：将自产的产品用于集体福利视同销售行为，该新产品无同类产品市场销售价格，应当按照组成计税价格计算，组成计税价格＝成本×（1＋成本利润率）。

4）销售使用过的生产经营用设备应纳增值税税额＝$1.16\times5\div(1+16\%)\times16\%=0.8$（万元）。

理由：销售自己使用过的 2009 年 1 月 1 日以后购进或者自制的固定资产，按正常销售货物适用税率征收增值税。

5）企业外购货物应抵扣的进项税额＝9.6（万元）。

理由：取得运输费用的普通发票，其进项税额不得抵扣。

6）外购免税农产品应抵扣的进项税额＝$(30\times12\%+5\times10\%)\times(1-20\%)=3.28$（万元）。

理由：纳税人购进用于生产销售或委托加工 16%税率货物的农产品，按照 12%的扣除率计算进项税额。但是外购货物用于集体福利属于非应税项目，其进项税额不得抵扣。

7）所以该企业 8 月份应缴纳的增值税税额＝$16.8+4+8.8+0.8-9.6-3.28=17.52$（万元）。

案例 3 生产企业出口货物增值税"免、抵、退"

某市一家自营出口生产企业是增值税一般纳税人，出口货物的征税税率为 16%，退税率为 13%。2018 年 8 月有关经营业务为：购原材料一批，取得的增值税专用发票注明的价款为 400 万元，外购货物准予抵扣进项税额 64 万元通过认证。当月进料加工免税进口料件的组成计税价格 200 万元。期末留抵税款 12 万元。本月内销货物不含税销售额 200 万元。收款 232 万元存入银行。本月出口货物销售额折合人民币 400 万元。计算该企业当期的"免、抵、退"税额。

解析：

免抵退税不得免征和抵扣税额抵减额＝免税进口料件的组成计税价格

$$×（出口货物征税税率－出口货物退税率）$$

$$＝200×（16\%－13\%）$$

$$＝6（万元）$$

免抵退税不得免征和抵扣税额＝当期出口货物离岸价×外汇人民币牌价

$$×（出口货物征税税率－出口货物退税率）$$

$$－免抵退税不得免征和抵扣税额抵减额$$

$$＝400×（16\%－13\%）－6＝12－6＝6（万元）$$

当期应纳增值税税额＝200×16\%－（64－6）－12＝32－58－12＝－38（万元）

免抵退税额抵减额＝免税购进原材料×材料出口货物退税率

$$＝200×13\%＝26（万元）$$

出口货物"免、抵、退"税额＝400×13\%－26＝26（万元）

按规定，当期期末留抵税额>当期免抵退税额时，当期应退税额＝当期免抵退税额，即该企业应退税额＝26（万元）。

当期免抵税额＝当期应退税额，即当期该企业免抵税额＝26－26＝0（万元）

8月期末留抵结转下期继续抵扣税额＝38－26＝12（万元）

回　　顾

增值税是以商品生产、流通或应税劳务、服务各环节的增值额为计税依据而征收的一种流转税。我国现行增值税的征税范围覆盖至第一产业、第二产业和第三产业，包括生产、批发、零售、进口环节。一般纳税人销售货物或者应税劳务采用一般计税办法或简易计税办法；小规模纳税人销售货物或者应税劳务，实行简易计税办法。计算应纳增值税额的关键在于确定销项税额和可以抵扣的进项税额。增值税优惠政策包括起征点、免税、减半征税及出口退（免）税等。一般纳税人的生产企业出口货物，实行"免、抵、退"税办法；小规模纳税人出口货物，实行免税办法；外贸企业出口货物，按国内购进货物时取得的增值税专用发票上列明的进价金额和退税率计算退税额。增值税专用发票是一般纳税人销售货物或者提供应税劳务开具的发票，是购买方抵扣进项税额的主要凭证。

复 习 题

一、速答题

扫描二维码，快速回答问题。

速答题

二、简答题

1. 什么是增值税？其征税范围如何？
2. 增值税的税率是如何规定的？
3. 增值税的主要优惠政策有哪些？
4. 增值税的销售额是如何确定的？
5. 什么是混合销售行为？如何进行税务处理？
6. 增值税法定扣税凭证有哪些？
7. 增值税进项税额申报抵扣是如何规定的？
8. 如何区分应税销售额与进项税额转出业务？
9. 出口货物退（免）税有哪些政策？
10. 如何使用增值税专用发票？

三、能力应用题

某公司为增值税一般纳税人，专门从事认证服务，2018 年 11 月发生如下经济业务：

① 16 日，取得某项认证服务收入价税合计为 106 万元。

② 18 日，购进一台经营用设备，取得增值税专用发票注明金额 20 万元，增值税税额为 3.2 万元；支付运输费用，取得增值税税额专用发票注明金额 0.5 万元，增值税税额为 0.05 万元。

③ 20 日，支付广告服务费，取得增值税专用发票注明金额 5 万元，增值税税额为 0.3 万元。

④ 26 日，销售 2009 年 1 月 1 日以前购进的一台固定资产，售价 0.206 万元。

要求：计算本企业应纳增值税税额。

阅 读 拓 展

邓水岩，2016. 营改增要点解读与应用筹划[M]. 北京：电子工业出版社.

柳雪梅，魏俊，2017. 后"营改增"时代增值税立法的税率结构探讨[J]. 山东工商学院学报，31（6）：85-91.

第 3 章

消 费 税 法

3.1 **消费税基础知识**

3.1.1　消费税的概念

广义上讲，消费税是指对消费品和特定的消费行为征收的一种流转税。我国现行消费税是对在我国境内从事生产、委托加工和进口应税消费品的单位和个人，就其销售额或销售数量，在特定环节征收的一种流转税。

阅读资料

消费税的产生与发展

消费税历史十分悠久。在西方，早在古罗马时代就有对特定消费品的征税。在我国，早在公元前 81 年，汉昭帝改酒专卖为征税。近代中国对消费品的课税始于统税。中华人民共和国成立初征收的货物税、20 世纪 50 ~ 90 年代征收的工商税，实质上相当于或其中部分相当于消费税性质，只不过一直未命名为消费税，或者没有单独成为一个税种而已。

我国最早的消费税法律制度的基本规范是 1993 年 12 月 13 日由国务院颁布、于 1994 年 1 月 1 日起实施的《中华人民共和国消费税暂行条例》（以下简称《消费税暂行条例》）。之后，对其进行了两次修订。当前消费税法的基本规范是 2008 年 11 月 5 日经国务院第 34 次常务会议修订通过并颁布，自 2009 年 1 月 1 日起施行的《消费税暂行条例》，以及 2008 年 12 月 15 日财政部、国家税务总局第 51 号令颁布的《中华人民共和国消费税暂行条例实施细则》（以下简称《消费税暂行条例实施细则》）。

3.1.2　消费税的特点

1. 征税范围具有选择性

消费税仅选择部分高档消费品、非生活必需品、奢侈品及需要限制消费和具有财政意义的消费品进行征税，起到特殊的调节作用。

2. 征收环节具有单一性

消费税的纳税环节主要确定在生产销售环节、委托加工环节或进口环节，个别消费品的纳税环节为零售环节。除卷烟在批发环节加征一道消费税外，基本实行单环节征收。

3. 征收方法具有灵活性

根据不同征税税目，现行消费税采取从价计征、从量计征和从价从量复合计征三种方法征税。即依消费品的价格实行从价定率的计征方法，依消费品的数量实行从量定额征收方法，而对烟酒等特殊消费品则实行从价从量复合计征的方法。

4. 适用税率具有差别性

消费税的平均税率水平一般定得比较高，并且不同征税项目的税负差异较大，对需要限制或控制消费的消费品，通常税负较重。这主要体现了国家运用税收杠杆对某些消费品进行特殊调节的作用。

5. 税负具有转嫁性

对于应计征消费税的产品一般都是高价高税，消费税是价内税。作为流转税的一种，其税金随价款向购买者收取，税负可以转嫁给最终消费者。

3.1.3 消费税的作用

消费税立足我国经济发展水平、国家的消费政策和产业政策，充分考虑人民的生活水平、消费水平和消费结构状况，起到重要的调节作用。

1. 调节消费结构，引导合理消费

消费税负担的轻重，关系到消费者的切身利益，是消费者在选择其消费方向和内容时要考虑的重要因素，国家能够通过消费税课征范围的选择和税目、税率的设计，来调节纳税人的经济利益，调节整个社会消费结构，体现国家的消费政策。

2. 稳定税源，保证财政收入

消费税特殊的计税方法使税额随着销售额的增加而不断增长，同时只要消费品实现销售，也就产生缴纳消费税的义务。因此，消费税对及时、足额地保证财政收入起着重要的作用。

3. 缓解社会分配不公，缩小贫富差距

对某些奢侈品或特殊消费品征收消费税，是从调节个人支付能力的角度间接增加某些消费者的税收负担，体现收入多者多缴税的原则，在一定程度上配合个人所得税及其他有关税种进行调节，缓解社会分配不公的矛盾。

4. 优化资源配置，体现产业政策

消费税对有害人类健康、社会秩序和生态环境的特殊消费品及高耗能、奢侈消费品征税，以减少对环境的危害，降低外部成本；对不可再生和替代的能源产品课税，以保护稀缺资源的有效利用。通过对消费品课税，以消费拉动供给，使产业、产品结构得到优化，实现资源的优化配置，体现国家的产业政策。

3.2　消费税法的基本内容

3.2.1　消费税的纳税人

消费税的纳税人是指在中华人民共和国境内生产、委托加工和进口《消费税暂行条例》规定的消费品的单位和个人，以及国务院确定的销售《消费税暂行条例》规定的消费品的其他单位和个人。

单位是指企业、行政单位、事业单位、军事单位、社会团体及其他单位。

个人是指个体工商户及其他个人。

在中华人民共和国境内，是指生产、委托加工和进口属于应当缴纳消费税的消费品的起运地或者所在地在境内。

消费税纳税人具体内容如下。

1）生产销售的应税消费品，应以生产销售的单位和个人为纳税人，由生产者直接纳税；自产自用的，由自产自用单位和个人在移送使用时缴纳消费税。

2）委托加工的应税产品，以委托加工的单位和个人为纳税人，除受托方为个人外，由受托方于委托方提货时代收代缴税款。

3）进口的应税消费品，以进口的单位和个人为纳税人，或以其代理人为扣缴义务人；个人携带或邮寄入境应税物品的消费税，以携带入境者或收件人为纳税人。

3.2.2　消费税的税目和税率

1. 消费税的税目

根据《消费税暂行条例》《消费税暂行条例实施细则》及《关于对电池 涂料征收消费税的通知》的规定，现行消费税共有 15 个税目。

（1）烟

烟是指以烟叶为原料生产的产品，即凡是以烟叶为原料加工生产的产品，不论使用何种辅料，均属于本税目的征收范围，包括卷烟（进口卷烟、白包卷烟、手工卷烟和未经国务院批准纳入计划的企业及个人生产的卷烟）、雪茄烟和烟丝。

（2）酒

酒是酒精度在 1 度以上的各种酒类饮料。酒类包括粮食白酒、薯类白酒、黄酒、啤酒、果啤和其他酒。

对饮食业、商业、娱乐业举办的啤酒屋（啤酒坊）利用啤酒生产设备生产的啤酒，应当征收消费税。

对以黄酒为酒基生产的配制或泡制酒，按其他酒征收消费税。调味料酒不征消费税。

（3）高档化妆品

具体征收范围包括高档美容、修饰类化妆品、高档护肤类化妆品和成套化妆品。

高档美容、修饰类化妆品和高档护肤类化妆品是指生产（进口）环节销售（完税）价格（不含增值税）在 10 元/毫升（克）或 15 元/片（张）及以上的美容、修饰类化妆品和护肤类化妆品。

舞台、戏剧、影视演员化妆用的上妆油、卸妆油、油彩不属于本税目的征收范围。

（4）贵重首饰及珠宝玉石

凡以金、银、白金、宝石、珍珠、钻石、翡翠、珊瑚、玛瑙等高贵稀有物质，以及其他金属、人造宝石等制作的各种纯金银首饰及镶嵌首饰和经采掘、打磨、加工的各种珠宝玉石。

宝石坯是经采掘、打磨、初级加工的珠宝玉石半成品，对宝石坯应按规定征收消费税。

（5）鞭炮、焰火

本税目征收范围包括各种鞭炮、焰火。但体育上用的发令纸、鞭炮药引线，不按本税目征收消费税。

（6）成品油

本税目征收范围包括汽油、柴油、航空煤油、润滑油、石脑油、溶剂油、燃料油七个子目。

以汽油、汽油组分调和生产的甲醇汽油、乙醇汽油；以柴油、柴油组分调和生产的生物柴油均属本税目的征收范围。

自 2012 年 11 月 1 日起，催化料属于燃料油的征收范围，应征收消费税。

（7）摩托车

本税目征收范围包括轻便摩托车和摩托车两种。对最大设计车速不超过 50 千米/小时，发动机气缸总工作容量不超过 50 毫升的三轮摩托车不征收消费税。

（8）小汽车

小汽车是指由动力装置驱动，具有四个或四个以上车轮的非轨道承载的车辆。

用排气量小于 1.5 升（含）的乘用车底盘（车架）改装、改制的车辆，属于乘用车征收范围；用排气量大于 1.5 升的乘用车底盘（车架）或用中轻型商用客车底盘（车架）改装、改制的车辆属于中轻型商用客车征收范围。

电动汽车不属于本税目的征收范围。沙滩车、雪地车、卡丁车、高尔夫车不属于消费税征收范围，不征收消费税。

车身长度大于 7 米（含），并且座位在 10～23 座（含）以下的商用客车，不属于中轻型商用客车征税范围，不征收消费税。

企业购进货车或箱式货车改装生产的商务车、卫星通信车等专用汽车不属于消费税征收范围，不征收消费税。

对购进乘用车和中轻型商用客车整车改装生产的汽车，应按规定征收消费税。

超豪华小汽车，是每辆零售价为 130 万元（不含增值税）及以上的乘用车和中轻型商用客车，即乘用车和中轻型商用客车子税目中的超豪华小汽车。

（9）高尔夫球及球具

本税目征收范围包括高尔夫球、高尔夫球杆、高尔夫球包（袋）。高尔夫球杆的杆头、杆身和握把属于本税目的征收范围。

（10）高档手表

高档手表是指每只销售价格（不含增值税）在 10 000 元（含）以上的各类手表。

（11）游艇

本税目征收范围包括艇身长度大于 8 米小于 90 米，内置发动机，可以在水上移动，一般为私人或团体购置，主要用于水上运动和休闲娱乐等非谋利活动的各类机动艇。

（12）木制一次性筷子

本税目征收范围包括各种规格的木制一次性筷子。未经打磨、倒角的木制一次性筷子也属于本税目征税范围。

（13）实木地板

本税目征收范围包括各种规格的实木地板、实木指接地板、实木复合地板，以及用于装饰墙壁、顶棚的侧端面为榫、槽的实木装饰板。未经涂饰的素板也属于本税目征税范围。

（14）电池

电池是一种将化学能、光能等直接转换为电能的装置，一般有电极、电解质、容器、极端，通常还有隔离层组成的基本功能单元。用一个或多个基本功能单元可装配成电池组。电池种类有原电池、蓄电池、燃料电池、太阳能电池和其他电池。

对无汞原电池、金属氢化物镍蓄电池（又称"氢镍蓄电池"或"镍氢蓄电池"）、锂原电池、锂离子蓄电池、太阳能电池、燃料电池和全钒液流电池免征消费税。

（15）涂料

涂料是指涂于物体表面能形成具有保护、装饰或特殊性能的固态涂膜的一类液体或固体材料的总称。

涂料由主要成膜物质、次要成膜物质等构成。按主要成膜物质，涂料可分为油脂类、天然树脂类、酚醛树脂类、沥青类、醇酸树脂类、氨基树脂类、硝基类、过滤乙烯树脂类、烯类树脂类、丙烯酸酯类树脂类、聚酯树脂类、环氧树脂类、聚氨酯树脂类、元素有机类、橡胶类、纤维素类、其他成膜物类等。

对施工状态下挥发性有机物（volatile organic compounds，VOC）含量低于 420 克/升（含）的涂料免征消费税。

【例 3.1】多项选择题

下列应征收消费税的是（　　　）。

A. 经营性游艇　　　　　B. 高档化妆品　　　　C. 葡萄酒　　　D. 涂料

答案： BCD

解析： 按规定，以上只有经营性游艇不属于消费税计征范围。

2. 消费税的税率

（1）消费税税率的一般规定

消费税的税率主要有比例税率、定额税率和复合税率。复合税率是指同一种消费品同时适用比例税率与定额税率的特殊税率形式，适用于价格和利润差异较大、容易采用转让定价方法来规避纳税的应税消费品。目前粮食白酒、薯类白酒及卷烟采用复合税率形式。消费税税率具体见表 3-1。

表 3-1　消费税税目及税率

税目	计税单位	税率（税额）
一、烟		
1. 卷烟		
1）每标准条（200 支）对外调拨价在 70 元以上（含 70 元）的	标准箱（5 万支）	56%加 0.003 元/支
2）每标准条（200 支）对外调拨价在 70 元以下的	标准箱（5 万支）	36%加 0.003 元/支
卷烟批发环节		11%加 0.005 元/支
2. 雪茄烟		36%
3. 烟丝		30%
二、酒		
1. 粮食白酒、薯类白酒	斤；500 毫升（或 500 克）	20%；0.5 元
2. 黄酒	吨	240 元
3. 啤酒		
1）每吨出厂价格（含包装物及包装物押金）在 3 000 元（含 3 000 元，不含增值税）以上的	吨	250 元
2）每吨在 3 000 元以下的	吨	220 元
3）娱乐业和饮食业自制的	吨	250 元
4. 其他酒		10%
三、高档化妆品		15%

续表

税目	计税单位	税率（税额）
四、贵重首饰及珠宝玉石		
1. 金、银、铂金首饰和钻石、钻石饰品		5%
2. 其他贵重首饰和珠宝玉石		10%
五、鞭炮、焰火		15%
六、成品油		
1. 汽油	升	1.52 元
2. 柴油	升	1.20 元
3. 航空煤油	升	1.20 元
4. 燃料油	升	1.20 元
5. 溶剂油	升	1.52 元
6. 石脑油	升	1.52 元
7. 润滑油	升	1.52 元
七、摩托车		
1. 气缸容量（排气量，下同）250 毫升的		3%
2. 气缸容量在 250 毫升以上的		10%
八、小汽车		
1. 乘用车		
1）气缸容量（排气量，下同）在 1.0 升（含）以下的		1%
2）气缸容量在 1.0～1.5 升（含）的		3%
3）气缸容量在 1.5～2.0 升（含）的		5%
4）气缸容量在 2.0～2.5 升（含）的		9%
5）气缸容量在 2.5～3.0 升（含）的		12%
6）气缸容量在 3.0～4.0 升（含）的		25%
7）气缸容量在 4.0 升以上的		40%
2. 中轻型商用客车		5%
3. 超豪华小汽车（零售环节）		10%
九、高尔夫球及球具		10%
十、高档手表		20%
十一、游艇		10%
十二、木制一次性筷子		5%
十三、实木地板		5%
十四、电池		4%
十五、涂料		4%

注：卷烟的从量定额税率（卷烟的批发环节除外）也可以表示为 150 元/箱（即每标准箱卷烟 5 万支，税额 150 元），或者 0.6 元/条（即每标准条卷烟 200 支，税额 0.6 元）。

（2）消费税税率的特殊规定

1）兼营不同税率。纳税人兼营不同税率的应税消费品，应当分别核算不同税率应税消费品的销售额或销售数量，未分别核算的或者将适用不同税率的应税消费品组成成套消费品销售的，从高适用税率。

2）其他规定。

① 卷烟由于接装过滤嘴、改变包装或其他原因提高销售价格后，应按新的销售价格确定征税类别和适用税率。

② 委托加工的卷烟按照受托方同牌号规格卷烟的征税类别和适用税率征税。没有同牌号规格卷烟的，一律按卷烟最高税率征税。

③ 残次品卷烟应按照同牌号规格正品卷烟的征税类别确定适用税率。

④ 下列卷烟不分征税类别一律按照 56% 卷烟税率，并按 150 元/箱征税：白包卷烟、手工卷烟、未经国务院批准纳入计划的企业和个人生产的卷烟。

3.2.3　消费税的征税环节

1. 生产销售环节

生产销售环节是消费税征收的主要环节。除特殊应税品（卷烟）以外，在生产销售环节征税以后，货物在流通环节无论再转销多少次，也不用再缴纳消费税。

纳税人自产自用的应税消费品，用于连续生产应税消费品的，不纳税；用于其他方面的，于移送使用时纳税。

用于连续生产应税消费品，是指纳税人将自产自用的应税消费品作为直接材料生产最终应税消费品，自产自用应税消费品构成最终应税消费品的实体。

用于其他方面，是指纳税人将自产自用应税消费品用于生产非应税消费品、在建工程、管理部门、非生产机构、提供劳务、馈赠、赞助、集资、广告、样品、职工福利、奖励等方面。

2. 委托加工环节

委托加工的应税消费品是由委托方提供原料和主要材料，受托方只收取加工费和代垫部分辅助材料加工而成的应税消费品。对于由受托方提供原材料生产的应税消费品，或者受托方先将原材料卖给委托方，然后再接受加工的应税消费品，以及由受托方以委托方名义购进原材料生产的应税消费品，不论在财务上是否作销售处理，都不得作为委托加工应税消费品，而应按照销售自制应税消费品缴纳消费税。

委托加工的应税消费品，除受托方为个人外，由受托方在向委托方交货时代收代缴税款。委托加工的应税消费品，委托方用于连续生产应税消费品的，所纳税款准予按规定抵扣。

委托加工的应税消费品，以不高于受托方的计税价格出售的，为直接出售，不再缴纳消费税；委托方以高于受托方的计税价格出售的，不属于直接出售，需要按规定申报缴纳消费税，在计税时准予扣除受托方已代收代缴的消费税。

3. 进口环节

单位和个人进口应当计征消费税的货物时也要缴纳消费税，由海关代征。

4. 零售环节

（1）商业零售金银首饰

经国务院批准，金银首饰、铂金、钻石及钻石饰品消费税改在零售环节征收，不属于上述范围的应税首饰，仍在生产销售环节征收消费税。改在零售环节征收消费税的金银首饰仅限于金基、银基合金首饰及金、银和金基、银基合金的镶嵌首饰。

下列业务视同零售业，在零售环节缴纳消费税。

1）为经营单位以外的单位和个人加工金银首饰。加工包括带料加工、翻新改制、以旧换新等业务，不包括修理和清洗。

2）经营单位将金银首饰用于馈赠、赞助、集资、广告样品、职工福利、奖励等方面。

3）未经中国人民银行总行批准，经营金银首饰批发业务的单位将金银首饰销售给经营单位。

（2）零售超豪华小汽车

自2016年12月1日起，对零售超豪华小汽车在生产（进口）环节按照现行税率征收消费税的基础上，在零售环节加征消费税，将超豪华小汽车销售给消费者的单位和个人为超豪华小汽车零售环节纳税人。

5. 批发环节

自2015年5月10日起，卷烟批发环节按从价税税率11%并按0.005元/支的从量税加征消费税。

烟草批发企业将卷烟销售给其他烟草批发企业的，不缴纳消费税。

纳税人兼营卷烟批发和零售业务的，应当分别核算批发和零售环节的销售额、销售量；未分别核算的，按照全部销售额、销售量计征批发环节消费税。

【例3.2】单项选择题

下列行为中应缴纳消费税的是（　　　　）。

A. 进口烟丝　　　　B. 进口服装　　　C. 零售高档化妆品　　D. 零售白酒

答案：A

解析：服装不属于消费税征税范围；高档化妆品、白酒应缴纳消费税，但不是在零售环节缴纳。

【例 3.3】多项选择题

根据税法规定，下列说法正确的有（ ）。

A. 消费税实行多环节征收

B. 缴纳增值税的货物并不都缴纳消费税

C. 应税消费品征收增值税的，其税基含有消费税

D. 应税消费品征收消费税的，其税基不含增值税

答案： BCD

解析： 消费税实行单环节征收。

【例 3.4】多项选择题

下列各项中，应同时征收增值税和消费税的是（ ）。

A. 批发环节销售的卷烟　　　　　　B. 零售环节销售的金基合金首饰

C. 生产环节销售的普通护肤护发品　D. 进口环节取得外国政府捐赠的小汽车

答案： AB

解析： 消费税主要在生产环节、委托加工环节、进口环节征税，金基合金属于金银首饰，在零售环节征税，卷烟在批发环节加征一道，普通护肤护发品不属于消费税的征收范围。外国政府、国际组织无偿援助的进口物资和设备免交关税、增值税、消费税。

3.2.4　消费税的计税方法

按照现行税法规定，我国消费税采取从价定率法、从量定额法和复合计征法三种方法计算消费税的应纳税额。

1. 从价定率法

在从价定率征收情况下，根据不同的应税消费品确定不同的比例税率，以应税消费品的销售额为基数乘以比例税率计算应纳税额。这种计税方法主要适用于一些供求矛盾突出、价格差异较大、计量单位不规范的应税消费品。

2. 从量定额法

在从量定额征收情况下，根据不同的应税消费品确定不同的单位税额，以应税消费品的数量为基数乘以单位税额计算应纳税额。这种计税方法主要适用于一些供求基本平衡、价格差异不大、计量单位规范的应税消费品，如汽油、柴油等。

3. 复合计征法

复合计征法主要适用于一些价格和利润差别大、容易采取转让定价方法来规避纳税的应税消费品。采用复合征收方法的应税消费品一般较少，我国目前只对烟和白酒采用复合计征法。

3.3　消费税的计税依据

3.3.1　从价定率计征

采用从价定率计征办法的应税消费品，消费税的计税依据是销售额。应税消费品的销售额是指纳税人销售应税消费品向购买方收取的全部价款和价外费用。

由于消费税和增值税实行交叉征收，消费税实行价内税，增值税实行价外税，因此一般情况下，实行从价定率征收的消费品，其计算消费税的销售额与计算增值税销项税的销售额是一致的，即都是以含消费税而不含增值税的销售额作为计税基数。从价定率计征的计算公式为

$$应纳消费税税额＝销售额×比例税率$$

【例 3.5】计算题

某烟花厂 2018 年 10 月为国庆活动提供一批烟花，开具的增值税发票上注明的不含税销售额为 100 万元。计算该烟花厂本月的增值税销项税额、消费税的计税依据及应缴纳的消费税税额。

解析：在计算消费税时所依据的销售额 100 万元中，不包括向购货方收取的增值税税款，如果销售额包含增值税税款，就要换算成不含税销售额。焰花适用的消费税比例税率为 15%。

因消费税是价内税，消费税 15 万元包含在销售额 100 万元之中。故

$$增值税销项税额＝100×16\%＝16（万元）$$
$$消费税的计税依据＝100 万元$$
$$应纳消费税税额＝100×15\%＝15（万元）$$

增值税和消费税计税依据不同的情况如下。

1）以物易物、以物抵债、对外投资时的差异。在应税商品以物易物、以物抵债、对外投资时计征消费税比照最高价格作为销售额，计征增值税用平均价格作为销售额。

2）由于纳税环节不同而引起的差异。例如，自产小轿车改装成救护车出厂，消费

税的纳税环节是小轿车移送环节，增值税的纳税环节是救护车出厂环节。显然小轿车的同类商品销售价格和救护车的出厂价格不同，二者的计税依据出现了差异。

3.3.2 从量定额计征

采用从量定额计征办法的应税消费品，消费税的计税依据是销售数量。销售数量是指纳税人生产、加工和进口应税消费品的数量。

1. 销售数量的确定

1）销售应税消费品的，为应税消费品的销售数量。
2）自产自用应税消费品的，为应税消费品的移送使用数量。
3）委托加工应税消费品的，为纳税人收回的应税消费品数量。
4）进口的应税消费品，为海关核定的应税消费品进口征税数量。

2. 计量单位的换算标准

重量与体积计量单位的换算见表 3-2。

表 3-2　重量（吨）与体积（升）的换算

名称	换算标准	名称	换算标准
黄酒	1 吨＝962 升	石脑油	1 吨＝1 385 升
啤酒	1 吨＝988 升	溶剂油	1 吨＝1 282 升
汽油	1 吨＝1 388 升	润滑油	1 吨＝1 126 升
柴油	1 吨＝1 176 升	燃料油	1 吨＝1 015 升
航空煤油	1 吨＝1 246 升	—	—

3. 计算方法

从量定额计征的计算公式为

应纳税额＝应税消费品的销售数量×单位税额

【例 3.6】计算题

某啤酒厂 8 月份销售啤酒 400 吨，每吨出厂价格 2 800 元。则该月应纳消费税税额是多少？

解析：根据啤酒税率规定，每吨售价在 3 000 元以下的，适用单位税额 220 元，故

应纳消费税税额＝400×220＝88 000（元）

3.3.3　从价从量复合计征

在现行消费税的征税范围中，采用从价从量复合计征办法的只有卷烟、粮食白酒、薯类白酒三类。计算公式为

$$应纳税额＝销售数量×定额税率＋销售额×比例税率$$

【例 3.7】计算题

2018 年 9 月，某白酒厂销售白酒 100 吨，当月取得不含增值税销售额 1 480 万元。则该厂当月应纳消费税税额是多少？

解析： 白酒从价税率为 20%与每 500 毫升（或 500 毫克）0.50 元的复合税率，故

$$白酒从价计税应纳消费税税额＝1 480×20\%＝296（万元）$$
$$白酒从量计税应纳消费税税额＝100×2 000×0.5＝100 000（元）＝10（万元）$$
$$当月应纳消费税税额＝10＋296＝306（万元）$$

3.3.4　计税依据的特殊规定

1）纳税人应税消费品的计税价格明显偏低并无正当理由的，由主管税务机关核定计税价格。其核定权限如下：

① 卷烟、白酒和小汽车的计税价格由国家税务总局核定，送财政部备案。

② 其他应税消费品的计税价格由省、自治区和直辖市国家税务总局核定。

③ 进口的应税消费品的计税价格由海关核定。

2）纳税人通过自设非独立核算门市部销售的自产应税消费品，应当按照门市部对外销售额或销售数量计算征收消费税。

3）纳税人用于换取生产资料和消费资料、投资入股、抵偿债务等方面的应税消费品，应当以纳税人同类应税消费品的最高销售价格为计税依据计算消费税。

4）白酒生产企业向商业销售单位收取的"品牌使用费"，是随着应税白酒的销售向购货方收取的，是应税白酒销售价款的组成部分，因此，不论企业以何种方式和名义收取价款，均应并入白酒的销售额缴纳消费税。

5）实行从价办法征收消费税的应税消费品连同包装物销售的，无论包装物是否单独计价及在会计上如何核算，均应并入应税消费品的销售额中缴纳消费税。

如果包装物不作价随同产品销售，而是收取押金，此项押金则不应并入应税消费品的销售额中征税。但对因逾期未收回的包装物不再退还的或者已收取的时间超过 12 个月的押金，应并入应税消费品的销售额，按照应税消费品的适用税率缴纳消费税。

对既作价随同应税消费品销售，又另外收取押金的包装物的押金，凡纳税人在规定的期限内没有退还的，均应并入应税消费品的销售额，按照应税消费品的适用税率缴纳

消费税。

对啤酒、黄酒以外的其他酒类产品生产企业销售酒类产品而收取的包装物押金，无论押金是否返还及会计上如何核算，均需并入酒类产品销售额中征收消费税。

【例3.8】多项选择题

按《消费税暂行条例》的规定，属于下列情形之一的应税消费品，以纳税人同类应税消费品的最高销售价格作为计税依据计算消费税的有（　　　）。

A. 用于抵债的应税消费品　　　　B. 用于馈赠的应税消费品

C. 用于换取消费资料的应税消费品　　D. 对外投资入股的应税消费品

答案：ACD

解析：纳税人用于换取生产资料和消费资料、投资入股和抵偿债务等方面的应税消费品，应当以纳税人同类消费品的最高销售价格作为计税依据计算消费税。

3.4　消费税的计算

3.4.1　生产销售应税消费品应纳税额的计算

生产销售应税消费品是消费税征收的主要环节，大部分商品的消费税是在生产销售环节缴纳的。

【例3.9】计算题

某化妆品生产企业在2018年6月2日向某大型百货商场销售高档化妆品一批，开具增值税专用发票，取得不含增值税销售额50万元，增值税税额8万元；6月19日向某商店销售高档化妆品一批，开具普通发票，取得含增值税销售额5.8万元。计算该化妆品生产企业本月应缴纳的消费税税额，高档化妆品的适用消费税税率为15%。

解析：

$$高档化妆品的应税销售额＝50＋5.8÷（1＋16\%）＝55（万元）$$
$$应纳消费税税额＝55×15\%＝8.25（万元）$$

3.4.2　自产自用应税消费品应纳税额的计算

1. 自产自用应税消费品的计税规定

1）纳税人将自产的应税消费品用于连续生产应税消费品的，不纳税。

2）纳税人将自产的应税消费品用于其他方面的，应于移送使用时缴纳消费税。

2. 自产自用应税消费品应纳税额的确定

（1）有同类消费品销售价格的

1）对于实行从价定率征收的应税消费品，按照纳税人生产的同类消费品销售价格计算纳税。计算公式为

$$应纳税额＝同类消费品销售单价×自产自用数量×适用税率$$

2）对于复合计征的应税消费品，其应纳税额的计算公式为

$$应纳税额＝同类消费品销售单价×自产自用数量×适用税率$$
$$＋自产自用数量×定额税率$$

同类消费品的销售价格，是纳税人当月销售的同类消费品的销售价格。如果当月同类消费品各期销售价格高低不同，应按销售数量加权平均计算。但销售的应税消费品有下列情况之一的，不得列入加权平均计算。

① 销售价格明显偏低并且无正当理由的。

② 无销售价格的。

如果当月无销售或者当月未完结，应按照同类消费品上月或者最近月份的销售价格计算纳税。

（2）无同类消费品销售价格的

纳税人将自产自用没有同类消费品销售价格的，按照组成计税价格计算纳税。

1）实行从价定率办法计算纳税的组成计税价格计算公式为

$$组成计税价格＝（成本＋利润）÷（1－比例税率）$$
$$＝［成本×（1＋成本利润率）］÷（1－比例税率）$$
$$应纳税额＝组成计税价格×比例税率$$

2）实行复合计税办法计算纳税的组成计税价格计算公式为

$$组成计税价格＝（成本＋利润＋自产自用数量×定额税率）÷（1－比例税率）$$
$$＝［成本×（1＋成本利润率）＋自产自用数量×定额税率］$$
$$÷（1－比例税率）$$

$$应纳税额＝组成计税价格×比例税率＋自产自用数量×定额税率$$

式中，成本是指应税消费品的产品生产成本；利润是指根据应税消费品的全国平均成本利润率计算的利润。应税消费品全国平均成本利润率由国家税务总局确定，见表 3-3。

表 3-3　平均成本利润率

货物名称	利润率/%	货物名称	利润率/%
甲类卷烟	10	摩托车	6
乙类卷烟	5	高尔夫球及球具	10
雪茄烟	5	高档手表	20
烟丝	5	游艇	10

续表

货物名称	利润率/%	货物名称	利润率/%
粮食白酒	10	木制一次性筷子	5
薯类白酒	5	实木地板	5
其他酒	5	乘用车	8
高档化妆品	5	中轻型商用客车	5
鞭炮、焰火	5	电池	4
贵重首饰及珠宝玉石	6	涂料	7

【例 3.10】计算题

2018 年 2 月，某公司将 30 盒新研制的高档化妆品发放给全体女职工，将其余 70 盒移送生产车间继续生产高档化妆品。每盒生产成本为 1 500 元，该公司同类高档化妆品平均价格为每盒 3 000 元（不含增值税），全国平均成本利润率为 5%，消费税税率为 15%。计算该公司当期应纳的消费税税额。若没有同类化妆品的销售价格，应如何计算应纳消费税税额？

解析：该公司移送的 70 盒高档化妆品，因是用于连续生产高档化妆品的，所以不纳税。

发放给职工的 30 盒高档化妆品，属于"用于其他方面的"，应当纳税。

应纳消费税税额＝30×3 000×15%＝13 500（元）

若没有同类高档化妆品的销售价格，则采用组成计税价格计算。

组成计税价格＝30×1 500×（1＋5%）÷（1－15%）≈55 588.24（元）

应纳消费税税额＝55 588.24×15%≈8 338.24（元）

3.4.3 委托加工应税消费品应纳税额的计算

1. 委托加工应税消费品的计税规定

1）纳税人委托加工的应税消费品，除受托方为个人外，由受托方在向委托方交货时代收代缴税款。即委托方是消费税的纳税人，受托方是扣缴义务人。纳税人委托个人加工的应税消费品，由委托方收回后缴纳消费税。

2）纳税人将委托加工收回的已纳消费税的应税消费品直接出售的，不再缴纳消费税；用于连续生产应税消费品的，所缴纳的消费税税款准予按规定抵扣。

2. 组成计税价格

（1）有同类消费品销售价格的，比照同类价格计算纳税

1）实行从价定率办法计算应纳税额的计算公式为

应纳税额＝同类消费品销售单价×委托加工数量×比例税率

2）实行复合计征办法计算应纳税额的计算公式为

应纳税额＝同类消费品销售单价×委托加工数量×适用税率＋委托加工数量×定额税率

（2）没有同类消费品销售价格的，按照组成计税价格计算纳税

1）实行从价定率办法的计算公式为

$$组成计税价格＝（材料成本＋加工费）÷（1－比例税率）$$
$$应纳税额＝组成计税价格×适用税率$$

2）实行复合计税办法的计算公式为

$$组成计税价格＝（材料成本＋加工费＋委托加工数量×定额税率）÷（1－比例税率）$$
$$应纳税额＝组成计税价格×比例税率＋委托加工数量×定额税率$$

式中，材料成本是指委托方所提供加工材料的实际成本；加工费是指受托方加工应税消费品向委托方所收取的全部费用（包括代垫辅助材料的实际成本），但不包括收取的增值税税额。

需要注意的是，委托加工的应税消费品提货时受托方没有代收代缴消费税时，委托方要补交税款。委托方补交税款的依据：已经直接销售的，按销售额（或销售量）计税；收回的应税消费品尚未销售或用于连续生产的，按组成计税价格计税补交。

【例 3.11】计算题

某涂料厂 2018 年 7 月受托为某单位加工一批涂料，委托单位提供的原材料金额为 25 万元，收取委托单位不含增值税的加工费 4.75 万元，涂料企业当地无同类产品市场价格。计算涂料企业应代收代缴的消费税税额，涂料的适用税率为 4%。

解析：

$$组成计税价格＝（250\,000＋47\,500）÷（1－4\%）≈309\,895.83（元）$$
$$应代收代缴消费税税额＝309\,895.83×4\%≈12\,395.83（元）$$

【例 3.12】计算题

某酒厂 2018 年 3 月委托 A 公司加工薯类白酒 10 吨，向 A 公司提供薯干的实际成本为 100\,000 元，支付加工费 12\,000 元，A 公司无同类产品销售价格。已知薯类白酒比例税率为 20%，定额税率为 0.5 元/斤。试计算 A 公司应代收代缴的消费税税额。

解析：

$$组成计税价格＝（100\,000＋12\,000＋10×1\,000×2×0.5）÷（1－20\%）$$
$$＝152\,500（元）$$
$$应代收代缴消费税税额＝10×1\,000×2×0.5＋152\,500×20\%$$
$$＝10\,000＋30\,500＝40\,500（元）$$

3.4.4　零售应税消费品应纳税额的计算

（1）金银首饰、钻石及钻石饰品、铂金首饰零售环节消费税的计算

在零售环节缴纳消费税的主要有金银首饰、钻石及钻石饰品、铂金首饰（含镶嵌首饰）。具体规定如下。

1）纳税人销售金银首饰，其计税依据为不含增值税的销售额。如果纳税人销售金银首饰的销售额包含增值税税款的，在计算消费税时，应将含增值税的销售额换算为不含增值税税款的销售额，计算公式为

金银首饰的销售额＝含增值税的销售额÷（1＋增值税税率或征收率）

2）金银首饰与其他产品组成成套消费品销售的，应按销售额全额征收消费税。

3）金银首饰连同包装物销售的，无论包装物是否单独计价，也无论会计上如何核算，均应并入金银首饰的销售额，计征消费税。

4）带料加工的金银首饰，应按受托方销售同类金银首饰的销售价格确定计税依据征收消费税。没有同类金银首饰销售价格的，按照组成计税价格计算纳税。组成计税价格计算公式为

组成计税价格＝（材料成本＋加工费）÷（1－金银首饰消费税税率）

5）采用以旧换新（含翻新改制）方式销售的金银首饰，应按实际收取的不含增值税的全部价款确定计税依据征收消费税。

6）生产、批发、零售单位用于馈赠、赞助、集资、广告、样品、职工福利、奖励等方面的金银首饰，应按纳税人销售同类金银首饰的销售价格确定计税依据征收消费税；没有同类金银首饰销售价格的，按照组成计税价格计算纳税。组成计税价格计算公式为

组成计税价格＝（购进原料价格＋利润）÷（1－金银首饰消费税税率）

纳税人为生产企业时，公式中的"购进原料"为生产成本，"利润"一律按6%的利润率计算。

7）金银首饰消费税改变纳税环节后，用已税珠宝玉石生产的镶嵌首饰，在计税时一律不得扣除已纳的消费税税额。

【例3.13】计算题

某市人民银行下属金店，系增值税一般纳税人，2018年11月发生以下两笔业务：①通过以旧换新方式，用足金戒指100克（含税售价每克160元），从消费者手中换回足金戒指100克，作价15 200元，收到价款800元；②接受消费者委托加工金项链两条，收到加工费580元（含税），无同类金项链销售价格，黄金材料成本3 000元，当月加工完毕并将加工好的项链交还委托人。分别计算应纳消费税税额。

解析：

① 纳税人采取以旧换新方式销售的金银首饰，应按实际收取的不含增值

价款确定计税依据征收消费税。

$$应纳消费税税额＝800÷（1＋16\%）×5\%≈34.48（元）$$

② 按照税法规定，受托加工或翻新改制金银首饰应纳的消费税应由受托方代收代缴。无同类首饰售价的，按组成计税价格确定。

$$组成计税价格＝（材料成本＋加工费）÷（1－消费税税率）$$
$$＝（3\,000＋580÷1.16）÷（1－5\%）≈3\,684.21（元）$$
$$应纳消费税税额＝3\,684.21×5\%≈184.21（元）$$

（2）超豪华小汽车零售环节消费税的计算

1）自 2016 年 12 月 1 日起，在生产（进口）环节按照现行税率征收消费税基础上，超豪华小汽车在零售环节加征一道消费税。

2）征税范围为每车零售价格在 130 万元（不含增值税）及以上的乘用车和中轻型商用客车，即乘用车和中轻型商用客车子税目中的超豪华小汽车。

3）超豪华小汽车零售环节应纳消费税税额＝零售环节销售额（不含增值税）×零售环节税率（10%）

4）国内汽车生产企业直接销售给消费者的超豪华小汽车，消费税税率按照生产环节税率和零售环节税率加总计算。其消费税应纳税额计算公式为

应纳税额＝零售环节销售额（不含增值税）×（生产环节税率＋零售环节税率）

3.4.5　批发销售卷烟应纳税额的计算

消费税对卷烟的征收比较特殊，除在生产环节缴纳消费税以外，在批发环节还要加征一道复合税。在计征消费税时，应注意以下问题。

1）纳税人应将卷烟销售额与其他商品销售额分开核算，未分开核算的，一并征收消费税。

2）卷烟消费税在生产和批发两个环节征收后，批发企业在计算纳税时不得扣除已含的生产环节的消费税税款。

3.4.6　进口应税消费品应纳税额的计算

进口应税消费品的收货人或办理报关手续的单位和个人为纳税义务人。进口应税消费品按组成计税价格和规定的税率计算应纳税额。

1. 从价定率计征应纳税额的计算

计算公式为

$$组成计税价格＝（关税完税价格＋关税）÷（1－消费税比例税率）$$
$$应纳税额＝组成计税价格×消费税比例税率$$

【例 3.14】计算题

上海某进出口公司进口 100 辆小汽车，每辆车海关核定的关税完税价格为 30 万元。已知小汽车关税税率是 45%，消费税税率是 5%，增值税税率是 16%。计算进口环节应缴纳的消费税税额和增值税税额。

解析：

$$组成计税价格 = 100 \times 30 \times (1+45\%) \div (1-5\%) \approx 4\,578.95（万元）$$
$$应纳消费税税额 = 4\,578.95 \times 5\% \approx 228.95（万元）$$
$$应纳增值税税额 = 4\,578.95 \times 16\% \approx 732.63（万元）$$

2. 从量定额计征应纳税额的计算

计算公式为

$$应纳税额 = 应税消费品数量 \times 消费税定额税率$$

应税消费品数量指海关核定的应税消费品进口征税数量。

3. 从价定率和从量定额复合计征的计算

计算公式为

$$组成计税价格 = （关税完税价格 + 关税 + 进口数量 \times 消费税定额税率）$$
$$\div （1-消费税比例税率）$$
$$应纳税额 = 组成计税价格 \times 消费税比例税率$$
$$+ 应税消费品进口数量 \times 消费税定额税率$$

4. 进口卷烟消费税的特殊计算

自 2004 年 3 月 1 日起，进口卷烟消费税适用比例税率按以下办法确定。

（1）确定每标准条进口卷烟消费税适用比例税率的价格

计算公式为

$$每标准条进口卷烟（200 支）确定消费税适用比例税率的价格 = \frac{关税完税价格 + 关税 + 消费税定额税}{1-消费税税率}$$

其中，关税完税价格和关税为每标准条的关税完税价格及关税税额；消费税定额税率为每标准条 0.6 元（依据现行消费税定额税率折算而成）；此时消费税税率固定按 36% 计算。

（2）比较每标准条进口卷烟价格确定消费税适用比例税率

每标准条进口卷烟消费税适用比例税率的价格 ≥ 70 元人民币的，适用比例税率为 56%；每标准条进口卷烟确定消费税适用比例税率的价格 < 70 元人民币的，适用比例税率为 36%。

（3）依据上述确定的消费税适用比例税率，确定进口卷烟消费税组成计税价格

计算公式为

进口卷烟消费税组成计税价格＝（关税完税价格＋关税＋消费税定额税）
÷（1－进口卷烟消费税适用比例税率）

（4）计算进口卷烟的应纳税额

计算公式为

应纳税额＝组成计税价格×进口卷烟消费税适用比例税率
＋海关核定的进口卷烟数量×定额税率

【例 3.15】计算题

某进出口外贸公司，2018 年 10 月进口卷烟 300 箱（每箱 250 条，每条 200 支），支付买价 1 875 000 元，支付到达我国海关前的运输费用 150 000 元，保险费用 60 000 元。已知进口卷烟的关税税率为 20%。计算卷烟在进口环节应缴纳的消费税税额。

解析： 确定每标准条进口卷烟消费税适用比例税率的价格。

每标准条进口卷烟消费税适用比例税率的价格＝[（1 875 000＋150 000＋60 000）
÷（300×250）×（1＋20%）＋0.6]
÷（1－36%）
≈53.06（元）

比较单条卷烟价格，从而选择进口卷烟适用哪一档规定的比例税率计算应纳税额：单条卷烟价格 53.06 元＜70 元，适用消费税税率为 36%。

确定进口卷烟消费税组成计税价格。

组成计税价格＝[（1 875 000＋150 000＋60 000）÷（300×250）×（1＋20%）＋0.6]
÷（1－36%）×300×250
＝3 979 687.5（元）

按照复合计征法计算进口卷烟应缴纳的消费税税额。

进口卷烟应缴纳的消费税税额＝3 979 687.5×36%＋300×250×0.6
＝1 477 687.5（元）

3.4.7 已纳消费税扣除的计算

我国现行消费税规定，将外购应税消费品和委托加工收回的应税消费品继续生产应税消费品销售的，可以将前期已缴纳的消费税扣除，以避免重复征税。

1. 外购应税消费品已纳税额扣除的计算

（1）扣除范围

1）外购已税烟丝生产的卷烟。

2）外购已税高档化妆品原料生产的高档化妆品。

3）外购已税珠宝、玉石原料生产的贵重首饰及珠宝、玉石。

4）外购已税鞭炮、焰火原料生产的鞭炮、焰火。

5）外购已税杆头、杆身和握把为原料生产的高尔夫球杆。

6）外购已税木制一次性筷子为原料生产的木制一次性筷子。

7）外购已税实木地板为原料生产的实木地板。

8）外购已税汽油、柴油、石脑油、润滑油、燃料油用于生产应税成品油。

9）外购已税摩托车连续生产应税摩托车（如用外购两轮摩托车改装三轮摩托车）。

（2）已纳税款扣除的计算

用外购已税消费品连续生产出来的应税消费品在计算征税时，应按当期生产领用数量计算准予扣除外购的应税消费品已纳的消费税税款。计算公式为

$$\begin{array}{l}\text{当期准予扣除的外购}\\ \text{应税消费品已纳税款}\end{array} = \begin{array}{l}\text{当期准予扣除的外购应}\\ \text{税消费品买价或数量}\end{array} \times \begin{array}{l}\text{外购应税消费品}\\ \text{适用税率或税额}\end{array}$$

$$\begin{array}{l}\text{当期准予扣除的外}\\ \text{购应税消费品买价}\\ \text{或数量}\end{array} = \begin{array}{l}\text{期初库存的外购}\\ \text{应税消费品的买}\\ \text{价或数量}\end{array} + \begin{array}{l}\text{当期购进的应税}\\ \text{消费品的买价或}\\ \text{数量}\end{array} - \begin{array}{l}\text{期末库存的外}\\ \text{购应税消费品}\\ \text{的买价或数量}\end{array}$$

（3）需要注意的问题

1）纳税人用外购的已税珠宝、玉石原料生产的改在零售环节征收消费税的金银首饰（镶嵌首饰），在计税时一律不得扣除外购珠宝、玉石的已纳税款。

2）允许扣除已纳税款的应税消费品只限于从工业企业购进的应税消费品和进口环节已缴纳消费税的应税消费品，对从境内商业企业购进应税消费品的已纳税款一律不得扣除。

【例 3.16】判断题

从商业企业购进的已税消费品，用于继续生产应税消费品销售的，在计征消费税时，生产耗用的外购应税消费品的已纳消费税税款准予扣除。　　　　　　（　　）

答案：×

解析：按《消费税暂行条例》规定，只限于从工业企业购进的已税消费品连续生产最终应税消费品销售时，才允许扣除已纳消费税，并按生产领用部分扣除。

【例 3.17】计算题

唯尚木业生产企业 2018 年 8 月初库存实木地板 200 万元，当月又从某木制品厂购进价值 1 500 万元的实木地板，期末库存实木地板 500 万元，所领用实木地板全部用于生产实木地板，已知实木地板的消费税税率为 5%，计算唯尚木业 8 月份准予扣除的外购应税消费品已纳税额。

解析：根据税法规定，外购已税实木地板原料生产的实木地板，可以按当期生产领

用数量计算扣除已纳消费税额，因此，当期准予扣除的外购应税消费品已纳税额为

准予扣除的已纳税额＝（200＋1 500－500）×5%＝60（万元）

2. 委托加工应税消费品税额扣除的计算

（1）扣除范围

由于委托加工的应税消费品已由受托方代收代缴消费税，所以委托方收回货物后用于连续生产应税消费品的，其已纳税款准予按照规定从连续生产的应税消费品应纳消费税税额中抵扣。

1）以委托加工收回的已税烟丝为原料生产的卷烟。

2）以委托加工收回的已税高档化妆品原料生产的高档化妆品。

3）以委托加工收回的已税珠宝、玉石原料生产的贵重首饰及珠宝、玉石。

4）以委托加工收回的已税鞭炮、焰火原料生产的鞭炮、焰火。

5）以委托加工收回的已税杆头、杆身和握把为原料生产的高尔夫球杆。

6）以委托加工收回的已税木制一次性筷子为原料生产的木制一次性筷子。

7）以委托加工收回的已税实木地板为原料生产的实木地板。

8）以委托加工收回的已税汽油、柴油、石脑油、润滑油、燃料油用于生产应税成品油。

9）以委托加工收回的已税摩托车连续生产应税摩托车（如用外购两轮摩托车改装三轮摩托车）。

（2）已纳税款扣除的计算

委托加工应税消费品用于连续生产应税消费品的，在计税时准予按当期生产领用数量计算扣除委托加工收回的应税消费品已纳消费税税款。计算公式为

$$\begin{array}{l}当期准予扣除的委\\托加工应税消费品\\已纳税款\end{array} = \begin{array}{l}期初库存的委托\\加工应税消费品\\已纳税款\end{array} + \begin{array}{l}当期收回的委托\\加工应税消费品\\已纳税款\end{array} - \begin{array}{l}期末库存的委\\托加工应税消\\费品已纳税款\end{array}$$

（3）需要注意的问题

1）纳税人用委托加工收回的已税珠宝、玉石原料生产的改在零售环节征收消费税的金银首饰，在计税时一律不得扣除委托加工收回的珠宝、玉石原料的已纳消费税税款。

2）以外购或委托加工收回石脑油为原料生产乙烯或其他化工产品，在同一生产过程中既可以生产乙烯或其他化工产品等非应税消费品，同时又生产裂解汽油等应税消费品的，外购或委托加工收回石脑油允许抵扣的已纳税款需要通过计算取得。

阅读资料

直销经营模式下消费税税基如何确定

问题内容：我公司是一家直销经营模式的化妆品生产企业，在直销经营模式下产品的生产与销售是实行"产销一体"的，对于直销经营模式下销售的消费税应税产品，在计征消费税时税基如何确定呢？

回复意见：按照《消费税暂行条例》及其实施细则的有关规定，纳税人生产销售的应税消费品是以销售额作为计税依据的。销售额是指纳税人销售应税消费品向购货方收取的，除增值税税款以外的全部价款和价外费用。

如果纳税人应税消费品的计税价格无法确定或者计税价格明显偏低并无正当理由的，由主管税务机关核定计税价格。

3.5　出口应税消费品退（免）税

3.5.1　消费税出口退（免）税政策

纳税人出口应税消费品退（免）税政策的主要规定大体与增值税出口退（免）税相同。本节仅就出口应税消费品退（免）消费税某些不同于出口货物退（免）增值税的特殊规定作介绍。

在政策上，出口应税消费品退（免）消费税分为以下三种情况。

1. 出口免税并退税

有出口经营权的外贸企业购进应税消费品直接出口，以及外贸企业受其他外贸企业委托代理出口应税消费品的情况适用此政策。需要注意的是外贸企业只有受其他外贸企业委托，代理出口应税消费品才可办理退税，外贸企业受其他企业（主要是非生产性的商贸企业）委托，代理出口应税消费品是不予退（免）税的。

2. 出口免税但不退税

有出口经营权的生产性企业自营出口或生产企业委托外贸企业代理出口自产的应税消费品，依据其实际出口数量免征消费税，不予办理退还消费税。

3. 出口不免税也不退税

适用这个政策的是除生产企业、外贸企业以外的其他企业，具体是指一般商贸企业，这类企业委托外贸企业代理出口应税消费品一律不予退（免）税。

3.5.2　消费税出口退税率

出口应税消费品适用的退税率，依照《消费税暂行条例》所附消费税税目税率表执行，即消费税退税率与税率（或税额）一致。企业应将不同税率的货物分开核算和申报，凡划分不清适用税率的，一律从低适用税率计算。

3.5.3　出口应税消费品退税额的计算

直接出口和代理出口应税消费品的外贸企业应退消费税税款，分两种情况处理。

1）从价定率计征的，应依照外贸企业从工厂购进货物时征收消费税的价格计算应退消费税税款，其计算公式为

$$应退消费税税款 = 出口货物的工厂销售额 \times 税率$$

上述公式中"出口货物的工厂销售额"不包含增值税。对含增值税的价格应换算为不含增值税的销售额。

2）从量定额计征的，应依货物购进和报关出口的数量计算应退消费税税款，其计算公式为

$$应退消费税税款 = 出口数量 \times 单位税额$$

属于复合计税的，将"从价定率计征消费税"与"从量定额计征消费税"的计算公式合并。

3.5.4　出口应税消费品办理退（免）税的管理

对于出口的应税消费品办理退税后，发生退关，或者国外退货进口时予以免税的，报关出口者应及时向其所在地主管税务机关申报补缴已退的消费税税款。纳税人直接出口的应税消费品办理免税后发生退关或国外退货，进口时已予以免税的，经所在地主管税务机关批准，可暂不办理补税，待其转为国内销售时，再向其主管税务机关申报补缴消费税税款。

3.6　消费税的缴纳

3.6.1　纳税义务发生时间

1）纳税人销售应税消费品的纳税义务发生时间如下。

① 采取赊销和分期收款结算方式的，为书面合同约定的收款日期的当天，书面合同没有约定收款日期或者无书面合同的，为发出应税消费品的当天。

② 采取预收货款结算方式的，为发出应税消费品的当天。

③ 采取托收承付和委托银行收款方式的，为发出应税消费品并办妥托收手续的当天。

④ 纳税人采取其他结算方式的，为收讫销售款或者取得索取销售款凭据的当天。

2）纳税人自产自用的应税消费品，其纳税义务的发生时间，为移送使用的当天。

3）纳税人委托加工的应税消费品，其纳税义务的发生时间，为纳税人提货的当天。

4）纳税人进口的应税消费品，其纳税义务的发生时间，为报关进口的当天。

【例 3.18】多项选择题

根据《消费税暂行条例实施细则》的规定，消费税纳税义务的发生时间根据不同情况分别确定为（   ）。

A. 纳税人委托加工的应税消费品，其纳税义务发生时间，为纳税人提货的当天

B. 纳税人进口的应税消费品，其纳税义务发生时间，为报关进口的当天

C. 纳税人采取预收货款结算方式销售应税消费品的，其纳税义务发生时间，为收到预收货款的当天

D. 纳税人自产自用的应税消费品，用于生产非应税消费品的，其纳税义务发生时间，为移送使用的当天

答案： ABD

解析： 选项 A、B、D 均为税法规定的消费税纳税义务发生时间；而纳税人采取预收货款结算方式销售应税消费品的，其纳税义务发生时间为发出应税消费品的当天。

3.6.2 纳税期限

《消费税暂行条例》规定，消费税的纳税期限分别为 1 日、3 日、5 日、10 日、15 日、1 个月或者 1 个季度；纳税人的具体纳税期限，由主管税务机关根据纳税人应纳税额的大小分别核定；不能按照固定期限纳税的，可以按次纳税。

纳税人以 1 个月或 1 个季度为一期纳税的，自期满之日起 15 日内申报纳税；以 1 日、3 日、5 日、10 日或者 15 日为一期纳税的，自期满之日起 5 日内预缴税款，于次月 1 日起至 15 日内申报纳税并结清上月应纳税款。

纳税人进口应税消费品，应当自海关填发海关进口消费税专用缴款书之日起 15 日内缴纳税款。

3.6.3 纳税地点

消费税具体纳税地点的有关规定如下。

1）纳税人销售的应税消费品，以及自产自用的应税消费品，除国家另有规定的外，应当向纳税人机构所在地或者居住地主管税务机关申报纳税。总机构和分支机构不在同一县（市）的，应在生产应税消费品的分支机构所在地申报纳税；若经批准，也可由总机构汇总向总机构所在地主管税务机关申报纳税。

2）纳税人到外县（市）销售或者委托外县（市）代销自产应税消费品的，应事先向其所在地主管税务机关提出申请，并于应税消费品销售后，回纳税人核算地缴纳税款。

3）委托加工的应税消费品，除受托方为个人外，由受托方向机构所在地或者居住地主管税务机关报缴税款。

4）进口的应税消费品，由进口人或者其代理人向报关地海关申报纳税。此外，个人携带或者邮寄进境的应税消费品，连同关税由海关一并计征。

3.6.4 纳税申报

纳税人无论有无销售额，均应按主管税务机关核定的纳税期限填报纳税申报表，并填开纳税缴款书，向其所在地代理金库的银行缴纳税款。消费税纳税申报表包括酒类应税消费品消费税纳税申报表、电池消费税纳税申报表、涂料消费税纳税申报表、小汽车消费税纳税申报表、烟消费税纳税申报表、成品油消费税纳税申报表、其他应税消费品消费税纳税申报表七类申报表。

3.7 案 例 分 析

案例 1 用从价定率法计算应纳消费税税额

某市飞云木业制造有限公司为增值税一般纳税人，从事实木地板的生产、进口及销售，同时从事筷子生产经营。2018 年 8 月发生下列经济业务。

① 进口西班牙橡木原木一批，关税完税价格 120 万元，关税税率 20%，取得海关开具的海关进口增值税专用缴款书；同期进口西班牙橡木地板一批，关税完税价格 300 万元，关税税率为 30%。

② 购进油漆、修理零备件原材料一批，取得防伪税控系统开具的增值税专用发票上注明价款 150 万元；发生运费 1.4 万元，已经取得增值税专用发票；材料已验收入库。

③ 本月销售自产豪华木地板 45 000 平方米，单价每平方米 280 元，开具增值税专用发票，另外收取包装费 11.16 万元（开具普通发票）；本月过期未退的实木地板包装箱押金为 5.8 万元。

④ 将自产 A 型实木地板 1 000 平方米用于自己的办公室装修，3 000 平方米用于奖励给优秀员工，账面成本合计 170 000 元；该 A 型地板没有同类销售价格。

⑤ 受托加工特制实木地板一批（无同类售价），委托方提供橡木，合同列明材料成本 21 万元，收取加工费（不含税）11 万元，并开具增值税专用发票。本月完成生产，共交付委托方 1 400 平方米橡木地板；该委托方收回后全部销售，取得价税合计 42 万元。

⑥ 将上月外购实木地板 12 000 平方米（取得专用发票，注明价款 732 000 元）全部用于生产 C 型漆饰木地板，销售给某商业贸易公司，本月收到对方开具的商业汇票，注明价税合计 1 080 000 元。

⑦ 用部分原木的尾料加工成一次性木筷 10 000 箱对外销售，单箱不含税售价 50 元；用进口橡木加工成高档筷子 800 箱，单箱不含税售价 180 元，本月两种型号的筷子全部销售给某贸易公司，因为是长期客户，销售时一次给予 5% 的折扣，并将销售额和折扣额开在同一张发票上。

根据上述资料，按顺序逐一进行分析并给出计税方法。

1）针对业务①，进口货物除需缴纳关税外（此处暂不考虑），还需向海关缴纳哪些税？缴纳多少？

2）针对业务②，购买货物发生的运费是否允许抵扣，如何处理？

3）针对业务③，收取的包装费及包装物押金如何计税？

4）针对业务④，自产自用的货物如何计税？

5）针对业务⑤，受托加工业务的计税依据是什么？计算增值税。假定受托方没有代收代缴消费税，委托方收回销售时已缴纳的消费税税额如何计算？

6）针对业务⑥，外购已税地板用于再生产漆饰实木地板可否抵税？

7）针对业务⑦，折扣销售如何处理？销售木制筷子如何计税？

8）如果你是企业财务主管，该企业本期应缴纳多少增值税税额与消费税税额呢？

解析：

1）针对业务①：进口货物需向海关缴纳增值税，本业务中橡木地板属于消费税征税范围，即还应缴纳消费税。

$$应缴进口环节的增值税税额 = 1\,200\,000 \times (1+20\%) \times 10\%$$
$$+ 3\,000\,000 \times (1+30\%) \div (1-5\%) \times 16\%$$
$$\approx 800\,842.11（元）$$

$$应缴进口环节的消费税税额 = 3\,000\,000 \times (1+30\%)$$
$$\div (1-5\%) \times 5\%$$
$$\approx 205\,263.16（元）$$

2）针对业务②：购进货物过程中支付运输费用的，按照交通运输的 10% 扣除率计算进项税额。

$$可抵扣的进项税额 = 1\,500\,000 \times 16\% + 14\,000 \times 10\% = 241\,400（元）$$

3）针对业务③：一般纳税人向购买方收取的价外费用（包括收取的包装费）和逾期包装物押金，应视为含税收入，在征税时换算成不含税收入再并入销售额计税。

$$增值税销项税额＝[45\,000×280＋(116\,000＋58\,000)$$
$$÷(1＋16\%)]×16\%$$
$$≈2\,040\,000（元）$$
$$应纳消费税税额＝[45\,000×280＋(116\,000＋58\,000)$$
$$÷(1＋16\%)]×5\%$$
$$≈637\,500（元）$$

4）针对业务④：① 自产的货物用于非增值税应税项目、集体福利或者个人消费、投资等行为，视同销售，应缴纳增值税。

$$增值税销项税额＝[170\,000×(1＋5\%)÷(1－5\%)]×16\%≈30\,063.16（元）$$

② 自产的货物用于生产非应税消费品、馈赠、赞助、职工福利、奖励等行为，视同销售，应缴纳消费税。

$$应纳消费税税额＝[170\,000×(1＋5\%)÷(1－5\%)]×5\%≈9\,394.74（元）$$

5）针对业务⑤：① 受托方税务处理：受托加工货物，受托方按照收取的加工费计算增值税。

$$增值税销项税额＝110\,000×16\%＝17\,600（元）$$

委托加工应税消费品的，应按照受托方的同类消费品的销售价格计算纳税；没有同类消费品销售价格的，按照组成计税价格计算纳税。

$$代收代缴消费税税额＝(210\,000＋110\,000)÷(1－5\%)×5\%≈16\,842.11（元）$$

② 委托方税务处理：委托加工的应税消费品提货时受托方没有代收代缴消费税的，委托方要补交税款。委托方补交税款的依据是，已经直接销售的，按销售额（或销售量）计税。

$$委托方补缴的消费税税额＝420\,000÷1.16×5\%≈18\,103.45（元）$$

6）针对业务⑥：外购已税实木地板原料生产的实木地板准予扣除已纳的消费税税额。

$$准予扣除的消费税税额＝732\,000×5\%＝36\,600（元）$$
$$增值税销项税额＝1\,080\,000÷(1＋16\%)×17\%≈148\,965.52（元）$$
$$应纳消费税税额＝1\,080\,000÷(1＋16\%)×5\%－36\,600≈9\,951.72（元）$$

7）针对业务⑦。

$$增值税销项税额＝10\,000×50×(1－5\%)×16\%＋800×180×(1－5\%)×16\%＝97\,888（元）$$
$$应纳消费税税额＝10\,000×50×(1－5\%)×5\%＝23\,750（元）$$

8）本期应缴纳的增值税税额与消费税税额计算如下。

$$应纳增值税税额＝(2\,040\,000＋30\,063.16＋17\,600＋148\,965.52＋97\,888)$$
$$－(800\,842.11＋241\,400)＝1\,292\,274.57（元）$$
$$应纳消费税税额＝637\,500＋9\,394.74＋9\,951.72＋23\,750＝680\,596.46（元）$$

案例2　用复合计税法计算应纳消费税税额

某卷烟厂为增值税一般纳税人，主要生产A牌卷烟（不含税调拨价100元/标准条）及雪茄烟，2018年11月发生如下业务。

① 11月2日，从烟农手中购进烟叶，买价100万元并按规定支付了10%的价外补贴，将其运往甲企业委托加工烟丝，发生运费8万元，取得增值税专用发票；向甲企业支付加工费，取得增值税专用发票，注明加工费12万元，增值税税额1.92万元，该批烟丝已收回入库。

② 该卷烟厂收回烟丝后将一半用于A牌卷烟的生产，当月共生产200标准箱并全部销售，不含税销售价500万元，另一半烟丝直接出售，取得增值税专用发票，注明价款80万元，增值税税额12.8万元。

③ 接受某烟草集团公司（持有烟草批发许可证）委托，烟草集团公司提供800万元（不含增值税）的烟丝，加工A牌卷烟500标准箱，该企业按每箱0.1万元收取加工费（不含税），当月该企业按正常进度将加工生产完工的200箱卷烟交回烟草集团公司。

④ 从国外进口B牌卷烟400标准箱（每箱250条，每条200支），支付境外成交价折合人民币260万元，到达我国海关前的运输费用10万元，保险费用5万元，假定进口卷烟关税税率为20%。

⑤ 以自产的烟丝生产雪茄烟，本月销售雪茄烟取得不含税收入600万元，并收取品牌专卖费9.28万元。

根据上述资料，按顺序逐一给出计算与缴纳税款的答复。

1）针对业务①，计算从烟农手中购进烟叶的增值税进项税额，并计算甲企业代收代缴的消费税税额。

2）针对业务②，委托加工收回的烟丝分别用于连续生产A牌卷烟和直接销售的，应如何计算消费税税额？

3）针对业务③，该烟厂代收代缴的消费税税额是多少？

4）针对业务④，该项业务进口环节应缴纳的税额是多少？

5）针对业务⑤，简要说明收取的品牌专用费应如何处理并计算税额。

6）假定该卷烟厂本月只有如上业务，应缴纳的增值税税额和消费税税额分别是多少？

7）如果业务③中的烟草集团公司将其收回的200箱卷烟中的20箱销售给某烟草批发商，取得含税销售收入86.58万元，如何计税？

解析：

1）针对业务①：① 从烟农手中购进烟叶，应按烟叶收购金额加上烟叶税（税率为20%）的合计金额作为计税依据，然后按10%的扣除率计算可抵扣的进项税额。

$$可抵扣的增值税进项税额 = 100 \times （1+10\%）\times （1+20\%）\times 10\%$$
$$+ 8 \times 10\% + 1.92$$
$$= 15.92（万元）$$

② 甲企业代收代缴的消费税税额应按照组成计税价格来计算，本题中烟丝的组成计税价格按扣除10%的税率后计算。

$$组成计税价格=[100\times（1+10\%）\times（1+20\%）\times（1-10\%）$$
$$+12]\div（1-30\%）$$
$$\approx186.857（万元）$$

$$甲企业代收代缴的消费税税额=186.857\times30\%\approx56.06（万元）$$

2）针对业务②：委托加工的应税消费品收回后用于连续加工应税消费品的，在计征消费税时可以扣除委托加工收回应税消费品的已纳消费税税额；委托方收回后直接销售的，不再征收消费税。

本题中，A牌卷烟不含税调拨价100元/条＞70元/条，适用税率为56%。

$$应纳消费税税额=500\times56\%+0.015\times200-56.06\div2\approx254.97（万元）$$
$$增值税销项税额=500\times16\%+12.8=92.8（万元）$$

3）针对业务③：委托加工应税消费品采取复合计征法的组成计税价格=（材料成本＋加工费＋委托加工数量×定额税率）÷（1-比例税率）。

$$该烟厂代收代缴消费税的组成计税价格=（800\div500\times200+0.1\times200$$
$$+200\times0.015）\div（1-0.56）$$
$$\approx779.55（万元）$$

$$代收代缴的消费税税额=（800/500\times200+0.1\times200+200\times0.015）$$
$$\div（1-0.56）\times0.56+200\times0.015$$
$$\approx439.55（万元）$$

4）针对业务④：进口卷烟的计税方法如下。

$$进口卷烟应缴纳的关税=（260+10+5）\times20\%=275\times20\%=55（万元）$$
$$每标准条价格=（275+55+150\times0.04）\div（1-36\%）\div（250\times400）$$
$$=0.005\,25（万元）$$
$$=52.5（元）$$

因为52.5元/条＜70元/条，故适用税率为36%。

$$进口卷烟应缴纳的消费税税额=（275+55+150\times0.04）\div（1-36\%）$$
$$\times36\%+150\times0.04$$
$$=195（万元）$$

$$进口卷烟应缴纳的增值税税额=（275+55+150\times0.04）\div（1-36\%）\times16\%$$
$$=84（万元）$$

5）针对业务⑤：收取的品牌专用费应作为价外费用计入销售额计算相关的税金。

$$增值税销项税额=[600+9.28\div（1+16\%）]\times16\%=97.28（万元）$$
$$应缴纳的消费税税额=[600+9.28\div（1+16\%）]\times36\%=218.88（万元）$$

6）综合上述业务，本月应缴纳的增值税税额和消费税税额计算如下。

$$增值税进项税额=15.92+84=99.92（万元）$$

$$增值税销项税额＝92.8＋97.28＝190.08（万元）$$
$$应缴纳的增值税税额＝190.08－99.92＝90.16（万元）$$
$$应缴纳的消费税税额＝242.2＋218.88＝461.08（万元）$$

7）烟草批发企业将卷烟销售给其他烟草批发企业的，不缴纳消费税。本例中，烟草集团公司与烟草批发商二者均为消费税的纳税人，故不再征收消费税。

回　顾

学习本章时要与增值税进行对比，注意两者的区别和联系。消费税从价计征时，增值税和消费税的计税依据都是不含增值税的销售额，销售额中都包含消费税税额。消费税属于价内税，一般只在生产销售、委托加工和进口环节的单一环节征税；也有特殊情况，如金银首饰、钻石及钻石饰品、铂金首饰、超豪华小汽车在零售环节征税，卷烟在商业批发环节加征一道从价税。增值税属于价外税，实行税款抵扣制，多环节征收。消费税的税率有比例税率、定额税率和复合税率，较为复杂，因此，其计算分为从价定率、从量定额和复合计征三种方法。学习本章要重点掌握生产销售、自产自用、委托加工，以及进口不同的应税消费品采用不同税率时应纳税额的计算。辨别已纳税额扣除的相关规定，掌握税款的缴纳方法。

复　习　题

一、速答题

扫描二维码，快速回答问题。

二、简答题

1. 简述消费税的概念和特点。
2. 消费税计税依据与增值税计税依据有何关系？
3. 消费税纳税环节是如何规定的？
4. 自产自用应税消费品消费税计税依据是如何确定的？
5. 委托加工应税消费品消费税计税依据是如何确定的？
6. 进口应税消费品消费税计税依据是如何确定的？

速答题

三、能力应用题

1. 某公司为增值税一般纳税人，2018 年 8 月该公司批发自产的摩托车 150 辆，取得不含增值税销售额为 90 万元，零售自产摩托车 17 辆，取得含增值税销售额 4.64 万元。计算该公司 3 月份增值税销项税额及应纳消费税税额，摩托车适用的消费税税率为 10%。

2. 某酒业股份公司（增值税一般纳税人，位于市区）主要生产酱香型白酒，产品有三类：瓶装粮食白酒、散装粮食白酒和甜菜白酒。2018 年 8 月份发生经济业务如下。

1）本月自农场购进其自产玉米一批，收购凭证注明价款 350 000 元，委托运输企业运输到本单位，支付运费 28 000 元，取得运输部门增值税专用发票。

2）销售瓶装粮食白酒 1 500 箱，含税单价每箱 458 元，另收取品牌使用费 18 000 元。

3）销售散装粮食白酒 13 吨，不含税单价每吨 6 880 元，收取包装物押金 15 540 元，双方议定 13 个月后退还押金。

4）销售自产甜菜散装白酒 16 吨，含税单价每吨 3 880 元，货款存入银行。

5）用自产散装粮食白酒 15 吨，等价换取酿酒所用原材料（含税价款）136 890 元，双方不再支付价款；双方互开专用发票。

6）用本厂生产的瓶装粮食白酒赠送宾客 85 箱，奖励给本厂职工 25 箱。

7）购进香料一批，合同注明价款 350 000 元，分两次付清货款，对方一次全额开具增值税专用发票；本期电费和水费，均取得增值税专用发票，注明价款分别为 180 000 元和 230 000 元。经核算，本期职工浴室耗用水电为总电量和水量的 1/5。

上述粮食白酒每箱规格为 1 斤×12 瓶；粮食白酒和薯类白酒的从价消费税税率为 20%，从量定额消费税税额为 0.5 元/斤。

要求：根据上述业务，计算当月应纳增值税税额和消费税税额。

阅 读 拓 展

王金霞，王佳莹，2018. 新时代消费税职能定位的思考[J]. 税务研究，10: 93-97.

第 4 章

城市维护建设税法

知识目标

掌握城市维护建设税的特点和作用；
明确城市维护建设税的纳税人和适用税率；
掌握城市维护建设税计税依据与应纳税额的计算；
掌握城市维护建设税的征收管理与纳税申报。

能力目标

理解我国现行城市维护建设税与流转税之间的关系，掌握城市维护建设税的税收优惠政策，具备正确计算与缴纳城市维护建设税的能力。

素质目标

正确理解依法缴纳城市维护建设税，一方面正确履行了纳税义务，另一方面也为地方城市建设提供了资金；具有为城市建设和发展依法纳税的责任感和使命感，主动申报纳税。

关键术语

城市维护建设税　教育费附加

导入案例

李先生将位于某市渝中区的一套住房出租，按期收取租金，他首次自行申报增值税时，主管税务机关要求其同时对城市维护建设税进行纳税申报；辰达公司的会计在纳税申报时办税人员告知其增值税和消费税计算有误，因而少缴了城市维护建设税。那么城市维护建设税是怎样一种税？在什么情况下需要缴纳城市维护建设税？城市维护建设税税额又是如何计算缴纳的呢？

4.1　城市维护建设税基础知识

4.1.1　城市维护建设税的概念

城市维护建设税是对从事工商经营、缴纳增值税、消费税的单位和个人征收的一种税，是国家制定的用以调整城市维护建设税征收与缴纳权利与义务关系的法律规范。

阅读资料

我国城市维护建设税的由来

中华人民共和国成立以来，我国城市建设和维护在不同时期都取得了较大成绩，但国家在城市建设方面一直资金不足。1979 年以前，我国用于城市维护建设的资金来源由当时的工商税附加、城市公用事业附加和国家下拨城市维护费组成。1979 年国家开始在部分大中城市试行从上年工商利润中提取 5%用于城市维护和建设的办法，但未能从根本上解决问题。1981 年国务院在批转财政部关于改革工商税制的设想中提出："根据城市建设的需要，开征城市维护建设税，作为县以上城市和工矿区市政建设的专项资金。"1985 年 2 月 8 日国务院正式颁布了《中华人民共和国城市维护建设税暂行条例》(以下简称《城市维护建设税暂行条例》)，并于 1985 年 1 月 1 日起在全国范围内施行。

4.1.2　城市维护建设税的特点

城市维护建设税具有以下四个特点。

1. 具有附加税性质

城市维护建设税本身没有特定的课税对象，它是以纳税人实际缴纳的增值税、消费税的税额之和为计税依据，随"两税"同时征收，其征管方法也完全比照"两税"的有关规定办理。

2. 税款专款专用

城市维护建设税不同于一般的税种，所征税款要求保证用于城市公用事业和公共设施的维护和建设，即做到专款专用。

3. 实行地区差别比例税率

城市维护建设税的负担水平，不是依据纳税人获取的利润水平或经营特点而定的，而是根据纳税人所在城镇的规模及其资金需要设计的。城镇规模大的，税率高一些；反之，就低一些。

4. 征收范围广泛

增值税、消费税作为我国的主体税种，征税范围基本上包括了我国境内所有经营行为的单位和个人。而城市维护建设税以增值税、消费税的税额之和作为税基，从这个意义上看，它的征税范围比其他任何税种的征税范围都要广。

4.1.3　城市维护建设税的作用

1. 为城乡建设提供资金保障

城市维护建设税与"两税"同时征收，随"两税"的增长而增长，这使城市维护建设有了比较稳定、可靠的资金来源。

2. 完善地方税制体系

城市维护建设税作为一个地方税种，也充实和完善了地方税体系，扩大了地方政府的财政收入规模，为整体税制的进一步完善起到了积极的作用。

3. 限制了对企业乱摊派等不利于企业发展的行为

为保证企业的正常生产经营和发展，减轻企业负担，《城市维护建设税暂行条例》第八条明确规定：开征城市维护建设税后，任何地区和部门，都不得再向纳税人摊派资金或物资。遇到摊派情况，纳税人有权拒绝执行，从而为限制对企业的乱摊派提供了法律保证。

4.2　城市维护建设税法的基本内容

4.2.1　城市维护建设税的纳税人

纳税人是指负有缴纳增值税、消费税义务的单位和个人，包括国有企业、集体企业、私营企业、股份制企业、其他企业和行政单位、事业单位、军事单位、社会团体、其他单位，以及个体工商户及其他个人。

城市维护建设税的代扣代缴、代收代缴，一律比照增值税、消费税的有关规定办理。

增值税、消费税的代扣代缴、代收代缴义务人同时也是城市维护建设税的代扣代缴、代收代缴义务人。

【例 4.1】多项选择题

下列属于城市维护建设税纳税人的有（　　　）。

A．县城缴纳消费税的外国企业　　　　B．农村缴纳增值税的个体工商户

C．市区缴纳增值税的外商投资企业　　D．建制镇缴纳增值税的私营企业

答案：ABCD

解析：对外商投资企业和外国企业自 2010 年 12 月 1 日起开始征收城市维护建设税。

4.2.2　城市维护建设税的税率与计税依据

1．税率

城市维护建设税税率是纳税人应缴纳的城市维护建设税税额与纳税人实际缴纳的"两税"税额之间的比率。按纳税人所在地的不同，设置两档差别比例税率。具体规定如下。

① 纳税人所在地为市区的，税率为 7%。

② 纳税人所在地不在市区的，税率为 5%。

在实际执行中，对下列两种情况，可按缴纳增值税、消费税所在地的适用税率就地缴纳城市维护建设税。

1）由受托方代扣代缴、代收代缴"两税"的单位和个人，其代扣代缴、代收代缴的城市维护建设税税额，按受托方所在地适用税率计征。

2）流动经营等无固定纳税地点的单位和个人，在经营地缴纳"两税"的，其城市维护建设税的缴纳按经营地适用税率计征。

2．计税依据

1）城市维护建设税的计税依据是纳税人实际缴纳的"两税"税额之和。

2）纳税人违反"两税"有关规定而加收的滞纳金和罚款，是税务机关对纳税人违法行为的经济制裁，不作为城市维护建设税的计税依据。但纳税人在被查补"两税"和被处以罚款时，应同时对其偷漏的城市维护建设税进行补税、征收滞纳金和罚款。

3）城市维护建设税以"两税"税额之和为计税依据并同时征收，如果要免征或减征"两税"，也就要同时免征或减征城市维护建设税。

4）自 1997 年 1 月 1 日起，供货企业向出口企业和市县外贸企业销售出口产品时，以增值税当期销项税额抵扣进项税额后的余额，计算缴纳城市维护建设税税额。但对出口产品退还增值税、消费税的，不退还已缴纳的城市维护建设税税额。

5）自 2005 年 1 月 1 日起，经国家税务总局正式审核批准的当期免抵的增值税税额应纳入城市维护建设税和教育费附加的计征范围，分别按规定的税（费）率征收城市维

护建设税和教育费附加。

【例 4.2】多项选择题

某卷烟生产企业生产销售卷烟，取得的销售收入应缴纳的税项是（　　）。

A. 增值税　　　　　B. 消费税　　　　　C. 城市维护建设税　　　　D. 资源税

答案：ABC

解析：本题考核点是城市维护建设税的计税依据。纳税人生产销售卷烟属消费税的征收范围，也属增值税的征收范围，所以在征消费税、增值税的同时，也应征城市维护建设税和教育费附加。

【例 4.3】单项选择题

下列行为中，需要缴纳城市维护建设税和教育费附加的是（　　）。

A. 企业购买房屋行为　　　　　　　　B. 政府机关出租房屋行为

C. 个人存款利息　　　　　　　　　　D. 企业产权整体转让行为

答案：B

解析：企业购买房屋行为，可能会涉及印花税、契税，不会涉及增值税、消费税，所以不需要缴纳城市维护建设税；个人存款利息应缴纳个人所得税，不涉及城市维护建设税和教育费附加；企业整体产权出售不涉及流转税，所以不缴纳城市维护建设税和教育费附加。

4.3　城市维护建设税的计算与缴纳

4.3.1　城市维护建设税的计算

城市维护建设税的应纳税额以纳税人实际缴纳的增值税、消费税税额之和为计税基础，计算公式为

$$应纳税额＝（增值税税额＋消费税税额）×适用税率$$

【例 4.4】计算题

A 市区一家企业 2018 年 8 月实际缴纳增值税税额 200 万元，缴纳消费税税额 300 万元。计算该企业应纳的城市维护建设税税额。

解析：纳税人所在地为市区，所适用的税率应为 7%。

应纳城市维护建设税税额＝（实纳增值税税额＋实纳消费税税额）×适用税率

$$＝（200＋300）×7\%＝500×7\%＝35（万元）$$

【例 4.5】计算题

城镇某鞭炮厂 2018 年 6 月缴纳消费税税额 5 万元，增值税税额 4 万元，被查补缴消费税税额 2 万元、增值税税额 0.5 万元，并被处以罚款 0.8 万元，加收滞纳金 0.06 万元。计算该鞭炮厂应缴纳的城市维护建设税税额。

解析： 城市维护建设税以实际缴纳及查补的"两税"税额之和为计税依据，不包括违反增值税、消费税规定加收的滞纳金和罚款。该企业适用城市维护建设税税率为 5%。

应纳城市维护建设税税额＝（5＋4＋2＋0.5）×5%＝0.575（万元）

4.3.2 城市维护建设税的缴纳

1. 纳税环节

城市维护建设税的纳税环节，实际就是纳税人缴缴"两税"的环节。纳税人只要发生"两税"的纳税义务，就要在同样的环节，分别计算缴纳城市维护建设税。

2. 纳税期限

根据增值税法和消费税法规定，增值税、消费税的纳税期限均分别为 1 日、3 日、5日、10 日、15 日或者 1 个月。因此，城市维护建设税的纳税期限与增值税、消费税的纳税期限一致。增值税、消费税的具体纳税期限，由主管税务机关根据纳税人应纳税额大小分别核定；不能按照固定期限纳税的，可以按次纳税。

3. 纳税地点

由于城市维护建设税以纳税人实际缴纳的增值税、消费税税额之和为计税依据，所以，一般以纳税人缴纳"两税"的地点为该纳税人缴纳城市维护建设税的地点，分别与"两税"同时缴纳。但实际操作中，需要注意以下几个方面。

1）代扣代缴、代收代缴"两税"的单位和个人，同时也是城市维护建设税的代扣代缴、代收代缴义务人，其城市维护建设税的纳税地点在代扣代收地。

2）跨省开采的油田，下属生产单位与核算单位不在一个省内的，各油井应纳的城市维护建设税应由核算单位计算，随同增值税一并汇拨油井所在地，由油井在缴纳增值税的同时，一并缴纳城市维护建设税。

3）对流动经营等无固定纳税地点的单位和个人，应随同"两税"在经营地按适用税率缴纳。

【例 4.6】单项选择题

下列符合城市维护建设税规定的是（   ）。

A. 城市维护建设税的减免只有省、自治区、直辖市政府有权决定

B. 个体工商户不缴纳城市维护建设税

C. 流动经营的纳税人在居住地缴纳城市维护建设税

D. 流动经营的纳税人在经营地缴纳城市维护建设税

答案： D

解析： 个体经营者缴纳城市维护建设税；流动经营的纳税人在经营地缴纳城市维护建设税；城市维护建设税随"两税"的减免而减免。

4.3.3 城市维护建设税的纳税申报

城市维护建设税与增值税、消费税同时征收。纳税之前，纳税人需要填写城市维护建设税纳税申报表，计算缴纳城市维护建设税。

4.3.4 城市维护建设税的税收优惠

由于城市维护建设税具有附加税的性质，当主税发生减免时，城市维护建设税相应发生税收减免。但原则上不单独减免。城市维护建设税的减免有以下几种情况。

1）城市维护建设税按减免后实际缴纳的"两税"税额之和计征，即随"两税"的减免而减免。

2）对于因减免税而需进行"两税"退库的，城市维护建设税也可同时退库。

3）海关对进口产品代征的增值税、消费税，不征收城市维护建设税。

4）对"两税"实行先征后返、先征后退、即征即退办法的，除另有规定外，对随"两税"附征的城市维护建设税和教育费附加，一律不予退（返）还。

5）为支持国家重大水利工程建设，对国家重大水利工程建设基金免征城市维护建设税和教育费附加。

【例 4.7】多项选择题

关于城市维护建设税，下列说法不正确的是（   ）。

A. 城市维护建设税的计税依据是纳税人实际缴纳增值税、消费税的税额

B. 纳税人偷漏补交的"两税"，一并计入城市维护建设税的计税依据

C. 对出口产品退还增值税、消费税的，也退还已缴纳的城市维护建设税

D. 因减免税而发生增值税、消费税退库的，城市维护建设税不能退库

答案： CD

解析：对出口产品退还增值税、消费税的，不退还已缴纳的城市维护建设税；因减免税而发生增值税、消费税退库的，城市维护建设税应同时退库。

阅读资料

教育费附加

教育费附加是对缴纳增值税、消费税的单位和个人，就其实际缴纳的税额为计算依据征收的一种附加税。国务院于1986年4月28日发布了《征收教育费附加的暂行规定》，自1986年7月1日起施行。

教育费附加对缴纳增值税、消费税的单位和个人征收，以其实际缴纳的增值税、消费税的税额之和为计税依据，分别与增值税、消费税同时缴纳。现行教育费附加征收比率为3%。

除此之外，依据《中华人民共和国教育法》和《财政部关于统一地方教育附加政策有关问题的通知》（财综〔2010〕98号）要求，各省、自治区、直辖市人民政府全面开征地方教育附加。地方教育附加统一按增值税、消费税实际缴纳税额的2%征收。

实际操作中教育费附加减免优惠如下。

1）对海关进口的货物征收的增值税、消费税，不征收教育费附加。

2）对由于减免增值税、消费税而发生退税的，可同时退还已征收的教育费附加。但对出口产品退还增值税、消费税的，不退还已征的教育费附加。

3）对国家重大水利工程建设基金免征教育费附加。

4）自2016年2月1日起，按月纳税的月销售额或营业额不超过10万元（季度不超过30万元）的缴纳义务人，免征教育费附加、地方教育附加。

教育费附加的缴纳地点和缴纳期限等征收规定与城市维护建设税相同。纳税人应在申报城市维护建设税的同时，申报教育费附加，并填写教育费附加申报表。

4.4　案例分析

生产企业城市维护建设税及教育费附加的缴纳

甲服装生产企业是增值税一般纳税人，2019年2月在A县取得含税销售收入30万元，为其他企业设计服装收取含税设计费30万元，当月发生进项税额2.5万元（均取得增值税专用发票），将位于B市的一处办公用房（系2016年5月1日后取得）出租，收取含税月租金6.6万元。已知本月取得的增值税抵扣凭证在本月认证并抵扣。

要求：

1）计算甲企业在B市应缴纳的增值税税额。

2）计算甲企业在A县应缴纳的增值税税额。

3）计算甲企业在B市应缴纳的城市维护建设税税额及教育费附加。

4）计算甲企业在A县应缴纳的城市维护建设税税额及教育费附加。

解析：

1）在B市预缴出租办公用房的增值税税额＝6.6÷（1＋10%）×3%＝0.18（万元）。

2）在A县缴纳增值税税额＝30÷（1＋16%）×16%＋30÷（1＋6%）×6%－2.5＋6.6÷（1＋10%）×10%－0.18≈3.76（万元）。

3）在B市应缴纳的城市维护建设税税额及教育费附加＝0.18×（7%＋3%）＝0.018（万元）。

4）在A县应缴纳的城市维护建设税税额及教育费附加＝3.76×（7%＋3%）＝0.376（万元）。

回　　顾

城市维护建设税是国家对缴纳增值税、消费税的单位和个人以其实际缴纳的"两税"税额之和为计税依据而计征的一种税。城市维护建设税的纳税人是负有缴纳"两税"义务的单位和个人，并设置了7%、5%两档地区差别比例税率。其纳税环节、纳税地点、纳税期限与增值税、消费税相同。本章重点内容是城市维护建设税的纳税义务人、税率、计税依据与计算缴纳方法。

复　习　题

一、速答题

扫描二维码，快速回答问题。

二、简答题

1. 城市维护建设税计税依据如何确定？

2. 城市维护建设税的税收优惠有哪些规定？

3. 简述城市维护建设税征收管理的相关规定。

速答题

4．简述教育费附加的概念与计征依据。

三、能力应用题

某生产企业为增值税一般纳税人（位于市区），主要经营内销和出口业务，2018 年 3 月发生下列业务。

① 本月实际缴纳增值税税额 40 万元，出口货物免抵税额 4 万元。另外，当月进口货物由海关代征增值税税额 18 万元、消费税税额 22 万元。

② 进口一批应纳消费税的 A 产品，成交价格 50 万美元，汇率 8 元，假定关税税率为 20%，消费税税率为 20%，增值税税率为 16%（已取得完税凭证）。该批消费品当期全部售出，售价 1 500 万元。

③ 受托加工高档化妆品一批，委托方提供的原材料不含税金额 86 万元，加工结束向委托方开具普通发票收取加工费和添加辅助材料的含税金额共计 46.4 万元，该高档化妆品无同类产品市场价格。

④ 本月被税务机关查补增值税税额 45 000 元、消费税税额 25 000 元、所得税税额 30 000 元；还被加收滞纳金 2 000 元、被处罚款 50 000 元。

要求：根据上述资料，按下列序号回答问题：

1）针对业务①，简要说明如何计征城市维护建设税。

2）针对业务②，简要说明进口环节应缴纳的税金。

3）针对业务③，受托加工环节该企业应代收代缴哪些税？税额是多少？

4）针对业务④，该业务中城市维护建设税的计税依据是什么？计算应缴纳的城市维护建设税税额。

阅 读 拓 展

段晖，孙胜霞，2016．建筑业纳税人如何预缴城建税和教育费附加[N]．中国税务报，10-21（B03）．

徐祖跃，2017．城市维护建设税及教育费附加治理研究[J]．税收经济研究，05: 28-32.

第 5 章

关税法、船舶吨税法

知识目标

明确关税和船舶吨税的概念、特点和作用；
掌握关税和船舶吨税的纳税人、征税对象、税率；
理解关税进出口税则规定；
掌握关税应纳税额的计算与缴纳；
了解关税政策。

能力目标

能正确确定进出口货物关税的完税价格、税率，具备正确计算关税的能力；掌握关税的税收优惠政策，具备独立申报与缴纳关税的能力。

素质目标

正确理解关税是国家为了维护其主权和经济利益，保护本国民族企业和经济发展，调节国民经济和对外贸易，具有"跨关境"特点的流转税。纳税人需要站在国家利益的高度和国际视野理解和掌握关税的内涵，做一个知法、懂法、守法并主动宣传税法的公民。

关键术语

关税　进出口税则　关税完税价格

导入案例

张先生的朋友从澳大利亚寄来鱼肝油，鱼肝油已到杭州速递公司报关行，但邮件被海关暂留，张先生特别着急，于是向海关方面进行咨询如何才能拿回物品。海关方面回复称，寄往国内的物品，每次超过一定限值的，按照货物进口关税税率缴纳关税，办理通关手续。那么什么是关税？其征税对象是什么？都有哪些规定？如何计算与缴纳关税呢？

5.1 关　税　法

5.1.1 关税基础知识

1. 关税的概念

关税是海关依法对进出境货物、物品征收的一种税。所谓"境"是指关境，又称"税境"或"海关境域"，是一国关税领域的界限。

阅读资料

关税的产生和发展

我国关税的历史久远。《周礼》中就有"关市之征"的记载，规定周朝征收九种赋税，而关税位居第七。秦、汉时期的关税是我国最早有较详细文字记载的关税。《汉书》《后汉书》中就有关于关税的记载。

中华人民共和国成立以后，我国取消了列强在我国的一切特权，收回了海关的管理权，实行独立自主的关税政策。1951年国家颁布实施了《中华人民共和国暂行海关法》《中华人民共和国海关进出口税则》（以下简称《海关进出口税则》）、《中华人民共和国海关进出口税则暂行实施条例》和《进出口税则商品及品目注释》。

改革开放以后，国家对关税法律制度进行了完善。现行关税法律规范以全国人民代表大会于2000年7月修正颁布的《海关法》为法律依据，以国务院2003年11月颁布的《进出口关税条例》及由国务院关税税则委员会和海关总署修订的《海关进出口税则》和《中华人民共和国海关入境旅客行李物品和个人邮递物品征收进口税办法》为基本法则，由负责关税政策制定和征收管理的主管部门依据基本法规拟定的管理办法和实施细则为主要内容。

在西方，关税最早产生于古希腊时期。古罗马时期，罗马政府规定除帝国的信使以外一切贸易项目都需缴纳进出口关税。在近现代，关税在国际贸易中发挥着重要作用。

2. 关税的特点

（1）以进出关境的货物或物品作为征税对象

征税对象的"跨关境"是关税的一个重要特征。这里的"货物"是指贸易性的进出口商品；"物品"是指用于个人消费的非贸易性商品，如入境旅客随身携带的行李物品、个人邮递进境的物品等。

（2）以进出口为纳税环节

关税属于单一环节的商品税，且以进出口为纳税环节，货物或物品在进出口环节履行纳税义务以后，在国内其他流通环节就不需要再缴纳关税。

（3）具有涉外性

关税以进出关境的货物或物品作为征税对象，关税的种类和税率的调整与国际贸易息息相关，关税具有明显的涉外性。

3. 关税的作用

（1）维护国家主权和经济利益

对进出口货物征收关税，表面上看似乎只是一个与对外贸易相联系的税收问题，历史发展到今天，关税已成为各国政府维护本国政治、经济权益，乃至进行国际经济斗争的一个重要武器。

（2）保护和促进本国工农业生产的发展

一个国家是实行自由贸易关税政策，还是采用保护关税政策，是由该国的经济发展水平、产业结构状况、国际贸易收支状况等多种因素决定的。发展中国家为了顺利地发展民族经济，实现工业化，必须实行保护关税政策，关税在保护和促进一国工农业生产的发展方面发挥了重要作用。

（3）调节国民经济和对外贸易

关税是国家的重要经济杠杆，通过税率的高低和关税的减免，可以影响进出口规模，调节国民经济活动。

（4）筹集国家财政资金

从世界大多数国家尤其是发达国家的税制结构分析，关税收入在整个财政收入中的比重不大，并呈下降趋势。但是那些国内工业不发达、工商税源有限、国民经济主要依赖于某种或某几种初级资源产品出口，以及国内许多消费品主要依赖于进口的国家，征收进出口关税仍然是它们取得财政收入的重要渠道之一。

4. 关税政策和关税分类

（1）关税政策

关税政策反映了一国一定时期内的贸易政策、产业政策及国民经济发展的基本思路。

关税政策的调整一般分为两种方式：一是自主性的调整；二是具有外部约束型的调整。

1）自主性的关税政策调整的局限性在于：关税政策调整的过程可能相对较长，没有外部压力的调整方式可能会因为国内各利益集团的影响而延缓政策目标的实现。

2）具有外部约束的关税政策调整强调：一旦该国接受了某种协议，承诺要实行贸易自由化，那么该国的关税就必须按照所承诺的内容严格执行有关协议。

我国加入世界贸易组织（World Trade Organization，WTO）以后，关税政策的调整明显地表现出"非自主性"，也就是说，关税政策的制定必须符合WTO各项协议的要求。

（2）关税分类

1）根据征税对象的流向分类。

① 进口关税，简称进口税，是对进入关境的货物或物品所课征的关税。现代各国和地区一般都开征进口关税。

② 出口关税，简称出口税，是对运出关境输往国外的货物或物品课征的关税。各国为了鼓励出口，都先后取消了出口关税。但在特殊情况下，也有国家课征出口关税。

③ 过境关税，简称过境税，是对通过本国关境运输的货物课征的关税。过境关税的课征主要是为了取得财政收入，但这一关税的课征，负面影响较多，因而当今各国一般都不予以课征。

2）根据征收目的分类。

① 财政关税，是以增加财政收入为目的而征收的关税。目前，仅有少数发展中国家还征收财政关税。

② 保护关税，是以保护本国经济发展为目的而开征的关税。保护关税往往税率很高，从而削弱进口产品的竞争力，达到保护本国经济的目的。

③ 混合关税，是兼有财政目的和保护本国经济发展目的的关税。在实践中，开征混合关税的国家较多。

3）根据征税标准分类。

① 从价关税，是以纳税人进口商品的价格为计税依据的关税。其优点：税负公平、税负明确。其缺点：完税价格难以审定、通关缓慢、双方易发生摩擦、增加关税稽征费用。

② 从量关税，是以商品的重量、数量、容量、长度、面积等为标准课征的关税。其优点：对数量众多、体积庞大、价值低廉的产品征收手续简便，节省大量征收费用。其缺点：税负不合理、难以普遍采用、难以发挥关税保护国内产业的作用。

③ 复合关税，是从价关税、从量关税同时并用的关税制度。其优点：从理论上讲，税负适度、公正、科学，当物价上涨时，所征税额比单纯征收从量税额及单纯征收从价税额少；当物价下跌时，所征税额则刚好相反。其缺点：在实践中，货物的从量税额和从价税额比较难以确定，而且征收手续复杂。

④ 选择关税，是对同一商品同时制定从价关税和从量关税征收标准，在执行过程中由海关选择其中一种征收的关税制度。实行选择关税多根据货物价格高低而定，当物价上涨时，使用从价税；当物价下跌时，使用从量税。这样，不仅能保证国家的财政收入，还能较好地发挥保护本国产业的作用。

⑤ 滑准关税，也称滑动关税，是对部分国际市场行情变化剧烈的货物征收的关税。如果进口货物价格低就征收附加关税，如果价格高就实行零税率，能起到较好的调节作用。

4）根据征税性质分类。

① 普通关税，也称一般关税，是指一国对与本国没有签署贸易协定、经济互助协定等协定的国家和地区按普通税率征收的关税。

② 优惠关税，又称特惠关税，是一国对从其他国家或地区进口的全部或部分商品，给予特别优惠的低关税待遇。一般有特定优惠税制、普遍优惠税制和最惠国待遇制三种。

③ 差别关税，是指一国对同一类进口商品，采用不同税率征收的关税。如反倾销税、反补贴税、报复关税等。

5）根据税率制定分类。

① 自主关税，又称"国定关税"，是由一国政府独立自主地制定的关税，包括关税税率及有关关税的各种法规、条例。

② 协定关税，是两个或两个以上的国家，通过缔结关税贸易协定而制定的关税税率。

【例5.1】单项选择题

对同一种货物在税则中规定从价、从量两种税率，在征税时选择其中征收税额较多或较少的一种关税是（　　）。

A. 复合关税　　　　B. 混合关税　　　　C. 选择性关税　　　　D. 滑动关税

答案：C

解析：对同一种货物在税则中规定从价、从量两种税率，在征税时选择其中征收税额较多或较少的一种，这种关税是选择性关税。

【例5.2】单项选择题

对某种货物在税则中预先按该商品的价格规定几档税率的关税是（　　）。

A. 复合关税　　　　B. 混合关税　　　C. 选择性关税　　　D. 滑动关税

答案：D

解析：对某种货物在税则中预先按该商品的价格规定几档税率的关税是滑动关税。滑动关税根据进出口商品价格或数量的变动而升降税率。

5.1.2　关税法的基本内容

1. 纳税义务人与征税对象

（1）纳税义务人

进口货物的收货人、出口货物的发货人、进出境物品的所有人，是关税的纳税义务人。进出口货物的收、发货人是依法取得对外贸易经营权，并进口或出口货物的法人或其他社会团体。

进出境物品的所有人包括该物品的所有人和推定为所有人的人。

一般情况下，对携带进境的物品，推定其携带人为所有人；对分离运输的行李，推定相应的进出境旅客为所有人；对以邮递方式进境的物品，推定其收件人为所有人；以邮递或其他方式出境的物品，推定其寄件人或托运人为所有人。

【例 5.3】多项选择题

进境物品的纳税义务人是指（　　　）。

A．携带物品进境的入境人员　　　　B．进境邮递物品的收件人

C．以其他方式进口物品的收件人　　D．进境物品的邮寄人

答案：ABC

解析：对以邮递方式进境物品，推定其收件人为纳税义务人，故选项 D 不正确。

（2）征税对象

关税的征税对象是准许进出境的货物和物品。货物是贸易性商品；物品是入境旅客随身携带的行李物品、个人邮递物品、各种运输工具上的服务人员携带进口的自用物品、馈赠物品及其他方式进境的个人物品。

2. 进出口税则

（1）税则概述

进出口税则是一国政府根据国家关税政策和经济政策，通过一定立法程序制定公布实施的进出口货物和物品应税的关税税率表。进出口税则以税率表为主体，通常还包括实施税则的法令、使用税则的有关说明和附录等。我国现行税则包括《中华人民共和国进出口关税条例》《税率适用说明》《中华人民共和国海关进口税则》《中华人民共和国海关出口税则》，以及进口商品从量税、复合税、滑准税税目税率表、进口商品关税配额税目税率表、进口商品税则暂定税率表、出口商品税则暂定税率表等附录。《中华人民共和国海关进出口税则》是我国海关凭以征收关税的法律依据，也是我国关税政策的具体体现。

税率表作为税则主体，包括税则商品分类目录和税率栏两大部分。

税则商品分类目录是把种类繁多的商品加以综合，按照其不同特点分门别类简化成数量有限的商品类目，分别编号按序排列，称为税则号列，并逐号列出该号中应列入的商品名称。商品分类的原则即归类规则，包括归类总规则和各类、章、目的具体注释。

税率栏是按商品分类目录逐项订出的税率栏目。我国现行进口税则为四栏税率，出口税则为一栏税率。

（2）税则归类

1）税则归类的含义。税则归类就是按照税则的规定，将每项具体进出口商品按其特性在税则中找出其最适合的某一个税号，即"对号入座"，以便确定其适用的税率，计算关税税负。

2）税则归类的步骤。

① 了解需要归类的具体进出口商品的构成、材料属性、成分组成、特性、用途和功能。

② 查找有关商品在税则中拟归的类、章及税号。对于原材料性质的货品，应首先考虑按其属性归类；对于制成品，应首先考虑按其用途归类。

③ 将考虑采用的有关类、章及税号进行比较，筛选最为合适的税号。在比较、筛选时，首先看类、章的注释有无具体描述归类对象或其类似品，已具体描述的，按类、章的规定办理；其次是查阅《商品名称及编码协调制度》（The Harmonized Commodity Description and Coding System，HS），确切地了解有关类、章及税号范围。

④ 通过以上方法也难以确定的税则归类商品，可运用归类总规则的有关条款来确定其税号。如进口地海关无法解决的税则归类问题，应报海关总署明确。

3．关税税率

（1）进口关税税率

1）税率设置。自 2004 年 1 月 1 日起，我国进口税则设有最惠国税率、协定税率、特惠税率、普通税率、关税配额税率等税率。对进口货物在一定期限内可以实行暂定税率。适用最惠国税率、协定税率、特惠税率的国家或者地区名单，由国务院关税税则委员会决定。

2）税率适用。

① 最惠国税率。适用原产于与我国共同适用最惠国待遇条款的 WTO 成员国或地区的进口货物，或者原产于与我国签订有相互给予最惠国待遇条款的双边贸易协定的国家或地区进口的货物，以及原产于我国境内的进口货物。

② 协定税率。适用原产于我国参加的含有关税优惠条款的区域性贸易协定有关缔约方的进口货物，目前对原产于韩国、斯里兰卡和孟加拉国 3 个《曼谷协定》成员的 739 个税目进口商品实行协定税率（即《曼谷协定》税率）。

③ 特惠税率。适用原产于与我国签订有特殊优惠关税协定的国家或地区的进口货物，目前对原产于孟加拉国的 18 个税目进口商品实行特惠税率（即《曼谷协定》特惠税率）。

④ 普通税率。适用于原产于上述国家或地区以外的其他国家或地区的进口货物。按照普通税率征税的进口货物，经国务院关税税则委员会特别批准，可以适用最惠国税率。

⑤ 暂定税率。国家对部分进口原材料、零部件、农药原药和中间体、乐器及生产设备实行暂定税率。

⑥ 关税配额税率。关税配额税率是指关税配额限度内的税率。关税配额是进口国限制进口货物数量的措施，把征收关税和进口配额相结合以限制进口。对于在配额内进口的货物可以适用较低的关税配额税率，对于配额之外的则适用较高税率。

适用最惠国税率的进口货物有暂定税率的，应当适用暂定税率；适用协定税率、特惠税率的进口货物有暂定税率的，应当从低适用税率；适用普通税率的进口货物，不适用暂定税率。按照国家规定实行关税配额管理的进口货物，关税配额内的，适用关税配额税率；关税配额外的，按其适用税率的规定执行。

（2）原产地规定

确定进境货物的原产国是便于正确运用进口税则的各栏税率，对产自不同国家或地区的进口货物实行不同的关税税率。

我国原产地规定基本上采用了全部产地生产标准、实质性加工标准两种国际上通用的原产地标准。

1）全部产地生产标准是指进口货物"完全在一个国家内生产或制造"，生产或制造国为该货物的原产国。完全在一国生产或制造的进口货物包括以下几类。

① 在该国领土或领海内开采的矿产品。

② 在该国领土上收获或采集的植物产品。

③ 在该国领土上出生或由该国饲养的活动物及从其所得产品。

④ 在该国领土上狩猎或捕捞所得的产品。

⑤ 在该国的船只上卸下的海洋捕捞物，以及由该国船只在海上取得的其他捕捞物。

⑥ 在该国海上加工、船上加工上述第⑤项所列物品所得的产品。

⑦ 在该国收集的只适用于再加工制造的废碎料和废旧物品。

⑧ 在该国完全使用上述①～⑦项所列产品加工成的制成品。

2）实质性加工标准是适用于确定有两个或两个以上国家参与生产产品的原产国的标准。

① 基本含义：经过几个国家加工、制造的进口货物，以最后一个对货物进行经济上可以视为实质性加工的国家作为有关货物的原产国。

② 实质性加工：加工后，在进出口税则中四位数税号一级的税则归类发生改变；加工增值部分占新产品总值超过 30%。

3）其他标准，如对机器、仪器、器材或车辆所用零件、部件、配件、备件及工具，如果与主件同时进口且数量合理的，其原产地按主件的原产地确定，分别进口的则按各自的原产地确定。

【例5.4】单项选择题

选择最惠国税率还是普通税率的依据是货物的（　　　）。

A. 发出地　　　　　B. 原产地　　　　　C. 进口地　　　　　D. 输送地

答案： B

解析： 选择最惠国税率还是普通税率的依据是货物的原产地。

（3）出口关税税率

我国出口税则为一栏税率，即出口税率。出口暂定税率优先适用于出口税则中规定的出口税率。

（4）特别关税

特别关税包括报复性关税、反倾销税与反补贴税、保障性关税。征收特别关税的货物、适用国别、税率、期限和征收办法，由国务院关税税则委员会决定，海关总署负责实施。

（5）进境物品税率

为完善进境物品进口税收政策，经国务院批准，自2016年4月8日起，对进境物品进口税税目税率进行调整，见表5-1。

表5-1　进境物品进口税率

税号	物品名称	税率/%
1	书报、刊物、教育用影视资料；计算机、视频摄录一体机、数字照相机等信息技术产品；食品、饮料；金银；家具；玩具、游戏品、节日或其他娱乐用品	15
2	运动用品（不含高尔夫球及球具）、钓鱼用品；纺织品及其制成品；电视、摄像机及其他电器用具；自行车；税目1、3中未包含的其他商品	30
3	烟、酒；贵重首饰及珠宝玉石；高尔夫球及球具；高档手表；化妆品	60

注：税目3所列商品的具体范围与消费税征收范围一致。

4. 关税税率的运用

《进出口关税条例》规定，进出口货物，应当依照税则规定的归类原则归入合适的税号，并按照适用的税率征税。

1）进出口货物，应当按照纳税义务人申报进口或出口之日实施的税率征税。

2）进口货物到达前，经海关核准先行申报的，应当按照装载此货物的运输工具申报进境之日实施的税率征税。

3）进出口货物的补税和退税，适用该进出口货物原申报进口或出口之日所实施的税率。但下列情况除外。

① 按照特定减免税办法批准予以减免税的进口货物，后因情况改变经海关批准转让或出售或移作他用需予补税的，适用海关接受申报办理纳税手续之日实施的税率征税。

② 加工贸易进口料、件等属于保税性质的进口货物，如经批准转为内销，应按向海关申报转为内销之日实施的税率征税；如未经批准擅自转为内销的，则按海关查获日期所施行的税率征税。

③ 暂时进口货物转为正式进口需予补税时，应按其申报正式进口之日实施的税率征税。

④ 分期支付租金的租赁进口货物，分期付税时，应按该货物原进口之日实施的税率征税。

⑤ 溢卸、误卸货物事后确定需征税时，应按其原运输工具申报进口日期所实施的税率征税。如果原进口日期无法查明的，可按确定补税当天实施的税率征税。

⑥ 对由于税则归类的改变、完税价格的审定或其他工作差错而需补税的，应按原征税日期实施的税率征税。

⑦ 对经批准缓税进口的货物以后交税时，不论是分期或一次交清税款，都应按货物原进口之日实施的税率征税。

⑧ 查获的走私进口货物需补税时，应按查获日期实施的税率征税。

【例5.5】单项选择题

下列各项中符合关税有关规定的是（　　　）。

A. 进口货物由于完税价格审定需要补税的，按照原进口之日的税率计税

B. 溢卸进口货物事后确定需要补税的，按照确定补税当天实施的税率计税

C. 暂时进口货物转为正式进口需要补税的，按照原报关进口之日的税率计税

D. 进口货物由于税则归类改变需要补税的，按照原征税日期实施的税率计税

答案：D

解析：进口货物由于完税价格审定需要补税的，按该进口货物原申报进口之日所实施的税率计税；溢卸进口货物事后确定需要补税的，应按其原运输工具申报进口日期所实施的税率计税；暂时进口货物转为正式进口需要补税的，应按其申报正式进口之日实施的税率计税。

5. 税率计征办法

我国对进口商品基本上实行从价税，即以进口货物的完税价格作为计税依据，以应征税额占货物完税价格的百分比作为税率。从1997年7月1日起，我国对部分商品实

行从量税、复合税和滑准税。

1）从量税是以进口商品的重量、长度、容量、面积等计量单位为计税依据。目前我国对原油、部分鸡产品、啤酒、胶卷进口实行从量税。

2）复合税是对某种进口商品同时使用从价和从量计征的一种计征关税的方法。目前我国对录像机、放像机、摄像机、数字照相机和摄录一体机实行复合税。

3）滑准税是一种关税税率随进口商品价格由高到低而由低到高设置计征关税的方法。目前我国对新闻纸实行滑准税。

5.1.3　关税的计算

进口货物的完税价格，由海关以该货物的成交价格为基础审查确定，并且应当包括货物运抵中华人民共和国境内输入地点起卸前的运输及其相关费用、保险费。

1.　一般进口货物的完税价格

（1）以成交价格为基础的完税价格

进口货物的成交价格是指卖方向中华人民共和国境内销售该货物时买方为进口该货物向卖方实付、应付的，并按规定调整后的价款总额，包括直接支付的价款和间接支付的价款。

1）进口货物的成交价格应当满足的条件。

① 对买方处置或者使用进口货物不予限制。

② 进口货物的价格不得受到使该货物成交价格无法确定的条件或者因素的影响。

③ 卖方不得直接或者间接获得因买方销售、处置或者使用进口货物而产生的任何收益，或者虽然有收益但是能够按规定做出调整。

④ 买卖双方之间没有特殊关系，或者虽然有特殊关系但未对成交价格产生影响。

2）以成交价格为基础的完税价格的确定。以成交价格为基础审查确定进口货物的完税价格时，未包括在该货物实付、应付价格中的下列费用或者价值应当计入完税价格。

① 由买方负担的除购货佣金以外的佣金和经纪费。

② 与该货物视为一体的容器费用。

③ 包装材料费用和包装劳务费用。

④ 与进口货物的生产和向中华人民共和国境内销售有关的，由买方以免费或者以低于成本的方式提供，并且可以按照适当比例分摊的料件、工具、模具、消耗材料及类似货物的价款；在境外进行的为生产进口货物所需的开发、设计等相关服务的费用。

⑤ 与该货物有关并作为卖方向我国销售该货物的一项条件，应当由买方向卖方或有关方直接或间接支付的特许权使用费。

⑥ 卖方直接或者间接从买方对该货物进口后销售、处置或者使用所得中获得的收益。

3）进口货物的价款中单独列明的下列税收、费用，不计入该货物的完税价格。

① 厂房、机械或者设备等货物进口后发生的建设、安装、装配、维修或者技术援助费用，但是保修费用除外。

② 进口货物运抵中华人民共和国境内输入地点起卸后发生的运输及其相关费用、保险费。

③ 进口关税、进口环节海关代征税及其他国内税。

④ 为在境内复制进口货物而支付的费用。

⑤ 境内外技术培训及境外考察费用。

⑥ 同时符合下列条件的利息费用不计入完税价格：利息费用是买方为购买进口货物而融资所产生的；有书面的融资协议的；利息费用单独列明的；纳税义务人可以证明有关利率不高于在融资当时，当地此类交易通常应当具有的利率水平，且没有融资安排的相同或者类似进口货物的价格与进口货物的实付、应付价格非常接近的。

【例 5.6】单项选择题

计入进口货物关税完税价格的项目有（　　　　）。

A. 货物运抵境内输入地点之后的运输费用

B. 进口关税

C. 国内保险费

D. 卖方间接从买方对该货物进口后使用所得中获得的收益

答案： D

解析： 卖方直接或间接从买方对该货物进口后转售、处置或使用所得中获得的收益应计入完税价格。

（2）其他估价方法

进口货物的成交价格不符合上述条件的，或者成交价格不能确定的，依次以下列方法审查确定该货物的完税价格。

1）相同货物成交价格估价方法。相同货物成交价格估价方法，是指海关以与进口货物同时或者大约同时向中华人民共和国境内销售的相同货物的成交价格为基础，审查确定进口货物的完税价格的估价方法。

2）类似货物成交价格估价方法。类似货物成交价格估价方法，是指海关以与进口货物同时或者大约同时向中华人民共和国境内销售的类似货物的成交价格为基础，审查确定进口货物的完税价格的估价方法。

3）倒扣价格估价方法。倒扣价格估价方法，是指海关以进口货物、相同或者类似进口货物在境内的销售价格为基础，扣除境内发生的有关费用后，审查确定进口货物完税价格的估价方法。

4）计算价格估价方法。计算价格估价方法，是指海关以下列各项的总和为基础，审查确定进口货物完税价格的估价方法。

① 生产该货物所使用的料件成本和加工费用。

② 向境内销售同等级或者同种类货物通常的利润和一般费用（包括直接费用和间接费用）。

③ 该货物运抵境内输入地点起卸前的运输及相关费用、保险费。

5）其他合理方法。使用其他合理方法时，应当根据《中华人民共和国海关审定进出口货物完税价格办法》（以下简称《完税价格办法》）规定的估价原则，以在境内获得的数据资料为基础估定完税价格，不得使用以下价格。

① 境内生产的货物在境内的销售价格。

② 可供选择的价格中较高的价格。

③ 货物在出口地市场的销售价格。

④ 加入成本以外的费用。

⑤ 出口到第三国或者地区的货物的销售价格。

⑥ 最低限价或者武断、虚构的价格。

2. 特殊进口货物的完税价格

（1）运往境外修理的货物

运往境外修理的机械器具、运输工具或者其他货物，出境时已向海关报明，并且在海关规定的期限内复运进境的，应当以境外修理费和料件费为基础审查确定完税价格。

（2）运往境外加工的货物

运往境外加工的货物，出境时已向海关报明，并且在海关规定期限内复运进境的，应当以境外加工费和料件费，以及该货物复运进境的运输及其相关费用、保险费为基础审查确定完税价格。

（3）暂时进境货物

经海关批准的暂时进境货物，应当缴纳税款的，由海关按照一般进口货物估价办法审查确定完税价格。经海关批准留购的暂时进境货物，以海关审查确定的留购价格作为完税价格。

（4）租赁方式进口货物

租赁方式进口的货物：以租金方式对外支付的租赁货物，在租赁期间以海关审查确定的租金作为完税价格，利息应当予以计入；留购的租赁货物以海关审查确定的留购价格作为完税价格；纳税义务人申请一次性缴纳税款的，可以选择申请按照《完税价格办法》第六条列明的方法确定完税价格，或者按照海关审查确定的租金总额作为完税价格。

（5）留购的进口货样等

对于境内留购的进口货样、展览品和广告陈列品，以海关审定的留购价格作为完税价格。

（6）予以补税的减免税货物

减税或免税进口的货物需予补税时，应当以海关审定的该货物原进口时的价格，扣除折旧部分价值作为完税价格，计算公式为

$$完税价格＝海关审定的该货物原进口时的价格$$
$$\times [1-申请补税时实际已使用的时间（月）]$$
$$\div（监管年限\times 12）$$

（7）以其他方式进口的货物

以易货贸易、寄售、捐赠、赠送等其他方式进口的货物，应当按照一般进口货物估价办法的规定，估定完税价格。

3. 加工贸易内销货物的完税价格

（1）加工贸易进口料件及其制成品

进料加工进口料件或其制成品（包括残次品）申报内销时，海关以料件的原进口成交价格为基础审查确定完税价格。料件的原进口成交价格不能确定的，海关按照接受内销申报的同时或大约同时进口的，与料件相同或类似的货物的进口成交价格为基础审查确定完税价格。

（2）来料加工进口料件或其制成品

来料加工进口料件或其制成品（包括残次品）申报内销时，海关按照接受内销申报的同时或大约同时进口的，与料件相同或类似的货物的进口成交价格为基础审查确定完税价格。

（3）边角料或副产品

加工贸易企业加工过程中产生的边角料或副产品申报内销时，海关以其内销价格为基础审查确定完税价格。

（4）保税区、出口加工区货物

保税区、出口加工区内的加工贸易企业申报内销加工贸易制成品时，海关按照接受内销申报的同时或大约同时进口的，与制成品相同或类似的货物的进口成交价格为基础审查确定完税价格。

【例 5.7】单项选择题

加工贸易进口料件及其制成品需征税的，海关按照一般进口货物的规定审定完税价格。下列各项中，符合审定完税价格规定的是（　　　）。

A. 进口时需征税的进料加工进口料件，以该料申报进口时的价格估定

B. 内销的进料加工进口料件或其制成品，以该料件申报进口时的价格估定

C. 内销的来料加工进口料件或其制成品，以该料件申报进口时的价格估定

D. 保税区内的加工企业内销的进口料件或其制成品，以该料件申报进口时的价格估定

答案： A

解析： 内销的进料加工进口料件或其制成品，以料件原进口时的价格估定；内销的来料加工进口料件或其制成品，以该料件申报内销时的价格估定；保税区内的加工企业内销的进口料件或其制成品，以制成品申报内销时的价格估定。

【例 5.8】计算题

2016 年 9 月 1 日某公司由于承担国家重要工程项目，经批准免税进口了一套电子设备。使用 2 年后项目完工，2018 年 8 月 31 日公司将该设备出售给了国内另一家企业，并向海关办理申报补税手续。该电子设备的到岸价格为 300 万元，2016 年进口时该设备适用的关税税率为 12%，2018 年转售时该设备适用的关税税率为 7%，海关规定的监管年限为 5 年，按规定公司应补交多少关税税额？

解析： 根据减税或免税进口的货物予以补税的，应当以海关审定的该货物原进口时的价格，扣除折旧部分的价值作为完税价格计算。

应补关税税额 $= 300 \times [1 - (2 \times 12) \div (5 \times 12)] \times 7\% = 12.6$（万元）

4. 完税价格中的运输及相关费用、保险费的计算

（1）进口货物的运费

进口货物的运输及其相关费用，应当按照由买方实际支付或者应当支付的费用计算。如果进口货物的运输及其相关费用无法确定的，海关应当按照该货物进口同期的正常运输成本审查确定。

（2）进口货物的保险费

进口货物的保险费，应当按照实际支付的费用计算。如果进口货物的保险费无法确定或者未实际发生，海关应当按照"货价加运费"两者总额的 3‰ 计算保险费，其计算公式为

$$保险费＝（货价＋运费）×3‰$$

（3）其他相关费用

以境外边境口岸价格条件成交的铁路或公路运输进口货物，海关应当按照货价的1%计算运输及其相关费用、保险费。

5. 出口货物完税价格

（1）以成交价格为基础的完税价格

由海关以该货物向境外销售的成交价格为基础审查确定，包括货物运至我国境内输出地点装载前的运输及其相关费用、保险费。下列税收、费用不计入出口货物的完税价格。

1）出口关税。

2）在货物价款中单独列明的货物运至中华人民共和国境内输出地点装载后的运输及其相关费用、保险费（即出口货物的运保费最多算至离境口岸）。

3）在货物价款中单独列明由卖方承担的佣金。

出口货物完税价格计算公式为

完税价格＝（离岸价格－单独列明的支付给境外的佣金）÷（1＋出口税率）

（2）海关估价方法

出口货物的成交价格不能确定时，完税价格由海关依次使用下列方法估定：

1）同时或大约同时向同一国家或地区出口的相同货物的成交价格。

2）同时或大约同时向同一国家或地区出口的类似货物的成交价格。

3）根据境内生产相同或类似货物的成本、利润和一般费用、境内发生的运输及其相关费用、保险费计算所得的价格。

4）按照合理方法估定的价格。

6. 关税的计算

（1）从价税应纳税额的计算

从价税应纳税额的计算公式为

$$应纳关税税额＝应税进（出）口货物数量×单位完税价格×税率$$

（2）从量税应纳税额的计算

从量税应纳税额的计算公式为

$$应纳关税税额＝应税进（出）口货物数量×单位货物税额$$

（3）复合税应纳税额的计算

我国目前实行的复合税是先计征从量税，再计征从价税，其计算公式为

$$应纳关税税额＝应税进（出）口货物数量×单位货物税额$$
$$＋应税进（出）口货物数量×单位完税价格×税率$$

（4）滑准税应纳税额的计算

滑准税应纳税额的计算公式为

$$应纳关税税额＝应税进（出）口货物数量×单位完税价格×滑准税税率$$

【例5.9】计算题

上海某进出口公司某月进口业务如下，分别计算每笔业务应纳关税税额。

① 从日本进口铁盘条10万吨，其成交价格为CIF上海新港125 000美元。已知海关填发税款缴款书当日的外汇牌价为100美元＝847.26人民币元（买入价）；100美元＝857.18人民币元（卖出价）。经审核申报价格，符合"成交价格"条件，确定进口关税税率为15%。

② 进口美国产蓝带啤酒600箱，每箱24瓶，每瓶容积500毫升，价格为CIF3 000美元。征税日人民币元与美元的外汇折算率为1∶8.24，适用优惠税率为3人民币元/升。

③ 进口2台日本产电视摄像机，价格为CIF13 000美元，征税日人民币元与美元的外汇折算率为1∶8.24，适用优惠税率为每台完税价格高于5 000美元的，从量税为每台13 280人民币元，再征收从价税3%。

解析：

① 先根据填发税款缴款书当日的外汇牌价，将货价折算为以人民币元计价，再按从价税计算关税。当天外汇牌价为

$$外汇买卖中间价100美元＝（847.26＋857.18）÷2＝852.22（人民币元）$$

即

$$1美元＝8.522\ 2人民币元$$

$$完税价格＝125\ 000×8.5222＝1\ 065\ 275（人民币元）$$

$$应纳关税税额＝1\ 065\ 275×15\%＝159\ 791.25（人民币元）$$

② 进口蓝带啤酒应采取从量计征方法。

$$应纳关税税额＝600×24×500÷1\ 000×3＝21\ 600（人民币元）$$

③ 进口摄像机应采取复合计征法。

$$应纳关税税额＝2×13\ 280＋13\ 000×8.24×3\%$$
$$＝26\ 560＋3\ 213.6$$
$$＝29\ 773.6（人民币元）$$

5.1.4　关税的缴纳

1. 关税的申报与缴纳

（1）关税申报

进口货物自运输工具申报进境之日起 14 日内，出口货物在货物运抵海关监管区后装货的 24 小时以前，应由进出口货物的纳税义务人向货物进（出）境地海关申报，海关根据税则归类和完税价格计算应缴纳的关税和进口环节代征税，并填发税款缴款书。

（2）关税缴纳

1）纳税义务人应当自海关填发税款缴款书之日起 15 日内，向指定银行缴纳税款。

2）如果关税缴纳期限的最后 1 日是周末或法定节假日，则关税缴纳期限顺延至周末或法定节假日过后的第 1 个工作日。

3）经申请且经海关同意，进（出）口货物的纳税义务人可以在设有海关的指运地（起运地）办理海关申报、纳税手续。

4）关税纳税义务人因不可抗力或者在国家税收政策调整的情形下，不能按期缴纳税款的，经海关总署批准，可以延期缴纳税款，但最长不得超过 6 个月。

2. 关税的强制执行

纳税义务人未在关税缴纳期限内缴纳税款，即构成关税滞纳时，海关拥有对滞纳关税的纳税义务人强制执行的权利。强制措施主要有两类。

1）征收关税滞纳金。滞纳金自关税缴纳期限届满滞纳之日起，至纳税义务人缴纳关税之日止，按滞纳税款 0.5‰的比例按日征收，周末或法定节假日不予扣除。具体计算公式为

$$关税滞纳金金额＝滞纳关税税额×滞纳金征收比率×滞纳天数$$

2）强制征收。如果纳税义务人自海关填发缴款书之日起 3 个月仍未缴纳税款，经直属海关关长或其授权的海关关长批准，海关可以采取强制扣缴、变价抵缴等强制措施。

【例 5.10】计算题

某公司进口货物一批，CIF 成交价格为人民币 600 万元，含单独计价并经海关审核属实的进口后装配调试费用 30 万元，该货物进口关税税率为 10%，海关填发税款缴纳证日期为 2019 年 1 月 10 日，该公司于 1 月 25 日缴纳税款，计算其应纳关税税额及关税滞纳金金额。

解析： 先判断进口货物完税价格＝CIF 成交价格－进口后装配调试费，即

$$完税价格＝600－30＝570（万元）$$
$$应纳关税税额＝570×10\%＝57（万元）$$

纳税人应当自海关填发税款缴款书之日起 15 日内完税，该公司应于 1 月 24 日前纳税，该公司 25 日纳税滞纳 1 天，关税滞纳金金额为 570 000×0.5‰＝285（元）。

3. 关税退还

根据《海关法》规定，海关多征的税款，海关发现后应当立即退还。

有下列情形之一的，进出口货物的纳税义务人可以自缴纳税款之日起 1 年内，书面声明理由，连同原纳税收据向海关申请退税并加算银行同期活期存款利息，逾期不予受理。

1）因海关误征，多纳税款的。

2）海关核准免验进口的货物，在完税后，发现有短卸情形，经海关审查认可的。

3）已征出口关税的货物，因故未将其装运出口，申报退关，经海关查验属实的。

4）对已征出口关税的出口货物和已征进口关税的进口货物，因货物品种或规格原因（非其他原因）原状复运进境或出境的，经海关查验属实的，属于其他原因且不能以原状复运进境或出境，不能退税。

海关应当自受理退税申请之日起 30 日内，做出书面答复并通知退税申请人。

4. 关税补征和追征

海关法根据短征关税的原因，将短征关税的行为分为追征和补征两种。

1）由于纳税人违反海关规定造成短征关税的，称为追征。因纳税义务人违反规定而造成的少征或者漏征的税款，自纳税义务人应缴纳税款之日起 3 年以内可以追征，并从缴纳税款之日起按日加收少征或者漏征税款 0.5‰的滞纳金。

2）非因纳税人违反海关规定造成短征关税的，称为补征。进出境货物和物品放行后，海关发现少征或者漏征税款，应当自缴纳税款或者货物、物品放行之日起 1 年内，向纳税义务人补征。

5. 关税纳税争议

（1）纳税争议的内容

一般为进出境货物和物品的纳税义务人对海关在原产地认定、税则归类、税率或汇率适用、完税价格确定、关税减征、免征、追征、补征和退还等征税行为是否合法或适当，是否侵害了纳税义务人的合法权益，而对海关征收关税的行为表示异议。

（2）纳税争议的申诉过程

1）纳税义务人自海关填发税款缴款书之日起 60 日内，向原征税海关的上一级海关书面申请复议。逾期申请复议的，海关不予受理。

2）海关应当自收到复议申请之日起 60 日内做出复议决定，并以复议决定书的形式正式答复纳税义务人。

3）纳税义务人对海关复议决定仍然不服的，可以自收到复议决定书之日起 15 日之内，向人民法院提起诉讼。

【例 5.11】多项选择题

关税的强制执行措施有（　　）。

A. 处以应纳关税税额的 1～5 倍罚款
B. 征收滞纳金
C. 变价拍卖抵税
D. 强制扣缴

答案：BCD

解析：关税的强制执行措施有征收关税滞纳金、强制扣缴、变价拍卖抵税等强制措施。

5.1.5 关税的税收优惠

关税减免是对某些纳税人和征税对象给予鼓励和照顾的一种特殊调节手段。这一手段使关税政策工作兼顾了普遍性和特殊性、原则性和灵活性。因此，关税减免是贯彻国家关税政策的一项重要措施。关税减免分为法定减免税、特定减免税和临时减免税。根据《海关法》规定，除法定减免税外的其他减免税均由国务院决定。减征关税在我国加入 WTO 之前以税则规定的税率为基准，在我国加入 WTO 之后以最惠国税率或者普通税率为基准。

1. 法定减免税

《海关法》和《进出口关税条例》明确规定，下列货物、物品予以减免关税。

1）关税税额在人民币 50 元以下的一票货物，可免征关税。
2）无商业价值的广告品和货样，可免征关税。
3）外国政府、国际组织无偿赠送的物资，可免征关税。
4）进出境运输工具装载的途中必需的燃料、物料和饮食用品，可予免税。
5）经海关核准暂时进境或者暂时出境，并在 6 个月内复运出境或者复运进境的货样、展览品、施工机械、工程车辆、工程船舶、供安装设备时使用的仪器和工具、电视或者电影摄制器械、盛装货物的容器及剧团服装道具，在货物收发货人向海关缴纳相当于税款的保证金或者提供担保后，可予暂时免税。
6）为境外厂商加工、装配成品和为制造外销产品而进口的原材料、辅料、零件、部件、配套件和包装物料，海关按照实际加工出口的成品数量免征进口关税；或者对进口料、件先征进口关税，再按照实际加工出口的成品数量予以退税。
7）因故退还的中国出口货物，经海关审查属实，可予免征进口关税，但已征收的出口关税不予退还。
8）因故退还的境外进口货物，经海关审查属实，可予免征出口关税，但已征收的进口关税不予退还。

2. 酌情减免税

进口货物如果有以下情形，经海关查明属实，可酌情减免进口关税。

1）在境外运输途中或者在起卸时，遭受损坏或者损失的。

2）起卸后海关放行前，因不可抗力遭受损坏或者损失的。

3）海关查验时已经破漏、损坏或者腐烂，经证明不是保管不慎造成的。

【例5.12】判断题

根据《进出口关税条例》的规定，外国政府、国际组织、国际友人和港澳台同胞无偿赠送的物资，经海关审查无误，可以免税。　　　　　　　（　　　）

答案： ×

解析： 外国政府、国际组织无偿赠送的物资，可免除关税。

【例5.13】多项选择题

下列进口货物，海关可以酌情减免关税的有（　　　）。

A. 在境外运输途中或者起卸时，遭受损坏或者损失的货物

B. 起卸后海关放行前，因不可抗力遭受损坏或者损失的货物

C. 海关查验时已经破漏、损坏或者腐烂，经查为保管不慎的货物

D. 因不可抗力，缴税确有困难的纳税人进口的货物

答案： AB

解析： 海关查验时已经破漏、损坏或者腐烂，经证明不是保管不慎造成的，可酌情减免，纳税义务人因不可抗力，不能按期缴税的，经海关总署批准，可以延期缴纳税款，但最长不超过6个月。

5.2　船舶吨税法

5.2.1　船舶吨税基础知识

1. 船舶吨税的概念

船舶吨税是指自中华人民共和国境外港口进入境内港口的船舶（以下称应税船舶）征收的一种税，属于行为税。

1952年9月，海关总署发布了《中华人民共和国海关船舶吨税暂行办法》。2011年11月23日，国务院第182次常务会议通过了《中华人民共和国船舶吨税暂行条例》（以下简称《船舶吨税暂行条例》），自2012年1月1日起实施。

2. 船舶吨税的特点和作用

（1）船舶吨税的特点

1）征税范围小。只对应税船舶征税。

2）税率单一。船舶吨税以船舶净吨位为计税依据，实行定额税率，分为普通税率和优惠税率。

（2）船舶吨税的作用

1）限制外国船舶随意进入我国港口，保护我国海洋运输业的发展。

2）为港口建设维护及海上干线公用航标的建设维护提供资金保障。

5.2.2　船舶吨税法的基本内容

1. 纳税人

船舶吨税以应税船舶负责人为纳税人。

2. 征税范围

应税船舶应缴纳船舶吨税。吨税的税目、税率依照《船舶吨税暂行条例》所附的船舶吨税税目税率表（表 5-2）执行。

表 5-2　船舶吨税税目税率表

税目	税率/（元/净吨）						备注
	普通税率			优惠税率			
按船舶净吨位划分	按执照期限划分			按执照期限划分			
	1 年	90 日	30 日	1 年	90 日	30 日	
不超过 2 000 净吨	12.6	4.2	2.1	9.0	3.0	1.5	拖船和非机动驳船分别按相同净吨位船舶税率的50%计征税款
超过 2 000 净吨，但不超过 10 000 净吨	24.0	8.0	4.0	17.4	5.8	2.9	
超过 10 000 净吨，但不超过 50 000 净吨	27.6	9.2	4.6	19.8	6.6	3.3	
超过 50 000 净吨	31.8	10.6	5.3	22.8	7.6	3.8	

3. 税率

船舶吨税采用定额税率，按船舶净吨位的大小分等级设置单位税额，分为 30 日、90 日和 1 年三种不同的税率，并实行复式税率。具体分为两类：优惠税率和普通税率。中华人民共和国国籍的应税船舶、船籍国（地区）与中华人民共和国签订含有相互给予船舶税费最惠国待遇条款的条约或者协定的应税船舶，适用优惠税率。其他应税船舶，适用普通税率。

4. 税收优惠

下列船舶免征吨税：

1）应纳税额在人民币 50 元以下的船舶。

2）自境外以购买、受赠、继承等方式取得船舶所有权的初次进口到港的空载船舶。

3）船舶吨税执照期满后 24 小时内不上下客货的船舶。

4）非机动船舶（不包括非机动驳船）。

5）捕捞、养殖渔船。

6）避难、防疫隔离、修理、终止运营或拆解，并不上下客货的船舶。

7）军队、武装警察部队专用或征用的船舶。

8）依照法律规定应当予以免税的外国驻华使领馆、国际组织驻华代表机构及其有关人员的船舶。

5.2.3　船舶吨税的计算

1. 计税依据

船舶吨税以船舶净吨位为计税依据，拖船和非机动驳船分别按相同净吨位船舶税率的 50%计征。

2. 应纳税额的计算

船舶吨税按照船舶净吨位和吨税执照期限征收，应税船舶负责人在每次申报纳税时，可以按照吨税税目税率表选择申领一种期限的吨税执照。应纳税额的计算公式为

$$应纳税额＝应税船舶净吨位×适用税率$$

【例 5.14】计算题

2018 年 11 月 20 日，B 国某运输公司一艘货轮驶入我国某港口，该货轮净吨位为 30 000 吨，货轮负责人已向我国该海关领取了吨税执照，在港口停留期限为 30 天，B 国已与我国签订有相互给予船舶税费最惠国待遇条款。计算该货轮负责人应向我国海关缴纳的船舶吨税税额。

解析：根据船舶吨税的相关规定，该货轮应享受优惠税率，每净吨位 3.3 元。

$$应缴纳的船舶吨税税额＝30 000×3.3＝99 000（元）$$

5.2.4 船舶吨税的缴纳

1. 纳税义务发生时间

船舶吨税纳税义务发生时间为应税船舶进入境内港口的当日，应税船舶在吨税执照期满收回尚未离开港口的，应当申领新的吨税执照，自上一执照期满的次日起续缴吨税。

2. 纳税期限

应税船舶负责人应当自海关填发吨税缴款凭证之日起15日内向指定银行缴清税款。未按期缴清税款的，自滞纳税款之日起，按日加收滞纳税款 0.5‰的滞纳金。

应税船舶到达港口前，经海关核准现行申报并办结出入境手续的，应税船舶负责人应当向海关提供与其依法履行吨税缴纳义务相适应的担保；应税船舶到达港口后，按规定向海关申报纳税。

能提供纳税担保的有：人民币、可自由兑换货币；汇票、本票、支票、债券、存单；银行、非银行金融机构的保函和海关依法认可的其他财产、权利。

3. 其他相关规定

船舶吨税由海关负责征收。目前，船舶吨税已纳入预算内管理，由交通运输部专项用于海上干线公用航标维护、建设和管理。

海关发现少征或者漏征税款的，应当自应税船舶缴纳税款之日起 1 年内补征税款。但因应税船舶违反规定造成少征或者漏征税款的，海关可以自应当缴纳税款之日起 3 年内追征税款，并自应当缴纳税款之日起按日加征少征或者漏征税款 0.5‰的滞纳金。

海关发现多征税款的，应当立即通知应税船舶办理退还手续，并加算银行同期活期存款利息。应税船舶发现多缴纳税款的，可以自缴纳税款之日起 1 年内以书面形式要求海关退还多缴的税款并加算银行同期活期存款利息；海关应当自受理退税申请之日起 30 日内查实并通知应税船舶办理退税手续。

5.3 案 例 分 析

企业综合业务纳税计算

某日化企业（地处市区）为增值税一般纳税人，2018 年 8 月发生如下业务。

① 进口一批高档化妆品原材料，支付货价 500 万元，国外采购代理人佣金 30 万元，支付包装劳务费 2 万元，运抵我国海关前发生的运输费用、保险费用无法确定，经

海关查实其他运输公司相同业务的运输费用占货价的比例为 2%。关税税率为 20%；支付海关监管区至公司仓库运费 2 万元，取得增值税专用发票，本月生产领用进口高档化妆品的 80%。

② 购进其他商品，取得增值税专用发票，支付价款 212.5 万元、增值税税额 34 万元，支付运输单位运输费用 20 万元，待货物验收入库时发现短缺商品金额 10 万元（占支付金额的 5%），经查实应由运输单位赔偿。

③ 将进口高档化妆品的 80% 重新加工制作成套高档化妆品，当月销售给其他商场并开具增值税专用发票，取得不含税销售额 1 000 万元；直接销售给消费者个人，开具普通发票，取得含税销售额 73.95 万元。

④ 受托加工高档化妆品一批，委托方提供的原材料不含税金额 86 万元，加工结束向委托方开具普通发票收取加工费和添加辅助材料的含税金额共计 49.3 万元，该高档化妆品无同类产品市场价格。

已知关税税率为 20%，高档化妆品适用的消费税税率为 15%；当月购销各环节所涉及的票据符合税法规定，并经过税务机关认证。

根据上述资料，按下列序号回答问题。

1）针对业务①，简要说明完税价格中的运输及保险费的确定，以及完税价格的确定，并计算进口环节相关的税金。

2）针对业务②，计算允许抵扣的进项税额。

3）针对业务③，简要说明外购应税消费品已纳税额应如何扣除，并计算相关税金。

4）针对业务④，简要说明受托加工业务应如何计征增值税、消费税，并计算相关的税金。

5）综上所述，计算本期的增值税税额、销项税额、城市维护建设税税额及教育费附加。

解析：

1）针对业务①：进口货物的运费无法确定的，应当按照该货物进口同期运输行业公布的运费率（额）计算运费；按照"货价加运费"两者总额的 3‰ 计算保险费。本业务中，关税完税价格包括货价、至运抵口岸的运费和保险费、买方负担的包装材料费用和包装劳务费，但向国外代理人支付的购货佣金不计入关税完税价格。

① 进口高档化妆品的运输费 ＝ 500×2% ＝ 10（万元）。

② 进口高档化妆品的保险费 ＝（500＋10）×3‰ ＝ 1.53（万元）。

③ 关税完税价格 ＝ 500＋10＋1.53＋2 ＝ 513.53（万元）。

④ 进口关税税额 ＝ 513.53×20% ≈ 102.71（万元）。

⑤ 进口环节高档化妆品应缴纳的消费税税额计算如下。

组成计税价格 ＝（关税完税价格＋关税税额）÷（1－消费税税率）
＝（513.53＋102.71）÷（1－15%）
≈ 724.99（万元）

应缴纳的消费税税额＝724.99×15%≈108.75（万元）

⑥ 进口环节高档化妆品应缴纳的增值税税额＝724.99×16%≈116（万元）。

本业务产生的进项税额＝116＋2×10%＝116.2（万元）

2）针对业务②：发生毁损、短缺的商品，其进项税额不得抵扣。

准予抵扣的进项税额＝（34＋20×10%）×（1－5%）＝34.2（万元）

3）针对业务③：以外购已税高档化妆品为原料生产的高档化妆品，准予扣除已纳的消费税税款。

① 应缴纳的增值税税额＝[1 000＋73.95÷（1＋16%）]×16%＝170.2（万元）。

② 应缴纳的消费税税额＝[1 000＋73.95÷（1＋16%）]×15%－108.75×80%＝72.56（万元）。

4）针对业务④：委托加工业务的消费税与增值税的计税依据是不同的，消费税委托加工业务的组成计税价格＝（材料成本＋加工费）÷（1－比例税率），增值税委托加工业务，因材料是委托方的，受托方只收取加工费，只按加工费来缴纳增值税即可。

① 国内销售环节实现的销项税额＝[49.3÷（1＋16%）]×16%＝6.8（万元）。

② 加工环节应代收代缴的消费税、城市维护建设税和教育费附加总和＝[86＋49.3÷（1＋16%）]÷（1－15%）×15%×（1＋7%＋3%）≈24.94（万元）。

5）应纳税额计算如下。

① 国内销售环节应缴纳的增值税税额＝170.2＋6.8－116.2－34.2＝26.6（万元）。

② 国内销售环节应缴纳的消费税税额＝72.56（万元）。

③ 应缴纳城市维护建设税税额和教育费附加＝（26.6＋72.56）×（7%＋3%）≈49.92（万元）。

回　顾

关税是海关依法对进出境货物、物品征收的一种税。关税以准许进出境的货物和物品为征税对象，以进口货物的收货人、出口货物的发货人、进出境物品的所有人为纳税义务人。关税的计算首先要根据《海关进出口税则》确定进出口货物的关税税率，然后确定一般与特殊进口货物、出口货物的完税价格，以此计算应缴纳的关税税额。关税的税收优惠包括法定减免税和特定减免税。船舶吨税是海关负责对境外港口入境内港口船舶征收的一种税。船舶吨税税率为定额税率，分为普通税率和优惠税率两类。船舶吨税以船舶净吨位为计税依据，适用相关免税政策。

复 习 题

一、速答题

扫描二维码，快速回答问题。

速答题

二、简答题

1. 什么是关税及其征税对象？
2. 进口关税税率的适用情况如何？
3. 一般进口货物的完税价格如何确定？
4. 出口货物的完税价格如何确定？
5. 海关分别在什么情况下对纳税人进行补征和追征关税？
6. 纳税人少缴或多缴船舶吨税应分别在多长时间内补交税款或申请退税？

三、能力应用题

某县实木地板生产厂 2018 年 12 月发生下列业务。

① 向某林场购入原木 3 000 立方米，收购凭证注明支付款项 325 000 元，请运输公司将上述原木运送回厂，支付运费 1 000 元，取得运输专用发票。

② 外购生产用油漆一批，取得增值税专用发票，注明价款 26 562.5 元，增值税税额 4 250 元，将其中 20%用于企业基建工程。

③ 进口一批生产用涂料，货物价格 200 000 元人民币（含采购佣金 10 000 元），运输费和保险费 20 000 元，适用的关税税率为 3%。

④ 进口一辆自用小轿车，到岸价格 120 000 元人民币，适用的关税税率为 20%，消费税税率为 9%。

⑤ 进口一台生产设备，货物价格 150 000 元人民币，运抵我国运输费 10 000 元，保险费无法查实，适用的关税税率为 6%。

⑥ 从其他木地板厂购入未涂漆的木地板 50 箱，取得增值税专用发票，注明价款 191 250 元，增值税税额 30 600 元，将 70%投入生产上漆。

⑦ 数月前购入的一批原木因保管不善毁损，账面成本 30 000 元。

⑧ 销售自产实木地板 100 箱，取得不含税收入 560 000 元。

⑨ 应某剧团的要求，用两箱自产实木地板和成本为 10 000 元的其他板材加工制作成舞台演出用的道具模拟房屋，收取剧团开具的 58 000 元支票一张。

上述需要取得和认证的发票均已取得并经过认证，实木地板的消费税税率为 5%，试回答下列问题。

　　1）进口环节应如何计税？税额是多少？

　　2）内销环节应缴纳的税额是多少？

阅 读 拓 展

卞文志, 2018. 降低消费品进口关税有利于拉动消费增长[J]. 税收征纳, 08: 9-11.

金丽娜, 2018. 关税新政对于跨境电商企业的运营影响探析[J]. 现代商业, 29: 63-64.

第 6 章

资源税法、环境保护税法

2016 年 7 月 1 日起，河北省试行水资源税。"要开征水资源税了，那我浇地灌溉，是不是用水成本要涨了？""平时我在家洗洗涮涮，是不是也得多掏钱了呀？"听说要在河北开展水资源税试点，很多村民到石家庄市鹿泉区税务局进行咨询。这里所说的资源税是一种什么税呢？对哪些资源征税？此次资源税的改革对社会的影响有哪些呢？

6.1　资　源　税　法

6.1.1　资源税基础知识

1. 资源税的概念

资源税是指以各种应税自然资源为课税对象，为了调节资源级差收入并体现国有资源有偿使用而征收的一种税。在我国，资源税是指在中华人民共和国领域及管辖海域开采《中华人民共和国资源税暂行条例》（以下简称《资源税暂行条例》）规定的矿产品和生产盐的单位和个人，就其销售额或销售数量为计税依据征收的一种税。

2. 资源的含义

资源是指自然界存在的所有天然物质财富，包括地下资源、地上资源、空间资源。从物质内容角度看，包括矿产资源、土地资源、水资源、动物资源、植物资源、海洋资源、太阳能资源、空气资源等。

3. 资源税的特点

（1）只对特定资源征税

我国现行资源税的征税对象既不是全部的自然资源，也不是所有具有商品属性的资源。我国现行资源税主要对矿产资源进行征税。

（2）具有收益税性质

资源税的征收是国家政治权力和所有权的统一。它一方面体现了税收强制性、固定性的特征；另一方面又体现了对国有资源的有偿占用性。单位和个人开发国有自然资源，既应当为拥有开发权而付出一定的"代价"，又因享受国有自然资源有义务支付一定的"费用"。

（3）具有级差收入税的特点

我国资源税通过对同一资源实行高低不同的差别税率，可以直接调节因资源条件不同而产生的级差收入。

6.1.2　资源税法的基本内容

1. 纳税人与扣缴义务人

（1）纳税人

在中华人民共和国领域及管辖海域开采《资源税暂行条例》规定的矿产品或者生产

盐（以下称开采或者生产应税产品）的单位和个人为资源税的纳税人。

单位是指国有企业、集体企业、私有企业、股份制企业、其他企业和行政单位、事业单位、军事单位、社会团体及其他单位。个人是指个体经营者及其他个人。

（2）扣缴义务人

为加强对资源税零散税源的控制，节约征、纳成本，保证税款及时、安全入库，现行资源税规定以收购未税矿产品的独立矿山、联合企业及其他单位作为资源税的扣缴义务人。扣缴义务人主要是对那些税源小、零散、不定期开采、税务机关难以控制、没有缴税的矿产品，在收购时负有代扣代缴资源税的法定义务。

阅读资料

扣缴义务人的具体规定

独立矿山是指只有采矿或只有采矿和选矿并实行独立核算、自负盈亏的单位。其生产的原矿和精矿主要用于对外销售。

联合企业是指采矿、选矿、冶炼（或加工）连续生产的企业或采矿、冶炼（或加工）连续生产的企业，其采矿单位一般是该企业的二级或二级以下的核算单位。

其他收购未税矿产品的单位包括收购未税矿产品的非矿山企业、单位和个体户等。

未税矿产品是指资源税纳税人在销售其矿产品时不能向扣缴义务人提供资源税管理证明的矿产品。

2. 征税范围与税目、税率

（1）征税范围

资源税的征税范围包括原油、天然气、煤炭等非金属矿和金矿、铁矿等金属矿，以及海盐等资源品目。具体按照资源税税目税率幅度表（表6-1）的相关规定执行。

表6-1 资源税税目税率幅度表

税目		征税对象	税率幅度
原油		原油	5%～10%
天然气		原矿	5%～10%
煤炭		原煤或洗选煤	2%～10%
金属矿	铁矿	精矿	1%～6%
	钨矿	精矿	6.5%
	钼矿	精矿	11%

续表

税目		征税对象	税率幅度
金属矿	金矿	金锭	1%～4%
	铜矿	精矿	2%～8%
	铝土矿	原矿	3%～9%
	铅锌矿	精矿	2%～6%
	镍矿	精矿	2%～6%
	锡矿	精矿	2%～6%
	其他金属矿	原矿或精矿	不超过 20%
非金属矿	石墨	精矿	3%～10%
	硅藻土	精矿	1%～6%
	高岭土	原矿	1%～6%
	萤石	精矿	1%～6%
	石灰石	原矿	1%～6%
	硫铁矿	精矿	1%～6%
	磷矿	原矿	3%～8%
	氯化钾	精矿	3%～8%
	硫酸钾	精矿	6%～12%
	井矿盐	氯化钠初级产品	1%～6%
	湖盐	氯化钠初级产品	1%～6%
	提取地下卤水晒制的盐	氯化钠初级产品	3%～15%
	煤层（成）气	原矿	1%～2%
	黏土、砂石	原矿	每吨或每立方米 0.1～5 元
	其他非金属矿产品	原矿或精矿	从量计税每吨或每立方米不超过 30 元；从价计税税率不超过 20%
海盐		氯化钠初级产品	1%～5%

注：①铝土矿包括耐火级矾土、研磨级矾土等高铝黏土；②氯化钠初级产品是指井矿盐、湖盐原盐、提取地下卤水晒制的盐和海盐原盐，包括固体和液体形态的初级产品；③海盐是指海水晒制的盐，不包括地下卤水晒制的盐。

1）原油。原油指开采的天然原油，不包括人造石油。

2）天然气。天然气指专门开采或与原油同时开采的天然气，暂不包括煤矿生产的天然气。

3）煤炭。煤炭指原煤和以未税原煤加工的洗选煤。

4）其他非金属矿。其他非金属矿包括石墨、硅藻土、萤石、磷矿、湖盐、砂石等。

5）金属矿。金属矿包括铁矿、金矿、铜矿、铝土矿等。

6）海盐。氯化钠初级产品。

7）水资源。水资源的征税对象为地表水和地下水。

未列举名称的其他矿产品，省级人民政府可对本地区主要矿产品按矿种设定税目，对其余矿产品按类别设定税目，并按其销售的主要形态确定征税对象。

（2）税目、税率

资源税的税目包括原油、天然气、煤炭、其他非金属矿等非金属矿，金矿、铁矿等金属矿，海盐及水资源。

资源税采用比例税率和定额税率两种形式。对表 6-1 中列举名称的 27 种资源品目和未列举名称的其他金属矿实行从价计征。对经营分散、多为现金交易且难以控管的黏土、砂石，按照便利征管原则，仍实行从量定额计征，并对水资源税实行从量计征。对未列举名称的其他非金属矿产品，按照从价计征为主、从量计征为辅的原则，由省级人民政府确定计征方式。

纳税人在开采主矿产品的过程中伴采的其他应税矿产品，凡未单独规定适用税额的，一律按主矿产品或视同主矿产品税目征收资源税。

阅读资料

国家资源税改革对水资源费征收的影响

2011 年中央一号文件《关于加快水利改革发展的决定》中明确指出，要"完善水资源有偿使用制度"。在国家资源税改革方案的探讨中，不少专家学者建议将水资源纳入资源税征收范围。自 2016 年 7 月 1 日起，河北省成为我国第一个对水资源征收资源税的地区。自 2017 年 12 月 1 日起，水资源税改试点进一步扩大到北京、天津、山西、内蒙古、山东、河南、四川、陕西、宁夏 9 个省（自治区、直辖市）。今后，我国将逐渐扩大水资源税征收范围。从征收范围看，今后还将对森林、草场、滩涂等资源征税。

我国资源税最初只对三类资源征收，后来扩大到七类。从国家资源税改革发展趋势来看，越来越多的自然资源将被纳入资源税的征收范围。

3．税收优惠

（1）减税、免税项目

资源税贯彻普遍征收、级差调节的原则，因此规定的减免税项目比较少。

1）开采原油过程中用于加热、修井的原油免税。

2）纳税人开采或者生产应税产品过程中，因意外事故或者自然灾害等原因遭受重大损失的，由省、自治区、直辖市人民政府酌情决定减税或者免税。

3）尾矿再利用的，不再征收资源税。

4）从 2007 年 1 月 1 日起，对地面抽采煤层气（又称煤矿瓦斯）暂不征收资源税。

5）自 2010 年 6 月 1 日起，纳税人在新疆开采的原油、天然气，自用于连续生产原油、天然气的，不缴纳资源税；自用于其他方面的，视同销售，依照计算缴纳资源税。

6）油田范围内运输稠油过程中用于加热的原油、天然气，免征资源税。

7）铁矿石、稠油、高凝油和高含硫天然气资源税减征 40%。

8）对三次采油资源税减征 30%。

9）对低丰度油气田资源税暂减征 20%。

10）对深水油气田资源税减征 30%。

11）对依法在建筑物下、铁路下、水体下通过充填开采方式采出的矿产资源，资源税减征 50%。

12）对实际开采年限在 15 年以上的衰竭期矿山开采的矿产资源，资源税减征 30%。

13）自 2018 年 4 月 1 日至 2021 年 3 月 31 日，对页岩气资源税（按 6% 的规定税率）减征 30%。

14）对鼓励利用的低品位矿、废石、尾矿、废渣、废水、废气等提取的矿产品，由省级人民政府根据实际情况确定是否给予减税或免税。

15）规定限额内的农业生产取用水，免征水资源税。

16）取用污水处理再生水，免征水资源税。

17）除接入城镇公共供水管网以外，军队、武警部队通过其他方式取用水的，免征水资源税。

18）抽水蓄能发电取用水，免征水资源税。

19）采油排水经分离净化后在封闭管道回注的，免征水资源税。

纳税人的减税、免税项目，应当单独核算课税数量；未单独核算或者不能准确提供课税数量的，不予减税或者免税。同时符合上述减免政策两项以上的，只能选择一项执行，不可叠加适用。

（2）出口应税产品不退（免）资源税的规定

资源税规定仅对在中国境内开采或生产应税产品的单位和个人征收，进口的应税矿产品和盐不征收资源税。相应的，对出口应税资源也不免征或退还已纳资源税。

6.1.3　资源税的计算

1. 计税依据

资源税的计税依据为应税产品的销售额或销售量，各税目的征税对象包括原矿、精矿（或原矿加工品，下同）、金锭、氯化钠初级产品，具体按照资源税税目税率幅度表的相关规定执行。对未列举名称的其他矿产品，省级人民政府可对本地区主要矿产品按矿种设定税目，对其余矿产品按类别设定税目，并按其销售的主要形态（如原矿、精矿）确定征税对象。

（1）销售额

销售额是指纳税人销售应税产品向购买方收取的全部价款和价外费用，不包括增值税销项税额和运杂费用。

运杂费用是指应税产品从坑口或洗选（加工）地到车站、码头或购买方指定地点的运输费用、建设基金，以及随运销产生的装卸、仓储、港杂费用。运杂费用应与销售额分别核算，凡未取得相应凭据或不能与销售额分别核算的，应当一并计征资源税。

1）原矿销售额与精矿销售额的换算或折算。为公平原矿与精矿之间的税负，对同一种应税产品，征税对象为精矿的，纳税人销售原矿时，应将原矿销售额换算为精矿销售额缴纳资源税；征税对象为原矿的，纳税人销售自采原矿加工的精矿，应将精矿销售额折算为原矿销售额缴纳资源税。换算比或折算率原则上应通过原矿售价、精矿售价和选矿比计算，也可通过原矿销售额、加工环节平均成本和利润计算。

金矿以标准金锭为征税对象，纳税人销售金原矿、金精矿的，应比照上述规定将其销售额换算为金锭销售额缴纳资源税。

2）洗选煤销售额及资源税的计算。纳税人将其开采的原煤，自用于连续生产洗选煤的，在原煤移送使用环节不缴纳资源税；将开采的原煤加工为洗选煤销售的，以洗选煤销售额乘以折算率作为应税煤炭销售额，计算缴纳资源税。

洗选煤销售额包括洗选副产品的销售额，不包括洗选煤从洗选煤厂到车站、码头等的运输费用。

纳税人同时以自采未税原煤和外购已税原煤加工洗选煤的，应当分别核算；未分别核算的，按上述规定，计算缴纳资源税。

（2）销售数量

1）纳税人开采或生产应税产品销售的，以实际销售数量为销售数量。

2）纳税人开采或生产应税产品自用的，以移送时的自用数量为销售数量。

3）纳税人不能准确提供应税产品销售数量或移送使用数量的，以应税产品的产量或按主管税务机关确定的折算比换算成的数量为计征资源税的销售数量。

4）纳税人的减税、免税项目，应当单独核算销售额和销售数量；未单独核算或不能准确提供销售额和销售数量的，不予减税或免税。

5）对一般取用水按照实际取用水量，对采矿和工程建设疏干排水按照排水量确定，水力发电和火力发电贯流式（不含循环式）冷却取用水按照实际发电量确定。

2. 应纳税额的计算

（1）应纳税额计算的一般规定

资源税的应纳税额，按照从价定率或者从量定额的办法，分别以应税产品的销售额乘以纳税人具体适用的比例税率或者以应税产品的销售数量乘以纳税人具体适用的定额税率计算。

1）从价定率计算应纳税额。从价定率计算应纳税额的公式为

$$应纳税额＝应税矿产品的销售额×适用税率$$

① 煤炭资源税的计算公式如下。

$$原煤应纳税额＝原煤销售额×适用税率$$
$$洗选煤应纳税额＝洗选煤销售额×折算率×适用税率$$

【例 6.1】计算题

某省煤炭资源税税率为 8%，某煤矿 2018 年 9 月销售自采原煤 200 万元（不含增值税，下同）；用自采未税原煤连续加工成洗选煤 800 吨，销售 380 吨，每吨售价 950 元，移送洗选煤 120 吨用于集体宿舍采暖。已知计算资源税时洗选煤折算率为 80%。计算该煤矿当月应纳资源税税额。

解析：
$$应纳资源税税额＝200×8\%＋（380＋120）×0.095×80\%×8\%$$
$$＝19.04（万元）$$

② 其他以精矿为征税对象的应纳税额的计算公式如下。

$$应纳税额＝精矿销售额×适用税率$$
$$精矿销售额＝精矿销售数量×单位价格$$

纳税人销售（或者视同销售）其自采原矿的，可采用成本法或市场法将原矿销售额换算为精矿销售额计算缴纳资源税。其计算公式如下。

成本法：

$$精矿销售额＝原矿销售额＋原矿加工为精矿的成本×（1＋成本利润率）$$

市场法：

$$精矿销售额＝原矿销售额×换算比$$
$$换算比＝同类精矿单位价格÷（原矿单位价格×选矿比）$$
$$选矿比＝加工精矿耗用的原矿数量÷精矿数量$$

【例 6.2】计算题

某钨矿企业 2018 年 9 月销售自采原矿 1 000 吨，每吨单价 900 元（不含增值税，下同）；销售自采钨矿连续加工的精矿 800 吨，每吨单价 1 650 元。已知该企业钨矿选矿比

为1.67，按照市场法计算资源税，钨矿资源税税率为6.5%。计算该企业应纳资源税税额。

解析：

$$换算比＝1\ 650÷（900×1.67）≈1.097\ 8$$
$$精矿销售额＝1\ 650×800＋900×1\ 000×1.097\ 8＝2\ 308\ 020（元）$$
$$应纳资源税税额＝2\ 30\ 8020×6.5\%＝150\ 021.3（元）$$

2）从量定额计算应纳税额。在从量定额计算方法下，应纳税额的计算取决于应税矿产品的应税数量和单位税额两个因素。其计算公式为

$$应纳税额＝应税矿产品的应税数量×单位税额$$

收购未税矿产品的扣缴义务人，代扣代缴资源税应纳税额的计算公式为

$$代扣代缴应纳税额＝收购的未税矿产品数量×适用的单位税额$$
$$一般取用水应纳税额＝实际取用水量×适用税额$$
$$疏干排水应纳税额＝实际取用水量×适用税额$$

疏干排水是指在采矿和工程建设过程中破坏地下水层、发生地下涌水的活动。

$$水力发电和火力发电贯流式（不含循环式）冷却取用水应纳税额$$
$$＝实际发电量×适用税额$$

火力发电贯流式冷却取用水是指火力发电企业从江河、湖泊（含水库）等水源取水，并对机组冷却后将水直接排入水源的取用水方式。火力发电循环式冷却取用水是指火力发电企业从江河、湖泊（含水库）、地下等水源取水并引入自建冷却水塔，对机组冷却后返回冷却水塔循环利用的取用水方式。

（2）应纳税额计算的特殊规定

1）纳税人开采或者生产不同税目应税产品的，应当分别核算不同税目应税产品的销售额或者课税数量。未分别核算或者不能准确提供不同税目应税产品的销售额或者课税数量的，从高适用税率计税。

2）纳税人开采或者生产应税产品，自用于连续生产应税产品的，不缴纳资源税；自用于其他方面的，视同销售，依照《资源税暂行条例》缴纳资源税。

3）原油中的稠油、高凝油与稀油划分不清或不易划分的，一律按原油稀油的数量课税。

4）纳税人以液体盐加工固体盐，按固体盐税额征税，以加工固体盐数量为课税数量。纳税人以外购液体盐加工固体盐，其加工固体盐所耗用液体盐的已纳税额准予在其应纳固体盐税额中抵扣。

5）为促进共伴生矿的综合利用，纳税人开采销售共伴生矿，共伴生矿与主矿产品销售额分开核算的，对共伴生矿暂不计征资源税；没有分开核算的，共伴生矿按主矿产品的税目和适用税率计征资源税。

6.1.4　资源税的缴纳

1. 纳税义务

1）纳税人采取分期收款结算方式的，其纳税义务发生时间为销售合同规定的收款日期的当天。

2）纳税人采取预收货款结算方式的，其纳税义务发生时间为发出应税产品的当天。

3）纳税人采取其他结算方式的，其纳税义务发生时间为收讫销售款或者取得索取销售款凭据的当天。

4）纳税人自产自用应税产品的，其纳税义务发生时间为移送使用应税产品的当天。

5）扣缴义务人代扣代缴税款的，其纳税义务发生时间为支付首笔货款或者开具应支付货款凭据的当天。

6）水资源税的纳税义务发生时间为纳税人取用水资源的当日。

2. 纳税期限

纳税期限是纳税人发生纳税义务后缴纳税款的期限。资源税的纳税期限为 1 日、3 日、5 日、10 日、15 日或者 1 个月，纳税人的纳税期限由主管税务机关根据实际情况具体核定。不能按固定期限计算纳税的，可以按次计算纳税。

纳税人以 1 个月为一期纳税的，自期满之日起 10 日内申报纳税；以 1 日、3 日、5 日、10 日或者 15 日为一期纳税的，自期满之日起 5 日内预缴税款，于次月 1 日起 10 日内申报纳税并结清上月税款。

除农业生产取用水外，水资源税按季或者按月征收，由主管税务机关根据实际情况确定。对超过规定限额的农业生产取用水水资源税可按年征收。不能按照固定期限计算纳税的，可以按次申报纳税。纳税人应当自纳税期满或者纳税义务发生之日起 15 日内申报纳税。

3. 纳税地点

1）凡是缴纳资源税的纳税人，都应当向应税产品的开采或者生产所在地主管税务机关缴纳税款。

2）如果纳税人在本省、自治区、直辖市范围内开采或者生产应税产品，其纳税地点需要调整的，由所在地省、自治区、直辖市税务机关决定。

3）如果纳税人应纳的资源税属于跨省开采，其下属生产单位与核算单位不在同一省、自治区、直辖市的，对其开采的矿产品一律在开采地纳税，其应纳税款由独立核算、自负盈亏的单位，按照开采地的实际销售量（或者自用量）及适用的单位税额计算划拨；

实行从价计征的应税产品，其应纳税款一律由独立核算的单位按照每个开采地或者生产地的销售量、单位销售价格及适用税率计算划拨。

4）扣缴义务人代扣代缴的资源税，也应当向收购地主管税务机关缴纳。

5）水资源税由生产经营所在地的税务机关征收水资源税。跨省（区、市）调度的水资源，由调入区域所在地的税务机关征收水资源税。在试点省份内取用水，其纳税地点需要调整的，由省级财政、税务部门决定。

4. 纳税申报

资源税的纳税申报需填写资源税纳税申报表、资源税纳税申报表附表（一）（原矿类税目适用）、资源税纳税申报表附表（二）（精矿类税目适用）、资源税纳税申报表附表（三）（减免税明细）四张报表。

6.2 环境保护税法

6.2.1 环境保护税基础知识

环境保护税是对在中华人民共和国领域以及中华人民共和国管辖的其他海域，直接向环境排放应税污染物的企事业单位和其他生产经营者征收的一种税。其立法的目的是保护和改善环境，减少污染物排放，推进生态文明建设。

环境保护税是我国首个明确以环境保护为目标的独立型环境税税种，有利于解决排污制度存在的执法刚性不足等问题，有利于提高纳税人环保意识和强化企业治污减排责任。

阅读资料

环境保护税的立法进展

2014年11月3日，全国人民代表大会财政经济委员会透露，财政部会同环境保护部、国家税务总局积极推进中华人民共和国环境保护税立法工作，已形成《中华人民共和国环境保护税法》（草案稿）并报送国务院。

2015年6月10日，国务院法制办公室下发了《关于<中华人民共和国环境保护税法（征求意见稿）>公开征求意见的通知》，将财政部、税务总局、环境保护部起草的《中华人民共和国环境保护税法（征求意见稿）》及说明全文公布，征求社会各界意见。2015 年 8 月 5 日，环境保护税法被补充进第十二届全国人民代表大会常务委员会立法规划。

2016 年 8 月 29 日至 9 月 3 日，第十二届全国人民代表大会常务委员会第二十二次会议对《中华人民共和国环境保护税法(草案)》进行了初次审议。

2016 年 12 月 25 日第十二届全国人民代表大会常务委员会第二十五次会议通过《中华人民共和国环境保护税法》，自 2018 年 1 月 1 日起施行。同时停征排污费。

2017 年 12 月 30 日国务院发布《中华人民共和国环境保护税法实施条例》，自 2018 年 1 月 1 日起施行。

6.2.2　环境保护税基本内容

1. 纳税义务人

在中华人民共和国领域和中华人民共和国管辖的其他海域，直接向环境排放应税污染物的企业事业单位和其他生产经营者为环境保护税的纳税人。

应税污染物是指《环境保护税法》所附《环境保护税税目税额表》《应税污染物和当量值表》规定的大气污染物、水污染物、固体废物和噪声。

有下列情形之一的，不属于直接向环境排放污染物，不缴纳相应污染物的环境保护税。

1）企业事业单位和其他生产经营者向依法设立的污水集中处理、生活垃圾集中处理场所排放应税污染物的。

2）企业事业单位和其他生产经营者在符合国家和地方环境保护标准的设施、场所贮存或者处置固体废物的。

3）达到省级人民政府确定的规模标准并且有污染物排放口的畜禽养殖场，应当依法缴纳环境保护税，但已依法对畜禽养殖废弃物进行综合利用和无害化处理的。

2. 税目与税率

环境保护税税目包括大气污染物、水污染物、固体废物和噪声四大类，采用定额税率。其中，对应税大气污染物和水污染物规定了幅度定额税率，具体适用税额的确定和调整由省、自治区、直辖市人民政府统筹考虑本地区环境承载能力、污染物排放现状和经济社会生态发展目标要求，在规定的税额幅度提出，报同级人民代表大会常务委员会决定，并报全国人民代表大会常务委员会和国务院备案。环境保护税税目税额见表 6-2。

表 6-2　环境保护税税目税额表

税目		计税单位	税额	备注
大气污染物		每污染当量	1.2～12 元	
水污染物		每污染当量	1.4～14 元	
固体废物	煤矸石	每吨	5 元	
	尾矿	每吨	15 元	
	危险废物	每吨	1000 元	
	冶炼渣、粉煤灰、炉渣、其他固体废物（含半固态、液态废物）	每吨	25 元	
噪声	工业噪声	超标 1～3 分贝	每月 350 元	① 一个单位边界上有多处噪声超标，根据最高一处超标声级计算应纳税额；当沿边界长度超过 100 米有两处以上噪声超标，按照两个单位计算应纳税额。 ② 一个单位有不同地点作业场所的，应当分别计算应纳税额，合并计征。 ③ 昼、夜均超标的环境噪声，昼、夜分别计算应纳税额，累计计征。 ④ 声源一个月内超标不足 15 天的，减半计算应纳税额。 ⑤ 夜间频繁突发和夜间偶然突发厂界超标噪声，按等效声级和峰值噪声两种指标中超标分贝值高的一项计算应纳税额
		超标 4～6 分贝	每月 700 元	
		超标 7～9 分贝	每月 1 400 元	
		超标 10～12 分贝	每月 2 800 元	
		超标 13～15 分贝	每月 5 600 元	
		超标 16 分贝以上	每月 11 200 元	

3．税收优惠项目

（1）暂免征收项目

1）农业生产（不包括规模化养殖）排放应税污染物的。

2）机动车、铁路机车、非道路移动机械、船舶和航空器等流动污染源排放应税污染物的。

3）依法设立的城乡污水集中处理、生活垃圾集中处理场所排放相应污染物，不超过国家和地方规定的排放标准。

4）纳税人综合利用的固体废物，符合国家和地方环境保护标准的。

5）国务院批准免税的其他情形。

（2）减征税项目

1）纳税人排放应税大气污染物或水污染物的浓度值低于国家和地方规定的污染物排放标准 30%的，减按 75%征收环境保护税。

2）纳税人排放应税大气污染物或水污染物的浓度值低于国家和地方规定的污染物排放标准 50%的，减按 50%征收环境保护税。

6.2.3 环境保护税的计算

1. 计税依据

（1）应税大气污染物、水污染物的计税依据

应税大气污染物、水污染物按照污染物排放量折合的污染当量数确定，计算公式为

$$应税大气污染物、水污染物的污染当量数 = \frac{该污染物的排放量}{该污染物的污染当量值}$$

纳税人有下列情形之一的，以其当期应税大气污染物、水污染物的产生量作为污染物的排放量。

1）未依法安装使用污染物自动监测设备或者未将污染物自动监测设备与环境保护主管部门的监控设备联网。

2）损毁或者擅自移动、改变污染物自动监测设备。

3）篡改、伪造污染物监测数据。

4）通过暗管、渗井、渗坑、灌注或者稀释排放以及不正常运行防治污染设施等方式违法排放应税污染物。

5）进行虚假纳税申报。

每一排放口或者没有排放口的应税大气污染物，按照污染当量数从大到小排序，对前三项污染物征收环境保护税。

（2）应税固体废物的计税依据

应税固体废物按照固体废物的排放量确定。

固体废物的排放量为当期应税固体废物的产生量减去当期应税固体废物的贮存量、处置量、综合利用量的余额，计算公式为

$$固体废物的排放量 = 当期固体废物的产生量 - 当期固体废物的综合利用量$$
$$- 当期固体废物的贮存量 - 当期固体废物的处置量$$

纳税人有下列情形之一的，以其当期应税固体废物的产生量作为固体废物的排放量。

1）非法倾倒应税固体废物。

2）进行虚假纳税申报。

（3）应税噪声的计税依据

应税噪声按照超过国家规定标准的分贝数确定。

工业噪声按照超过国家规定标准的分贝数确定每月税额。超过国家规定标准的分贝数是指实际产生的工业噪声与国家规定的工业噪声排放标准限值之间的差值。

（4）应税大气污染物、水污染物、固体废物的排放量和噪声分贝数的确定方法

应税大气污染物、水污染物、固体废物的排放量和噪声的分贝数，按照下列方法和顺序计算。

1）纳税人安装使用符合国家规定和监测规范的污染物自动监测设备的，按照污染物自动监测数据计算。

2）纳税人未安装使用污染物自动监测设备的，按照监测机构出具的符合国家有关规定和监测规范的监测数据计算。

3）因排放污染物种类多等原因不具备监测条件的，按照国务院环境保护主管部门规定的排污系数、物料衡算方法计算。

4）不能按照上述三项规定的方法计算的，按照省、自治区、直辖市人民政府环境保护主管部门规定的抽样测算的方法核定计算。

2. 应纳税额的计算

（1）应税大气污染物应纳税额的计算

$$应税大气污染物的应纳税额＝污染当量数×适用税额$$

【例6.3】计算题

某企业 2018 年 8 月向大气直接排放二氧化硫、氟化物、一氧化碳、氯化氢，二氧化硫污染当量数 105.26，氟化物污染当量数 114.94，一氧化碳污染当量数 11.98，氯化氢污染当量数 7.44。假设当地大气污染物每污染当量税额 1.2 元，该企业只有一个排放口。计算该企业应税大气污染物的应纳税额。

解析：

氟化物污染当量数（114.94）＞二氧化硫污染当量数（105.26）＞一氧化碳污染当量数（11.98）＞氯化氢污染当量数（7.44）

该企业只有一个排放口，排序选取计税前三项污染物为氟化物、二氧化硫、一氧化碳。

$$应纳税额＝（114.94＋105.26＋11.98）×1.2＝278.62（元）$$

（2）应税水污染物应纳税额的计算

$$应税水污染物的应纳税额＝污染当量数×适用税额$$

【例6.4】计算题

A 化工厂是环境保护税纳税人，该厂仅有一个污水排放口且直接向河流排放污水，已安装使用符合国家规定和监测规范的污染物自动监测设备。该排放口 2018 年 8 月共排放污水当量数 1 500。请计算该化工厂 8 月份应税水污染物的应纳税额（该厂所在省的水污染物税率为 2.8 元/污染当量）。

解析：

$$应纳税额＝1\,500×2.8＝4\,200（元）$$

（3）应税固体废物应纳税额的计算

应纳税额＝（当期固体废物的产生量－当期固体废物的综合利用量
　　　　　　－当期固体废物的贮存量－当期固体废物的处置量）×适用税额

【例 6.5】计算题

假设某企业 2018 年 9 月产生尾矿 1 000 吨，其中综合利用的尾矿 300 吨（符合国家相关规定），在符合国家和地方环境保护标准的设施贮存 300 吨。试计算该企业当月应税固体废物的应纳税额。

解析：

$$应纳税额＝（1\,000－300－300）×15＝6\,000（元）$$

（4）应税噪声应纳税额的计算

应税噪声的应纳税额为超过国家规定标准的分贝数对应的具体适用税额。

【例 6.6】计算题

假设某工业企业只有一个生产场所，只在昼间生产，边界处声环境功能区类型为 1 类，生产时产生噪声为 60 分贝，《工业企业厂界环境噪声排放标准》规定 1 类功能区昼间的噪声排放限值为 55 分贝，当月超标天数为 18 天。试计算该企业应税噪声的应纳税额。

解析：

$$超标分贝数＝60－55＝5（分贝）$$

根据《环境保护税科目税额表》可得出，该企业当月噪声污染应纳环境保护税税额为 700 元。

6.2.4　环境保护税的缴纳

1. 征管方式、数据传递与比对

环境保护税按照"企业申报、税务征收、环保协同、信息共享"的征管方式，环境保护税主管部门和税务机关应当建立涉税信息共享平台和工作配合机制，定期交换有关纳税信息资料。

2. 复核

税务机关发现纳税人的纳税申报数据资料异常或者纳税人未按照规定期限办理纳税申报的，可以提请生态环境主管部门进行复核，生态环境主管部门应当自收到税务机关的数据资料之日起 15 日内向税务机关出具复核意见。税务机关按照生态环境主管部门复核的数据资料调整纳税人的应纳税额。

3. 纳税时间

环境保护税纳税义务发生时间为纳税排放应税污染物的当日。环境保护税按月计算，按季申报缴纳。不能按固定期限计算纳税的，可以按次申报缴纳。

纳税人按季申报缴纳的，应当自季度终了之日起 15 日内，向税务机关办理纳税申报并缴纳税款。纳税人按次申报缴纳的，应当自纳税义务发生之日起 15 日内，向税务机关办理纳税申报并缴纳税款。

4. 纳税地点

纳税人应当向应税污染物排放地的税务机关申报缴纳环境保护税。应税污染物排放地是指应税大气污染物、水污染物排放口所在地，应税固体废物产生地，应税噪声产生地。

纳税人跨区域排放应税污染物，税务机关对税收征收管辖有争议的，由争议各方按照有利于征收管理的原则协商解决。

6.3 案 例 分 析

案例 1 煤碳资源税的计算

某煤矿 2 月销售自采原煤取得收入 200 万元（不含增值税，下同），用自采未税原煤连续加工成洗选煤 800 吨，销售 380 吨，每吨售价 950 元，移送洗选煤 120 吨用于集体宿舍采暖。已知煤炭资源税税率为 8%，洗选煤折算率为 80%。要求：计算本企业 2 月份应纳资源税税额。

解析：

1）纳税人将其开采的原煤加工为洗选煤销售的，以洗选煤销售额乘以折算率作为应税煤炭销售额，计算缴纳资源税。

2）纳税人将其开采的原煤加工为洗选煤自用的，视同销售洗选煤，计算缴纳资源税。

应纳资源税税额＝200×8%＋（380＋120）×0.095×80%×8%＝19.04（万元）

案例 2 原油与天然气资源税的计算

某低丰度油田原油价格每吨 6 000 元（不含增值税，下同），天然气每立方米 2 元。2017 年 2 月，该油田开采原油 25 万吨，当月销售 20 万吨，加热、修井用 2 万吨，将 3 万吨原油赠送给协作单位；开采天然气 700 万立方米，当月销售 600 万立方米，待售 100 万立方米。已知原油、天然气适用的资源税税率均为 6%。要求：计算该油田当月应纳资源税税额。

解析：

1）开采原油过程中，用于加热、修井的原油免税。

2）低丰度油气田资源税暂减征 20%。

应纳资源税税额＝[（20＋3）×6 000×6%＋600×2×6%]×（1－20%）＝6 681.6（万元）

回　　顾

资源税是古老的税种之一，该税种的开征对国家资源的管理有着重要的意义，特别是部分资源大省，资源税的发展对当地的影响日益显现。我国现行的资源税征税范围包括石油、天然气、煤炭、金属矿、非金属矿、盐、水资源等资源。2016 年资源税改革后，实行比例税率和定额税率两种形式，采取从价计征、从量计征两种方法。

环境保护税是我国首个明确以环境保护为目标的独立型环境税税种，征税范围包括大气污染物、水污染物、固体废物和噪声四大类应税污染物，并采用定额税率进行征税。

复　习　题

一、速答题

扫描二维码，快速回答问题。

二、简答题

1. 什么是资源税？资源税开征的意义是什么？

2. 资源税税目是如何规定的？

3. 从价计征资源税的资源，其销售额如何确定？

4. 外购固体盐生产液体盐，如何计算准予扣除的液体盐已纳资源税税额？

5. 从量计征资源税的资源，其应税数量如何确定？

6. 资源税征收管理包括哪些方面？

7. 环境保护税的立法目的是什么？

8. 环境保护税的税目有哪些？

速答题

三、能力应用题

1．2018年12月，某油田开采原油10万吨，其中已销售8万吨，取得不含增值税销售额40 000万元，自用原油0.8万吨（用于冬季加热、修井0.5万吨，运输车辆润滑0.3万吨），其余的未销售，该油田适用的资源税税率为5%，该油田12月应纳资源税税额是多少？

2．某煤炭开采企业2018年2月销售洗煤5万吨，开具增值税专用发票，注明金额5 000万元，含支付洗煤厂到码头不含增值税的运费50万元（能够取得相应凭据），假设洗煤的折算率为80%，适用的资源税税率为10%，该企业销售洗煤应缴纳多少资源税税额？

3．某低丰度油田原油价格每吨6 000元（不含增值税，下同），天然气每立方米2元。2018年12月，该油田开采原油25万吨，当月销售20万吨，加热、修井用2万吨，将3万吨原油赠送协作单位；开采天然气700万立方米，当月销售600万立方米，代售100万立方米。已知原油、天然气适用的资源税税率均为6%，那么该油田2018年12月应纳资源税税额是多少？

阅 读 拓 展

陈少克，王银迪，2018．水资源税的性质与我国水资源税制的发展与完善[J]．税务与经济，04: 98-105.

王红艳，田永，桂雄，2018．开征环境保护税对企业排污权交易和财税管理的影响[J]．经济师，09: 40-41.

第 7 章

土地增值税法

知识目标

明确土地增值税的定义及其作用；

掌握土地增值税的征税范围及其税率的相关规定；

掌握土地增值税应纳税额的计算；

了解房地产开发行业土地增值税的处理。

能力目标

能够熟练掌握土地增值税的征收范围，对有关土地的不同经营行为能够做出正确的判断；熟练使用超率累进税率计算方法，具有正确计算土地增值税应纳税额的能力。

素质目标

正确理解开征土地增值税具有积累国家财政经济建设资金，增强国家对房地产开发商和房地产交易市场的调控，抑制炒买炒卖土地获取暴利的行为等作用。纳税人要自觉接受法律约束，遵守税收法律法规，尊重市场规则，正确履行纳税义务。

关键术语

土地增值税　土地使用权　超率累进税率　扣除项目

导入案例

鸿运皮革制造有限公司因长期拖欠某供应商货款，经法院裁定，用其所拥有的一处房屋进行抵偿，并由法院委托有资质的拍卖企业进行拍卖，房屋拍卖所得 88 000 元用以抵债。当公司财务人员依据法院裁定、原房屋权属证书、拍卖成交确认书等登记文件向房地产管理部门办理产权转移手续时，却被告知根据与地税部门达成的代征协议规定，对存量房交易环节所涉及的税收要实行一体化管理。经了解，根据相关文件规定，对房产抵押后产权转移的，需缴纳增值税及城市维护建设税和教育费附加、个人所得税、土地增值税等相关税种，也就是说，该公司需要在缴纳上述税种应纳税额后，方可办理产权转移手续。这里提到的土地增值税是一种什么税呢？它与增值税有什么区别呢？

7.1 土地增值税基础知识

7.1.1 土地增值税的概念

土地增值税是对有偿转让国有土地使用权及地上建筑物和其他附着物产权并取得增值收入的单位和个人所征收的一种税。

对概念的理解应把握四个方面：应税行为是有偿行为；土地使用权发生转移；转让的土地使用权是国有的；转让行为产生增值收入。

阅读资料

土地增值税国内外征收情况

土地属于不动产，对土地课税是一种古老的税收形式，也是各国普遍征收的一种财产税。有些国家和地区将土地单列出来征收，如土地税、地价税、农地税、未开发土地税、荒地税、城市土地税、土地登记税、土地转让税、土地增值税、土地租金税、土地发展税等。有些国家和地区鉴于土地与地上建筑物及其他附着物密不可分，对土地、房屋及其他附着物一起征税，统称为房地产税、不动产税、财产税。

对土地征税，不论是单列税种，还是未单列税种，也不论其冠以何种税名，依据征税的税基不同，大致可以分为两类：一类是财产性质的土地税，它以土地的数量或价值为税基，或实行从量计税，或采取从价计税，前者如我国历史上曾开征的田赋和地亩税，后者如地价税等。这类土地税的历史十分悠久，属于原始的直接税或财产税。另一类是收益性质的土地税，其实质是对土地收益或地租的征税。

新中国成立以来，先后开征过契税、城市房地产税、房产税、城镇土地使用税等税种。国务院于 1993 年 12 月 13 日颁布了《中华人民共和国土地增值税暂行条例》，自 1994 年 1 月 1 日起施行，这是我国第一个对土地增值额或土地收益额征收的税种。

7.1.2 土地增值税的特点

1. 以转让房地产取得的增值额为征税对象

增值额是纳税人转让房地产的收入减除税法规定准予扣除项目金额后的余额。

2. 征税面比较广

凡在我国境内转让房地产并取得收入的单位和个人，除税法规定免税的外，均应按照税法规定缴纳土地增值税。即凡发生应税行为的单位和个人，不论其经济性质，也不分内、外资企业或中、外籍人员，无论专营或兼营房地产业务，均有缴纳土地增值税的义务。

3. 采用扣除法和评估法计税增值额

土地增值税在计算方法上考虑我国实际情况，以纳税人转让房地产取得的收入，减除法定扣除项目金额后的余额作为计税依据。对旧房及建筑物的转让，以及对纳税人转让房地产申报不实、成交价格偏低的，采用评估价格法确定增值额，计征土地增值税。

4. 实行超率累进税率

土地增值税的税率是以转让房地产的增值率高低为依据，按照累进原则设计的，实行分级计税。增值率高的，适用的税率高、多纳税；增值率低的，适用的税率低、少纳税。

5. 实行按次征收

土地增值税发生在房地产转让环节，实行按次征收，每发生一次转让行为，就应根据每次取得的增值额征收一次税。

7.2 土地增值税法的基本内容

7.2.1 纳税义务人

土地增值税的纳税人是转让国有土地使用权及地上的一切建筑物及其他附着物产权，并取得收入的单位和个人，包括机关、团体、部队、企业事业单位、个体工商户及国内其他单位和个人，还包括外商投资企业、外国企业及外国机构、华侨、港澳台同胞及外国公民等。

7.2.2 征税范围

1. 一般规定

1) 土地增值税只对转让国有土地使用权的行为课税，转让非国有土地和出让国有土地的行为均不征收。

2）土地增值税既对转让土地使用权课税，也对转让地上建筑物和其他附着物的产权征税。

地上建筑物包括地上地下的各种附属设施，如厂房、住宅、地下室、围墙、中央空调、管道等。附着物是指附着于土地上、不能移动，一经移动即遭损坏的种植物、养植物及其他物品。

3）土地增值税只对有偿转让的房地产征税，对以继承、赠与等方式无偿转让的房地产不予征税。

4）存量房地产的买卖。存量房地产是指已经建成并已经投入使用的房地产，其房屋所有人将房屋产权和土地使用权一并转让给其他单位和个人。这种行为按照国家有关的房地产法律和法规，应当到有关部门办理房产产权和土地使用权转移变更手续；原土地使用权属于无偿划拨的，还应到土地管理部门补交土地出让金。

2. 具体规定

（1）合作建房

对于一方出地，一方出资金，双方合作建房，建成后分房自用的，暂免征收土地增值税。建成后转让的，应征收土地增值税。

（2）交换房地产

交换房地产行为既发生了房产产权、土地使用权的转移，又使交换双方取得了实物形态的收入，按照规定属于征收土地增值税的范围。但对个人之间互换自有居住用房地产的，经当地税务机关核实，可以免征土地增值税。

（3）房地产抵押

房地产在抵押期间不征收土地增值税。待抵押期满后，视该房地产是否转移产权来确定是否征收土地增值税。以房地产抵债而发生房地产产权转让的，属于土地增值税的征收范围。

（4）房地产出租

房地产出租没有发生产权转让，不属于土地增值税的征收范围。

（5）房地产评估增值

房地产评估增值没有发生房地产权属的转让，不属于土地增值税的征收范围。

（6）房地产的代建行为

代建行为是指房地产开发公司代客户进行房地产的开发，开发完成后向客户收取代建收入的行为。对于房地产开发公司而言，虽然取得了收入，但没有发生房地产权属的转移，其收入属于劳务收入性质，故不属于土地增值税的征收范围。

（7）企业改制重组

1）按照《中华人民共和国公司法》（以下简称《公司法》）的规定，非公司制企业整体改建为有限责任公司或者股份有限公司，有限责任公司（股份有限公司）整体改建为股份有限公司（有限责任公司），对改建前的企业将国有土地、房屋权属转移、变更到改建后的企业，暂不征土地增值税。

整体改建是指不改变原企业的投资主体，并承继原企业权利、义务的行为。

2）按照法律规定或者合同约定，两个或两个以上企业合并为一个企业，且原企业投资主体存续的，对原企业将国有土地、房屋权属转移、变更到合并后的企业，暂不征土地增值税。

3）按照法律规定或者合同约定，企业分设为两个或两个以上与原企业投资主体相同的企业，对原企业将国有土地、房屋权属转移、变更到分立后的企业，暂不征土地增值税。

4）单位、个人在改制重组时以国有土地、房屋进行投资，对其将国有土地、房屋权属转移、变更到被投资的企业，暂不征土地增值税。

5）上述改制重组有关土地增值税政策不适用于房地产开发企业。

7.2.3 税率

土地增值税实行四级超率累进税率。每级"增值额未超过扣除项目金额"的比例，均包括本比例数。四级超率累进税率见表 7-1。

表 7-1 土地增值税四级超率累进税率表

级数	增值额与扣除项目金额的比率	税率/%	速算扣除系数/%
1	不超过 50%的部分	30	0
2	超过 50%至 100%的部分	40	5
3	超过 100%至 200%的部分	50	15
4	超过 200%的部分	60	35

7.2.4 税收优惠

1）建造普通标准住宅出售。纳税人建造普通标准住宅出售，增值额未超过扣除项目金额 20%的，免征土地增值税；超过 20%的，应按全部增值额缴纳土地增值税。

对于纳税人既建普通标准住宅又搞其他房地产开发的，应分别核算增值额。不分别核算增值额或不能准确核算增值额的，其建造的普通标准住宅不能适用这一免税规定。

阅读资料

普通标准住宅

这里所说的"普通标准住宅"，是指按所在地一般民用住宅标准建造的居住用住宅。高级公寓、别墅、度假村等不属于普通标准住宅。普通标准住宅与其他住宅的具体划分界限，2005 年 5 月 31 日以前由各省、自治区、直辖市人民政府规定。2005 年 6 月 1 日起，普通标准住宅应同时满足：住宅小区建筑容积率在 1.0 以上；单套建筑面积在 120 平方米以下；实际成交价格低于同级别土地上住房平均交易价格 1.2 倍以下。各省、自治区、直辖市要根据实际情况，制定本地区享受优惠政策的普通住房具体标准。允许单套建筑面积和价格标准适当浮动，但向上浮动的比例不得超过上述标准的 20%。

2）因国家建设需要依法征用、收回的房地产，免征土地增值税。

3）企事业单位、社会团体及其他组织转让旧房作为公租住房、经济适用住房房源且增值额未超过扣除项目金额 20% 的，免征土地增值税。

4）自 2008 年 11 月 1 日起，对居民个人转让住房一律免征土地增值税。

7.3 土地增值税的计算

7.3.1 增值额的确定

土地增值额的计算公式为

$$增值额＝房地产转让收入－扣除项目金额$$

房地产转让收入和扣除项目金额的具体规定如下。

1. 应税收入的确认

纳税人转让房地产取得的应税收入，应包括转让房地产的全部价款及有关的经济收益。从收入的形式来看，包括货币收入、实物收入和其他收入。

（1）货币收入

货币收入是指纳税人转让房地产而取得的现金、银行存款、银行支票、银行本票、汇票等各种信用票据和国库券、金融债券、企业债券、股票等有价证券。

对取得的外币收入，应按取得收入当天或当月 1 日国家公布的外汇汇率折合为人民币计算应税收入。

（2）实物收入

实物收入是指纳税人转让房地产而取得的各种实物形态的收入，如钢材、水泥等建材，房屋、土地等不动产等。实物收入的价值不太容易确定，一般要对这些实物形态的财产按公允价值进行估价确定。

（3）其他收入

其他收入是指纳税人转让房地产而取得的无形资产收入或具有财产价值的权利，如专利权、商标权、著作权、专有技术使用权、土地使用权、商誉权等。这种类型的收入比较少见，其价值需要进行专门的评估。

2. 扣除项目的确定

税法准予纳税人从转让收入额减除的扣除项目包括如下几项。

（1）取得土地使用权所支付的金额

取得土地使用权所支付的金额包括两个方面的内容。

1）纳税人为取得土地使用权所支付的地价款。如果是以协议、招标、拍卖等出让方式取得土地使用权的，地价款为纳税人所支付的土地出让金；如果是以行政划拨方式取得土地使用权的，地价款为按照国家有关规定补交的土地出让金；如果是以转让方式取得土地使用权的，地价款为向原土地使用权人实际支付的地价款。

2）纳税人在取得土地使用权时按国家统一规定缴纳的有关费用。这部分费用指纳税人在取得土地使用权过程中为办理有关手续，按国家统一规定缴纳的有关登记、过户手续费和契税。

（2）房地产开发成本

房地产开发成本是指纳税人房地产开发项目实际发生的成本，包括土地征用及拆迁补偿费、前期工程费、建筑安装工程费、基础设施费、公共配套设施费、开发间接费用等。

1）土地征用及拆迁补偿费，指为取得土地开发使用权（或开发权）而发生的各项费用，包括土地征用费、耕地占用税、劳动力安置费及有关地上、地下附着物拆迁补偿的净支出、安置动迁用房支出等。

2）前期工程费，包括规划、设计、项目可行性研究和水文、地质、勘察、测绘、"三通一平"等支出。

3）建筑安装工程费，指以出包方式支付给承包单位的建筑安装工程费，以自营方式发生的建筑安装工程费。

4）基础设施费，包括开发小区内道路、供水、供电、供气、排污、排洪、通信、照明、环卫、绿化等工程发生的支出。

5）公共配套设施费，包括不能有偿转让的开发小区内公共配套设施发生的支出。

6）开发间接费用，指直接组织、管理开发项目发生的费用，包括工资、职工福利费、折旧费、修理费、办公费、水电费、劳动保护费、周转房摊销等。

（3）房地产开发费用

房地产开发费用是指与房地产开发项目有关的销售费用、管理费用和财务费用。根据现行财务会计制度的规定，这三项费用作为期间费用，直接计入当期损益，不按成本核算对象进行分摊。具体规定如下。

1）纳税人能够按转让房地产项目计算分摊利息支出，并能提供金融机构的贷款证明的，其允许扣除的房地产开发费用为利息＋（取得土地使用权所支付的金额＋房地产开发成本）×5%以内（注：利息最高不能超过按商业银行同类同期贷款利率计算的金额）。

2）纳税人不能按转让房地产项目计算分摊利息支出或不能提供金融机构贷款证明的，其允许扣除的房地产开发费用为（取得土地使用权所支付的金额＋房地产开发成本）×10%以内。

全部使用自有资金，没有利息支出的，按照此方法扣除，具体适用的比例按省级人民政府此前规定的比例执行。

3）房地产开发企业既向金融机构借款，又有其他借款的，在房地产开发费用计算扣除时不能同时适用上述1）、2）项所述两种办法。

4）土地增值税清算时，已经计入房地产开发成本的利息支出，应调整至财务费用中计算扣除。

此外，财政部、国家税务总局还对扣除项目金额中利息支出的计算问题作了两点专门规定：一是利息的上浮幅度按国家的有关规定执行，超过上浮幅度的部分不允许扣除；二是对于超过贷款期限的利息部分和加罚的利息不允许扣除。

（4）与转让房地产有关的税金

与转让房地产有关的税金是指在转让房地产时缴纳的城市维护建设税、印花税。因转让房地产缴纳的教育费附加，也可视同税金予以扣除。

（5）其他扣除项目

对从事房地产开发的纳税人可按《中华人民共和国土地增值税暂行条例实施细则》（以下简称《土地增值税暂行条例实施细则》）第七条（一）、（二）款规定计算的金额之和，加计20%扣除。在此，应特别指出的是，此条优惠只适用于从事房地产开发的纳税人，除此之外的其他纳税人不适用。这样规定是为了抑制炒买炒卖房地产的投机行为，保护正常开发投资者的积极性。

（6）旧房及建筑物的评估价格

旧房及建筑物的评估价格是指在转让已使用的房屋及建筑物时，由政府批准设立的房地产评估机构评定的重置成本价乘以成新度折扣率后的价格。评估价格须经当地税务机关确认。

重置成本价的含义是，对旧房及建筑物，按转让时的建材价格及人工费用计算，建造同样面积、同样层次、同样结构、同样建设标准的新房及建筑物所需花费的成本费用。成新度折扣率的含义是按旧房的新旧程度作一定比例的折扣。

例如，一幢房屋已使用近 9 年，建造时的造价为 2 000 万元，按转让时的建材及人工费用计算，建同样的新房需花费 6 000 万元，该房有六成新，则该房的评估价格为 3 600（6 000×60%）万元。

增值额的计算公式为

增值额＝转让收入额－重置成本价×成新度折扣率－地价款和费用－税金

此外，转让旧房的，应按房屋及建筑物的评估价格、取得土地使用权所支付的地价款和按国家统一规定缴纳的有关费用及在转让环节缴纳的税金作为扣除项目金额计征土地增值税。对取得土地使用权时未支付地价款或不能提供已支付的地价款凭据的，在计征土地增值税时不允许扣除。

纳税人转让旧房及建筑物，凡不能取得评估价格，但能提供购房发票的，经当地税务部门确认，可按发票记载金额并从购买年度起至转让年度止每年加计 5%计算扣除。计算扣除项目时"每年"按购房发票记载日期起至售房发票开具之日止，每满 12 个月计 1 年；超过 1 年，未满 12 个月但超过 6 个月的，可以视同 1 年。

纳税人购房时缴纳的契税，凡能提供契税完税凭证的，准予作为"与转让房地产有关的税金"予以扣除，但不作为加计 5%的基数。

纳税人转让旧房及建筑物，既没有取得评估价格，又不能提供购房发票的，地方税务机关可以根据《中华人民共和国税收征收管理法》第三十五条的规定，实行核定征收。

3. 增值额的确定

由于计算土地增值税是以增值额与扣除项目金额的比率大小按相适用的税率累进计算征收的，增值额与扣除项目金额的比率越大，适用的税率越高，缴纳的税款越多，因此，准确核算增值额是很重要的。在实际房地产交易活动中，有些纳税人由于不能准确提供房地产转让价格或扣除项目金额，致使增值额不准确，直接影响应纳税额的计算和缴纳。因此，纳税人有下列情形之一的，按照房地产评估价格计算征收。

1）隐瞒、虚报房地产成交价格的，是指纳税人不报或有意低报转让土地使用权、地上建筑物及其附着物价款的行为。

2）提供扣除项目金额不实的，是指纳税人在纳税申报时不据实提供扣除项目金额的行为。

3）转让房地产的成交价格低于房地产评估价格又无正当理由的，是指纳税人申报的转让房地产的实际成交价低于房地产评估机构评定的交易价，纳税人又不能提供凭据或无正当理由的行为。

隐瞒、虚报房地产成交价格，应由评估机构参照同类房地产的市场交易价格进行评估。税务机关根据评估价格确定转让房地产的收入。

提供扣除项目金额不实的，应由评估机构按照房屋重置成本价乘以成新度折扣率计算的房屋成本价和取得土地使用权时的基准地价进行评估。税务机关根据评估价格确定扣除项目金额。

转让房地产的成交价格低于房地产评估价格又无正当理由的，由税务机关参照房地产评估价格确定转让房地产的收入。

7.3.2 应纳税额的计算

土地增值税按照纳税人转让房地产所取得的增值额和规定的税率计算征收。其计算公式为

$$应纳税额＝\sum（每级距的增值额×适用税率）$$

即

$$应纳税额＝增值额×适用税率－扣除项目金额×速算扣除数$$

具体公式如下。

1）增值额未超过扣除项目金额50%的计算公式为

$$应纳土地增值税税额＝增值额×30\%$$

2）增值额超过扣除项目金额50%，未超过100%的计算公式为

$$应纳土地增值税税额＝增值额×40\%－扣除项目金额×5\%$$

3）增值额超过扣除项目金额100%，未超过200%的计算公式为

$$应纳土地增值税税额＝增值额×50\%－扣除项目金额×15\%$$

4）增值额超过扣除项目金额200%的计算公式为

$$应纳土地增值税税额＝增值额×60\%－扣除项目金额×35\%$$

公式中的5%、15%、35%分别为二、三、四级的速算扣除系数。

【例7.1】计算题

某房地产开发公司转让商品房一栋，取得收入总额为2 000万元，应扣除的项目金额合计为800万元。请计算该房地产开发公司应缴纳的土地增值税税额。

解析:

$$增值额＝2\,000－800＝1\,200（万元）$$
$$增值率＝1\,200÷800×100\%＝150\%$$
$$应纳土地增值税税额＝1\,200×50\%－800×15\%＝480（万元）$$

7.4　土地增值税的缴纳

7.4.1　征税地点

土地增值税的纳税人应向房地产所在地主管税务机关办理纳税申报,并在税务机关核定的期限内缴纳土地增值税。

在实际工作中,纳税地点的确定又可分为以下两种情况。

1)纳税人是法人的。当转让的房地产坐落地与其机构所在地或经营所在地一致时,在办理税务登记的原管辖税务机关申报纳税即可;如果转让的房地产坐落地与其机构所在地或经营所在地不一致,则应在房地产坐落地所管辖的税务机关申报纳税。

2)纳税人是自然人的。当转让的房地产坐落地与其居住所在地一致时,则在住所所在地税务机关申报纳税;当转让的房地产坐落地与其居住所在地不一致时,在办理过户手续所在地的税务机关申报纳税。

7.4.2　纳税申报

土地增值税的纳税人应在转让房地产合同签订后的 7 日内,到房地产所在地主管税务机关办理纳税申报,并向税务机关提交房屋及建筑物产权、土地使用权证书,土地转让、房产买卖合同,房地产评估报告及其他与转让房地产有关的资料。纳税人因经常发生房地产转让而难以在每次转让后申报的,经税务机关审核同意后,可以定期进行纳税申报,具体期限由税务机关根据情况确定。

对于纳税人预售房地产所取得的收入,凡当地税务机关规定预征土地增值税的,纳税人应当到主管税务机关办理纳税申报,并按规定比例预交,待办理决算后,多退少补;凡当地税务机关规定不预征土地增值税的,也应在取得收入时先到税务机关登记或备案。

土地增值税纳税申报表共八张。

7.4.3　房地产开发项目土地增值税的清算管理

自 2007 年 2 月 1 日起,各省税务机关可按以下规定对房地产开发企业土地增值税进行清算。各省税务机关可依据以下规定并结合当地实际情况制定具体清算管理办法。

1. 土地增值税的清算单位

土地增值税以国家有关部门审批的房地产开发项目为单位进行清算，对于分期开发的项目，以分期项目为单位清算。开发项目中同时包含普通住宅和非普通住宅的，应分别计算增值额。

2. 土地增值税的清算条件

1）符合下列情形之一的，纳税人应进行土地增值税的清算。
① 房地产开发项目全部竣工、完成销售的。
② 整体转让未竣工决算房地产开发项目的。
③ 直接转让土地使用权的。
2）符合下列情形之一的，主管税务机关可要求纳税人进行土地增值税清算。
① 已竣工验收的房地产开发项目，已转让的房地产建筑面积占整个项目可售建筑面积的比例在 85%以上，或该比例虽未超过 85%，但剩余的可售建筑面积已经出租或自用的。
② 取得销售（预售）许可证满三年仍未销售完毕的。
③ 纳税人申请注销税务登记但未办理土地增值税清算手续的。
④ 省税务机关规定的其他情况。

3. 非直接销售和自用房地产的收入确定

1）房地产开发企业将开发产品用于职工福利、奖励、对外投资、分配给股东或投资人、抵偿债务、换取其他单位和个人的非货币性资产等，发生所有权转移时应视同销售房地产，其收入按下列方法和顺序确认。
① 按本企业在同一地区、同一年度销售的同类房地产的平均价格确定。
② 由主管税务机关参照当地当年、同类房地产的市场价格或评估价值确定。
2）房地产开发企业将开发的部分房地产转为企业自用或用于出租等商业用途时，如果产权未发生转移，不征收土地增值税，在税款清算时不列收入，不扣除相应的成本和费用。
3）土地增值税清算时，已全额开具商品房销售发票的，按照发票所载金额确认收入；未开具发票或未全额开具发票的，以交易双方签订的销售合同所载的售房金额及其他收益确认收入。销售合同所载商品房面积与有关部门实际测量面积不一致，在清算前已发生补、退房款的，应在计算土地增值税时予以调整。

4. 土地增值税的扣除项目

房地产开发企业办理土地增值税清算时计算与清算项目有关的扣除项目金额，应根据《中华人民共和国土地增值税暂行条例》第六条及《土地增值税暂行条例实施细则》第七条的规定执行。除另有规定外，扣除取得土地使用权所支付的金额、房地产开发成本、费用及与转让房地产有关税金，须提供合法有效凭证；不能提供合法有效凭证的，不予扣除。

5. 土地增值税清算应报送的资料

纳税人办理土地增值税清算应报送以下资料。

1）房地产开发企业清算土地增值税书面申请、土地增值税纳税申报表。

2）项目竣工决算报表、取得土地使用权所支付的地价款凭证、国有土地使用权出让合同、银行贷款利息结算通知单、项目工程合同结算单、商品房购销合同统计表等与转让房地产的收入、成本和费用有关的证明资料。

3）主管税务机关要求报送的其他与土地增值税清算有关的证明资料等。

纳税人委托税务中介机构审核鉴证的清算项目，还应报送中介机构出具的《土地增值税清算税款鉴证报告》。

6. 土地增值税清算项目的审核鉴证

税务中介机构受托对清算项目审核鉴证时，应按税务机关规定的格式对审核鉴证情况出具鉴证报告。对符合要求的鉴证报告，税务机关可以采信。

税务机关要对从事土地增值税清算鉴证工作的税务中介机构在准入条件、工作程序、鉴证内容、法律责任等方面提出明确要求，并做好必要的指导和管理工作。

7. 土地增值税的核定征收

房地产开发企业有下列情形之一的，税务机关可以参照与其开发规模和收入水平相近的当地企业的土地增值税税负情况，按不低于预征率的征收率核定征收土地增值税。

1）依照法律、行政法规的规定应当设置但未设置账簿的。

2）擅自销毁账簿或者拒不提供纳税资料的。

3）虽设置账簿，但账目混乱或者成本资料、收入凭证、费用凭证残缺不全，难以确定转让收入或扣除项目金额的。

4）符合土地增值税清算条件，未按照规定的期限办理清算手续，经税务机关责令限期清算，逾期仍不清算的。

5）申报的计税依据明显偏低，又无正当理由的。

8. 清算后再转让房地产的处理

在土地增值税清算时未转让的房地产，清算后销售或有偿转让的，纳税人应按规定进行土地增值税的纳税申报，扣除项目金额按清算时的单位建筑面积成本费用乘以销售

或转让面积计算。计算公式为

单位建筑面积成本费用＝清算时的扣除项目总金额÷清算的总建筑面积

9. 土地增值税清算后应补缴的土地增值税加收滞纳金

纳税人按规定预缴土地增值税后，清算补缴的土地增值税，在主管税务机关规定的期限内补缴的，不加收滞纳金。

7.5　案　例　分　析

房地产开发企业应纳土地增值税税额的计算

某市一房地产开发公司，假定 2019 年发生如下业务。

① 3 月份销售 5 年前建造的旧办公楼一栋，取得不含税销售收入 1 200 万元；该办公楼的原值为 1 000 万元，已提取折旧 400 万元。经评估机构评估，该办公楼成新度为30%，目前建造同样的办公楼需要 1 500 万元；转让办公楼时向政府补缴出让金 80 万元，其他相关费用 20 万元。

② 通过竞拍取得一宗土地使用权，支付价款、税费合计 6 000 万元，本年度占用80%开发写字楼。开发期间发生开发成本 4 000 万元；发生管理费用 2 800 万元、销售费用 1 600 万元、利息费用 400 万元（不能提供金融机构的证明）。9 月份该写字楼竣工验收，10 ~ 12 月，房地产开发公司将写字楼总面积的 3/5 直接销售，销售合同记载取得收入为 12 000 万元。12 月，该房地产开发公司的建筑材料供应商催要材料价款，经双方协商，房地产开发公司用所开发写字楼总面积的 1/5 抵偿材料价款；剩余的 1/5 公司转为固定资产用。

已知当地政府规定，房地产开发企业开发房地产时发生的管理费用、销售费用和财务费用在计算土地增值额时准予扣除的比例为 10%。计算该房地产公司应纳的土地增值税税额。

解析：

① 转让旧办公楼时，应纳土地增值税计算如下。

准予扣除的项目金额＝1 500×30%＋80＋20＋（1 200－1 000）×5%×（7%＋3%）
　　　　　　　　　＋1 200×0.05%＝515.6（万元）

转让旧办公楼时：

增值额＝1 200－515.6＝648.4（万元）

增值率＝648.4÷515.6×100%≈118%

应纳土地增值税税额＝648.4×50%－515.6×35%＝131.14（万元）

② 抵债部分的写字楼视同销售缴纳所得税。

转让写字楼共应确认销售收入＝12 000÷（3÷5）×（4÷5）＝16 000（万元）

可以扣除的取得土地使用权支付的金额＝6 000×80%×（4÷5）＝3 840（万元）

可以扣除的开发成本＝4 000×（4÷5）＝3 200（万元）

可以扣除的开发费用＝（3 840＋3 200）×10%＝704（万元）

可以扣除的税金及附加＝16 000×16%×（7%＋3%）＝256（万元）

加计扣除金额＝（3 840＋3 200）×20%＝1 408（万元）

扣除项目金额合计＝3 840＋3 200＋704＋256＋1 408＝9 408（万元）

增值额＝16 000－9 408＝6 592（万元）

增值率＝6 592÷9 408×100%≈70%

转让写字楼应缴纳的土地增值税税额＝6 592×40%－9 408×5%＝2 166.4（万元）

回　顾

　　土地增值税是对转让国有土地使用权、地上建筑物及其附着物并取得收入的情况征收的一种税。对不同的土地经营行为，判断是否征收土地增值税的标准有三点：土地是否为国有，使用权是否发生转移，是否有收入（包括各种形式的收入）。我国土地增值税的税率采用超率累进税率，增值额的计算重要的是确认收入总额，确认并计算扣除项目。土地增值税的优惠主要针对普通标准住宅和个人转让房地产的行为，对国家回收房地产及企业兼并、联营等行为也给予优惠。

复　习　题

一、速答题

扫描二维码，快速回答问题。

二、简答题

1. 土地增值税是如何规定的？
2. 土地增值税的特点有哪些？
3. 土地增值税征税范围包括哪些？
4. 什么是超率累进税率？
5. 计算土地增值税时的扣除项目包括哪些？
6. 如何计算土地增值税应纳税额？

速答题

三、能力应用题

1. 2018 年 10 月某房地产开发公司转让新建普通标准住宅一栋，取得转让收入 4 000万元，转让环节缴纳的税款及有关费用合计 220 万元。已知该公司为取得土地使用权而支付的地价款和有关费用为 1 600 万元，房地产开发成本为 900 万元，利息支出 210 万元（能够按房地产项目技术分摊并提供金融机构证明，但其中有 30 万元属于超过贷款期限的利息）。该单位所在地政府规定的其他房地产开发费用的计算扣除比例为 5%。计算该公司应缴纳的土地增值税税额。

2. 某市区的一个工业企业 2018 年年底将未开发的土地使用权进行转让，取得收入720 万元，签订了转让合同。5 年前取得该土地使用权时支付金额 530 万元，转让时发生相关费用 16 万元。产权转移书据的印花税税率为 0.5‰。计算该土地转让行为应缴纳的土地增值税税额。

阅 读 拓 展

胡鹏飞，2018. 土地增值税筹划在房地产开发企业中的重要意义分析[J]. 财会学习，19: 152-153.

纪玮，赵辉，2018. 土地增值税优惠政策盘点[J]. 税收征纳，05: 45-46.

徐信芳，2018. 房地产开发企业土地增值税清算对成本核算的要求探析[J]. 纳税，12（24）: 40.

第 8 章

城镇土地使用税法、房产税法、车船税法

知识目标

明确城镇土地使用税、房产税、车船税的概念；
掌握城镇土地使用税、房产税、车船税的征税范围；
掌握城镇土地使用税、房产税、车船税应纳税额的计算；
掌握城镇土地使用税、房产税、车船税的优惠政策。

能力目标

能够熟练掌握城镇土地使用税法、房产税法、车船税法的征税范围，掌握房产税不同税率的使用，正确计算房产税应纳税额，熟悉车船税的计税依据，正确计算车船税的应纳税额，有能力确认城镇土地使用税的应税土地，正确计算城镇土地使用税税额。

素质目标

理解和领会城镇土地使用税法、房产税法、车船税法是构成地方税收体系的主要税种，也是地方政府财政收入的主要来源。税务人员要严格履职并及时地取得城镇土地使用税、房产税、车船税的税款，纳税人要具有正确履行这些税种的纳税义务的意识和行动。

关键术语

城镇土地使用税　房产税　车船税

导入案例

某高校教师高某，在年初购买了一户商铺，并于 5 月份对外出租给个体户张某经营，按月收取租金，年收入超过 12 万元。在税务检查中被发现上述行为均未进行纳税申报，高某询问应缴哪些税，税务人员回复其上述行为要缴房产税、印花税和契税等税金及相应的滞纳金，并告知其商铺的出租行为今后同样要缴房产税和印花税。那么，这些税种都是如何规定的呢？企业和个人的哪些行为和财产需要缴纳这些税呢？

8.1 城镇土地使用税法

8.1.1 城镇土地使用税基础知识

1. 城镇土地使用税的概念

城镇土地使用税是以国有土地为征税对象，对拥有土地使用权的单位和个人征收的一种税。

我国现行城镇土地使用税的基本规范是 2006 年 12 月 31 日国务院修改并颁布的《中华人民共和国城镇土地使用税暂行条例》，自 2007 年 1 月 1 日起对企业、单位和个人开征，2013 年进行部分修改。

2. 城镇土地使用税的特点

（1）征税对象是国有土地，计税依据是实际占用的城镇土地面积

城镇土地的所有权归国家，单位和个人对占用的土地只有使用权而无所有权。单位和个人在占有城镇土地时，应以实际占用的城镇土地面积为计税依据。

（2）征收范围有限定

现行城镇土地使用税对我国境内在城市、县城、建制镇和工矿区内使用国家所有和集体所有的土地的单位和个人征收，农业土地未纳入征收范围。

（3）实行差别幅度税额

城镇土地使用税实行差别幅度税额。对不同城镇适用不同单位税额，对同一城镇的不同地段，根据市政建设状况和经济繁荣程度也确定不等的负担水平。

3. 城镇土地使用税的作用

（1）促进合理、节约使用土地

地方政府根据土地所处位置的好坏确定高低不等的适用税额。企业多占地、占好地就要多缴税；少占地、占次地，就可少缴税。这样，就可以促使企业在用地时精打细算，把空余不用或可少用的土地让出来，起到加强土地管理，合理、节约用地的作用。

（2）调节土地级差收入，鼓励平等竞争

征收城镇土地使用税，并按城镇土地的不同位置设置差别税额，土地位置好，级差收入多的，多征税；土地位置差，级差收入少的，少征税。这样，将国有土地的级差收入纳入国家财政，不仅有利于理顺国家和土地使用者的分配关系，还为企业之间的平等竞争创造了一个基本公平的用地条件。

阅读
资料

城镇土地使用税的历史沿革

城镇土地使用税是我国为了促进合理使用城镇土地，适当调节城镇土地级差收入，对使用的城镇土地征收的一种税。此税是我国在土地使用（保有）环节征收的一种税，属于资源税类。

对土地征税我国自古有之，各个朝代都有对土地课税的记载，从夏朝的"贡"、商代的"助"、周朝的"彻"，到春秋时期鲁国实行的"初税亩"，唐朝中期的"两税法"，明朝中期的"一条鞭法"，清朝康熙年间开始的"摊丁入亩"，辛亥革命后的田赋等。不过，这些赋税形式都以农田作为征税对象。这充分说明了我国对土地征税有着悠久的历史。我国对城市土地征税始于 1928 年，首先在广州市开征土地税，在 1930 年制定了土地法，依据此法在部分城市和地区开征地价税和土地增值税，一直延续到中华人民共和国成立前夕。

中华人民共和国成立后，1950 年政务院颁布了《全国税政实施要则》，规定全国统一征收地产税。同年 6 月调整地产税的税收政策，将地产税和房产税合并为房地产税。1951 年政务院颁布了《中华人民共和国城市房地产税暂行条例》，在全国范围内执行。1973 年简并税制时，对国内企业征收的房地产税合并到工商税中统一征收，从而使城市房地产税征收范围缩小到只对房地产管理的部门和外侨继续征收。1982 年颁布的《宪法》第十条明确规定："城市的土地属于国家所有。农村和城市郊区的土地，除由法律规定属于国家所有的以外，属于集体所有；宅基地和自留地、自留山，也属于集体所有。"这样，城市房地产税中原对城市地产征税的部分已不符合实际情况，有必要将城市房地产税划分为土地使用税和房产税。国务院于 1988 年 9 月 27 日颁布了《中华人民共和国城镇土地使用税暂行条例》，正式把土地课税从城市房地产税中划分出来。2006 年 12 月 31 日，国务院对部分内容做了修改，自 2007 年 1 月 1 日起实施。

8.1.2　城镇土地使用税法的基本内容

1. 纳税义务人

在城市、县城、建制镇、工矿区范围内使用土地的单位和个人，为城镇土地使用税的纳税人。

所称单位，包括国有企业、集体企业、私营企业、股份制企业、外商投资企业、外国企业，以及其他企业和事业单位、社会团体、国家机关、军队及其他单位。所称个人，包括个体工商户及其他个人。

城镇土地使用税的纳税人通常包括以下几类。

1）拥有土地使用权的单位和个人。

2）拥有土地使用权的单位和个人不在土地所在地的，其土地的实际使用人和代管人为纳税人。

3）土地使用权未确定或权属纠纷未解决的，其实际使用人为纳税人。

4）土地使用权共有的，共有各方都是纳税人，由共有各方分别纳税。

几个人或几个单位共同拥有一块土地的使用权，城镇土地使用税的纳税人应是对这块土地拥有使用权的每一个人或每一个单位。纳税人应以其实际使用的土地面积占总面积的比例，分别计算缴纳城镇土地使用税。

2. 征税范围

城镇土地使用税的征税范围，包括在城市、县城、建制镇和工矿区内的国家所有和集体所有的土地。上述城市、县城、建制镇和工矿区分别按以下标准确认：

1）城市是指经国务院批准设立的市。

2）县城是指县人民政府所在地。

3）建制镇是指经省、自治区、直辖市人民政府批准设立的建制镇。

4）工矿区是指工商业比较发达，人口比较集中，符合国务院规定的建制镇标准，但尚未设立建制镇的大中型工矿企业所在地，工矿区须经省、自治区、直辖市人民政府批准。

上述城镇土地使用税的征税范围中，城市的土地包括市区和郊区的土地，县城的土地是指县人民政府所在地的城镇的土地，建制镇的土地是指镇人民政府所在地的土地。

建立在城市、县城、建制镇和工矿区以外的工矿企业则不需缴纳城镇土地使用税。

3. 税率

城镇土地使用税采用定额税率，即采用有幅度的差别税额，按大、中、小城市和县城、建制镇、工矿区分别规定每平方米城镇土地使用税年应纳税额，具体标准如下：大城市1.5～30元；中等城市1.2～24元；小城市0.9～18元；县城、建制镇、工矿区0.6～12元。

大、中、小城市以公安部门登记在册的非农业正式户口人数为依据，按照国务院颁布的《城市规划条例》中规定的标准划分。人口数量在50万以上者为大城市；人口数量在20万～50万者为中等城市；人口数量在20万以下者为小城市。城镇土地使用税税率表见表8-1。

表 8-1 城镇土地使用税税率表

级别	人口/人	每平方米税额/元
大城市	50 万以上	1.5～30
中等城市	20 万～50 万	1.2～24
小城市	20 万以下	0.9～18
县城、建制镇、工矿区	—	0.6～12

各省、自治区、直辖市人民政府可根据市政建设情况和经济繁荣程度在规定税额幅度内，确定所辖地区的适用税额幅度。经济落后地区，城镇土地使用税的适用税额标准可适当降低，但降低额不得超过上述规定最低税额的30%。经济发达地区的适用税额标准可以适当提高，但须报财政部批准。

城镇土地使用税税额定为幅度税额，拉开档次，每个幅度税额的差距规定了20倍。

4. 税收优惠

（1）基本规定

1）国家机关、人民团体、军队自用的土地。这部分土地是指这些单位本身的办公用地和公务用地，如国家机关、人民团体的办公楼用地，军队的训练场用地等。

2）由国家财政部门拨付事业经费的单位自用的土地。这部分土地是指这些单位本身的业务用地，如学校的教学楼、操场、食堂等占用的土地。

3）宗教寺庙、公园、名胜古迹自用的土地。宗教寺庙自用的土地，是指举行宗教仪式等的用地和寺庙内的宗教人员生活用地。公园、名胜古迹自用的土地，是指供公共参观游览的用地及其管理单位的办公用地。以上单位的生产、经营用地和其他用地，不属于免税范围，应按规定缴纳城镇土地使用税，如公园、名胜古迹中附设的营业单位（影剧院、饮食部、茶社、照相馆等）使用的土地。

4）市政街道、广场、绿化地带等公共用地。

5）直接用于农、林、牧、渔业的生产用地。这部分土地是指直接从事种植、养殖、饲养的专业用地，不包括农副产品加工场地和生活办公用地。

6）经批准开山填海整治的土地和改造的废弃土地，从使用的月份起免缴城镇土地使用税5～10年。

7）对非营利性医疗机构、疾病控制机构和妇幼保健机构等卫生机构自用的土地，免征城镇土地使用税。

8）企业办的学校、医院、托儿所、幼儿园，其用地能与企业其他用地明确区分的，免征城镇土地使用税。

9）自 2018 年 5 月 1 日起至 2019 年 12 月 31 日止，对物流企业承租用于大宗商品仓储设施的土地，减按所属土地等级适用税额标准的 50% 计征城镇土地使用税。

（2）特殊规定

1）城镇土地使用税与耕地占用税的征收范围衔接。缴纳了耕地占用税的，从批准征收之日起满 1 年后缴纳城镇土地使用税；征收非耕地因不需要缴纳耕地占用税，应从批准征收之次月起缴纳城镇土地使用税。

2）房地产开发公司开发建造商品房的用地。房地产开发公司开发建造商品房的用地，除经批准开发建设经济适用房的用地以外，对各类房地产开发用地一律不得减免城镇土地使用税。

3）免税单位与纳税单位之间无偿使用的土地。免税单位无偿使用纳税单位的土地（如公安、海关等单位使用铁路、民航等单位的土地），免征城镇土地使用税。纳税单位无偿使用免税单位的土地，纳税单位应照章缴纳城镇土地使用税。

4）城镇内的集贸市场（农贸市场）用地。城镇内的集贸市场（农贸市场）用地，按规定应征收城镇土地使用税。

5）人民银行自用的土地。对行使国家行政管理职能的中国人民银行总行（含国家外汇管理局）及其所属分支机构自用的土地，免征城镇土地使用税。

6）老年服务机构自用的土地。对政府部门和企事业单位、社会团体，以及个人等社会力量投资兴办的福利性、非营利性的老年服务机构自用土地，暂免征城镇土地使用税。

7）为了体现国家的产业政策，支持重点产业的发展，对石油、电力、煤炭等能源用地，民用港口、铁路等交通用地和水利设施用地，三线调整企业、盐业、采石场、邮电等一些特殊用地划分了征免税界限和给予政策性减免税照顾。具体规定如下。

① 对企业的铁路专用线、公路等用地，在厂区以外、与社会公用地段未加隔离的，暂免征收城镇土地使用税。

② 对企业厂区以外的公共绿化用地和向社会开放的公园用地，暂免征收城镇土地使用税。

③ 对石油天然气生产建设中用于地质勘探、钻井、井下作业、油气田地面工程等施工临时用地，暂免征收城镇土地使用税。

④ 对盐场的盐滩、盐矿的矿井用地，暂免征收城镇土地使用税。

8.1.3　城镇土地使用税的计算

1．计税依据

城镇土地使用税以纳税人实际占用的土地面积为计税依据，土地面积计量标准为每平方米。即税务机关根据纳税人实际占用的土地面积，按照规定的税额计算应纳税额，向纳税人征收城镇土地使用税。

纳税人实际占用的土地面积按下列办法确定。

1）由省、自治区、直辖市人民政府确定的单位组织测定土地面积的，以测定的面积为准。

2）尚未组织测地，但纳税人持有政府部门核发的土地使用证书的，以证书确认的土地面积为准。

3）尚未核发土地使用证书的，应由纳税人申报土地面积，据以纳税，待核发土地使用证以后再作调整。

4）对在城镇土地使用税征税范围内单独建造的地下建筑用地，按规定征收城镇土地使用税。其中，已取得地下土地使用权证的，按土地使用权证确认的土地面积计算应征税款；未取得地下土地使用权证或地下土地使用权证上未标明土地面积的，按地下建筑垂直投影面积计算应征税款。

对上述地下建筑用地暂按应征税款的 50%征收城镇土地使用税。

2. 应纳税额的计算

城镇土地使用税的应纳税额可以通过纳税人实际占用的土地面积乘以该土地所在地段的适用税额求得。其计算公式为

全年应纳税额＝实际占用应税土地面积（平方米）×适用税额

【例 8.1】计算题

设在某城市的企业使用土地面积为 10 000 平方米。经税务机关核定，该土地为应税土地，每平方米年适用税额为 4 元。计算其全年应纳的城镇土地使用税税额。

解析：

年应纳城镇土地使用税税额＝10 000×4＝40 000（元）

8.1.4　城镇土地使用税的缴纳

1. 纳税义务发生时间

1）纳税人购置新建商品房，自房屋交付使用之次月起，缴纳城镇土地使用税。

2）纳税人购置存量房，自办理房屋权属转移、变更登记手续，房地产权属登记机关签发房屋权属证书之次月起，缴纳城镇土地使用税。

3）纳税人出租、出借房产，自交付出租、出借房产之次月起，缴纳城镇土地使

用税。

4）以出让或转让方式有偿取得土地使用权的，应由受让方从合同约定交付土地时间的次月起缴纳城镇土地使用税；合同未约定交付时间的，由受让方从合同签订的次月起缴纳城镇土地使用税。

5）纳税人新征用的耕地，自批准征用之日起满1年时开始缴纳城镇土地使用税。

6）纳税人新征用的非耕地，自批准征用之次月起缴纳城镇土地使用税。

2．纳税期限

城镇土地使用税实行按年计算、分期缴纳的征收方法，具体纳税期限由省、自治区、直辖市人民政府确定。

3．纳税地点

城镇土地使用税在土地所在地缴纳。

纳税人使用的土地不属于同一省、自治区、直辖市管辖的，由纳税人分别向土地所在地的税务机关缴纳城镇土地使用税；在同一省、自治区、直辖市管辖范围内，纳税人跨地区使用的土地，其纳税地点由各省、自治区、直辖市地方税务局确定。

城镇土地使用税由土地所在地的税务机关征收，其收入纳入地方财政预算管理。城镇土地使用税征收工作涉及面广，政策性较强，在税务机关负责征收的同时，还必须注意加强同国土管理、测绘等有关部门的联系，及时取得土地的权属资料，沟通情况，共同协作，把征收管理工作做好。

4．纳税申报

城镇土地使用税的纳税申报需填写城镇土地使用税纳税申报表、城镇土地使用税纳税申报表（汇总版）、城镇土地使用税减免税明细申报表、城镇土地使用税税源明细表四张申报表。

8.2　房 产 税 法

8.2.1　房产税基础知识

1．房产税的概念

房产税是以房产为征税对象，按照房屋的计税余值或租金收入，向产权所有人征收的一种财产税。

房产征税的目的是运用税收杠杆，加强对房产的管理，提高房产使用效率，控制固定资产投资规模和配合国家房产政策的调整，合理调节房产所有人和经营人的收入。此外，房产税税源稳定，易于控制管理，是地方财政收入的重要来源之一。

2. 房产税的特点

（1）房产税属于财产税中的个别财产税

个别财产税也称单项财产税，是对纳税人拥有的土地、房屋、资本和其他财产分别课征的税收。房产税属于个别财产税，其征税对象只是房屋。

（2）限于征税范围内的经营性房屋

房产税在城市、县城、建制镇和工矿区范围内征收，不涉及农村。另外，对某些拥有房屋，但自身没有纳税能力的单位，如国家拨付行政经费、事业经费和国防经费的单位自用的房屋、居民个人居住用房屋，税法也通过免税的方式将这类房屋排除在征收范围之外。

阅读资料

我国房产税的发展历程

中华人民共和国成立后，中央人民政府政务院于 1951 年 8 月颁布了《城市房地产税暂行条例》，规定对城市中的房屋及占地合并征收房产税和地产税，称为城市房地产税。1973 年简化税制，把对企业征收的这个税种并入了工商税。对房地产管理部门和个人的房屋，以及外资企业，中外合资、合作经营企业的房屋，继续保留征收房地产税。

1984 年 10 月，国务院决定在推行第二步利改税和改革工商税制时，对国内企业单位恢复征收房产税。当时考虑土地归国家所有，不允许买卖，原房地产税的税名与征税对象内涵已名不副实，故将城市房地产税分为房产税和城镇土地使用税。1986 年 9 月 15 日，国务院正式颁布了《中华人民共和国房产税暂行条例》（以下简称《房产税暂行条例》），从当年 10 月 1 日起施行。

2011 年 1 月 27 日，国务院常务会议同意部分城市征收房产税改革试点，上海、重庆两市宣布于 2011 年 1 月 28 日开始试点征收房产税，上海征收对象为本市居民新购房且属于第二套及以上住房和非本市居民新购房，税率暂定 0.6%；重庆征收对象是独栋别墅、高档公寓，以及无工作户口、无投资人员所购二套房，税率为0.5%～1.2%。房产税改革的主要目的是调控房地产市场的价格。

8.2.2 房产税法的基本内容

1．纳税义务人与征税对象

（1）纳税义务人

房产税以在征税范围内的房屋产权所有人为纳税人。具体规定如下。

1）产权属国家所有的，由经营管理单位纳税；产权属集体和个人所有的，由集体单位和个人纳税。

2）产权出典的，由承典人纳税。产权出典是指产权所有人将房屋、生产资料等的产权，在一定期限内典当给他人使用，而取得资金的一种融资业务。承典人向出典人交付一定的典价之后，在质典期内即获抵押物品的支配权，并可转典。产权的典价一般要低于卖价。出典人在规定期间内须归还典价的本金和利息，方可赎回出典房屋的产权。由于在房屋出典期间，产权所有人已无权支配房屋，因此，税法规定由对房屋具有支配权的承典人为纳税人。

3）产权所有人、承典人均不在房屋所在地的，由房产代管人或者使用人纳税。

4）产权未确定及租典纠纷未解决的，亦由房产代管人或者使用人纳税。租典纠纷是指产权所有人在房产出典和租赁关系上，与承典人、租赁人发生各种争议，特别是权利和义务的争议悬而未决的。

5）无租使用其他房产的问题。纳税单位和个人无租使用房产管理部门、免税单位及纳税单位的房产，应由使用人代为缴纳房产税。

6）自2009年1月1日起，外商投资企业、外国企业和组织及外籍个人，依照《房产税暂行条例》缴纳房产税。

（2）征税对象

房产税的征税对象是房产。房产是指有屋面和围护结构（有墙或两边有柱），能够遮风避雨，供人们在其中生产、学习、工作、娱乐、居住或贮藏物资的场所。

房地产开发企业建造的商品房，在出售前，不征收房产税；但对出售前房地产开发企业已使用或出租、出借的商品房应按规定征收房产税。

2．征税范围

房产税的征税范围为城市、县城、建制镇和工矿区（确认标准同城镇土地使用税）。

房产税的征税范围不包括农村，因为农村的房屋，除农副业生产用房外，大部分是农民居住用房。对农村房屋不纳入房产税征税范围，有利于农业发展，繁荣农村经济，有利于社会稳定。

3. 计税依据与税率

（1）计税依据

房产税的计税依据是房产的计税价值或房产的租金收入。按照房产计税价值征税的，称为从价计征；按照房产租金收入计征的，称为从租计征。

1）从价计征。《房产税暂行条例》规定，房产税依照房产原值一次减除10%～30%后的余值计算缴纳。各地扣除比例由当地省、自治区、直辖市人民政府确定。

① 房产原值是指纳税人按照会计制度规定，在账簿"固定资产"账户中记载的房屋原价。因此，凡按会计制度规定在账簿中记载有房屋原价的，应以房屋原价按规定减除一定比例后作为房产余值计征房产税；没有记载房屋原价的，按照上述原则并参照同类房屋，按规定计征房产税。

自2009年1月1日起，对依照房产原值计税的房产，不论是否记载在会计账簿"固定资产"账户中，均应按照房屋原价计算缴纳房产税。房屋原价应根据国家有关会计制度规定进行核算。对纳税人未按国家会计制度规定核算并记载的，应按规定予以调整或重新评估。

② 房产原值应包括与房屋不可分割的各种附属设备或一般不单独计算价值的配套设施。主要有暖气、卫生、通风、照明、煤气等设备；各种管线，如蒸汽、压缩空气、石油、给水排水等管道及电力、电信、电缆导线；电梯、升降机、过道、晒台等。属于房屋附属设备的水管、下水道、暖气管、煤气管等应从最近的探视井或三通管起，计算原值；电灯网、照明线从进线盒连接管起，计算原值。

自2006年1月1日起，为维持和增加房屋的使用功能和使房屋满足设计要求，凡以房屋为载体，不可随意移动的附属设备和配套设施，如给排水、采暖、消防、中央空调、电气及智能化楼宇设备等，无论在会计核算中是否单独记账与核算，都应计入房产原值，计征房产税。对于更换房屋附属设备和配套设施的，在将其价值计入房产原值时，可扣减原来相应设备和设施的价值；对附属设备和配套设施中易损坏、需要经常更换的零配件，更新后不再计入房产原值。

③ 纳税人对原有房屋进行改建、扩建的，要相应增加房屋的原值。房产余值是房产的原值减去规定比例后的剩余价值。此外，还应注意以下两个问题。

第一，对投资联营的房产，在计征房产税时应予以区别对待。对于以房产投资联营，投资者参与投资利润分红，共担风险的，按房产余值作为计税依据计征房产税；对以房产投资，收取固定收入，不承担联营风险的，实际是以联营名义取得房产租金，应根据《房产税暂行条例》的有关规定由出租方按租金收入计缴房产税。

第二，对融资租赁房屋的情况，由于租赁费包括购进房屋的价款、手续费、借款利息等，与一般房屋出租的"租金"内涵不同，且租赁期满后，当承租方偿还最后一笔租赁费时，房屋产权要转移到承租方。这实际是一种变相的分期付款购买固定资产的形式，所以在计征房产税时应以房产余值计算征收。融资租赁的房产，由承租人自融资租赁合同约定开始日的次月起依照房产余值缴纳房产税。合同未约定开始日的，由承租人自合同签订的次月起依照房产余值缴纳房产税。

④ 居民住宅区内业主共有的经营性房产缴纳房产税。从2007年1月1日起，对居民住宅区内业主共有的经营性房产，由实际经营（包括自营和出租）的代管人或使用人缴纳房产税。其中自营的依照房产原值减除10%～30%后的余值计征，没有房产原值或不能将业主共有房产与其他房产的原值准确划分开的，由房产所在地地方税务机关参照同类房产核定房产原值；出租的，依照租金收入计征。

⑤ 凡在房产税征收范围内的具备房屋功能的地下建筑，包括与地上房屋相连的地下建筑及完全建在地面以下的建筑、地下人防设施等，均应依照有关规定征收房产税。上述具备房屋功能的地下建筑是指有屋面和维护结构，能够遮风挡雨，可供人们在其中生产、经营、工作、学习、娱乐、居住或储存物资的场所。

对于与地上房屋相连的地下建筑，如房屋的地下室、地下停车场、商场的地下部分等，应将地下部分与地上房屋视为一个整体，按照地上房屋建筑的有关规定计算征收房产税。

2）从租计征。《房产税暂行条例》规定，房产出租的，以房产租金收入为房产税的计税依据。

所谓房产的租金收入，是房屋产权所有人出租房产使用权所得的报酬，包括货币收入和实物收入。

如果是以劳务或者其他形式为报酬抵付房租收入的，应根据当地同类房产的租金水平，确定一个标准租金额从租计征。

对出租房产，租赁双方签订的租赁合同约有免收租金期限的，免收租金期间由产权所有者按照房产原值缴纳房产税。

出租的地下建筑，按照出租地上房屋建筑的有关规定计算征收房产税。

（2）税率

我国现行房产税采用的是比例税率。由于房产税的计税依据分为从价计征和从租计征两种形式，所以房产税的税率也有两种：一种是按房产原值一次减除10%～30%后的余值计征的，税率为1.2%；另一种是按房产出租的租金收入计征的，税率为12%。自2008年3月1日起，对个人出租住房，不区分用途，按4%的税率征收房产税。

4. 税收优惠

房产税的税收优惠政策主要有以下几个方面。

1）国家机关、人民团体、军队自用的房产免征房产税。但上述免税单位的出租房产及非自身业务使用的生产、营业用房，不属于免税范围。

2）由国家财政部门拨付事业经费的单位，如学校、医疗卫生单位、托儿所、幼儿园、敬老院、文化、体育、艺术这些实行全额或差额预算管理的事业单位所有的，本身业务范围内使用的房产免征房产税。

上述单位所属的工厂、商店、招待所不属于单位公务用房，应照章纳税。

3）宗教寺庙、公园、名胜古迹自用的房产免征房产税。宗教寺庙自用的房产是指举行宗教仪式等的房屋和宗教人员使用的生活用房屋。公园、名胜古迹自用的房产是指供公共参观游览的房屋及其管理单位的办公用房屋。

宗教寺庙、公园、名胜古迹中附设的营业单位，如影剧院、饮食部、茶社、照相馆等所使用的房产及出租的房产，不属于免税范围，应照章纳税。

4）个人所有非营业用的房产免征房产税。个人所有的非营业用房，主要是指居民住房，不分面积多少，一律免征房产税。对个人拥有的营业用房或者出租的房产，不属于免税房产，应照章纳税。

5）经财政部批准免税的其他房产。

① 对非营利性医疗机构、疾病控制机构和妇幼保健机构等卫生机构自用的房产，免征房产税。

② 对公共租赁住房，免征房产税。公共租赁住房经营单位应单独核算公共租赁住房租金收入，未单独核算的，不享受房产税免税优惠。

8.2.3　房产税的计算

房产税的计税依据有两种，与之相适应的应纳税额计算也分为两种：一是从价计征的计算；二是从租计征的计算。

1. 从价计征的计算

从价计征是按房产的原值减除一定的比例后的余值计征，其计算公式为

$$应纳税额＝应税房产原值×（1－扣除比例）×1.2\%$$

如前所述，房产原值是"固定资产"账户中记载的房屋原价；扣除比例是省、自治区、直辖市人民政府规定的 10%～30% 的减除比例；计征的适用税率为 1.2%。

【例 8.2】计算题

某企业的经营用房原值为 5 000 万元，按照当地规定允许减除 30%后的余值计税，适用税率为 1.2%。计算其应纳房产税税额。

解析：

$$应纳房产税税额＝5\,000×（1－30\%）×1.2\%＝42（万元）$$

2. 从租计征的计算

从租计征是按房产的租金收入计征，其计算公式为

$$应纳税额＝租金收入×12\%（或4\%）$$

【例 8.3】计算题

某公司出租房屋 3 间，年租金收入为 30 000 元，适用税率为 12%。计算其应纳房产税税额。

解析：

$$应纳房产税税额＝30\,000×12\%＝3\,600（元）$$

8.2.4　房产税的缴纳

1. 纳税义务发生时间

1）纳税人将原有房产用于生产经营，从生产经营之月起缴纳房产税。

2）纳税人自行新建房屋用于生产经营，从建成之次月起缴纳房产税。

3）纳税人委托施工企业建设的房屋，从办理验收手续之次月起缴纳房产税。

4）纳税人购置新建商品房，自房屋交付使用之次月起缴纳房产税。

5）纳税人购置存量房，自办理房屋权属转移、变更登记手续，房地产权属登记机关签发房屋权属证书之次月起缴纳房产税。

6）纳税人出租、出借房产，自交付出租、出借房产之次月起缴纳房产税。

7）房地产开发企业自用、出租、出借本企业建造的商品房，自房屋使用或交付之次月起缴纳房产税。

8）自 2009 年 1 月 1 日起，纳税人因房产的实物或权利状态发生变化而依法终止房产税纳税义务的，其应纳税款的计算应截至房产的实物或权利状态发生变化的当月末。

2. 纳税期限

房产税实行按年计算、分期缴纳的征收方法，具体纳税期限由省、自治区、直辖市人民政府确定。

3．纳税地点

房产税在房产所在地缴纳。房产不在同一地方的纳税人，应按房产的坐落地点分别向房产所在地的税务机关纳税。

4．纳税申报

房产税的纳税申报需填写房产税纳税申报表、房产税纳税申报表（汇总版）、房产税减免税明细申报表、从价计征房产税税源明细表、从租计征房产税税源明细表。

8.3 车 船 税 法

8.3.1　车船税基础知识

车船税是对中华人民共和国境内规定的车辆、船舶的所有人或者管理人征收的一种税。自 2012 年 1 月 1 日起正式实施，其统一了各类企业的车船税制，明确了财产税类的性质，适当提高了税额标准，优化了车船税制的优惠政策，加强了车船的管理。

车船税是以车船为征税对象，向拥有车船的单位和个人征收的一种税。征收车船税有利于为地方政府筹集财政资金，有利于车船的管理和合理配置，也有利于调节财富差异。

阅读资料

我国车船税的发展历程

中国对车船课税历史悠久，早在公元前 129 年（汉武帝元光六年），就实行了"算商车"制度。中华人民共和国成立后，中央人民政府政务院于 1951 年 9 月颁布了《中华人民共和国车船使用牌照税暂行条例》，在全国部分地区开征。1986 年 9 月 15 日，国务院颁布了《中华人民共和国车船使用税暂行条例》（以下简称《车船使用税暂行条例》），自 1986 年 10 月 1 日起在全国施行。各省、自治区、直辖市人民政府根据《车船使用税暂行条例》的规定，先后制定了实施细则。2006 年 12 月 29 日国务院颁布了《中华人民共和国车船税暂行条例》，并于 2007 年 1 月 1 日起实施。2011 年 2 月 25 日国务院颁布了《中华人民共和国车船税法》（以下简称《车船税法》），并于 2012 年 1 月 1 日起实施。

8.3.2 车船税法的基本内容

1. 纳税义务人

车船税的纳税义务人是指在中华人民共和国境内，车辆、船舶（以下简称车船）的所有人或者管理人应当依照《车船税法》的规定缴纳车船税。

2. 征税范围

车船税的征收范围是指在中华人民共和国境内属于《车船税法》所付车船税税目税额表规定的车辆、船舶，具体包括以下种类。

① 依法应当在我国车船管理部门登记的机动车辆和船舶。

② 依法不需要在车船登记管理部门登记的在单位内部场所行驶或者作业的机动车辆和船舶。

车船管理部门是指公安、交通运输、农业、渔业、军队、武装警察部队等依法具有车船登记管理职能的部门；单位是指依照中国法律、行政法规规定，在中国境内成立的行政机关、企事业单位、社会团体及其他组织。

3. 税目与税率

车船税的税目分为六大类，包括乘用车、商用车、挂车、其他车辆、摩托车和船舶。

车船税采用定额幅度税率，即对征收的车船规定单位上下限税额标准。车船税税目税额表见表8-2。

表8-2 车船税税目税额表

税目		计税单位	年基准税额/元	备注
乘用车［按发动机气缸容量（排气量）分档］	1.0升（含）以下的	每辆	60～360	核定载客人数9人（含）以下
	1.0升以上至1.6升（含）以下的		300～540	
	1.6升以上至2.0升（含）以下的		360～660	
	2.0升以上至2.5升（含）以下的		660～1 200	
	2.5升以上至3.0升（含）以下的		1 200～2 400	
	3.0升以上至4.0升（含）以下的		2 400～3 600	
	4.0升以上的		3 600～5 400	
商用车	客车	每辆	480～1 440	核定载客人数9人以上，包括电车
	货车	整备质量每吨	16～120	包括半挂牵引车、三轮汽车和低速载货汽车等 挂车按货车税额的50%计算

续表

税目		计税单位	年基准税额/元	备注
其他车辆	专用作业车、轮式专用机械车	整备质量每吨	16～120	不包括拖拉机
摩托车		每辆	36～180	
船舶	机动船舶	净吨位每吨	3～6	拖船、非机动驳船分别按照机动船舶税额的50%计算
	游艇	艇身长度每米	600～2 000	

1）机动船舶具体适用税额：净吨位不超过 200 吨的，每吨 3 元；净吨位超过 200 吨但不超过 2 000 吨的，每吨 4 元；净吨位超过 2 000 吨但不超过 10 000 吨的，每吨 5 元；净吨位超过 10 000 吨的，每吨 6 元。

拖船按照发动机功率每 1 千瓦折合净吨位 0.67 吨计算征收车船税。

2）游艇具体适用税额：艇身长度不超过 10 米的，每米 600 元；艇身长度超过 10 米但不超过 18 米的，每米 900 元；艇身长度超过 18 米但不超过 30 米的，每米 1 300 元；艇身长度超过 30 米的，每米 2 000 元。辅助动力帆艇，每米 600 元。

3）《车船税法》及其实施条例涉及的整备质量、净吨位、艇身长度等计税单位，有尾数的一律按照含尾数的计税单位据实计算车船税应纳税额。计算得出的应纳税额小数点后超过两位的可四舍五入保留两位小数。

4）《车船税法》及其实施条例所涉及的排气量、整备质量、核定载客人数、净吨位、千瓦、艇身长度，以车船管理部门核发的车船登记证书或者行驶证相应项目所载数据为准。

依法不需要办理登记、依法应当登记而未办理登记或者不能提供车船登记证书、行驶证的，以车船出厂合格证明或者进口凭证相应项目标注的技术参数、所载数据为准；不能提供车船出厂合格证明或者进口凭证的，由主管税务机关参照国家相关标准核定，没有国家相关标准的参照同类车船核定。

4. 税收优惠

（1）法定减免

1）捕捞、养殖渔船。捕捞、养殖渔船是指在渔业船舶管理部门登记为捕捞船或者养殖船的渔业船舶，不包括在渔业船舶管理部门登记为捕捞或者养殖船以外类型的渔业船舶。

2）军队、武警专用的车船。军队、武警专用的车船是指按照规定在军队、武警车船管理部门登记，并领取军用牌照、武警牌照的车船。

3）警用车船。警用车船是指公安机关、国家安全机关、监狱、劳动教养管理机关和人民法院、人民检察院领取警用牌照的车辆和执行警务的专用船舶。

4）对节约能源的车船，减半征收车船税；对使用新能源的车船，免征车船税。节约能源车船和新能源车船必须符合规定标准。

使用新能源的车辆包括纯电动汽车、燃料电池汽车和混合动力汽车。纯电动汽车、燃料电池汽车不属于车船税征收范围，其他混合动力汽车按照同类车辆适用税额减半征税。

5）依照我国有关法律和我国缔结或者参加的国际条约的规定应当予以免税的外国驻华使馆、领事馆和国际组织驻华机构及其有关人员的车船。

6）省、自治区、直辖市人民政府可以根据当地实际情况，对城市、农村公共交通车船给予定期减税、免税。

（2）特定减免

1）经批准临时入境的外国车船和我国香港特别行政区、澳门特别行政区、台湾地区的车船，不征收车船税。

2）按照规定缴纳船舶吨税的机动船舶，自《车船税法》实施之日起5年内免征车船税。

3）依法不需要在车船登记管理部门登记的机场、港口、铁路站场内部行驶或者作业的车船，自《车船税法》实施之日起5年内免征车船税。

8.3.3　车船税的计算

1. 计税依据

车船税以车船的计税单位数量为计税依据。

1）乘用车、商用客车和摩托车，以辆数为计税依据。

2）商用货车、专用作业车和轮式专用机械车，以整备质量吨位数为计税依据。

3）机动船舶、非机动船舶、拖船，以净吨位数为计税依据。游艇以艇身长度为计税依据。

2. 应纳税额的计算

（1）常见车船应纳税额的计算

1）乘用车、商用客车和摩托车的应纳税额的计算公式如下。

$$应纳税额 = 辆数 \times 适用年基准税额$$

2）货车、专用作业车和轮式专用机械车的应纳税额的计算公式如下。

$$应纳税额 = 整备质量吨位数 \times 适用年基准税额$$

3）机动船舶的应纳税额计算公式如下。

$$应纳税额 = 净吨位 \times 适用年基准税额$$

4）非机动船舶、拖船的应纳税额计算公式如下。

$$应纳税额 = 净吨位 \times 适用年基准税额 \times 50\%$$

5）游艇的应纳税额计算公式如下。

$$应纳税额＝艇身长度×适用年基准税额$$

（2）新购置车船应纳税额的计算

购置的新车船，购置当年的应纳税额自纳税义务发生的当月起按月计算。应纳税额为年应纳税额除以 12 再乘以应纳税月份数，计算公式如下。

$$应纳税额＝年应纳税额÷12×应纳税月份数$$

（3）保险机构代收代缴车船税和滞纳金的计算

1）对于境外机动车临时入境、机动车临时上道路行驶、机动车距规定的报废期限不足一年而购买短期"交强险"的车辆，保单中"当年应缴"项目的计算公式如下。

$$当年应缴税额＝计税单位×年单位税额×应纳税月份数÷12$$

其中，应纳税月份数为"交强险"有效期起始日期的当月至截止日期当月的月份数。

2）对于已向税务机关缴税或税务机关已经批准免税的车辆，保单中"当年应缴"项目应为零；对于税务机关已批准减税的机动车，保单中"当年应缴"项目应根据减税前的应纳税额扣除依据减税证明中注明的减税幅度计算的减税额确定，计算公式如下。

$$减税车辆应纳税额＝减税前应纳税额×（1－减税幅度）$$

3）对于 2007 年 1 月 1 日前购置的车辆或者曾交过车船税的车辆，保单中"往年补缴"项目的计算公式如下。

$$往年补缴税额＝单位×年单位税额×（本次缴税年度－前次缴税年度－1）$$

其中，对于 2007 年 1 月 1 日前购置的车辆，纳税人从未缴纳车船税的，前次缴税年度设定为 2006 年。

4）对于 2007 年 1 月 1 日以后购置的车辆，纳税人从购置时起一直未缴纳车船税的，保单中"往年补缴"项目的计算公式如下。

$$往年补缴税额＝购置当年欠缴的税款＋购置年度以后欠缴的税款$$

其中，购置当年欠缴的税款＝计税单位×年单位税额×应纳税月份数÷12。应纳税月份数为车辆登记日期的当月起至该年度终了的月份数。若车辆尚未到车船管理部门登记，则应纳税月份数为购置日期的当月起至该年度终了的月份数。

$$购置年度以后欠缴的税款＝计税单位×年单位税额×（本次缴税年度$$
$$－车辆登记年度－1）$$

5）对于纳税人在应购买"交强险"截止日期以后购买"交强险"的，或以前年度没有缴纳车船税的，保险机构在代收代缴税款的同时，还应代收代缴欠缴税款的滞纳金。

保单中"滞纳金"项目为各年度欠税与应加收滞纳金之和。每一年度欠税应加收的滞纳金计算公式如下。

$$每一年度欠税应加收的滞纳金＝欠税金额×滞纳天数×0.5‰$$

滞纳天数的计算自应购买"交强险"截止日期的次日起到纳税人购买"交强险"当日止。纳税人连续两年以上欠缴车船税款的，应分别计算每一年度欠税应加收的滞纳金。

【例8.4】计算题

某运输公司拥有载货汽车15辆（货车整备质量全部为10吨）；大客车20辆；小客车10辆。计算该公司应纳车船税税额。（注：货车每吨年税额100元，大客车每辆年税额1 000元，小客车每辆年税额600元。）

解析：

$$货车应纳车船税税额 = 15 \times 10 \times 100 = 15\,000（元）$$
$$客车应纳车船税税额 = 20 \times 1\,000 + 10 \times 600 = 26\,000（元）$$
$$全年应纳车船税税额 = 15\,000 + 26\,000 = 41\,000（元）$$

【例8.5】计算题

某航运公司拥有机动船30艘（其中，净吨位为600吨的12艘，3 000吨的8艘，15 000吨的10艘），600吨的单位税额4元、3 000吨的单位税额5元、15 000吨的单位税额6元。计算该航运公司年应纳车船税税额。

解析：

$$该公司年应纳车船税税额 = 12 \times 600 \times 4 + 8 \times 3\,000 \times 5 + 10 \times 15\,000 \times 6$$
$$= 28\,800 + 120\,000 + 900\,000$$
$$= 1\,048\,800（元）$$

8.3.4 车船税的缴纳

1. 纳税义务发生时间

车船税的纳税义务发生时间为取得车船所有权或者管理权的当月，应当以购买车船的发票或者其他证明文件所载日期的当月为准。

2. 纳税地点

车船税的纳税地点为车船的登记地或者车船税扣缴义务人所在地。依法不需要办理登记的车船，车船税的纳税地点为车船的所有人或者管理人所在地。

3. 纳税申报

车船税按年申报，分月计算，一次性缴纳。纳税年度为公历1月1日至12月31日。车船税按年申报缴纳。具体申报纳税期限由省、自治区、直辖市人民政府规定。

1）从事机动车第三者责任强制保险业务的保险机构为机动车车船税的扣缴义务人，应当在收取保险费时依法代收车船税，并出具代收税款凭证。

保险机构在代收车船税时，应当在机动车交通事故责任强制保险的保险单及保费发票上注明已收税款的信息和减免税信息，作为代收税款凭证。

2）已完税或者减税免税的车船，纳税人应当向扣缴义务人提供登记地主管税务机关出具的完税凭证或减免税证明。

3）纳税人没有按照规定期限缴纳车船税的，保险机构在代收代缴税款的同时，还应代收代缴欠缴税款的滞纳金。

4）扣缴义务人已代收代缴车船税的，纳税人不再向车辆登记地的主管税务机关申报缴纳车船税，没有扣缴义务人的，纳税人应当向主管税务机关自行申报缴纳车船税。

5）已缴纳车船税的车船在同一纳税年度内办理转让过户的，不另纳税，也不退税。

6）在一个纳税年度内，已完税的车船被盗抢、报废、灭失的，纳税人可以凭有关管理机关出具的证明和完税凭证，向纳税所在地的主管税务机关申请退还自被盗抢、报废、灭失月份起至该纳税年度终了期间的税款。

7）已办理退税的被盗抢车船失而复得的，纳税人应当从公安机关出具相关证明的当月起计算缴纳车船税。

8）在一个纳税年度内，纳税人在非车辆登记地由保险机构代收代缴机动车车船税，且能够提供合法有效完税证明的，纳税人不再向车辆登记地的地方税务机关缴纳车辆车船税。

8.4　案 例 分 析

案例 1　生产企业应纳城镇土地使用税

某生产企业坐落在大城市，经有关部门核定 2018 年 1~6 月占用土地面积共计25 000 平方米，其中，幼儿园占地 600 平方米、厂区内绿化占地 400 平方米。当年 6 月底将占地面积 3 000 平方米的生产厂房售出，取得收入 360 万元。当地省级人民政府确定每平方米征收城镇土地使用税 3 元。计算该企业应纳城镇土地使用税税额。

解析： 幼儿园占地能够准确知道占地面积的可免税。厂内绿化地正常纳税，则

应纳城镇土地使用税税额＝（25 000－600）×3÷2＋（25 000－600－3 000）×3÷2
＝68 700（元）

某公司与市专利局共同使用一栋共有土地使用权的建筑物。该建筑物占用土地面积2 000 平方米，建筑物面积 10 000 平方米（公司与机关的占用比例为 3∶1），8 月初市专利局将自己使用的 1/3 房屋对外出租，该公司所在市城镇土地使用税单位税额每平方米3 元。计算该公司与专利局各应纳城镇土地使用税税额。

解析：

公司应纳城镇土地使用税税额＝2 000×3×3/4＝4 500（元）

专利局应纳城镇土地使用税税额＝2 000×1/4×1/3×3×4/12＝166.67（元）

案例2　企业应纳房产税

2018年甲企业自有房产14栋，原值共计13 500万元，具体使用情况如下。

① 3栋在2017年年底已经被有关部门认定为危房，2018年4月1日起停止使用，房产原值共计2 000万元。

② 8栋用于生产经营活动，房产原值共计10 000万元。

③ 1栋用于职工学校和托儿所，房产原值500万元。

④ 2栋用于对外投资，每栋按月收取固定收入10万元。由于特殊情况，2018年5月1日收回1栋进行大修理，大修理时间为7个月。大修理后该房产原值由500万元上升为1 000万元，12月1日作为厂房投入本单位使用。

⑤ 2018年6月以融资租赁的方式租入一处房产，原值1 000万元，租赁期5年，租入当月投入使用，每月支付租赁费10万元，税务机关确定甲企业为该房产的纳税人。

已知计算房产余值的扣除比例为20%。针对以上业务，计算该企业应纳房产税税额。

解析：

① 停止使用的危房，在停止使用后，可免征房产税。

应纳房产税税额＝2 000×（1－20%）×1.2%×3÷12＝4.8（万元）

② 应纳房产税税额＝10 000×（1－20%）×1.2%＝96（万元）。

③ 免税。

④ 纳税人因房屋大修导致连续停用半年以上的，在房屋大修期间免征房产税。

应纳房产税税额＝10×12×12%＋10×4×12%＋1 000
×（1－20%）×1.2%×1÷12
＝20（万元）

⑤ 应纳房产税税额＝1 000×（1－20%）×1.2%×6÷12＝4.8（万元）。

应纳房产税税额合计＝4.8＋96＋20＋4.8＝125.6（万元）

案例3　公司应纳车船税

某机械公司拥有并使用以下车辆：整备质量17吨的载货卡车10辆；整备质量为9.5吨的汽车挂车5辆；中型载客汽车10辆，其中包括两辆电车。当地政府规定，载货汽车的税额为60元/吨，载客汽车的税额是450元/年。请计算该公司当年应纳车船税税额。

解析：

卡车应纳车船税税额＝17×60×10＝10 200（元）

汽车挂车应纳车船税税额＝9.5×60×5＝2 850（元）

载客汽车应纳车船税税额＝10×450＝4 500（元）

该公司应纳车船税税额合计＝10 200＋2 850＋4 500＝17 550（元）

回　　顾

　　本章涉及城镇土地使用税、房产税、车船税三个税种。城镇土地使用税的征税对象是国有土地，包括城市、县城、建制镇及工矿区的土地，我国各地区土地存在级差，因此，城镇土地使用税采用差别幅度税额。房产税是对纳税人的房产征收的一种税，在计算应纳税额时，要区分是从价计征还是从租计征，掌握房产税的优惠政策，正确理解免税房产的条件。车船税是对纳税人拥有的车和船所征收的一种财产税，要掌握车船税计税规定，并了解车船税的缴纳规定。

复　习　题

一、速答题

　　扫描二维码，快速回答问题。

速答题

二、简答题

　　1．城镇土地使用税的征税范围是如何规定的？
　　2．如何计算城镇土地使用税的应纳税额？
　　3．城镇土地使用税的主要优惠政策有哪些？
　　4．房产税的征税对象是什么？什么是房产？
　　5．什么是房产原值？房产税的税率是如何规定的？
　　6．房产税的主要优惠政策有哪些？
　　7．车船税的征税范围包括什么？
　　8．什么是整备质量？什么是载重质量？
　　9．车船税的主要优惠政策有什么？

三、能力应用题

　　1．某市肉制品加工企业 2018 年占地 40 000 平方米，其中办公楼占地 3 000 平方米，生猪养殖基地占地 20 000 平方米，肉制品加工车间占地 16 000 平方米，企业内部道路及绿化占地 1 000 平方米。企业所在地城镇土地使用税年单位税额每平方米 5 元。计算该企业全年应纳城镇土地使用税税额。

2．甲公司与某国家机关共同使用一块土地，面积 5 000 平方米，其中国家机关占用 70%，当地城镇土地使用税单位税额每平方米 5 元。计算甲公司应纳城镇土地使用税税额。

3．2018 年度甲企业与乙企业共同使用面积为 8 000 平方米的土地，该土地上共有建筑 15 000 平方米，甲企业使用其中的 3/5，乙企业使用其中的 2/5。除此之外，经有关部门批准，乙企业在 2011 年 1 月底新征非耕地 6 000 平方米。甲乙企业共同使用土地所处地段的年税额为 4 元/平方米，乙企业新征土地所处地段的年税额为 2 元/平方米。计算甲、乙企业各应纳的城镇土地使用税税额。

4．某企业 2018 年自建两栋完全一样的办公楼，6 月 30 日建成投入生产经营，入账金额均为 800 万元；8 月 31 日将一栋办公楼用于出租，从 9 月 1 日起收取租金，根据合同，收取三年租金 7.2 万元；已知当地政府规定的计算房产余值的扣除比例为 30%。计算该企业 2010 年应纳房产税税额。

5．王某拥有两处房产，一处原值 60 万元的房产供自己及家人居住，另一处原值 20 万元的房产于 2015 年 7 月 1 日出租给李某用于生产经营，按市场价每月取得租金收入 1 200 元。计算王某当年应纳房产税税额。

6．某运输公司拥有净吨位 4 000 吨的机动船 15 艘，税额为 5 元/吨；净吨位 1 600 吨机动船 5 艘，税额为 4 元/吨；3 200 马力的拖船 6 艘。计算该运输公司应纳车船税税额。

阅 读 拓 展

敬晓云，2017．房产税城镇土地使用税的漏税问题[J]．现代营销，7：214．

祁红丽，2017．立法先行 服务并重 车船税有效发挥职能作用[J]．中国财政，23：39-40．

陶宇镜，甘明超，邓殊，2018．房产税是否与土地出让金、城镇土地使用税重复 [J]．中国房地产，04：68-71．

第 9 章

印花税法和契税法

9.1 印 花 税 法

9.1.1 印花税基础知识

1. 印花税的概念

印花税是对经济活动和经济交往中书立、使用、领受具有法律效力凭证的单位和个人征收的一种税，是一种具有行为税性质的凭证税。凡发生书立、使用、领受应税凭证的行为，就必须依照印花税法的有关规定履行纳税义务。

阅读资料

历史上的印花税

印花税是一个很古老的税种。1624 年，荷兰政府发生经济危机，财政困难。当时执掌政权的统治者摩里斯为了满足财政上的需要，提出要用增加税收的办法来解决财政支出的困难，但又怕人民反对，便要求政府官员出谋献策，并以重赏向社会寻求新税种设计方案。印花税，就是从千万个应征者的设计方案中精选出来的"杰作"。从 1624 年第一次在荷兰出现印花税后，欧美各国竞相效仿。丹麦在 1660 年、法国在 1665 年、美国在 1671 年、奥地利在 1686 年、英国在 1694 年先后开征了印花税。印花税产生后在不长的时间内，就成为世界各国普遍采用的一个税种。1950 年 1 月，政务院公布《中国税政实施要则》，规定印花税为全国统一开征的 14 个税种之一。1988 年 8 月 6 日，国务院发布《中华人民共和国印花税暂行条例》，于同年 10 月 1 日起实施。

2. 印花税的特点

（1）覆盖面广

印花税规定的征税范围广泛，凡税法列举的合同或具有合同性质的凭证、产权转移书据、营业账簿及权利、许可证照等，都必须依法纳税。印花税的应税凭证共有五大类 13 个税目，涉及经济活动的各个方面。

（2）税率低，税负轻

印花税最高税率为 1‰，最低税率为 0.05‰；按定额税率征税的，每件 5 元。

（3）纳税人自行完税

印花税与其他税种不同，实行"三自"的纳税办法，即自行计算应纳税额，自行购买印花税票，自行一次贴足印花税票并加以注销或划销，纳税义务才算全部履行完毕。

（4）税轻罚重

印花税税率较轻，但是，纳税人一旦违反税法，将会被处以不缴或少缴税款 50% 以上 5 倍以下的罚款，构成犯罪的，依法追究刑事责任。

9.1.2 印花税法的基本内容

1. 印花税的纳税义务人

印花税的纳税义务人是在中国境内书立、使用、领受印花税法所列举的凭证并应依法履行纳税义务的单位和个人。

按照书立、使用、领受应税凭证的不同，可以分别确定为立合同人、立据人、立账簿人、领受人、使用人和各类电子应税凭证的签订人六种。

1）立合同人。立合同人是指合同的当事人。当事人是指对凭证有直接权利义务关系的单位和个人，但不包括合同的担保人、证人、鉴定人。各类合同包括购销、加工承揽、建设工程承包、财产租赁、货物运输、仓储保管、借款、财产保险、技术合同或者具有合同性质的凭证。

2）立据人。产权转移书据的纳税人是立据人。

3）立账簿人。营业账簿的纳税人是立账簿人。立账簿人是指设立并使用营业账簿的单位和个人。例如，企业单位因生产、经营需要，设立了营业账簿，该企业即为纳税人。

4）领受人。权利、许可证照的纳税人是领受人。领受人是指领取或接受并持有该项凭证的单位和个人。

5）使用人。在国外书立、领受，但在国内使用的应税凭证，其纳税人是使用人。

6）各类电子应税凭证的签订人。这里所说的签订人是指以电子形式签订各类应税凭证的当事人。

值得注意的是，对应税凭证，凡由两方或两方以上当事人共同书立的，其当事人各方都是印花税的纳税人，应各就其所持凭证的计税金额履行纳税义务。

2. 印花税的征税范围与税率

（1）征税范围

现行印花税只对《印花税暂行条例》列举的凭证征收，未列入税目的不征税。印花税共有 13 个税目。

1）购销合同，包括供应、预购、采购、购销结合及协作、调剂、补偿、贸易等合同。此外，还包括出版单位与发行单位之间订立的图书、报纸、期刊和音像制品的应税凭证，发电厂与电网之间、电网与电网之间（国家电网公司系统、南方电网公司系统内部各级电网互供电量除外）签订的购售电合同。但是，电网与用户之间签订的供用电合同不属于印花税列举征税的凭证，不征收印花税。

2）加工承揽合同，包括加工、定做、修缮、修理、印刷、广告、测绘、测试等合同。

3）建设工程勘察设计合同，包括勘察、设计合同。

4）建筑安装工程承包合同，包括建筑、安装工程承包合同。承包合同包括总承包合同、分包合同和转包合同。

5）财产租赁合同，包括租赁房屋、船舶、飞机、机动车辆、机械、器具、设备等合同，还包括企业、个人出租门店、柜台等签订的合同。

6）货物运输合同，包括民用航空、铁路运输、海上运输、公路运输、内河运输和联运合同，以及作为合同使用的单据。

7）仓储保管合同，包括仓储、保管合同，以及作为合同使用的仓单、栈单等。

8）借款合同，包括银行及其他金融组织与借款人（不包括银行同业拆借）所签订的合同，以及只填开借据并作为合同使用、取得银行借款的借据。融资租赁合同也属于借款合同。

9）财产保险合同，包括财产、责任、保证、信用保险合同，以及作为合同使用的单据。

财产保险合同分为企业财产保险、机动车辆保险、货物运输保险、家庭财产保险和农牧业保险五大类。"家庭财产两全保险"属于家庭财产保险性质，其合同在财产保险合同之列，应照章纳税。

10）技术合同，包括技术开发、转让、咨询、服务等合同，以及作为合同使用的单据。

技术转让合同包括专利申请权转让、非专利技术转让所书立的合同。

技术咨询合同是当事人就有关项目的分析、论证、预测和调查订立的技术合同。但一般的法律、会计、审计等方面的咨询不属于技术咨询，其所立合同不贴印花。

技术服务合同是当事人一方委托另一方就解决有关特定技术问题订立的技术合同，包括技术服务合同、技术培训合同和技术中介合同，但不包括以常规手段或者为生产经营目的进行一般加工、修理、修缮、广告、印刷、测绘、标准化测试，以及勘察、设计等所书立的合同。

11）产权转移书据，包括财产所有权和版权、商标专用权、专利权、专有技术使用权等转移书据和土地使用权出让合同、土地使用权转让合同、商品房销售合同等权力转移合同。

所称产权转移书据是指单位和个人产权的买卖、继承、赠与、交换、分割等所立的书据。个人无偿赠送不动产所签订的"个人无偿赠与不动产登记表"。当纳税人完税后，税务机关（或其他征收机关）应在纳税人印花税完税凭证上加盖"个人无偿赠与"印章。

12）营业账簿是指单位或者个人记载生产经营活动的财务会计核算账簿。营业账簿按其反映内容的不同，可分为记载资金的账簿和其他账簿。

13）权利、许可证照，包括政府部门发给的房屋产权证、工商营业执照、商标注册证、专利证、土地使用证。

（2）税率

印花税的税率有两种形式，即比例税率和定额税率。

1）比例税率。在印花税的 13 个税目中。各类合同及具有合同性质的凭证（含以电子形式签订的各类应税凭证）、产权转移书据、营业账簿中记载资金的账簿，适用比例税率。

印花税的比例税率分为四个档次，分别是 0.05‰、0.3‰、0.5‰、1‰。

① 适用 0.05‰税率的是借款合同。

② 适用 0.3‰税率的是购销合同、建筑安装工程承包合同、技术合同。

③ 适用 0.5‰税率的是加工承揽合同、建筑工程勘察设计合同、货物运输合同、产权转移书据、营业账簿税目中记载资金的账簿。

④ 适用 1‰税率的是财产租赁合同、仓储保管合同、财产保险合同。

⑤ 在上海证券交易所、深圳证券交易所，全国中小企业股份转让系统买卖、继承、赠与优先股所书立的股权转让书据，均依书立时实际成交金额由出让方按 1‰的税率计算缴纳证券（股票）交易印花税。

2）定额税率。在印花税的 13 个税目中，"权利、许可证照"，适用定额税率，按件贴花，税额为 5 元。印花税税目、税率见表 9-1。

表 9-1 印花税税目、税率

税目	税率	纳税义务人	说明
购销合同	按购销金额的 0.3‰贴花	立合同人	
加工承揽合同	按加工或承揽收入的 0.5‰贴花	立合同人	
建设工程勘察设计合同	按收取费用的 0.5‰贴花	立合同人	
建筑安装工程承包合同	按承包金额的 0.3‰贴花	立合同人	
财产租赁合同	按租赁金额的 1‰贴花。税额不足 1 元，按 1 元贴花	立合同人	
货物运输合同	按运输费用的 0.5‰贴花	立合同人	单据作为合同使用的，按合同贴花
仓储保管合同	按仓储保管费用的 1‰贴花	立合同人	仓单或栈单作为合同使用的，按合同贴花
借款合同	按借款金额的 0.05‰贴花	立合同人	单据作为合同使用的，按合同贴花
财产保险合同	按收取保险费收入的 1‰贴花	立合同人	单据作为合同使用的，按合同贴花
技术合同	按所记载金额的 0.3‰贴花	立合同人	
产权转移书据	按所记载金额的 0.5‰贴花	立据人	
营业账簿	记载资金的账簿，按实收资本和资本公积的合计金额的 0.5‰贴花	立账簿人	资金账簿减半征收印花税
权利、许可证照	按件贴花 5 元	领受人	

　　3. 税收优惠

　　1）对已缴纳印花税凭证的副本或者抄本免税，但以副本或者抄本视同正本使用的，则应另贴印花。

　　2）对无息、贴息贷款合同免税。

　　3）对房地产管理部门与个人签订的用于生活居住的租赁合同免税。

　　4）对农牧业保险合同免税。

　　5）对与高校学生签订的高校学生公寓租赁合同，免征印花税。

　　6）对公租房经营管理单位建造管理公租房涉及的印花税予以免征。

　　7）自 2018 年 5 月 1 日起，对按 0.5‰税率贴花的资金账簿减半征收印花税，对按件贴花 5 元的其他账簿免征印花税。

9.1.3　印花税的计算

　　1. 计税依据的一般规定

　　印花税的计税依据为各种应税凭证上所记载的计税金额。

　　1）购销合同的计税依据为合同记载的购销金额。

　　2）加工承揽合同的计税依据是加工或承揽收入的金额。

　　① 对于由受托方提供原材料的加工、定做合同，凡在合同中分别记载加工费金额和原材料金额的，应分别按"加工承揽合同""购销合同"计税，两项税额相加数，即为合同应贴印花；若合同中未分别记载，则应就全部金额依照加工承揽合同计税贴花。

　　② 对于由委托方提供主要材料或原料，受托方只提供辅助材料的加工合同，无论加工费和辅助材料金额是否分别记载，均以辅助材料与加工费的合计数，依照加工承揽合同计税贴花。对委托方提供的主要材料或原料金额不计税贴花。

　　3）建设工程勘察设计合同的计税依据为收取的费用。

　　4）建筑安装工程承包合同的计税依据为承包金额。

　　5）财产租赁合同的计税依据为租赁金额；经计算，税额不足 1 元的，按 1 元贴花。

　　6）货物运输合同的计税依据为取得的运输费金额（即运费收入），不包括所运货物的金额、装卸费和保险费等。

　　7）仓储保管合同的计税依据为收取的仓储保管费用。

　　8）借款合同的计税依据为借款金额。

　　9）财产保险合同的计税依据为支付（收取）的保险费，不包括所保财产的金额。

　　10）技术合同的计税依据为合同所载的价款、报酬或使用费。为了鼓励技术研究开发，对技术开发合同，只就合同所载的报酬金额计税，研究开发经费不作为计税依据。单对合同约定按研究开发经费一定比例作为报酬的，应按一定比例的报酬金额贴花。

11）产权转移书据的计税依据为所载金额。

12）营业账簿税目中记载资金的账簿的计税依据为"实收资本"与"资本公积"两项的合计金额。实收资本包括现金、实物、无形资产和材料物资。现金按实际收到或存入纳税人开户银行的金额确定。实物指房屋、机器等，按评估确认的价值或者合同、协议约定的价格确定。无形资产和材料物资，按评估确认的价值确定。

资本公积包括接受捐赠、法定财产重估增值、资本折算差额、资本溢价等。如果是实物捐赠，则按同类资产的市场价格或有关凭据确定。

其他账簿的计税依据为应税凭证件数。

13）权利、许可证照的计税依据为应税凭证件数。

2．计税依据的特殊规定

1）上述凭证以"金额""收入""费用"作为计税依据的，应当全额计税，不得作任何扣除。

2）同一凭证载有两个或两个以上经济事项而适用不同税目税率，如果分别记载金额的，应分别计算应纳税额，相加后按合计税额贴花；如果未分别记载金额的，按税率高的计税贴花。

3）按金额比例贴花的应税凭证，未标明金额的，应按照凭证所载数量及国家牌价计算金额；没有国家牌价的，按市场价格计算金额，然后按规定税率计算应纳税额。

4）应税凭证所载金额为外国货币的，应按照凭证书立当日国家外汇管理局公布的外汇牌价折合成人民币，然后计算应纳税额。

5）应纳税额不足 1 角的，免纳印花税；1 角以上的，其税额尾数不满 5 分的不计，满 5 分的按 1 角计算。

6）有些合同。在签订时无法确定计税金额，如技术转让合同中的转让收入，是按销售收入的一定比例收取或是按实现利润分成的；财产租赁合同，只是规定了月（天）租金标准而无租赁期限。对这类合同，可在签订时先按定额 5 元贴花，以后结算时再按实际金额计税，补贴印花。

7）应税合同在签订时纳税义务即已产生，应计算应纳税额并贴花。所以，不论合同是否兑现或是否按期兑现，均应贴花。

对已履行并贴花的合同，所载金额与合同履行后实际结算金额不一致的，只要双方未修改合同金额，一般不再办理完税手续。

8）商品购销活动中，采用以货换货方式进行商品交易签订的合同，是反映既购又销双重经济行为的合同。对此，应按合同所载的购、销合计金额计税贴花。合同未列明金额的，应按合同所载购、销数量依照国家牌价或者市场价格计算应纳税额。

9）施工单位将自己承包的建设项目，分包或者转包给其他施工单位所签订的分包合同或者转包合同，应按照新的分包合同或转包合同所载金额计算应纳税额。

10）自 2008 年 9 月 19 日起，对证券交易印花税政策进行调整，由双边征收改为单边征收，即只对卖出方（或继承、赠与所书立的 A 股、B 股股权转让书据的出让方）征收证券（股票）交易印花税，对买入方（受让方）不再征税，税率仍保持 1‰。

11）对国内各种形式的货物联运，凡在起运地统一结算全程运费的，应以全程运费作为计税依据，由起运地运费结算双方缴纳印花税；凡分程结算运费的，应以分程的运费作为计税依据，分别由办理运费结算的各方缴纳印花税。

对国际货运，凡由我国运输企业运输的，不论在我国境内、境外起运或中转分程运输，我国运输企业所持的一份运费结算凭证，均按本程运费计算应纳税额；托运方所持的一份运费结算凭证，按全程运费计算应纳税额。由外国运输企业运输进出口货物的，外国运输企业所持的一份运费结算凭证免纳印花税；托运方所持的一份运费结算凭证应缴纳印花税。国际货运运费结算凭证在国外办理的，应在凭证转回我国境内时按规定缴纳印花税。

必须明确的是，印花税票为有价证券，其票面金额以人民币为单位，分为 1 角、2 角、5 角、1 元、2 元、5 元、10 元、50 元、100 元九种。

3. 应纳税额的计算方法

纳税人的应纳税额，根据应纳税凭证的性质，分别按比例税率或者定额税率计算。其计算公式为

$$应纳税额＝应税凭证计税金额（或应税凭证件数）×适用税率$$

【例 9.1】计算题

某企业 2018 年 9 月开业，当年发生以下有关业务事项：领受房屋产权证、工商营业执照、土地使用证各 1 件；与其他企业订立转移专用技术使用权书据 1 份，所载金额 100 万元；订立产品购销合同 1 份，所载金额为 200 万元；订立借款合同 1 份，所载金额为 400 万元；企业记载资金的账簿，实收资本、资本公积为 800 万元；其他营业账簿 10 本。计算该企业当年应缴纳的印花税税额。

解析： 企业领受权利、许可证照：
$$应纳印花税税额＝3×5＝15（元）$$
企业订立产权转移书据：
$$应纳印花税税额＝1\,000\,000×0.5‰＝500（元）$$
企业订立购销合同：
$$应纳印花税税额＝2\,000\,000×0.3‰＝600（元）$$

企业订立借款合同：

$$应纳印花税税额＝4\,000\,000×0.05‰＝200（元）$$

企业记载资金的账簿：

$$应纳印花税税额＝8\,000\,000×0.5‰×50\%＝42\,000（元）$$

企业其他营业账簿：

$$应纳印花税税额＝0（元）$$

对按件贴花 5 元的其他账簿免征印花税。

$$当年企业应纳印花税税额＝15＋500＋600＋200＋42\,000＝3\,315（元）$$

9.1.4　印花税的缴纳

1. 纳税方法

印花税的纳税办法，根据税额大小、贴花次数及税收征收管理的需要，分别采用以下三种纳税办法。

（1）自行贴花办法

这种办法，一般适用于应税凭证较少或者贴花次数较少的纳税人。纳税人书立、领受或者使用印花税法列举的应税凭证的同时，纳税义务即已产生，应当根据应纳税凭证的性质和适用的税目税率，自行计算应纳税额，自行购买印花税票，自行一次贴足印花税票并加以注销或划销，纳税义务才算全部履行完毕。

（2）汇贴或汇缴办法

这种办法，一般适用于应纳税额较大或者贴花次数频繁的纳税人。

一份凭证应纳税额超过 500 元的，应向当地税务机关申请填写缴款书或者完税凭证。将其中一联粘贴在凭证上或者由税务机关在凭证上加注完税标记代替贴花。这就是通常所说的"汇贴"办法。

同一种类应纳税凭证，需频繁贴花的，纳税人可以根据实际情况自行决定是否采用按期汇总缴纳印花税的方式，汇总缴纳的期限为 1 个月。采用按期汇总缴纳方式的纳税人应事先告知主管税务机关，缴纳方式一经选定，1 年内不得改变。

（3）委托代征办法

这一办法主要是通过税务机关的委托，经由发放或者办理应纳税凭证的单位代为征收印花税税款。税务机关应与代征单位签订代征委托书。税务机关委托工商行政管理机关代售印花税票，按代售金额 5% 的比例支付代售手续费。

2. 纳税环节

印花税应当在书立或领受时贴花，具体是指在合同签订时、账簿启用时和证照领受时贴花。如果合同是在国外签订，并且不便在国外贴花的，应在将合同带入境时办理贴花纳税手续。

3. 纳税地点

印花税一般实行就地纳税。对于全国性商品物资订货会（包括展销会、交易会等）上所签合同应纳的印花税，由纳税人回其所在地后及时办理贴花完税手续；对地方主办、不涉及省际关系的订货会、展销会上所签合同的印花税，其纳税地点由各省、自治区、直辖市人民政府自行确定。

4. 违章与处罚

印花税纳税人有下列行为之一的，由税务机关根据情节轻重予以处罚。

1）在应纳税凭证上未贴或者少贴印花税票的，或者已粘贴在应税凭证上的印花税票未注销或者未划销的，由税务机关追缴其不缴或者少缴的税款、滞纳金，并处不缴或者少缴的税款50%以上5倍以下的罚款。

2）已贴用的印花税票揭下重用造成未缴或少缴印花税的，由税务机关追缴其不缴或者少缴的税款、滞纳金，并处不缴或者少缴的税款50%以上5倍以下的罚款；构成犯罪的，依法追究刑事责任。

3）伪造印花税票的，由税务机关责令改正，处以2 000元以上1万元以下的罚款；情节严重的，处以1万元以上5万元以下的罚款；构成犯罪的，依法追究刑事责任。

4）按期汇总缴纳印花税的纳税人，超过税务机关核定的纳税期限，未缴或少缴印花税款的，由税务机关追缴其不缴或者少缴的税款、滞纳金，并处不缴或者少缴的税款50%以上5倍以下的罚款；情节严重的，同时撤销其汇缴许可证；构成犯罪的，依法追究刑事责任。

5）纳税人违反以下规定的，由税务机关责令限期改正，可处以2 000元以下的罚款；情节严重的，处以2 000元以上1万元以下的罚款。

① 凡汇总缴纳印花税的凭证，应加注税务机关指定的汇缴戳记，编号并装订成册后，将已贴印花或者缴款书的一联粘附册后，盖章注销，保存备查。

② 纳税人对纳税凭证应妥善保存。凭证的保存期限，凡国家已有明确规定的，按规定办；没有明确规定的其余凭证均应在履行完毕后保存1年。

6）代售户对取得的税款逾期不缴或者挪作他用，或者违反合同将所领印花税票转托他人代售或者转至其他地区销售，或者未按规定详细提供领、售印花税票情况的，税务机关可视其情节轻重，给予警告或者取消其代售资格的处罚。

5. 纳税申报

印花税的纳税申报需要填制印花税纳税申报表。

9.2 契　税　法

9.2.1　契税基础知识

1. 契税的概念

契税是以所有权发生转移变动的不动产为征税对象，向产权承受人征收的一种财产税。

契税是一个古老的税种，最早起源于东晋的"古税"，至今已有 1 600 多年的历史。中华人民共和国成立以后颁布的第一个税收法规就是《契税暂行条例》。1997 年 7 月 7 日，国务院颁布了《中华人民共和国契税暂行条例》（以下简称《契税暂行条例》），并于 1997 年 10 月 1 日起施行。

2. 契税的特点

（1）契税属于财产转移税

契税以发生转移的不动产，即以土地和房屋为征税对象，具有财产转移课税性质。土地、房屋产权未发生转移的，不征契税。

（2）契税由财产承受人缴纳

一般税种都确定销售者为纳税人，即卖方纳税。契税则属于土地、房屋产权发生交易过程中的财产税，由承受人纳税，即买方纳税。

9.2.2　契税法的基本内容

1. 征税范围

契税的征税对象是境内转移的土地、房屋权属。具体包括以下五项内容。

（1）土地使用权的转让

土地使用权的转让是指土地使用者以出售、赠与、交换或者其他方式将土地使用权转移给其他单位和个人的行为。土地使用权的转让不包括农村集体土地承包经营权的转移。

（2）国有土地使用权出让

国有土地使用权出让是指土地使用者向国家交付土地使用权出让费用，国家将国有土地使用权在一定年限内让与土地使用者的行为。

（3）房屋买卖

房屋买卖即以货币为媒介，出卖者向购买者出售房产所有权的交易行为。以下几种特殊情况，视同买卖房屋。

1）以房产抵债或实物交换房屋。经当地政府和有关部门批准，以房抵债和实物交换房屋，均视同房屋买卖，应由产权承受人，按房屋现值缴纳契税。

对已缴纳契税的购房单位和个人，在未办理房屋权属变更登记前退房的，退还已纳契税；在办理房屋权属变更登记后退房的，不予退还已纳契税。

2）以房产作投资或作股权转让。根据国家房地产管理的有关规定，办理房屋产权交易和产权变更登记手续，视同房屋买卖，由产权承受方按契税税率计算缴纳契税。

以自有房产作股投入本人独资经营企业，免纳契税。因为以自有的房地产投入本人独资经营的企业，产权所有人和使用权使用人未发生变化，不需办理房产变更手续，也不办理契税手续。

3）买房拆料或翻建新房，应照章征收契税。例如，甲某购买乙某房产，不论其目的是取得该房产的建筑材料或是翻建新房，实际构成房屋买卖。甲某应首先办理房屋产权变更手续，并按买价缴纳契税。

（4）房屋赠与

房屋的赠与是指房屋产权所有人将房屋无偿转让给他人所有。房屋赠与的前提必须是产权无纠纷，赠与人和受赠人双方自愿。

由于房屋是不动产，价值较大，故法律要求赠与房屋应有书面合同（契约），并到房地产管理机关或农村基层政权机关办理登记过户手续，才能生效。如果房屋赠与行为涉及涉外关系，还需公证处证明和外事部门认证，才能有效。房屋的受赠人要按规定缴纳契税。

（5）房屋交换

房屋交换是指房屋住户、用户、所有人为了生活工作方便，相互之间交换房屋的使用权或所有权的行为。

房屋产权相互交换，双方交换价值相等，免纳契税，办理免征契税手续。其价值不相等的，按超出部分由支付差价方缴纳契税。

2. 纳税义务人与税率

（1）纳税义务人

契税的纳税义务人是境内转移土地、房屋权属，承受的单位和个人。境内是指中华人民共和国实际税收行政管辖范围内。土地、房屋权属是指土地使用权和房屋所有权。单位是指企业单位、事业单位、国家机关、军事单位和社会团体及其他组织。个人是指个体经营者及其他个人，包括中国公民和外籍人员。

（2）税率

契税实行 3%～5%的幅度税率。实行幅度税率是考虑我国经济发展的不平衡，各地经济差别较大的实际情况。因此，各省、自治区、直辖市人民政府可以在3%～5%的幅度税率规定范围内，按照本地区的实际情况决定。

3. 税收优惠

（1）契税优惠的一般规定

1）国家机关、事业单位、社会团体、军事单位承受土地、房屋用于办公、教学、医疗、科研和军事设施的，免征契税。

2）城镇职工按规定第一次购买公有住房的，免征契税。

对个人购买普通住房，且该住房属于家庭（成员范围包括购房人、配偶及未成年子女，下同）唯一住房的，减半征收契税。对个人购买90平方米及以下普通住房，且该住房属于家庭唯一住房的，减按1%税率征收契税。

3）因不可抗力灭失住房而重新购买住房的，酌情减免。不可抗力是指自然灾害、战争等不能预见、不可避免，并不能克服的客观情况。

4）土地、房屋被县级以上人民政府征用、占用后，重新承受土地、房屋权属的，由省级人民政府确定是否减免。

5）承受荒山、荒沟、荒丘、荒滩土地使用权，并用于农、林、牧、渔业生产的，免征契税。

6）经外交部确认，依照我国有关法律规定及我国缔结或参加的双边和多边条约或协定，应当予以免税的外国驻华使馆、领事馆、联合国驻华机构及其外交代表、领事官员和其他外交人员承受土地、房屋权属，免征契税。

7）公租房经营单位购买住房作为公租房的，免征契税。

（2）契税优惠的特殊规定

1）企业改制。企业按照《公司法》有关规定整体改制，包括非公司制企业改制为有限责任公司或股份有限公司，有限责任公司变更为股份有限公司，股份有限公司变更为有限责任公司，原企业投资主体存续并在改制（变更）后的公司中所持股权（股份）比例超过75%，且改制（变更）后公司承继原企业权利、义务的，对改制（变更）后公司承受原企业土地、房屋权属，免征契税。

2）事业单位改制。事业单位按照国家有关规定改制为企业，原投资主体存续并在改制后企业出资（股权、股份）比例超过50%的，对改制后企业承受原事业单位土地、房屋权属，免征契税。

3）公司合并。两个或两个以上的公司，依据法律规定、合同约定，合并为一个公司，且原投资主体存续的，对其合并后的公司承受原合并各方的土地、房屋权属，免征契税。

4）公司分立。公司依照法律规定、合同约定分设为两个或两个以上与原公司投资主体相同的公司，对派生方、新设方承受原企业土地、房屋权属，免征契税。

5）企业破产。企业依照有关法律、法规规定实施破产，债权人（包括破产企业职工）承受破产企业抵偿债务的土地、房屋权属，免征契税；对非债权人承受破产企业土地、房屋权属，凡按照《中华人民共和国劳动法》等国家有关法律法规政策妥善安置原企业全部职工，与原企业全部职工签订服务年限不少于 3 年的劳动用工合同的，对其承受所购企业的土地、房屋权属，免征契税；与原企业超过 30%的职工签订服务年限不少于 3 年的劳动用工合同的，减半征收契税。

6）资产划转。对承受县级以上人民政府或国有资产管理部门按规定进行行政性调整、划转国有土地、房屋权属的单位，免征契税。

同一投资主体内部所属企业之间土地、房屋权属的划转，包括母公司与其全资子公司之间，同一公司所属全资子公司之间，同一自然人与其设立的个人独资企业、一人有限公司之间土地、房屋权属的划转，免征契税。

7）债权转股权。经国务院批准实施债权转股权的企业，对债权转股权后新设立的公司承受原企业的土地、房屋权属，免征契税。

8）划拨用地出让或作价出资。以出让方式或国家作价出资（入股）方式承受原改制重组企业、事业单位划拨用土地的，不属上述规定的免税范围，对承受方应按规定征收契税。

9）公司股权（股份）转让。在股权（股份）转让中，单位、个人承受公司股权（股份），公司土地、房屋权属不发生转移，不征收契税。

9.2.3　契税的计算

1. 计税依据

契税的计税依据为不动产的价格。由于土地、房屋权属转移方式不同，定价方法不同，因而具体计税依据视不同情况而决定。

1）国有土地使用权出让、土地使用权出售、房屋买卖，以成交价格为计税依据。成交价格是指土地、房屋权属转移合同确定的价格，包括承受者应交付的货币、实物、无形资产或者其他经济利益。

2）土地使用权赠与、房屋赠与，由征收机关参照土地使用权出售、房屋买卖的市场价格核定。

阅读
资料

婚姻变化中契税的规定

离婚后房屋权属发生变化是否征收契税？根据《中华人民共和国婚姻法》规定，夫妻共有房屋属共同共有财产，因离婚财产分割引起房屋权属变化是房产共有权的变化，而不是契税法所规定的房屋产权转移，所以，对离婚后原共有房屋产权的归属不征收契税。契税法另规定：婚姻关系存续期间，房屋、土地权属原归夫妻一方所有，变更为夫妻双方共有的，免征契税。

3）土地使用权交换、房屋交换，以交换的土地使用权、房屋的价格差额为计税依据。也就是说，交换价格相等时，免征契税；交换价格不等时，由多交付的货币、实物、无形资产或者其他经济利益的一方缴纳契税。

4）以划拨方式取得土地使用权，经批准转让房地产时，由房地产转让者补交契税。计税依据为补交的土地使用权出让费用或者土地收益。

为了避免偷、逃税款，税法规定，成交价格明显低于市场价格并且无正当理由的，或者所交换土地使用权、房屋的价格的差额明显不合理并且无正当理由的，征收机关可以参照市场价格核定计税依据。

5）房屋附属设施征收契税的依据。

① 不涉及土地使用权和房屋所有权转移变动的，不征收契税。

② 采取分期付款方式购买房屋附属设施土地使用权、房屋所有权的，应按合同约定的总价款计征契税。

③ 承受的房屋附属设施权属如果为单独计价的，按照当地确定的适用税率征收契税；如果与房屋统一计价的，适用与房屋相同的契税税率。

6）个人无偿赠与不动产行为（法定继承人除外），应对受赠人全额征收契税。在缴纳契税时，纳税人须提交经税务机关审核并签字盖章的个人无偿赠与不动产登记表，税务机关（或其他征收机关）应在纳税人的契税完税凭证上加盖"个人无偿赠与"印章，在个人无偿赠与不动产登记表中签字并将该表格留存。

2. 应纳税额的计算

契税采用比例税率，当计税依据确定以后，应纳税额的计算比较简单。应纳税额的计算公式为

$$应纳税额＝计税依据×税率$$

【例 9.2】计算题

居民甲有两套住房，将一套出售给居民乙，成交价格为 200 000 元；将另一套两室住房与居民丙交换成两处一室住房，并支付给丙换房差价款 60 000 元。计算甲、乙、丙相关行为应缴纳的契税税额（假定税率为 4%）。

解析：

① 甲应缴纳契税税额＝60 000×4%＝2 400（元）。

② 乙应缴纳契税税额＝200 000×4%＝8 000（元）。

③ 丙不缴纳契税。

9.2.4　契税的缴纳

1. 纳税义务发生时间

契税的纳税义务发生时间是纳税人签订土地、房屋权属转移合同的当天，或者纳税人取得其他具有土地、房屋权属转移合同性质凭证的当天。

2. 纳税期限

纳税人应当自纳税义务发生之日起 10 日内，向土地、房屋所在地的契税征收机关办理纳税申报，并在契税征收机关核定的期限内缴纳税款。

3. 纳税地点

契税在土地、房屋所在地的征收机关缴纳。

4. 征收管理

纳税人办理纳税事宜后，征收机关应向纳税人开具契税完税凭证。纳税人持契税完税凭证和其他规定的文件材料，依法向土地管理部门、房产管理部门办理有关土地、房屋的权属变更登记手续。土地管理部门和房产管理部门应向契税征收机关提供有关资料，并协助契税征收机关依法征收契税。

另外，对已缴纳契税的购房单位和个人，在未办理房屋权属变更登记前退房的，退还已纳契税；在未办理房屋权属变更登记之后退房的，不予退还已纳契税。

5. 纳税申报

契税的纳税申报需要填制契税纳税申报表。

9.3 案例分析

案例1 企业应纳印花税

某高新技术企业成立于 2019 年，当年发生如下业务。

① 资金账簿记载实收资本为 700 万元、资本公积 30 万元，新启用其他账簿 15 本，办理了房屋产权证和工商登记证各一本。

② 2 月份发生购进业务，购进原材料 85 万元，4 月份发生销售业务，销售额 234.43 万元，均签订了购销合同。

③ 6 月 31 日，与 C 企业签订一份协议，公司承租 C 企业设备 1 台，每月租赁费 5 万元，暂不确定租赁期限；与 D 公司发生融资租赁业务，租赁 D 公司的一个大型机械，合同注明租赁费总金额是 220 万元。

④ 10 月份与某基金公司签订有价证券转让合同，证券转让所得是 30 万元。

计算该企业 2015 年度应缴纳的印花税税额。

解析：

① 应纳印花税税额＝（7 000 000＋300 000）×0.5‰×50%＋2×5＝2 510（元）。

② 购销合同应纳印花税税额＝（850 000＋2 344 300）×0.3‰＝958.29（元）。

③ 与 C 企业签订协议，租赁期不确定，先按 5 元贴花：

融资租赁业务应纳印花税税额＝2 200 000×0.05‰＝110（元）

应纳印花税税额合计＝110＋5＝115（元）

④ 证券转让应纳印花税税额＝300 000×1‰＝300（元）。

案例2 企业应纳契税

某企业 2018 年发生两笔互换房产业务，并已办妥相关手续。第一笔业务换出房产价值 500 万元，换进房产价值 800 万元；第二笔业务换出房产价值 600 万元，换进房产价值 300 万元。已知该地政府规定的契税税率为 3%，计算该公司应纳的契税税额。

解析： 契税是以房屋产权的承受者为纳税人，当交换价格不等时，应由多付货币、实物、无形资产或者其他经济利益的一方缴纳契税。其计税依据是所交换的土地使用权、房屋的价格差额。

应纳契税税额＝（800－500）×3%＝9（万元）

回　顾

　　印花税是一个古老的税种，是对经济活动和经济交往中书立、使用、领受具有法律效力凭证的单位和个人征收的一种税。印花税按照四档税率对合同、产权转移书据、营业账簿、权利许可证照等进行征税。印花税的计税依据是计算印花税应纳税额的重点。契税是以所有权发生转移变动的不动产为征税对象，向产权承受人征收的一种财产税。契税对承受土地、房屋权属的单位和个人按照 3%～5% 的幅度税率征税，在计算契税应纳税额时，按照土地、房屋权属转移的形式、定价方法的不同，确定契税的计税依据，计算应纳税额。

复 习 题

一、速答题

　　扫描二维码，快速回答问题。

速答题

二、简答题

　　1. 什么是印花税？印花税的纳税人有哪几类？
　　2. 印花税的征税范围是什么？税率有哪些？
　　3. 什么是契税？契税的纳税人是如何规定的？
　　4. 契税的主要优惠政策有哪些？

三、能力应用题

　　1. 甲企业受托为乙企业加工一批服装，加工合同记载原材料金额 60 万元，由乙企业提供，甲企业向乙企业收取加工费 20 万元，收取代垫辅助材料金额 3 万元。计算该项业务甲企业应缴纳的印花税税额。
　　2. 某发电厂与某公司签订了两份运输保管合同。第一份合同中注明运费 30 万元，保管费 10 万元；第二份合同载明的费用合计为 50 万元（运费和保管费并未分别记载）。计算该发电厂签订的两份合同共计应缴纳的印花税税额。
　　3. 王先生因房屋拆迁得到拆迁补偿款 62 万元，他在市郊以 78 万元重新购置住房 160 平方米，当地契税税率为 3%。计算王先生应纳契税税额。

阅 读 拓 展

林烺，2016. 印花税体系的改革：两种印花税存废之辩[J]. 税务与经济，3：1-6.

王耀港，2018. 印花税税率调整对股价波动机理研究[J]. 合作经济与科技，20：59-61.

第 10 章

耕地占用税法与车辆购置税法

知识目标

明确耕地占用税和车辆购置税的征税范围;
掌握耕地占用税应纳税额的计算;
掌握车辆购置税应纳税额的计算;
掌握耕地占用税和车辆购置税的优惠政策。

能力目标

能够正确计算耕地占用税应纳税额,具备正确判断耕地占用税应税行为的能力,能够正确计算车辆购置税应纳税额,具备车辆购置税纳税申报的能力。

素质目标

正确理解耕地占用税法是国家用经济手段加强对耕地的管理,通过征税限制对耕地的占用,所取得的税收专门用于耕地的开发和改良;车辆购置税法是国家对购置应税车辆进行的特殊调节。征纳双方要具有依法征管和缴税的意识,正确履行各自的权利和义务。

关键术语

耕地占用税 耕地 车辆购置税

导入案例

某企业为扩大厂房占用郊区一片空地,土地产权变更合同签订后,企业经理派职员王某进行后续手续操作,在办理产权变更手续时,被告知该片空地一年前为农业菜地,该企业属于占用耕地,需在缴纳耕地占用税后,方可办理产权变更手续。王某经询问了解到,企业占用土地,在占用前3年内属于耕地的,也视为耕地,需缴纳耕地占用税。那么,什么是耕地占用税?我国对耕地的具体规定有哪些?耕地占用税应如何计算?

10.1 耕地占用税法

10.1.1 耕地占用税基础知识

1. 耕地占用税的概念

耕地占用税是对占用耕地建设建筑物、构筑物或者从事非农业建设的单位和个人，就其实际占用的耕地面积征收的一种税，它属于对特定土地资源占用课税。

阅读资料

耕地占用税的产生与发展

1987 年 4 月 1 日，国务院发布《中华人民共和国耕地占用税暂行条例》，即日起施行。征税目的在于限制非农业建设占用耕地，建立发展农业专项资金，促进农业生产的全面协调发展。2007 年 12 月 1 日，国务院令第 511 号公布《中华人民共和国耕地占用税暂行条例》，自 2008 年 1 月 1 日起施行。制定本条例的目的在于合理利用土地资源，加强土地管理，保护耕地。2018 年 12 月 29 日，第十三届全国人民代表大会常务委员会第七次会议通过《中华人民共和国耕地占用税法》，自 2019 年 9 月 1 日起施行。此次立法主要是按照落实税收法定原则的要求，将国务院暂行条例的规定平移上升为法律。

2. 耕地占用税的特点

（1）兼具资源税与特定行为税的性质

耕地占用税以占用农用耕地建房或从事其他非农用建设的行为征税，以约束占用耕地的行为、促进土地资源的合理运用为目的。

（2）采用地区差别税率

耕地占用税采用地区差别税率，根据不同地区的具体情况，分别制定差别税额，以适应我国地域辽阔、各地区之间耕地质量差别较大、人均占有耕地面积相差悬殊的具体情况，具有因地制宜的特点。

（3）在占用耕地环节一次性课税

耕地占用税在纳税人获准占用耕地的环节征收，因而，耕地占用税具有一次性征收的特点。

10.1.2 耕地占用税法的基本内容

1. 纳税义务人

耕地占用税的纳税义务人，是占用耕地建设建筑物、构筑物或者从事非农业建设的单位和个人。

所称单位，包括国有企业、集体企业、私营企业、股份制企业、外商投资企业、外国企业，以及其他企业和事业单位、社会团体、国家机关、军队及其他单位；所称个人，包括个体工商户及其他个人。

2. 征税范围

耕地占用税的征税范围包括纳税人为建设建筑物、构筑物或者从事非农业建设的耕地。占用园地、林地、草地、农田水利用地、养殖水面、渔业水域滩涂以及其他农用地建设建筑物、构筑物或者从事非农业建设的，缴纳耕地占用税。

耕地是指用于种植农作物的土地。

占用耕地建设农田水利设施的，不缴纳耕地占用税。占用农用地建设直接为农业生产服务的生产设施的，不缴纳耕地占用税。

3. 税率

耕地占用税采用地区差别定额税率。税率规定如下。

1）人均耕地不超过 1 亩的地区（以县级行政区域为单位，下同），每平方米为 10～50 元。

2）人均耕地超过 1 亩但不超过 2 亩的地区，每平方米 8～40 元。

3）人均耕地超过 2 亩但不超过 3 亩的地区，每平方米 6～30 元。

4）人均耕地超过 3 亩以上的地区，每平方米 5～25 元。

在人均耕地低于 0.5 亩的地区，省、自治区、直辖市可以根据当地经济发展情况，适当提高耕地占用税的适用税额，但提高的部分不得超过上述第二条确定的适用税额的50%。占用基本农田的，应当按照当地适用税额，加按150%征收。

4. 计税依据

耕地占用税以纳税人实际占用的耕地面积为计税依据，以每平方米为计量单位。

5. 税收优惠

（1）免征耕地占用税

1）军事设施占用耕地。

2）学校、幼儿园、养老院、医院占用耕地。

（2）减征耕地占用税

1）铁路线路、公路线路、飞机场跑道、停机坪、港口、航道占用耕地，减按每平方米 2 元的税额征收耕地占用税。

2）农村居民在规定用地标准以内占用耕地新建自用住宅，按照当地适用税额减半征收耕地占用税；其中农村居民经批准搬迁，新建自用住宅占用耕地不超过原宅基地面积的部分，免征耕地占用税。

3）农村烈士遗属、因公牺牲军人遗属、残疾军人以及符合农村最低生活保障条件的农村居民，在规定用地标准以内新建自用住宅，免征耕地占用税。

根据国民经济和社会发展的需要，国务院可以规定免征或者减征耕地占用税的其他情形，报全国人民代表大会常务委员会备案。

免征或减征耕地占用税后，纳税人改变原占地用途，不再属于免税或者减征耕地占用税情形的，应当按照当地适用税额补缴耕地占用税。

10.1.3　耕地占用税的计算

耕地占用税的计算公式为

$$应纳税额 = 实际占用耕地面积（平方米）\times 适用税率$$

【例 10.1】计算题

某企业新占用 20 000 平方米耕地用于厂房建设，所占耕地适用的定额税率为 20 元/平方米。计算该企业应纳的耕地占用税税额。

解析：

$$应纳耕地占用税税额 = 20\,000\times 20 = 400\,000（元）$$

10.1.4　耕地占用税的缴纳

耕地占用税由税务机关负责征收。耕地占用税的纳税义务发生时间为纳税人收到自然资源主管部门办理占用耕地手续的书面通知的当日。纳税人应当自纳税义务发生之日起 30 日内申报缴纳耕地占用税。自然资源主管部门凭耕地占用税完税凭证或者免税凭证和其他有关文件发放建设用地批准书。

纳税人因建设项目施工或者地质勘查临时占用耕地，应当依照规定缴纳耕地占用税。纳税人在批准临时占用耕地期满之日起 1 年内依法复垦，恢复种植条件的，全额退还已经缴纳的耕地占用税。

耕地占用税纳税申报需要填制纳税申报表。

10.2　车辆购置税法

10.2.1　车辆购置税基础知识

1. 车辆购置税的概念

车辆购置税是以在中国境内购置规定车辆为课税对象，在特定的环节向车辆购置者征收的一种税。就其性质而言，属于直接税的范畴。

阅读资料

车辆购置税的开征

2000 年 10 月 22 日，国务院审议通过《中华人民共和国车辆购置税暂行条例》，于 2001 年 1 月 1 日起正式实施。开征车辆购置税，有利于加强管理，实现"费改税"改革；有利于丰富国家税收政策的种类，促进车辆交易市场的和谐稳定发展，增加国家财政收入，大力发展国家道路交通事业，进而改善社会各地的交通状况，促使当地经济的迅猛发展，为民造福，更为社会造福。

2018 年 12 月 29 日，第十三届全国人民代表大会常务委员会第七次会议通过《中华人民共和国车辆购置税法》，于 2019 年 7 月 1 日起施行。本次立法改革，体现重视税收法定原则。

2001 年至 2017 年，全国累计征收车辆购置税 26 214 亿元，年均增长 17%，其中 2017 年征收车辆购置税 3 281 亿元。

2. 车辆购置税的特点

1）征收范围单一。是以购置的特定车辆为课税对象，而不是对所有的财产或消费财产征税，范围窄，是一种特种财产税。

2）征收环节单一。只是在退出流通进入消费领域的特定环节征收。

3）税率单一。只有一个统一税率，计征简便、负担稳定，有利于依法治税。

4）征收方法单一。实行从价计征，价值高者多征税，价值低者少征税。

5）征税具有特定目的。具有专门用途，由中央财政根据国家交通建设投资计划，统筹安排。

6）价外征收，税负不发生转嫁。

10.2.2　车辆购置税法的基本内容

1.　纳税义务人

车辆购置税的纳税人是在中华人民共和国境内购置汽车、有轨电车、汽车挂车、排气量超过 150 毫升的摩托车的单位和个人。其中，购置是指以购买、进口、自产、受赠、获奖或者其他方式取得并自用应税车辆的行为。

车辆购置税的纳税人具体是指单位和个人。单位包括国有企业、集体企业、私营企业、股份制企业、外商投资企业、外国企业及其他企事业单位、社会团体、国家机关、部队及其他单位。个人包括个体工商户及其他个人，既包括中国公民，又包括外国公民。

2.　征税范围

车辆购置税以列举的车辆作为征税对象，未列举的车辆不纳税。其征税范围包括汽车、摩托车、电车、挂车、农用运输车，具体规定如下。

1）汽车：包括各种汽车。

2）摩托车：包括轻便摩托车、二轮摩托车、三轮摩托车。

3）电车：包括无轨电车、有轨电车。

4）挂车：包括全挂车、半挂车。

5）农用运输车：包括三轮农用运输车、四轮农用运输车。

3.　税率

车辆购置税实行统一比例税率，税率为 10%。

4.　计税依据

车辆购置税以应税车辆为课税对象，应税车辆的价格为车辆购置税的计税依据。由于应税车辆购置来源不同，车辆购置税的计税依据有以下几种情况。

（1）购买自用应税车辆计税依据的确定

纳税人购买自用应税车辆的计税价格为纳税人实际支付给销售方的全部价款，不包括增值税税款。

购买的应税自用车辆包括购买自用的国产应税车辆和购买自用的进口应税车辆，如从国内汽车市场、汽车贸易公司购买自用的进口应税车辆。

价外费用是指销售方价外向购买方收取的基金、集资费、违约金（延期付款利息）和手续费、包装费、储存费、优质费、运输装卸费、保管费及其他各种性质的价外收费，但不包括销售方代办保险等而向购买方收取的保险费，以及向购买方收取的代购买方缴纳的车辆购置税、车辆牌照费。

（2）进口自用应税车辆计税依据的确定

纳税人进口自用的应税车辆以组成计税价格为计税依据，组成计税价格的计算公式为

$$组成计税价格 = 关税完税价格 + 关税 + 消费税$$

进口自用的应税车辆是指纳税人直接从境外进口或委托代理进口自用的应税车辆，即非贸易方式进口自用的应税车辆。进口自用的应税车辆的计税依据，应根据纳税人提供的、经海关审查确认的有关完税证明资料确定。

（3）其他自用应税车辆计税依据的确定

1）纳税人自产自用应税车辆的计税价格，按照纳税人生产的同类应税车辆的销售价格确定，不包括增值税税款。

2）纳税人以受赠、获奖或者其他方式取得自用应税车辆的计税价格，按照购置应税车辆时相关凭证载明的价格确定，不包括增值税税款。

3）纳税人申报的应税车辆计税价格明显偏低，又无正当理由的，由税务机关依照《中华人民共和国税收征收管理法》的规定核定其应纳税额。

4）纳税人以外汇结算应税车辆价款的，按照申报纳税之日的人民币汇率中间价折合成人民币计算缴纳税款。

5．税收优惠

我国车辆购置税实行法定减免，减免税范围的具体规定如下。

1）外国驻华使馆、领事馆和国际组织驻华机构及其有关人员自用车辆。

2）中国人民解放军和中国人民武装警察部队列入装备订货计划的车辆。

3）悬挂应急救援专用号牌的国家综合性消防救援车辆。

4）设有固定装置的非运输专用作业车辆。

5）城市公交企业购置的公共汽电车辆。

6）自 2018 年 1 月 1 日至 2020 年 12 月 31 日，对购置的新能源汽车免征车辆购置税。享受免税的新能源汽车须符合国家的相关规定。

7）自 2018 年 7 月 1 日至 2021 年 6 月 30 日，对购置挂车减半征收车辆购置税。购置日期按照《机动车销售统一发票》《海关关税专用缴款书》或者其他有效凭证的开具日期确定。挂车是指由汽车牵引才能正常使用且用于载运货物的无动力车辆。

根据国民经济和社会发展的需要，国务院可以规定减征或者其他免征车辆购置税的情形，报全国人民代表大会常务委员会备案。

10.2.3　车辆购置税的计算

1. 购置车辆

车辆购置税实行从价定率的方法计算应纳税额，计算公式为

应纳税额＝计税依据×税率

在应纳税额的计算过程中，应注意以下费用的计税规定。

1）购买者随购买车辆支付的工具件和零部件价款应作为购车价款的一部分，并计入计税依据中征收车辆购置税。

2）支付的车辆装饰费应作为价外费用并入计税依据中计税。

3）代收款项应区别征税。凡使用代收单位（受托方）票据收取的款项，应视作代收单位价外收费，购买者支付的价费款，应并入计税依据中一并征税；凡使用委托方票据收取，受托方只履行代收义务和代取代收手续费的款项，应按其他税收政策规定征税。

4）销售单位开给购买者的各种发票金额中包含增值税税款，因此，计算车辆购置税时，应换算为不含增值税的计税价格。

5）购买者支付的控购费，是政府部门的行政性收费，不属于销售者的价外费用范围，不应并入计税依据计税。

6）销售单位开展优质销售活动多开发票收取的有关费用，应属于经营性收入。企业在代理过程中按规定支付给有关部门的费用，企业以经营性支出列支核算，其收取的各项费用并在一张发票上难以划分的，应作为价外收入计算征税。

【例 10.2】计算题

李某 2018 年 12 月，从某汽车有限公司购买一辆小汽车供自己使用，支付含增值税税款在内的款项 232 000 元，另支付代收牌照费 500 元、代收保险费 1 000 元，支付购买工具和零配件价款 3 000 元、车辆装饰费 1 300 元。所支付的款项均由该汽车有限公司开具"机动车销售统一发票"和有关票据。计算李某应纳车辆购置税税额。

解析：

计税依据＝（232 000＋500＋1 000＋3 000＋1 300）÷（1＋16%）
＝205 000（元）
应纳车辆购置税税额＝205 000×10%＝20 500（元）

2. 进口自用应税车辆

纳税人进口自用的应税车辆应纳税额的计算公式为

应纳税额＝（关税完税价格＋关税＋消费税）×税率

【例 10.3】计算题

某外贸公司从国外进口一辆小汽车自用，报关进口时，经报关地海关对有关报关资料的审查，确定关税完税价格为 185 000 元，海关按关税政策规定征收关税 203 500 元，并按消费税、增值税有关规定分别代征了进口消费税税额 11 655 元和增值税税额 62 160 元。根据以上资料，计算应纳车辆购置税税额。

解析：

$$计税依据＝185\,000＋203\,500＋11\,655＝400\,155（元）$$
$$应纳车辆购置税税额＝400\,155×10\%＝40\,015.5（元）$$

3. 其他自用应税车辆应纳税额的计算

纳税人自产自用应税车辆的计税价格，按照纳税人生产的同类应税车辆的销售价格确定，不包括增值税税款。计算公式为

$$应纳税额＝同类应税车辆的销售价格×税率$$

【例 10.4】计算题

某汽车制造厂将自产的一辆小汽车，用于本厂自用，该厂在办理车辆注册前，该厂同类应税车辆价格为 65 000 元，并按此金额向主管税务机关申报纳税。计算该车应纳车辆购置税税额。

解析：

$$应纳车辆购置税税额＝65\,000×10\%＝6\,500（元）$$

4. 特殊情形下自用应税车辆应纳税额的计算

减税、免税条件消失的车辆，纳税人应按现行规定，在办理车辆过户手续前或者办理变更车辆登记注册手续前向税务机关缴纳车辆购置税。计算公式为

$$应纳税额＝同类型新车计税价格×[1－（已使用年限÷规定使用年限）]$$
$$×100\%×税率$$

10.2.4 车辆购置税的缴纳

1. 纳税申报

车辆购置税的纳税义务发生时间为纳税人购置应税车辆的当日。纳税人购置应税车辆，应当向车辆登记地的主管税务机关申报缴纳车辆购置税；购置不需要办理车辆登记的应税车辆的，应当向纳税人所在地的主管税务机关申报缴纳车辆购置税。

1）车辆购置税实行一车一申报制度。

2）纳税人应当在向公安机关交通管理部门办理车辆注册登记前，缴纳车辆购置税。

3）免税、减税车辆因转让、改变用途等原因不再属于免税、减税范围的，纳税人应当在办理车辆转移登记或者变更登记前缴纳车辆购置税。计税价格以免税、减税车辆初次办理纳税申报时确定的计税价格为基准，每满 1 年扣减 10%。

4）纳税人办理纳税申报时应如实填写车辆购置税纳税申报表，同时提供以下资料：纳税人身份证明；车辆价格证明；车辆合格证明；税务机关要求提供的其他资料。

2．纳税环节

车辆购置税的征税环节为使用环节，即最终消费环节。具体而言，纳税人应当在向公安机关等车辆管理机关办理车辆登记注册手续前，缴纳车辆购置税。

购买二手车时，购买者应当向原车主索要完税证明。

3．纳税地点

纳税人购置应税车辆，应当向车辆登记注册地的主管税务机关申报纳税；购置不需要办理车辆登记注册手续的应税车辆，应当向纳税人所在地主管税务机关申报纳税。车辆登记注册地是指车辆的上牌落籍地或落户地。

4．纳税期限

纳税人购买自用的应税车辆，自购买之日起 60 日内申报纳税；进口自用的应税车辆，应当自进口之日起 60 日内申报纳税；自产、受赠、获奖和其他方式取得并自用的应税车辆，应当自取得之日起 60 日内申报纳税。

这里的"购买之日"是指纳税人购车发票上注明的销售日期；"进口之日"是指纳税人报关进口的当天。

5．缴税管理

车辆购置税税款缴纳方法主要有以下几种。

（1）自报核缴

自报核缴即由纳税人自行计算应纳税额，自行填报车辆购置税纳税申报表有关资料，向主管税务机关申报，经税务机关审核后，开具完税证明，由纳税人持完税凭证向当地金库或金库经收处缴纳税款。

（2）集中征收缴纳

集中征收缴纳包括两种情况：一是由纳税人集中向税务机关统一申报纳税，它适用于实行集中购置应税车辆的单位缴纳和经批准实行代理制经销商的缴纳；二是由税务机关集中报缴税款，即在纳税人向实行集中征收的主管税务机关申报缴纳税款，税务机关开具完税凭证后，由税务机关填写汇总缴款书，将税款集中缴入当地金库或金库经收处，它适用于税源分散、税额较少、税务部门实行集中征收管理的地区。

（3）代征、代扣、代收

代征、代扣、代收是指扣缴义务人按税法规定代扣代缴、代收代缴税款，税务机关委托征收单位代征税款的征收方式。它适用于税务机关委托征收或纳税人依法受托征收税款。

6. 车辆购置税的退税制度

1）已缴纳车辆购置税的车辆，发生下列情形之一的，准予纳税人申请退税：车辆退回生产企业或者经销商的；符合免税条件的设有固定装置的非运输车辆但已征税的；其他依据法律法规规定应予退税的情形。

2）车辆退回生产企业或者经销商的，纳税人申请退税时，主管税务机关自纳税人办理纳税申报之日起，按已缴纳税款每满 1 年扣减 10%计算退税额；未满 1 年的，按已缴纳税款全额退税。

其他退税情形，纳税人申请退税时，主管税务机关依据有关规定计算退税额。

10.3　案例分析

案例 1　企业应纳耕地占用税

某企业占用林地 40 万平方米建造生态高尔夫球场，还占用林地 100 平方米开发经济林木，所占耕地适用的定额税率为 20 元/平方米。请计算该企业应纳耕地占用税。

解析： 占用林地、牧草地、农田水利用地、养殖水面及渔业水域滩涂等其他农业地建房或者从事非农业建设的，按规定征收耕地占用税。该企业建造生态高尔夫球场占地属于从事非农业建设，应纳耕地占用税税额＝40×20＝800（万元）。开发经济林木占地属于耕地，不缴纳耕地占用税。

案例 2　个人应纳车辆购置税

王某 2018 年 10 月购买一辆小轿车自己使用，支付含增值税的价款 174 000 元，另支付购置工具件和零配件价款 1 160 元、车辆装饰费 4 000 元，以及销售公司代收保险费5 000 元，支付的各项价款均由销售公司开具统一发票。计算王某应缴纳车辆购置税税额。

解析：

王某应纳车辆购置税税额＝（174 000＋1 160＋4 000＋5 000）÷1.16×10%
＝15 875.86（元）

案例 3　单位应纳车辆购置税

某医院于 2017 年 8 月购置一辆救护车，支付含增值税价款 150 000 元，该车使用年限为 10 年。2019 年 8 月该医院将该辆救护车改为 9 座小客车，同类型小客车计税价格为 140 000 元。计算该医院应纳车辆购置税税额。

解析：免税条件消失的车辆，自初次办理纳税申报之日起，使用年限未满 10 年的，计税依据为最新核发的同类型车辆计税价格按每满 1 年扣减 10%。

该医院应纳车辆购置税税额＝140 000×（1－2×10%）×10%＝11 200（元）

回　　顾

耕地占用税是对特定土地资源占用课税，无论是涉内企业还是涉外企业及个人占用耕地从事非农行为建设的，除免税项目外，都要按实际占用面积定额计算应纳税额。耕地占用税的免税项目主要有军事设施占用耕地和学校、幼儿园、养老院、医院占用耕地。车辆购置税是一种特定财产税，车辆购置税的计税依据分为购买自用、进口自用及其他自用等几种情况，根据不同计税依据的规定乘以 10% 的统一税率计算应纳税额。车辆购置税的优惠政策包括减免税政策和退税政策。

复　习　题

一、速答题

扫描二维码，快速回答问题。

二、简答题

1. 什么是耕地占用税？什么是耕地？
2. 耕地占用税的特征是什么？
3. 耕地占用税的主要优惠政策有哪些？
4. 什么是车辆购置税？税率是多少？
5. 车辆购置税的计税依据有哪几种情形？
6. 车辆购置税的优惠政策有哪些？如何计算退税？

速答题

三、能力应用题

1. 某汽车制造厂 2018 年 3 月将自产轿车 10 辆对外投资，双方协议投资作价 120 000 元/辆，将自产轿车 3 辆转作本企业固定资产，将自产轿车 4 辆奖励给对企业发展有突出贡献的员工。该企业生产的上述轿车售价为 180 000 元/辆（不含增值税），国家税务总局对同类轿车核定的最低计税价格为 150 000 元/辆。计算该汽车制造厂应缴纳的车辆购置税税额。

2. 某公司一辆已缴纳车辆购置税并办理了登记注册手续的小轿车，因车祸更换底盘，经国家税务总局核定的同类型新车计税价格为 280 000 元。计算该公司应缴纳的车辆购置税税额。

阅 读 拓 展

褚睿刚，2018. 耕地"占用"课税：从耕地占用税到资源税[J]. 南京工业大学学报（社会科学版），17（04）：44-53.

任茂东，2018. 车辆购置税的昨天、今天和明天[J]. 中国人大，10：50-52.

田野，2018. 购置税"打折"经销商如何判断挂车走势[J]. 商用汽车新闻，24：4.

于浩，2018. 耕地占用税法草案：加大耕地保护力度[J]. 中国人大，17：41-42.

第 11 章

企业所得税法

理解企业所得税的概念及其特征;

掌握企业所得税纳税人、征税对象及税率的相关规定;

掌握企业所得税应纳税所得额的确定;

掌握企业所得税资产的税务处理;

掌握企业所得税应纳税额的计算;

掌握企业所得税的税收优惠规定及源泉扣缴;

了解企业所得税的征收管理的相关规定。

能力目标

有能力区分居民纳税人和非居民纳税人,并对其纳税义务清楚明确,具有正确计算应纳税所得额的能力,准确掌握扣除标准和范围,正确计算企业所得税的应纳税额。具备正确掌握资产税务处理的能力,正确运用税收优惠政策的能力,正确运用企业所得税的征管方法依法征收或缴纳企业所得税。

素质目标

正确理解企业所得税的内涵,以税德为先,纳税一方要正视以其纯所得为计税依据,并且税负不容易转嫁的现实,自觉以法律为依据,遵守税收法律法规,尊重市场规则,正确行使权利并履行纳税义务;征收一方要积极宣传税法,加强征管,保证税款及时足额入库。

关键术语

企业所得税 居民企业 非居民企业 应纳税所得额 应纳税额 源泉扣缴

导入案例

2018 年,某企业会计利润亏损了 10 万元,但在年度汇算清缴时,税务部门却通知企业还需缴纳 5 万元的企业所得税。该企业税务人员非常困惑,因为根据《中华人民共和国企业所得税法》(以下简称《企业所得税法》)的规定,企业纳税年度发生的亏损,准予向以后年度结转,用以后年度的所得弥补,但本年的亏损不但没有在以后年度弥补,反而还须缴纳 5 万元的税款,这到底是为什么呢? 企业所得税又是一个什么样的税种呢?

11.1 企业所得税基础知识

11.1.1 企业所得税的概念

企业所得税是对中国境内的企业和其他取得收入的组织的生产经营所得和其他所得征收的一种税。

企业所得税是由取得所得的主体缴纳的，以其纯所得额为计税依据，是一种典型的直接税。企业所得税法是调整国家与企业之间分配关系的重要法律规范。

阅读资料

我国企业所得税制的演变

我国企业所得税法的发展，大致经历了四个阶段。

第一阶段：1950～1979 年，所得税包含于工商业税中。1950 年政务院颁布了《工商业税暂行条例》，规定除国营企业外，所有的工商企业所得税，都应按照税法规定的 21 级全额累进税率征收。1958 年工商税制改革，建立了工商所得税，即把原有的工商业税中的所得税改为一个独立的税种，主要是对国营企业以外的集体经济和个体经济征收。国家对国营企业一直实行利润上缴制度，不征收所得税。

第二阶段：1980～1993 年，多个企业所得税税种同时并存，国营企业所得税改革。1980 年 9 月 10 日，第五届全国人民代表大会第三次会议通过了《中华人民共和国中外合资经营企业所得税法》，合营企业的所得税税率为 30%，另按应纳所得税额附征 10%的地方所得税。1985 年和 1988 年国务院分别颁布了《中华人民共和国集体企业所得税暂行条例》和《私营企业所得税暂行条例》，建立了单独的集体企业和私营企业法人所得税征税制度。1991 年 4 月 9 日，第七届全国人民代表大会将涉外的两法合并，制定了《中华人民共和国外商投资企业和外国企业所得税法》（以下简称《外商投资企业和外国企业所得税法》）。

第三阶段：1994～2008 年，内、外资企业所得税并行。1993 年 12 月 26 日国务院将国营企业所得税、国营企业调节税、集体企业所得税和私营企业所得税统一起来，整合制定了《中华人民共和国企业所得税暂行条例》，自 1994 年 1 月 1 日起施行，税率为 33%。外商投资企业和外国企业仍然按《外商投资企业和外国企业所得税法》的规定缴纳企业所得税。

第四阶段：2008 年至今，完全统一的企业所得税。第十届全国人民代表大会第五次会议于 2007 年 3 月 16 日通过了《中华人民共和国企业所得税法》，自 2008 年 1 月 1 日起施行，实现了内外资企业所得税的统一，2017 年 2 月 24 日，第十二届全国人民代表大会第二十六次会议通过了《全国人民代表大会常务委员会关于修改〈中华人民共和国企业所得税法〉决定》。

11.1.2　企业所得税的特点

1. 体现税收的公平原则

现行《企业所得税法》规定了"四统一"，即内资、外资企业适用统一的企业所得税法，统一并适当降低了企业所得税税率，统一和规范税前扣除办法和标准，统一税收优惠政策，实行"产业优惠为主、区域优惠为辅"的新税收优惠体系，使得内外资企业税收负担实现公平，共同享受同等的税收优惠政策和税前扣除标准，调动内外资企业两方积极性，促进内外资企业和谐发展。

2. 征税以量能负担为原则

作为直接税的企业所得税，其负担轻重与纳税人所得的多少有着内在联系，凡具有相同纳税能力者应负担相同的税收。企业所得税的计税依据是应纳税所得额，而不是收入额。这是所得税与增值税的最大区别。而应纳税所得额体现的是纳税人的纯所得，是在扣除了税法允许扣除项目后的余额，所得多者多缴税，所得少者少缴税，无所得者不缴税。

3. 将纳税人分为居民企业和非居民企业

按照国际上的通行做法，我国选择了地域管辖权与居民管辖权的双重标准，把企业所得税的纳税人分为居民企业和非居民企业。居民企业和非居民企业身份的确定，能够区别不同类型的纳税人，明确税收管辖权。

4. 区别对待优惠最多

在所有税种中，企业所得税的税收优惠最多，包括三大类型：行业优惠，如高新技术企业优惠、小型微利企业优惠、农林牧渔企业优惠、公共基础设施项目优惠等；地区优惠，如西部大开发的税收优惠、经济特区和高新技术企业税收优惠、民族自治地方优惠等；企业的经营活动优惠，如研究开发费的加计扣除、企业安置残疾人员所支付工资的加计扣除等，这些优惠有利于区域发展，有利于产业结构优化，促进国民经济持续健康发展。

11.1.3 企业所得税的作用

1. 促进企业改善经营管理活动，提升企业的盈利能力

投资能力和盈利能力较强的企业能产生较多的利润。但在适用比例税率的情况下，盈利能力越强，则税负承担能力越强，相对降低了企业的税负水平，并且在征税过程中，对企业的收入、成本、费用等进行检查，对企业的经营管理活动和财务管理活动展开监督，促使企业改善经营管理活动，提高盈利能力。

2. 调节产业结构，促进经济发展

所得税的调节作用在于公平税负、量能负担，虽然各国的法人所得税往往采用比例税率，在一定程度上削弱了所得税的调控功能，但在税制设计中，各国往往通过各项税收优惠政策的实施，发挥其对纳税人投资、产业结构调整、环境治理等方面的调控作用。

3. 为国家建设筹集财政资金

税收的首要职能就是筹集财政收入。随着我国国民收入向企业和居民分配的倾斜，以及经济的发展和企业盈利水平的提高，企业所得税占全部税收收入的比重越来越高，成为我国税制的主体税种之一。

11.2 企业所得税法的基本内容

11.2.1 纳税义务人

在中华人民共和国境内，企业和其他取得收入的组织（以下统称企业）为企业所得税的纳税人，依照《企业所得税法》的规定缴纳企业所得税。个人独资企业和合伙企业不适用《企业所得税法》。企业所得税的纳税人分为居民企业和非居民企业。

1. 居民企业

居民企业是指依法在中国境内成立，或者依照外国（地区）法律成立但实际管理机构在中国境内的企业。这里的企业包括国有企业、集体企业、私营企业、联营企业、股份制企业、外商投资企业、外国企业、事业单位、社会团体，以及有生产、经营所得和其他所得的其他组织。依照外国（地区）法律成立的企业，包括依照外国（地区）法律成立的企业和其他取得收入的组织。

实际管理机构是指对企业的生产经营、人员、账务、财务、财产等实施实质性全面管理和控制的机构。

2. 非居民企业

非居民企业是指依照外国（地区）法律成立且实际管理机构不在中国境内，但在中国境内设立机构、场所的，或者在中国境内未设立机构、场所，但有来源于中国境内所得的企业。

机构、场所是指在中国境内从事生产经营活动的机构、场所，包括以下情况。

① 管理机构、营业机构、办事机构。
② 工厂、农场、开采自然资源的场所。
③ 提供劳务的场所。
④ 从事建筑、安装、装配、修理、勘探等工程作业的场所。
⑤ 其他从事生产经营活动的机构、场所。

非居民企业委托营业代理人在中国境内从事生产经营活动的，包括委托单位或者个人经常代其签订合同，或者储存、交付货物等，该营业代理人视为非居民企业在中国境内设立的机构、场所。

【例 11.1】单项选择题

根据企业所得税法律制度的规定，下列关于非居民企业的表述中，正确的是（　　　）。

A. 在境外成立的企业均属于非居民企业
B. 在境内成立但有来源于境外所得的企业属于非居民企业
C. 依照外国法律成立，实际管理机构在中国境内的企业属于非居民企业
D. 依照外国法律成立，实际管理机构不在中国境内但在中国境内设立机构、场所的企业属于非居民企业

答案： D

解析： 选项 A 在境外成立的企业，范围过于宽泛。选项 B、C 为居民企业。非居民企业是指依照外国（地区）法律成立且实际管理机构不在中国境内，但在中国境内设立机构、场所的，或者在中国境内未设立机构、场所，但有来源于中国境内所得的企业。

11.2.2　征税对象及所得来源的确定

1. 企业所得税的征税对象

企业所得税的征税对象是指企业的生产经营所得、其他所得和清算所得，具体包括销售货物所得、提供劳务所得、转让财产所得、股息红利等权益性投资所得、利息所得、租金所得、特许权使用费所得、接受捐赠所得和其他所得。

1）居民企业的征税对象是来源于中国境内、境外的所得。

2）非居民企业的征税对象是对于在中国境内设立机构、场所的，其所设机构、场所取得的来源于中国境内的所得，以及发生在中国境外，但与其所设机构、场所有实际联系的所得；对于非居民企业在中国境内未设立机构、场所的，或者虽设立机构、场所但取得的所得与其所设机构、场所没有实际联系的，主要针对其来源于中国境内的所得征税。

所谓实际联系是指非居民企业在中国境内设立的机构、场所拥有的据以取得所得的股权、债权，以及拥有、管理、控制据以取得所得的财产。

2. 所得来源的确定

1）销售货物所得，按照交易活动发生地确定。

2）提供劳务所得，按照劳务发生地确定。

3）转让财产所得，不动产转让所得按照不动产所在地确定，动产转让所得按照转让动产的企业或者机构、场所所在地确定，权益性投资资产转让所得按照被投资企业所在地确定。

4）股息、红利等权益性投资所得，按照分配所得的企业所在地确定。

5）利息所得、租金所得、特许权使用费所得，按照负担、支付所得的企业或者机构、场所所在地确定，或者按照负担、支付所得的个人的住所地确定。

6）其他所得，由国务院财政、税务主管部门确定。

11.2.3　税率

1. 基本税率

企业所得税的基本税率为25%。适用于居民企业和在中国境内设立机构、场所且所得与其所设机构、场所有实际联系的非居民企业。

2. 低税率

企业所得税的低税率为20%。适用于在中国境内未设立机构、场所的，或者虽设立机构、场所但取得的所得与其所设机构、场所没有实际联系的非居民企业，但实际征税时减按 10%征税。

3. 优惠税率

企业所得税的优惠税率为 20%或 15%。对符合条件的小型微利企业，减按 20%的税率征收企业所得税；对国家需要重点扶持的高新技术企业，减按 15%的税率征收企业所得税。

11.3 企业所得税应纳税所得额的确定

11.3.1 确定原则和依据

企业应纳税所得额的计算，除特殊规定外，以权责发生制为原则。

应纳税所得额是企业所得税的计税依据，它是指企业每一纳税年度的收入总额，减除不征税收入、免税收入、各项扣除，以及允许弥补的以前年度亏损后的余额。计算公式为

应纳税所得额＝收入总额－不征收收入－免税收入－各项扣除－以前年度亏损

在计算应纳税所得额时，企业财务、会计处理办法与税收法律、行政法规的规定不一致的，应当依照税收法律、行政法规的规定计算。即企业的会计利润要按照税法规定进行调整以后才能作为应纳税所得额，并据以计算企业所得税。

11.3.2 收入总额的确定

企业的收入总额包括以货币形式和非货币形式从各种来源取得的收入，它包括销售货物收入，提供劳务收入，转让财产收入，股息、红利等权益性投资收益、利息收入，租金收入，特许权使用费收入，接受捐赠收入，其他收入。

企业取得收入的货币形式，包括现金、存款、应收账款、应收票据、准备持有至到期的债券投资及债务的豁免等。企业取得收入的非货币形式，包括固定资产、生物资产、无形资产、股权投资、存货、不准备持有至到期的债券投资、劳务及有关权益等。企业以非货币形式取得的收入，应当按照市场价格确定。

1. 一般收入的确定

（1）销售货物收入

销售货物收入是指企业销售商品、产品、原材料、包装物、低值易耗品，以及其他存货取得的收入。

企业销售收入的确认，必须遵循权责发生制原则和实质重于形式原则。

1）采取下列商品销售方式的，应按以下规定确认收入实现时间。

① 销售商品采用托收承付方式的，在办妥托收手续时确认收入。

② 销售商品采取预收款方式的，在发出商品时确认收入。

③ 销售商品需要安装和检验的，在购买方接受商品及安装和检验完毕时确认收入。如果安装程序比较简单，可在发出商品时确认收入。

④ 销售商品采用支付手续费方式委托代销的，在收到代销清单时确认收入。

2）采用售后回购方式销售商品的，销售的商品按售价确认收入，回购的商品作为购进商品处理。有证据表明不符合销售收入确认条件的，如以销售商品方式进行融资，收到的款项应确认为负债，回购价格大于原售价的，差额应在回购期间确认为利息费用。

3）销售商品以旧换新的，销售商品应当按照销售商品收入确认条件确认收入，回收的商品作为购进商品处理。

4）企业为促进商品销售而在商品价格上给予的价格扣除属于商业折扣，商品销售涉及商业折扣的，应当按照扣除商业折扣后的金额确定销售商品收入金额。

【例 11.2】单项选择题

根据企业所得税法律制度的规定，下列关于不同方式下销售商品收入金额确定的表述中，正确的是（　　　）。

A. 采用商业折扣方式销售商品的，按照商业折扣前的金额确定销售商品收入金额

B. 采用现金折扣方式销售商品的，按照现金折扣前的金额确定销售商品收入金额

C. 采用售后回购方式销售商品的，按照扣除回购商品公允价值后的余额确定销售商品收入金额

D. 采用以旧换新方式销售商品的，按照扣除回收商品公允价值后的余额确定销售商品收入金额

答案： B

解析： 选项 A 应按照商业折扣后的金额确定销售商品收入金额。选项 C 按售价确认收入，回购的商品作为购进商品处理。选项 D 应当按照销售商品收入确认条件确认收入，回收的商品作为购进商品处理。

（2）提供劳务收入

提供劳务收入是指企业从事建筑安装、修理修配、交通运输、仓储租赁、金融保险、邮电通信、咨询经纪、文化体育、科学研究、技术服务、教育培训、餐饮住宿、中介代理、卫生保健、社区服务、旅游、娱乐、加工及其他劳务服务活动取得的收入。

企业在各个纳税期末，提供劳务交易的结果能够可靠估计的，应采用完工进度法（完工百分比）确认提供劳务收入。

企业应按照从接受劳务方已收或应收的合同或协议价款确定劳务收入总额，根据纳税期末提供劳务收入总额乘以完工进度扣除以前纳税年度累计已确认提供劳务收入后的金额，确认为当期劳务收入；同时，按照提供劳务估计总成本乘以完工进度扣除以前

纳税期间累计已确认劳务成本后的金额，结转为当期劳务成本。

（3）转让财产收入

转让财产收入是指企业转让固定资产、生物资产、无形资产、股权、债权等财产取得的收入。

（4）股息、红利等权益性投资收益

股息、红利等权益性投资收益是指企业因权益性投资从被投资方取得的收入。股息、红利等权益性投资收益，除国务院财政、税务主管部门另有规定外，按照被投资方做出利润分配决定的日期确认收入的实现。

（5）利息收入

利息收入是指企业将资金提供他人使用但不构成权益性投资，或者因他人占用本企业资金取得的收入，包括存款利息、贷款利息、债券利息、欠款利息等收入。利息收入，按照合同约定的债务人应付利息的日期确认收入的实现。

（6）租金收入

租金收入是指企业提供固定资产、包装物或者其他有形资产的使用权取得的收入。租金收入，按照合同约定的承租人应付租金的日期确认收入的实现。

如果交易合同或协议中规定租赁期限跨年度，且租金提前一次性支付的，出租人可对上述已确认的收入，在租赁期内，分期均匀计入相关年度收入。

（7）特许权使用费收入

特许权使用费收入是指企业提供专利权、非专利技术、商标权、著作权及其他特许权的使用权取得的收入。特许权使用费收入，按照合同约定的特许权使用人应付特许权使用费的日期确认收入的实现。

（8）接受捐赠收入

接受捐赠收入是指企业接受的来自其他企业、组织或者个人无偿给予的货币性资产、非货币性资产。接受捐赠收入，按照实际收到捐赠资产的日期确认收入的实现。

企业以"买一赠一"等方式组合销售本企业商品的，不属于捐赠，应将总的销售金额按各项商品的公允价值的比例来分摊确认销售收入。

（9）其他收入

其他收入是指企业取得的除上述收入外的其他收入，包括企业资产溢余收入、逾期未退包装物押金收入、确实无法偿付的应付款项、已作坏账损失处理后又收回的应收款项、债务重组收入、补贴收入、违约金收入、汇兑收益等。

2.　特殊收入的确认

1）以分期收款方式销售货物的，按照合同约定的收款日期确认收入的实现。

2）企业受托加工制造大型机械设备、船舶、飞机，以及从事建筑、安装、装配工程业务或者提供其他劳务等，持续时间超过 12 个月的，按照纳税年度内完工进度或者完成的工作量确认收入的实现。

3）采取产品分成方式取得收入的，按照企业分得产品的日期确认收入的实现，其收入额按照产品的公允价值确定。

4）企业发生非货币性资产交换，以及将货物、财产、劳务用于捐赠、偿债、赞助、集资、广告、样品、职工福利或利润分配等用途的，应当视同销售货物、转让财产或者提供劳务，但国务院财政、税务主管部门另有规定的除外。

收入的确认还涉及处置资产收入的确认、非货币性资产投资企业所得税处理、企业转让上市公司限售股有关所得税处理、企业接收政府和股东划入资产的所得税处理、相关收入实现的确认等。

【例 11.3】多项选择题

根据企业所得税法律制度的规定，下列关于收入确认的表述中，正确的是（　　）。

A. 企业以非货币形式取得的收入，应当按照公允价值确定收入额

B. 以分期收款方式销售货物的，按照收到货款或索取货款凭证的日期确认收入的实现

C. 采取产品分成的方式取得收入的，按照企业分得产品的日期确认收入的实现，其收入额按照产品的公允价值确定

D. 接受捐赠收入，按照实际收到捐赠资产的日期确定收入

答案：ACD

解析：选项 B 应按照合同约定的收款日期确认收入的实现。

11.3.3　不征税收入和免税收入

1. 不征税收入

不征税收入是指不纳入征税范围的收入，具体包括以下三项内容。

1）财政拨款。财政拨款是指各级人民政府对纳入预算管理的事业单位、社会团体等组织拨付的财政资金，但国务院和国务院财政、税务主管部门另有规定的除外。

2）依法收取并纳入财政管理的行政事业性收费、政府性基金。

3）国务院规定的其他不征税收入。

企业的不征税收入用于支出所形成的费用，不得在计算应纳税所得额时扣除；企业的不征税收入用于支出所形成的资产，其计算的折旧、摊销不得在计算应纳税所得额时扣除。

2. 免税收入

免税收入是指在企业的应纳税所得额中免予征收企业所得税的收入，具体包括以下四项内容。

1）国债利息收入，是指企业持有国务院财政部门发行的国债取得的利息收入。国债转让中除利息收入外的收益（损失）应计入应纳税所得额计算纳税。

2）符合条件的居民企业之间的股息、红利等权益性投资收益，是指居民企业直接投资于其他居民企业取得的投资收益。

3）在中国境内设立机构、场所的非居民企业从居民企业取得与该机构、场所有实际联系的股息、红利等权益性投资收益，但不包括连续持有居民企业公开发行并上市流通的股票不足 12 个月取得的投资收益。

4）符合条件的非营利组织的收入。

11.3.4　准予扣除的项目及其扣除标准的确定

税前扣除一般应遵循权责发生制原则、配比原则、相关性原则、确定性原则、合理性原则。

1. 准予扣除的项目

准予扣除的项目是指按税法规定，在计算应纳税所得额时准予扣除的企业实际发生的与取得收入有关的、合理的支出，包括成本、费用、税金、损失和其他支出。与企业取得收入有关的支出是指与取得收入直接相关的支出。与企业取得收入合理的支出是指符合生产经营活动常规，应当计入当期损益或者有关资产成本的必要和正常的支出。

1）成本是指企业在生产经营活动中发生的销售成本、销货成本、业务支出及其他耗费。

2）费用是指企业在生产经营活动中发生的销售费用、管理费用和财务费用，已经计入成本的有关费用除外。

3）税金是指企业发生的除企业所得税和允许抵扣的增值税以外的各项税金及其附加。

4）损失是指企业在生产经营活动中发生的固定资产和存货的盘亏、毁损、报废损失，转让财产损失，呆账损失，坏账损失，自然灾害等不可抗力因素造成的损失及其他损失。企业发生的损失，减除责任人赔偿和保险赔款后的余额，依照国务院财政、税务主管部门的规定扣除。企业已经作为损失处理的资产，在以后纳税年度又全部收回或者部分收回时，应当计入当期收入。

5）其他支出是指除成本、费用、税金、损失外，企业在生产经营活动中发生的与生产经营活动有关的、合理的支出。

【例 11.4】单项选择题

根据企业所得税法律制度的规定，企业缴纳的下列税金中，不得在计算企业所得税应纳税所得额时扣除的是（　　）。

A. 增值税　　　　　B. 消费税　　　　C. 资源税　　　　D. 房产税

答案：A

解析：增值税属于价外税，不在扣除之列。

2. 扣除项目的扣除标准

根据《企业所得税法》的规定，下列项目可以按照实际发生额或规定的标准进行扣除。

（1）工资、薪金扣除标准

企业发生的合理的工资薪金支出，准予扣除。工资薪金是指企业每一纳税年度支付给在本企业任职或者受雇的员工的所有现金形式或者非现金形式的劳动报酬，包括基本工资、奖金、津贴、补贴、年终加薪、加班工资，以及与员工任职或者受雇有关的其他支出。

（2）职工福利费、工会经费、职工教育费扣除标准

1）企业发生的职工福利费支出，不超过工资薪金总额 14% 的部分，准予扣除。

① 为职工卫生保健、生活等发放或支付的各项现金补贴和非货币性福利，包括职工因公外地就医费用、暂未实行医疗统筹企业职工医疗费用、职工供养直系亲属医疗补贴、职工疗养费用、职工食堂经费补贴供暖费补贴、防暑降温费等。

② 企业尚未分离的内设集体福利部门所发生的设备、设施和人员费用，包括职工食堂、职工浴室、理发室、医务所、托儿所、疗养院、集体宿舍等集体福利部门设备、设施的折旧、维修保养费用，以及集体福利部门工作人员的工资薪金、社会保险费、住房公积金、劳务费等人工费用。

③ 按规定发生的其他职工福利费，包括丧葬补助费、抚恤费、职工异地安家费、独生子女费、探亲假路费等。

2）企业拨缴的工会经费，不超过工资薪金总额 2% 的部分，准予扣除。

3）除国务院财政、税务主管部门另有规定外，企业发生的职工教育经费支出，不超过工资薪金总额 8% 的部分，准予扣除，超过部分，准予在以后纳税年度结转扣除。

【例 11.5】单项选择题

根据企业所得税法律制度的规定，在计算企业应纳税所得额时，除国务院财政、税务主管部门另有规定外，有关费用支出不超过规定比例的准予扣除，超过部分，准予在以后纳税年度结转扣除。下列各项中，属于该有关费用的是（　　）。

A. 工会会费　　　　B. 社会保险费　　　　C. 职工福利费　　D. 职工教育经费

答案：D

解析：税法规定除国务院财政、税务主管部门另有规定外，企业发生的职工教育经费支出，不超过工薪总额的 8% 的部分，准予扣除；超过部分，准予在以后纳税年度结转扣除。

（3）各项保险的扣除标准

1）企业依照国务院有关主管部门或者省级人民政府规定的范围和标准为职工缴纳的基本养老保险费、基本医疗保险费、失业保险费、工伤保险费、生育保险费等基本社会保险费和住房公积金，准予扣除。

2）企业为投资者或者职工支付的补充养老保险费、补充医疗保险费，分别在不超过职工工资总额 5% 标准内的部分，准予扣除。超过部分，不得扣除。

3）企业参加财产保险，按照规定缴纳的保险费准予扣除。

4）企业依照国家有关规定为特殊工种职工支付的人身安全保险费和符合国务院财政、税务主管部门规定可以扣除的商业保险费准予扣除。

（4）借款费用扣除标准

1）企业在生产经营活动中发生的合理的不需要资本化的借款费用，准予扣除。

2）企业为购置、建造固定资产、无形资产和经过 12 个月以上的建造才能达到预定可销售状态的存货发生借款的，在有关资产购置、建造期间发生的合理的借款费用，应当作为资本性支出计入有关资产的成本；有关资产交付使用后发生的借款利息，可在发生当期扣除。

3）企业通过发行债券、取得贷款、吸收保户储金等方式融资而发生的合理的费用支出，符合资本化条件的，应计入资本成本；不符合资本化条件的，应作为财务费用，可在税前扣除。

（5）利息支出扣除标准

企业在生产经营活动中发生的下列利息支出，准予扣除。

1）非金融企业向金融企业借款的利息支出、金融企业的各项存款利息支出和同业拆借利息支出、企业经批准发行债券的利息支出，可据实扣除。

2）非金融企业向非金融企业借款的利息支出，企业向自然人借款的利息支出等，不超过按照金融企业同期同类贷款利率计算的数额的部分。

3）关联企业利息费用的处理，税法另有规定。

（6）汇总损失扣除标准

企业在货币交易中，以及纳税年度终了时将人民币以外的货币性资产、负债按照期末即期人民币汇率中间价折算为人民币时产生的汇兑损失，除已经计入有关资产成本，以及与向所有者进行利润分配相关的部分外，准予扣除。

（7）业务招待费的扣除标准

企业发生的与生产经营活动有关的业务招待费支出，按照发生额的60%扣除，但最高不得超过当年销售（营业）收入的5‰。

企业在筹建期间，发生的与筹办活动有关的业务招待费支出，可按实际发生额的60%计入企业筹办费，并按有关规定在税前扣除。

（8）广告费和业务宣传费的扣除标准

企业发生的符合条件的广告费和业务宣传费支出，除国务院财政、税务主管部门另有规定外，不超过当年销售（营业）收入15%的部分，准予扣除；超过部分，准予在以后纳税年度结转扣除。

自2016年1月1日起至2020年12月31日止，对化妆品制造或销售、医药制造和饮料制造（不含酒类制造）企业发生的广告费和业务宣传费支出，不超过当年销售（营业）收入30%的部分，准予扣除；超过部分，准予在以后纳税年度结转扣除。

企业在筹建期间，发生的广告费和业务宣传费，可按实际发生额计入企业筹办费，并按有关规定在税前扣除。

企业申报扣除的广告费支出应与赞助支出严格区分。企业申报扣除的广告费支出，必须符合下列条件：广告是通过工商部门批准的专门机构制作的；已实际支付费用，并已取得相应发票；通过一定的媒体传播。

烟草企业的烟草广告费和业务宣传费支出，一律不得在计算应纳税所得额时扣除。

（9）环境保护专项资金的扣除标准

企业依照法律、行政法规有关规定提取的用于环境保护、生态恢复等方面的专项资金准予扣除。上述专项资金提取后改变用途的，不得扣除。

（10）租赁费的扣除标准

企业根据生产经营活动的需要租入固定资产支付的租赁费，按照以下方法扣除。

1）以经营租赁方式租入固定资产发生的租赁费支出，按照租赁期限均匀扣除。

2）以融资租赁方式租入固定资产发生的租赁费支出，按照规定构成融资租入固定资产价值的部分应当提取折旧费用，分期扣除。

（11）劳动保护费的扣除标准

企业发生的合理的劳动保护支出，准予扣除。

（12）总机构分摊的费用扣除标准

非居民企业在中国境内设立的机构、场所，就其中国境外总机构发生的与该机构、场所生产经营有关的费用，能够提供总机构出具的费用汇集范围、定额、分配依据和方法等证明文件，并合理分摊的准予扣除。

（13）公益性捐赠的扣除标准

公益性捐赠是指企业通过公益性社会团体或者县级以上人民政府及其部门，用于《中华人民共和国公益事业捐赠法》规定的公益事业的捐赠。

企业发生的公益性捐赠支出，不超过年度利润总额 12% 的部分，准予扣除，超过年利润总额 12% 的部分，准予结转以后 3 年内计算应纳税所得额时扣除。年度利润总额是指企业依照国家统一会计制度的规定计算的年度会计利润。

【例 11.6】单项选择题

某企业 2018 年度实现利润总额 20 万元，在"营业外支出"账户中列支了通过公益性社会团体向贫困地区捐款的 5 万元。根据企业所得税法律制度的规定，计算该企业 2018 年度应纳税所得额时，允许扣除的捐款数额为（　　）万元。

A. 5　　　　　B. 2.4　　　　　C. 1.5　　　　　D. 1

答案：B

解析：企业发生的公益性捐赠支出，不超过年度利润总额 12% 的部分，准予在计算应纳税所得额时扣除。因此，允许扣除的捐款数额为 20×12%＝2.4（万元）。

11.3.5　不得扣除的项目

在计算应纳税所得额时，下列支出不得扣除。

1）向投资者支付的股息、红利等权益性投资收益款项。

2）企业所得税税款。

3）税收滞纳金。

4）罚金、罚款和被没收财物的损失。

5）超过规定标准的捐赠支出。

6）赞助支出，是指企业发生的与生产经营活动无关的各种非广告性质的支出。

7）未经核定的准备金支出，是指符合国务院财政、税务主管部门规定的各项资产减值准备、风险准备等准备金支出。

8）企业之间支付的管理费、企业内营业机构之间支付的租金和特许权使用费，以及非银行企业内营业机构之间支付的利息。

9）与取得收入无关的其他支出。

11.3.6　应纳税所得额确定的其他规定

1. 亏损弥补

亏损是指企业依照《企业所得税法》和《企业所得税法实施条例》的规定将每一纳税年度的收入总额减除不征税收入、免税收入和各项扣除后小于零的数额。企业纳税年度发生的亏损，准予向以后年度结转，用以后年度的所得弥补，但结转年限最长不得超过 5 年。企业在汇总计算缴纳企业所得税时，其境外营业机构的亏损不得抵减境内营业机构的盈利。

自 2018 年 1 月 1 日起，当年具备高新技术企业或科技型中小企业资格的企业，其具备资格年度之前 5 个年度发生的尚未弥补完的亏损，准予结转以后年度弥补，最长结转年限由 5 年延长至 10 年。

2. 清算所得

清算所得是指企业的全部资产可变现价值或者交易价格减除资产净值、清算费用及相关税费等后的余额。《企业所得税法》规定：企业在年度中间终止经营活动的，应当自实际经营终止之日起 60 日内，向税务机关办理当期企业所得税汇算清缴。企业应当在办理注销登记前，就其清算所得向税务机关申报并依法缴纳企业所得税。

投资方企业从被清算企业分得的剩余资产，其中相当于从被清算企业累计未分配利润和累计盈余公积中应当分得的部分，应当确认为股息所得；剩余资产减除上述股息所得后的余额，超过或者低于投资成本的部分，应当确认为投资资产转让所得或者损失。

3. 特别纳税调整

特别纳税调整是指企业与其关联方之间的业务往来，不符合独立交易原则而减少企业或者其关联方应纳税收入或者所得额的，税务机关有权按照合理方法调整。企业与其关联方共同开发、受让无形资产，或者共同提供、接受劳务发生的成本，在计算应纳税所得额时应当按照独立交易原则进行分摊。

关联方是指与企业有下列关联关系之一的企业、其他组织或者个人。

① 在资金、经营、购销等方面存在直接或者间接的控制关系。

② 直接或者间接地同为第三者控制。

③ 在利益上具有相关联的其他关系。关联方之间的业务往来要按照独立交易原则进行，即指没有关联关系的交易各方，按照公平成交价格和营业常规进行业务往来遵循的原则。

特别纳税调整管理的内容包括：转让定价管理，是指税务机关按有关规定，对企业与其关联方之间的业务往来是否符合独立交易原则进行审核评估好调查调整等工作的总称；预约定价安排管理，是指税务机关按有关规定对企业提出的未来年度关联交易的定价原则和计算方法进行审核评估，并与企业协商达成预约定价安排等的工作的总称；成本分摊协议管理，是指税务机关按相关规定对企业与其关联方签署的成本分摊协议是否符合独立交易原则进行审核评估和调查调整等工作的总称；受控外国企业管理，是指税务机关按相关规定对受控外国企业不作利润分配或减少分配进行审核评估和调查，并对归属于中国居民企业所得进行调整等工作的总称；资本弱化管理，是指税务机关按相关规定对企业接受的关联方债权性投资与企业接受的权益性投资的比例是否符合规定比例或独立交易原则进行审核评估和调查调整等工作的总称；一般反避税管理，是指税务机关按相关规定对企业实施其他不具有合理商业目的的安排而减少其应纳税收入或所得额进行审核评估和调查调整等工作的总称。

转让定价方法包括如下内容。

① 可比非受控价格法是指按照没有关联关系的交易各方进行相同或者类似业务往来的价格进行定价的方法。

② 再销售价格法是指按照从关联方购进商品再销售给没有关联关系的交易方的价格，减除相同或者类似业务的销售毛利进行定价的方法。

③ 成本加成法是指按照成本加合理的费用和利润进行定价的方法。

④ 交易净利润法是指按照没有关联关系的交易各方进行相同或者类似业务往来取得的净利润水平确定利润的方法。

⑤ 利润分割法是指将企业与其关联方的合并利润或者亏损在各方之间采用合理标准进行分配的方法。

⑥ 其他符合独立交易原则的方法。

企业与其关联方分摊成本时，按照独立交易原则与其关联方分摊共同发生的成本，达成成本分摊协议，按照成本与预期收益相配比的原则进行分摊。

11.4　资产的税务处理

企业的各项资产，包括固定资产、生物资产、无形资产、长期待摊费用、投资资产、存货等，以历史成本为计税基础。历史成本是指企业取得该项资产时实际发生的支出。企业持有各项资产期间资产增值或者减值，除国务院财政、税务主管部门规定可以确认损益外，不得调整该资产的计税基础。

11.4.1　固定资产的税务处理

固定资产是指企业使用期限超过 1 年的房屋、建筑物、机器、机械、运输工具，以及其他与生产、经营有关的设备、器具、工具等。不属于生产经营主要设备的物品，单位价值在 2 000 元以上，并且使用年限超过 2 年的，也应当作为固定资产。

1. 固定资产的计税基础

1）外购的固定资产，以购买价款和支付的相关税费及直接归属于使该资产达到预定用途发生的其他支出为计税基础。

2）自行建造的固定资产，以竣工结算前发生的支出为计税基础。

3）融资租入的固定资产，以租赁合同约定的付款总额和承租人在签订租赁合同过程中发生的相关费用为计税基础，租赁合同未约定付款总额的，以该资产的公允价值和承租人在签订租赁合同过程中发生的相关费用为计税基础。

4）盘盈的固定资产，以同类固定资产的重置完全价值为计税基础。

5）通过捐赠、投资、非货币性资产交换、债务重组等方式取得的固定资产，以该资产的公允价值和支付的相关税费为计税基础。

6）改建的固定资产，除已足额提取折旧的固定资产和租入固定资产外，以改建过程中发生的改建支出增加计税基础。

2. 固定资产折旧的方法及年限

固定资产按照直线法计算的折旧，准予扣除。企业应当自固定资产投入使用月份的次月起计算折旧；停止使用的固定资产，应当自停止使用月份的次月起停止计算折旧。企业应当根据固定资产的性质和使用情况，合理确定固定资产的预计净残值。固定资产的预计净残值一经确定，不得变更。从事开采石油、天然气等矿产资源的企业，在开始商业性生产前发生的费用和有关固定资产的折耗、折旧方法，由国务院财政、税务主管部门另行规定。

固定资产计算折旧的最低年限如下。

① 房屋、建筑物，为 20 年。

② 飞机、火车、轮船、机器、机械和其他生产设备，为 10 年。

③ 与生产经营活动有关的器具、工具、家具等，为 5 年。

④ 飞机、火车、轮船以外的运输工具，为 4 年。

⑤ 电子设备，为 3 年。国务院财政、税务主管部门另有规定的除外。

3. 固定资产折旧的计提范围

在计算应纳税所得额时，企业按照规定计算的固定资产折旧，准予扣除。下列固定资产不得计算折旧扣除。

① 房屋、建筑物以外未投入使用的固定资产。

② 以经营租赁方式租入的固定资产。

③ 以融资租赁方式租出的固定资产。

④ 已足额提取折旧仍继续使用的固定资产。

⑤ 与经营活动无关的固定资产。

⑥ 单独估价作为固定资产入账的土地。

⑦ 其他不得计算折旧扣除的固定资产。

【例 11.7】多项选择题

根据企业所得税法律制度的规定，企业的下列资产或支出项目中，按规定应计提折旧的有（　　）。

A. 已足额提取折旧的固定资产的改建支出

B. 单独估价作为固定资产入账的土地

C. 以融资租赁方式租入的固定资产

D. 未投入使用的机器设备

答案：AC

解析：企业所得税法律制度规定，单独估价作为固定资产的土地不计提折旧，未投入使用的机器设备不计提折旧。

11.4.2　无形资产的税务处理

无形资产是指企业为生产产品、提供劳务、出租或者经营管理而持有的、没有实物形态的非货币性长期资产，包括专利权、商标权、著作权、土地使用权、非专利技术、商誉等。

1. 无形资产的计税基础

无形资产按照以下方法确定计税基础。

1）外购的无形资产，以购买价款和支付的相关税费，以及直接归属于使该资产达到预定用途发生的其他支出为计税基础。

2）自行开发的无形资产，以开发过程中该资产符合资本化条件后至达到预定用途前发生的支出为计税基础。

3）通过捐赠、投资、非货币性资产交换、债务重组等方式取得的无形资产，以该资产的公允价值和支付的相关税费为计税基础。

2. 无形资产的摊销方法及年限

无形资产按照直线法计算的摊销费用，准予扣除。无形资产的摊销年限不得低于 10 年。作为投资或者受让的无形资产，有关法律规定或者合同约定了使用年限的，可以按照规定或者约定的使用年限分期摊销。外购商誉的支出，在企业整体转让或者清算时，准予扣除。

3. 无形资产的摊销范围

在计算应纳税所得额时，企业按照规定计算的无形资产摊销费用准予扣除。下列无形资产不得计算摊销费用扣除。

① 自行开发的支出已在计算应纳税所得额时扣除的无形资产。

② 自创商誉。

③ 与经营活动无关的无形资产。

④ 其他不得计算摊销费用扣除的无形资产。

11.4.3　生产性生物资产的税务处理

生产性生物资产是指企业为生产农产品、提供劳务或者出租等目的而持有的生物资产，包括经济林、薪炭林、产畜和役畜等。

1. 生产性生物资产的计税基础

生产性生物资产按照以下方法确定计税基础。

① 外购的生产性生物资产，以购买价款和支付的相关税费为计税基础。

② 通过捐赠、投资、非货币性资产交换、债务重组等方式取得的生产性生物资产，以该资产的公允价值和支付的相关税费为计税基础。

2. 生产性生物资产的折旧方法及年限

生产性生物资产按照直线法计算的折旧，准予扣除。企业应当自生产性生物资产投入使用月份的次月起计算折旧；停止使用的生产性生物资产，应当自停止使用月份的次月起停止计算折旧。企业应当根据生产性生物资产的性质和使用情况，合理确定生产性生物资产的预计净残值。生产性生物资产的预计净残值一经确定，不得变更。

生产性生物资产计算折旧的最低年限如下。

① 林木类生产性生物资产，为 10 年。

② 畜类生产性生物资产，为 3 年。

11.4.4　长期待摊费用的税务处理

长期待摊费用是指企业已经支出，但摊销期限在 1 年以上的各项费用。长期待摊费用不能全部计入当年损益，应当在以后年度内分期摊销，具体包括开办费、固定资产大修理支出、租入固定资产的改良支出及摊销期限在一年以上的其他待摊费用。

1. 长期待摊费用的计税基础

在计算应纳税所得额时，企业发生的下列支出作为长期待摊费用，按照规定摊销的，准予扣除。

① 已足额提取折旧的固定资产的改建支出。

② 租入固定资产的改建支出。

③ 固定资产的大修理支出。

④ 其他应当作为长期待摊费用的支出。

2. 长期待摊费用的摊销方法及年限

长期待摊费用的支出，自支出发生月份的次月起，分期摊销，摊销年限不得低于 3 年。

固定资产的改建支出是指改变房屋或者建筑物结构、延长使用年限等发生的支出。已足额提取折旧的固定资产的改建支出，按照固定资产预计尚可使用年限分期摊销；租入固定资产的改建支出，按照合同约定的剩余租赁期限分期摊销。改建的固定资产延长使用年限的，应当适当延长折旧年限，已足额提取折旧的固定资产的改建支出、租入固定资产的改建支出除外。

固定资产的大修理支出是指同时符合下列条件的支出。

① 修理支出达到取得固定资产时的计税基础 50%以上。

② 修理后固定资产的使用年限延长 2 年以上。固定资产的大修理支出，按照固定资产尚可使用年限分期摊销。

11.4.5　存货的税务处理

存货是指企业持有以备出售的产品或者商品、处在生产过程中的在产品、在生产或者提供劳务过程中耗用的材料和物料等。

1．存货的计税基础

存货按照以下方法确定成本。

1）通过支付现金的方式取得的存货，以购买价款和支付的相关税费为成本。

2）通过支付现金以外的方式取得的存货，以该存货的公允价值和支付的相关税费为成本。

3）生产性生物资产收获的农产品，以产出或者采收过程中发生的材料费、人工费和分摊的间接费用等必要支出为成本。

企业在重组过程中，应当在交易发生时确认有关资产的转让所得或者损失，相关资产应当按照交易价格重新确定计税基础，国务院财政、税务主管部门另有规定者除外。

2．存货的扣除范围

企业使用或者销售存货，按照规定计算的存货成本，准予在计算应纳税所得额时扣除；企业转让资产，该项资产的净值，准予在计算应纳税所得额时扣除。资产的净值是指有关资产、财产的计税基础减除已经按照规定扣除的折旧、折耗、摊销、准备金等后的余额。

3．存货成本的计算方法

企业使用或者销售的存货的成本计算方法，可以在先进先出法、加权平均法、个别计价法中选用一种。计价方法一经选用，不得随意变更。

11.4.6　投资资产的税务处理

投资资产是指企业对外进行权益性投资和债权性投资形成的资产。

1．投资资产的计税基础

投资资产按照以下方法确定成本。

① 通过支付现金方式取得的投资资产，以购买价款为成本。

② 通过支付现金以外的方式取得的投资资产，以该资产的公允价值和支付的相关税费为成本。

2．投资资产的扣除范围

企业在转让或者处置投资资产时，投资资产的成本准予扣除；企业对外投资期间，投资资产的成本在计算应纳税所得额时不得扣除。

11.5 企业所得税应纳税额的计算

11.5.1 居民企业应纳税额的计算

1．应纳税额的计算公式

居民企业的应纳所得税税额等于应纳税所得额乘以适用税率，其计算公式为

应纳税额＝应纳税所得额×适用税率－减免税额－抵免税额

公式中的减免税额和抵免税额，是指依照《企业所得税法》和国务院的税收优惠规定减征、免征和抵免的应纳税额。

从公式中可以看出企业所得税额的多少取决于四个因素，即应纳税所得额、适用税率、减免税额、抵免税额，但最主要的因素是应纳税所得额和适用税率。计算公式为

应纳税所得额＝企业每一纳税年度的收入总额－不征税收入－免税收入
　　　　　　　－各项扣除－允许弥补的以前年度亏损

在实际中，我们还可以采用较为实用的计算方法来计算应纳税所得额。计算公式为

应纳税所得额＝企业会计利润总额±纳税调整项目金额

纳税调整项目金额包括两个方面：一是企业的财务会计处理与税收规定不一致的应予以调整的金额；二是企业按税法规定准予扣除的税收金额。

2．采取按期预缴、年终汇算清缴的办法

企业所得税采取分月或者分季预缴、年终汇算清缴的办法。企业所得税分月或者分季预缴，由税务机关具体核定。分月或者分季预缴企业所得税时，应当按照月度或者季度的实际利润额预缴；按照月度或者季度的实际利润额预缴有困难的，可以按照上一纳

税年度应纳税所得额的月度或者季度平均额预缴,或者按照经税务机关认可的其他方法预缴。预缴方法一经确定,该纳税年度内不得随意变更。企业应当自年度终了之日起 5 个月内,向税务机关报送年度企业所得税纳税申报表,并汇算清缴,结清应缴应退税款。

【例 11.8】计算题

甲企业为增值税一般纳税人,2018 年度取得销售收入 8 800 万元,销售成本为 5 000 万元,会计利润为 845 万元,2018 年甲企业其他相关财务资料如下。

① 在管理费用中,发生业务招待费 140 万元,新产品的研究开发费用 280 万元(未形成无形资产计入当期损益)。

② 在销售费用中,发生广告费 700 万元,业务宣传费 140 万元。

③ 发生财务费用 900 万元,其中支付给与其有业务往来的客户全年借款利息 700 万元,年利率为 7%,金融机构同期同类贷款年利率为 6%。

④ 营业外支出中,列支通过减灾委员会向遭受自然灾害的地区的捐款 50 万元,支付给客户的违约金 10 万元。

⑤ 已在成本费用中列支实发工资总额 500 万元,并实际列支职工福利费 105 万元,上缴工会经费 10 万元并取得工会经费专用拨缴款收据,职工教育经费支出 20 万元。

已知甲企业适用的企业所得税税率为 25%。计算甲企业 2015 年应缴纳的企业所得税税额。

解析:

① 业务招待费实际发生额的 60%=140×60%=84(万元),销售(营业)收入的 0.5%=8 800×0.5%=44(万元)。因此,准予税前扣除的业务招待费为 44 万元,纳税调增额=140-44=96(万元)。

企业为开发新技术、新产品、新工艺发生的研究开发费用,未形成无形资产计入当期损益的,在按照规定据实扣除的基础上,再按照研究开发费用的 75% 加计扣除。因此,准予扣除的研究开发费用=280×175%=420(万元),纳税调减额=280×75%=210(万元)。

② 广告费和业务宣传费的扣除限额=8 800×15%=1 320(万元),企业实际发生广告费和业务宣传费=700+140=840(万元),小于扣除限额,实际发生的广告费和业务宣传费可以全部在税前扣除,不需要纳税调整。

③ 借款本金=700÷7%=10 000(万元),借款利息的税法扣除限额=10 000×6%=600(万元),实际发生额 700 万元超过限额,准予扣除的借款利息为 600 万元。因此,准予扣除的财务费用=900-(700-600)=800(万元),纳税调增额=700-600=100(万元)。

④ 支付给客户的违约金 10 万元，准予在税前扣除，不需要进行纳税调整。公益性捐赠的税前扣除限额＝845×12%＝101.4（万元），实际捐赠支出 50 万元没有超过扣除限额，准予据实扣除，因此，纳税调整额为零。

⑤ 职工福利费扣除限额＝500×14%＝70（万元），实际支出额为 105 万元，超过扣除限额，纳税调增额＝105－70＝35（万元）。

工会经费扣除限额＝500×2%＝10（万元），实际上缴工会经费 10 万元，可以全部扣除，不需要进行纳税调整。

职工教育经费扣除限额＝500×8%＝40（万元），实际支出额为 20 万元，未超过扣除限额，不需要进行纳税调整。

甲企业 2018 年度应纳税所得额＝845（会计利润）＋96（业务招待费调增额）

－210（三新开发费用调减额）＋100（财务费用调增额）

＋35（职工福利费调增额）

＝866（万元）

应纳企业所得税税额＝866×25%＝216.5（万元）

11.5.2　境外所得抵扣税额的计算

居民企业来源于中国境外的应税所得和非居民企业在中国境内设立机构、场所，取得发生在中国境外但与该机构、场所有实际联系的应税所得，已在境外缴纳的所得税税额，可以从其当期应纳税额中抵免，抵免限额为该项所得依照本法规定计算的应纳税额；超过抵免限额的部分，可以在以后五个年度内，用每年度抵免限额抵免当年应抵税额后的余额进行抵补。五个年度，是指从企业取得的来源于中国境外的所得，已经在中国境外缴纳的企业所得税性质的税额超过抵免限额的当年的次年起连续五个纳税年度。

居民企业从其直接或者间接控制的外国企业分得的来源于中国境外的股息、红利等权益性投资收益，外国企业在境外实际缴纳的所得税税额中属于该项所得负担的部分，可以作为该居民企业的可抵免境外所得税税额，在规定的抵免限额内抵免。其中，直接控制是指居民企业直接持有外国企业 20%以上股份；间接控制是指居民企业以间接持股方式持有外国企业 20%以上股份，具体认定办法由国务院财政、税务主管部门另行制定。

抵免限额是指企业来源于中国境外的所得，依照《企业所得税法》和《企业所得税法实施条例》的规定计算的应纳税额。除国务院财政、税务主管部门另有规定外，该抵免限额应当分国（地区）不分项计算，抵免企业所得税税额时，应当提供中国境外税务机关出具的税款所属年度的有关纳税凭证。计算公式为

$$抵免限额＝境内、境外所得依照税法计算的应纳税总额$$
$$×来源于某国（地区）的应纳税所得额$$
$$÷中国境内、境外应纳税所得总额$$
$$全年应纳所得税税额＝境内、境外应纳税所得额×适用税率－抵免限额$$

【例 11.9】计算题

某企业 2018 年度境内应纳税所得额为 200 万元，适用 25% 的企业所得税税率。同期从 A 国的全资分支机构取得应纳税所得额为 300 万元，A 国所得税税率为 30%；从 B 国的全资分支机构取得应纳税所得额为 100 万元，B 国所得税税率为 20%。两个分支机构在 A、B 两国分别缴纳了 90 万元和 20 万元的企业所得税。计算该企业本年度应纳企业所得税税额。

解析：

全年应纳所得税税额＝（200＋300＋100）×25%＝150（万元）

A、B 两国的抵免限额：

A 国的抵免限额＝150×［300÷（200＋300＋100）］＝75（万元）

B 国的抵免限额＝150×［100÷（200＋300＋100）］＝25（万元）

该企业在 A 国缴纳的所得税税额为 90 万元，高于抵免限额 75 万元，其超过抵免限额的部分 15 万元当年不能扣除。但可以在以后五个年度内，用每年度抵免限额抵免当年应抵税额后的余额进行抵补。

该企业在 B 国缴纳的所得税税额为 20 万元，低于抵免限额 25 万元，可全额扣除。

汇总时在我国应缴纳的所得税税额＝150－75－20＝55（万元）

11.5.3　非居民企业应纳税额的计算

在中国境内未设立机构、场所的，或者虽设立机构、场所但取得的所得与其所设机构、场所没有实际联系的非居民企业的所得，应当就其来源于中国境内的所得缴纳企业所得税，并按照规定方法计算其应纳税所得额。

应纳税所得额的计算方法如下。

① 股息、红利等权益性投资收益和利息、租金、特许权使用费所得，以收入全额为应纳税所得额。

② 转让财产所得，以收入全额减除财产净值后的余额为应纳税所得额。

③ 其他所得，参照前两项规定的方法计算应纳税所得额。

避免国际重复征税的方法

我国对纳税人的境外所得采用抵免法来避免国际重复征税，即企业取得的所得已在境外缴纳了所得税款，可以从其当期应纳税额中抵免。避免国际重复征税的基本方法主要有四种。

1）扣除法。扣除法是指一国政府为了减轻国际重复征税，从本国纳税人来源于国外的所得中，扣除此项所得所负担的外国所得税款，就其余额征税的方法。

2）免税法。免税法是指一国政府单方面放弃对本国纳税人国外所得的征税权力，而仅对其来源于国内的所得征税。此法多适用于居住国为单一实行地域管辖权的国家。

3）抵免法。抵免法是指一国政府优先承认收入来源地税收管辖权的优先地位，在对本国纳税人来源于国外的所得征税时，以本国纳税人在国外缴纳税款冲抵本国税收的方法。抵免法有全额抵免与限额抵免两种。全额抵免是指居住国允许纳税人已经缴纳的来源国税额，可以全部用来冲抵，其居住国的纳税额没有限额的限制。限额抵免是指纳税人可以从居住国应纳税额中冲抵的已缴来源国税额，不得超过纳税人的境外来源所得按照居住国税法规定的税率算出的应纳税额。

4）减税法。减税法是指居住国对本国居民来源于国外的收入给予一定的减征照顾。

扣除法和减税法无法彻底消除重复征税。抵免法是世界上大多数国家选用的方法。这种方法最大的优点是在来源地管辖权优先的基础上，兼顾居民税收管辖权，既避免了双重征税，又维护了国家的税收权益。

11.6 企业所得税的税收优惠

11.6.1 减、免征优惠规定

1. 企业从事农、林、牧、渔业项目的所得

企业从事以下农、林、牧、渔业项目的所得，可以免征企业所得税：

1）蔬菜、谷物、薯类、油料、豆类、棉花、麻类、糖料、水果、坚果的种植。

2）农作物新品种的选育。

3）中药材的种植。

4）林木的培育和种植。

5）牲畜、家禽的饲养。

6）林产品的采集。

7）灌溉、农产品初加工、兽医、农技推广、农机作业和维修等农、林、牧、渔服务业项目。

8）远洋捕捞。

2. 企业从事特殊项目的所得

企业从事下列项目的所得，减半征收企业所得税：

1）花卉、茶及其他饮料作物和香料作物的种植。

2）海水养殖、内陆养殖。

3. 非居民企业的所得

非居民企业在中国境内未设立机构、场所的，或者虽设立机构、场所但取得的所得与其所设机构、场所没有实际联系的，应当就其来源于中国境内的所得缴纳企业所得税。但下列所得可以免征企业所得税。

1）外国政府向中国政府提供贷款取得的利息所得。

2）国际金融组织向中国政府和居民企业提供优惠贷款取得的利息所得。

3）经国务院批准的其他所得。

4. 从事国家重点扶持的公共基础设施项目投资经营的所得

国家重点扶持的公共基础设施项目，是指《公共基础设施项目企业所得税优惠目录》规定的港口码头、机场、铁路、公路、城市公共交通、电力、水利等项目。

1）企业从事国家重点扶持的公共基础设施项目的投资经营的所得，自项目取得第一笔生产经营收入所属纳税年度起，第 1 年至第 3 年免征企业所得税，第 4 年至第 6 年减半征收企业所得税。

2）企业承包经营、承包建设和内部自建自用《企业所得税法实施条例》第八十七条规定的项目，不得享受该条规定的企业所得税优惠。

5. 从事符合条件的环境保护、节能节水项目的所得

符合条件的环境保护、节能节水项目，包括公共污水处理、公共垃圾处理、沼气综合开发利用、节能减排技术改造、海水淡化等。项目的具体条件和范围由国务院财政、税务主管部门商国务院有关部门制定，报国务院批准后公布施行。

企业从事符合条件的环境保护、节能节水项目的所得，自项目取得第一笔生产经营收入所属纳税年度起，第 1 年至第 3 年免征企业所得税，第 4 年至第 6 年减半征收企业所得税。

6. 符合条件的技术转让的所得

符合条件的技术转让所得免征、减征企业所得税，是指一个纳税年度内，居民企业技术转让所得不超过 500 万元的部分，免征企业所得税；超过 500 万元的部分，减半征收企业所得税。计算公式为

$$技术转让所得＝技术转让收入－技术转让成本－相关税费$$

或

$$技术转让所得＝技术转让收入－无形资产摊销费用$$
$$－相关税费－应分摊期间费用$$

11.6.2 对特定企业的优惠税率政策

1. 小型微利企业的优惠政策

我国税法规定，对符合条件的小型微利企业，减按 20%的税率征收企业所得税。符合条件的小型微利企业，是指从事国家非限制和禁止的行业，并符合下列条件的企业。

1）工业企业，年度应纳税所得额不超过 100 万元，从业人数不超过 100 人，资产总额不超过 3 000 万元。

2）其他企业，年度应纳税所得额不超过 100 万元，从业人数不超过 80 人，资产总额不超过 1 000 万元。

自 2019 年 1 月 1 日至 2021 年 12 月 31 日，年应纳税所得额低于 100 万元（含 100 万元）的小型微利企业，其所得减按 25%计入应纳税所得额，按 20%的税率缴纳企业所得税。年应纳税所得额在 100 万元至 300 万元的小型微利企业，其所得减按 50%计入应纳税所得额，按 20%的税率缴纳企业所得税。

2. 国家需要重点扶持的高新技术企业优惠政策

国家需要重点扶持的高新技术企业，减按 15%的税率征收企业所得税。

国家需要重点扶持的高新技术企业，是指拥有核心自主知识产权，并同时符合下列条件的企业。

① 企业申请认定是须注册成立一年以上。

② 企业通过自主研发、受让、受赠、并购等方式，获得对其主要产品（服务在技术上发挥核心支持作用的知识产权的所有权。

③ 产品（服务）属于《国家重点支持的高新技术领域》规定的范围。

④ 科技人员占企业职工总数的比例不低于规定比例。

⑤ 研究开发费用占销售收入的比例不低于规定比例。

⑥ 高新技术产品（服务）收入占企业总收入的比例不低于规定比例。

⑦ 企业创新能力评价应达到相应要求。

【例 11.10】单项选择题

某软件企业是国家需要重点扶持的高新技术企业。2018 年度该企业应纳税所得额为 200 万元，该企业 2018 年度应缴纳的企业所得税税额为（　　）万元。

A. 50　　　　　B. 40　　　　　C. 30　　　　　D. 20

答案： C

解析： 国家需要重点扶持的高新技术企业减按 15% 的税率征收企业所得税，该企业应纳企业所得税税额＝200×15%＝30（万元）。

3. 非居民企业的优惠政策

非居民企业在中国境内未设立机构、场所的，或者虽设立机构、场所但取得的所得与其所设机构、场所没有实际联系的，应当就其来源于中国境内的所得缴纳企业所得税，减按 10% 的税率征收企业所得税。

11.6.3　对民族自治地方的税收优惠规定

民族自治地方的自治机关对本民族自治地方的企业应缴纳的企业所得税中属于地方分享的部分，可以决定减征或者免征。自治州、自治县决定减征或者免征的，须报省、自治区、直辖市人民政府批准。民族自治地方是指依照《中华人民共和国民族区域自治法》的规定，实行民族区域自治的自治区、自治州、自治县。对民族自治地方内国家限制和禁止行业的企业，不得减征或者免征企业所得税。

11.6.4　加计扣除的优惠规定

企业的下列支出，可以在计算应纳税所得额时加计扣除。

1. 研究开发费用的扣除优惠

研究开发费用的加计扣除，是指企业为开发新技术、新产品、新工艺发生的研究开发费用，未形成无形资产计入当期损益的，在按规定据实扣除的基础上，在 2018 年 1 月 1 日至 2020 年 12 月 31 日期间，再按照实际发生额的 75% 在税前加计扣除；形成无形资产的，在上述期间按照无形资产成本的 175% 在税前摊销。除另有规定外，摊销年限不得低于 10 年。

企业为获得创新性、创意性、突破性的产品进行创意设计活动而发生的相关费用，可比照研究开发费用加计扣除。

2. 安置残疾人员及国家鼓励安置的其他就业人员所支付的工资

企业安置残疾人员所支付的工资的加计扣除，是指企业安置残疾人员的，在按照支付给残疾职工工资据实扣除的基础上，按照支付给残疾职工工资的 100%加计扣除。残疾人员的范围适用《中华人民共和国残疾人保障法》的有关规定。企业安置国家鼓励安置的其他就业人员所支付的工资的加计扣除办法，由国务院另行规定。

【例 11.11】单项选择题

根据企业所得税法律制度的规定，企业为开发技术、新产品、新工艺发生的研究开发费用，未形成无形资产，计入当期损益的，在按照规定据实扣除的基础之上，按照研究开发费用的一定比例加计扣除。该比例为（　　）。

A. 75%　　　　　B. 100%　　　　　C. 150%　　　　　D. 200%

答案：A

解析：企业按开发技术、新产品、新工艺发生的研究开发费用的 50%加计扣除。

11.6.5　对创业投资的税收优惠规定

创业投资企业从事国家需要重点扶持和鼓励的创业投资，可以按投资额的一定比例抵扣应纳税所得额。抵扣应纳税所得额是指创业投资企业采取股权投资方式投资于未上市的中小高新技术企业 2 年以上的，可以按照其投资额的 70%在股权持有满 2 年的当年抵扣该创业投资企业的应纳税所得额；当年不足抵扣的，可以在以后纳税年度结转抵扣。

中小高新技术企业是指通过高新技术企业认定以外，还应符合职工人数不超过 500人、年销售（营业）额不超过 2 亿元、资产总额不超过 2 亿元的企业。创投企业投资中小高新技术企业期间，企业规模超过中小企业标准，但仍符合高新技术企业标准的，不影响创投企业享受有关税收优惠。

11.6.6　加速折旧的税收优惠规定

企业的固定资产由于技术进步等原因，确需加速折旧的，可以缩短折旧年限或者采取加速折旧的方法。采取缩短折旧年限或者采取加速折旧的方法的固定资产包括：由于技术进步，产品更新换代较快的固定资产；常年处于强震动、高腐蚀状态的固定资产。

采取缩短折旧年限方法的，最低折旧年限不得低于规定折旧年限的 60%；采取加速折旧方法的，可以采取双倍余额递减法或者年数总和法。

自 2014 年 1 月 1 日起，生物药品制造业，专用设备制造业，铁路、船舶、航空航天和其他运输设备制造业，计算机、通信和其他电子设备制造业，仪器仪表制造业，信息传输、软件和信息技术服务业六个行业新购进的固定资产，可缩短折旧年限或采用加速折旧的方法。

自 2015 年 1 月 1 日起，轻工、纺织、机械、汽车四个领域重点行业新购进的固定资产，可缩短折旧年限或采用加速折旧的方法。

上述企业中的小型微利企业新购进的用于研发和生产经营公用的仪器、设备，单位价值不超过 100 万元（含）的，允许在计算年应纳税所得额时一次性全额扣除；单位价值超过 100 万元的，允许缩短折旧年限或采用加速折旧的方法。

11.6.7　减计收入的税收优惠规定

企业综合利用资源，生产符合国家产业政策规定的产品所取得的收入，可以在计算应纳税所得额时减计收入。减计收入是指企业以《资源综合利用企业所得税优惠目录》规定的资源作为主要原材料，生产国家非限制和禁止并符合国家和行业相关标准的产品取得的收入，减按 90% 计入收入总额。其中原材料占生产产品材料的比例不得低于《资源综合利用企业所得税优惠目录》规定的标准。

11.6.8　税额抵免的税收优惠规定

企业购置用于环境保护、节能节水、安全生产等专用设备的投资额，可以按一定比例实行税额抵免。税额抵免是指企业购置并实际使用《环境保护专用设备企业所得税优惠目录》《节能节水专用设备企业所得税优惠目录》和《安全生产专用设备企业所得税优惠目录》规定的环境保护、节能节水、安全生产等专用设备的，该专用设备的投资额的 10% 可以从企业当年的应纳税额中抵免；当年不足抵免的，可以在以后五个纳税年度结转抵免。享受此规定的企业所得税优惠的企业，应当实际购置并自身实际投入使用前款规定的专用设备；企业购置上述专用设备在 5 年内转让、出租的，应当停止享受企业所得税优惠，并补缴已经抵免的企业所得税税款。

11.7　企业所得税的缴纳

11.7.1　纳税地点

1. 居民企业的纳税地点

除税收法律、行政法规另有规定外，居民企业以企业登记注册地为纳税地点；但登记注册地在境外的，以实际管理机构所在地为纳税地点。企业登记注册地是指企业依照国家有关规定登记注册的住所地。居民企业在中国境内设立不具有法人资格的营业机构的，应当汇总计算并缴纳企业所得税。

2. 非居民企业的纳税地点

非居民企业在中国境内设立机构、场所的，应当就其所设机构、场所取得的来源于中国境内的所得，以及发生在中国境外但与其所设机构、场所有实际联系的所得，以机构、场所所在地为纳税地点。非居民企业在中国境内设立两个或者两个以上机构、场所的，经税务机关审核批准，可以选择由其主要机构、场所汇总缴纳企业所得税。非居民企业经批准汇总缴纳企业所得税后，需要增设、合并、迁移、关闭机构、场所或者停止机构、场所业务的，应当事先由负责汇总申报缴纳企业所得税的主要机构、场所向其所在地税务机关报告；需要变更汇总缴纳企业所得税的主要机构、场所的，依照规定办理。

非居民企业在中国境内未设立机构、场所的，或者虽设立机构、场所但取得的所得与其所设机构、场所没有实际联系的，以扣缴义务人所在地为纳税地点。这里的机构、场所，应当同时符合下列条件。

1）对其他各机构、场所的生产经营活动负有监督管理责任。

2）设有完整的账簿、凭证，能够准确反映各机构、场所的收入、成本、费用和盈亏情况。

除国务院另有规定外，企业之间不得合并缴纳企业所得税。

11.7.2　纳税期限

企业所得税采取按年计算，分月或者分季预缴，年终汇算清缴，多退少补的办法。

企业所得税按纳税年度计算，纳税年度自公历 1 月 1 日起至 12 月 31 日止。企业在一个纳税年度中间开业，或者终止经营活动，使该纳税年度的实际经营期不足 12 个月的，应当以其实际经营期为一个纳税年度。企业依法清算时，应当以清算期间作为一个纳税年度。

11.7.3　源泉扣缴

1. 源泉扣缴义务人

非居民企业在中国境内未设立机构、场所的，或者虽设立机构、场所但取得的所得与其所设机构、场所没有实际联系的，实行源泉扣缴，以支付人为扣缴义务人。税款由扣缴义务人在每次支付或者到期应支付时，从支付或者到期应支付的款项中扣缴。其中，支付人是指依照有关法律规定或者合同约定对非居民企业直接负有支付相关款项义务的单位或者个人；支付包括现金支付、汇拨支付、转账支付和权益兑价支付等货币支付和非货币支付；到期应支付的款项是指支付人按照权责发生制原则应当计入相关成本、费用的应付款项。

对非居民企业在中国境内取得工程作业和劳务所得应缴纳的所得税，税务机关可以指定工程价款或者劳务费的支付人为扣缴义务人。扣缴义务发生的情形包括：

1）预计工程作业或者提供劳务期限不足一个纳税年度，且有证据表明不履行纳税义务的。

2）没有办理税务登记或者临时税务登记，且未委托中国境内的代理人履行纳税义务的。

3）未按照规定期限办理企业所得税纳税申报或者预缴申报的。

扣缴义务人，由县级以上税务机关指定，并同时告知扣缴义务人所扣税款的计算依据、计算方法、扣缴期限和扣缴方式。

2. 源泉扣缴的方法

非居民企业应当缴纳的企业所得税实行源泉扣缴的，应当依照《企业所得税法》的规定计算应纳税所得额。当扣缴义务人未依法扣缴或者无法履行扣缴义务的，由纳税人在所得发生地缴纳。纳税人未依法缴纳的，税务机关可以从该纳税人在中国境内其他收入项目的支付人应付的款项中，追缴该纳税人的应纳税款。发生地按照以下原则确定。

1）销售货物所得，按照交易活动发生地确定。

2）提供劳务所得，按照劳务发生地确定。

3）转让财产所得，不动产转让所得按照不动产所在地确定，动产转让所得按照转让动产的企业或者机构、场所所在地确定，权益性投资资产转让所得按照被投资企业所在地确定。

4）股息、红利等权益性投资所得，按照分配所得的企业所在地确定。

5）利息所得、租金所得、特许权使用费所得，按照负担、支付所得的企业或者机构、场所所在地确定，或者按照负担、支付所得的个人的住所地确定。

6）其他所得，由国务院财政、税务主管部门确定。在中国境内存在多处所得发生地的，由纳税人选择其中之一申报缴纳企业所得税。中国境内其他收入是指该纳税人在中国境内取得的其他各种来源的收入。税务机关在追缴该纳税人应纳税款时，应当将追缴理由、追缴数额、缴纳期限、缴纳方式等告知该纳税人。

扣缴义务人每次代扣的税款，应当自代扣之日起 7 日内缴入国库，并向所在地的税务机关报送扣缴企业所得税报告表。

11.7.4　纳税申报

企业所得税分月或者分季预缴，企业应当自月份或者季度终了之日起 15 日内，向税务机关报送预缴企业所得税纳税申报表，预缴税款。企业应当自年度终了之日起 5 个月内，向税务机关报送年度企业所得税纳税申报表，并汇算清缴，结清应缴应退税款。企业在年度中间终止经营活动的，应当自实际经营终止之日起 60 日内，向税务机关办理当期企业所得税汇算清缴。企业应当在办理注销登记前，就其清算所得向税务机关申报并依法缴纳企业所得税。企业在报送企业所得税纳税申报表时，应当按照规定附送财务会计报告和其他有关资料。

缴纳企业所得税应以人民币计算。所得以人民币以外的货币计算的，应当折合成人民币计算并缴纳税款。

企业所得税申报表包括企业基础信息表、中华人民共和国企业所得税年度纳税申报表（A 类）、一般企业收入明细表、中华人民共和国非居民企业所得税年度纳税申报表（适用于据实申报企业）等。

11.8 案 例 分 析

案例 1　居民企业境内所得纳税

某工业企业为居民纳税人，2018 年发生的业务如下。

全年产品销售收入 5 000 万元，产品销售成本 4 000 万元，取得国债利息收入 50 万元，销售税金及附加 300 万元；管理费用 780 万元，其中新技术研究开发费用 50 万元，业务招待费 120 万元；财务费用 150 万元；其他业务收入 1 000 万元，其他业务成本 800 万元；取得营业外收入 100 万元，发生营业外支出 80 万元（其中公益性捐赠 45 万元）。计算该企业 2018 年应纳企业所得税税额？

解析：

1）利润总额＝5 000＋1 000＋50＋100－4 000－800－300－780－150－80＝40（万元）。

2）国债利息收入免征企业所得税，应调减所得额 50 万元。

3）技术开发费调减所得额＝50×75%＝37.5（万元）。

4）业务招待费的调整：

$$业务招待费×60\%＝120×60\%＝72（万元）$$

$$业务招待费限额＝（5 000＋1 000）×5‰＝30（万元）$$

按税法规定，业务招待费的税前扣除额应为 30 万元，实际应调增应纳税所得额＝120－30＝90（万元）。

5）捐赠的调整：

$$捐赠扣除标准＝40×12\%＝4.8（万元）$$

实际捐赠额 45 万元高于扣除标准，应调增应纳税所得额＝45－4.8＝40.2（万元）。

6）应纳税所得额＝40－50－37.5＋90＋40.2＝82.7（万元）。

7）2018 年该企业应纳所得税税额＝82.7×25%＝20.68（万元）。

案例 2　居民企业境外所得纳税

某集团公司下属摩托车生产企业（增值税一般纳税人），2018 年亏损 30 万元。2018 年

1~11月实现应纳税所得额 140 万元,12月份生产经营情况如下。

① 外购原材料,取得增值税专用发票,支付价款 480 万元、增值税税款 76.8 万元,支付运输费用 48 万元,取得增值税专用发票。

② 向国外销售摩托车 800 辆,折合人民币 400 万元;在国内销售摩托车 300 辆,取得不含税销售额 150 万元。

③ 摩托车销售成本 300 万元;发生管理费用 90 万元,其中含支付集团总公司特许权使用费 20 万元,业务招待费 12 万元;发生销售费用 140 万元(其中广告费 90 万元)。

④ 发生意外事故,损失当月外购的不含增值税原材料金额 32 万元(其中含运费金额 2 万元),本月内取得保险公司给予的赔偿金额 12 万元。

⑤ 从境外分支机构取得税后收益 82.5 万元,在国外实际已缴纳了 20% 的企业所得税。

已知增值税税率 16%、退税率 13%;消费税税率 10%。按下列顺序回答问题。

1)计算该企业 12 月份应抵扣的进项税额总和。

2)计算该企业 12 月份应缴纳的增值税税额。

3)计算该企业 12 月份应退的增值税税额。

4)计算该企业 12 月份应缴纳的消费税税额。

5)计算该企业 12 月份应缴纳的城市维护建设税税额及教育费附加。

6)计算该企业 12 月份境外收益共计应补缴的企业所得税税额。

7)计算该企业 12 月份实现的销售收入总和(不含境外收益)。

8)计算该企业 12 月份所得税前准予扣除的成本、费用、税金和损失总和。

9)计算该企业 2018 年度应缴纳的企业所得税税额(不含境外收益)。

解析:

1)12月份准予抵扣的进项税额 $=76.8+48\times10\%-(32-2)\times16\%-2\times10\%-400\times(16\%-13\%)=64.6$(万元)。

2)当月应缴纳增值税税额 $=150\times16\%-64.6=-40.6$(万元)。

3)当月应退增值税税额 $=40.6$(万元)。

当月免抵退税额 $=400\times13\%=52$(万元);当月免抵退税额 52 万元 > 未抵扣完税额 40.6 万元。

4)12月份应缴纳的消费税税额 $=150\times10\%=15$(万元)。

5)12月份应缴纳的城市维护建设税税额及教育费附加 $=(52-40.6+15)\times(7\%+3\%)=2.64$(万元)。

6)境外收益应补缴的企业所得税税额 $=82.5\div(1-20\%)\times(25\%-20\%)\approx5.16$(万元)。

7)12月份实现的销售收入(不含境外收益)$=400+150=550$(万元)。

8)广告费扣除限额 $=(400+150)\times15\%=82.5$(万元)$<90$(万元),准予扣除广告费金额 82.5 万元。

业务招待费扣除上限 $=(400+150)\times5‰=2.75$(万元)

12 月份所得税前准予扣除金额＝300＋15＋2.64＋（90－20－12＋2.75）

$$＋（140－90＋82.5）＋[（31.8－1.8）×（1＋16%）$$
$$＋1.8÷（1－10%）－12]＋30＋400$$
$$×（16%－13%）$$
$$＝577.69（万元）$$

9）2018 年度应缴纳的企业所得税税额＝（140＋550－577.69）×25%＋5.16≈33.24（万元）。

回　　顾

企业所得税是指对在中华人民共和国境内企业的生产、经营所得和其他所得依法征收的一种税。企业所得税的纳税义务人分为居民企业和非居民企业。居民企业就其来源于中国境内、境外的所得纳税；非居民企业就其来源于中国境内的所得纳税。企业所得税应纳税所得额是指纳税人每一纳税年度的收入总额减去不征税收入、免税收入、各项扣除，以及允许弥补的以前年度亏损后的余额。企业所得税实行比例税率，基本税率为25%，低税率为15%和20%。预提所得税税率为20%。国家运用税收经济杠杆，为鼓励和扶持企业或某些特定地区、行业的发展给予减征和免征措施。企业所得税按纳税年度计征，分月或者分季预缴，年终汇算清缴，多退少补。

复　习　题

一、速答题

扫描二维码，快速回答问题。

二、简答题

1. 如何确定企业所得税应纳税所得额？
2. 简述不征税收入和免税收入。
3. 不得扣除的项目包括哪些内容？
4. 如何界定居民纳税人与非居民纳税人？
5. 简述固定资产的税务处理。
6. 简述企业所得税主要的税收优惠规定。
7. 居民企业如何计算应纳所得税税额？

速答题

三、能力应用题

1. 某企业 2013 年亏损 100 万元，2014 年盈利 50 万元，2015 年盈利 30 万元，2016 年亏损 50 万元，2017 年亏损 70 万元，2018 年盈利 200 万元。计算该企业 2018 年应纳企业所得税税额？

2. A 国某公司在中国境内设立了一家分支机构。2018 年该分支机构实现的所得为 200 万元。除此之外，还取得了与该分支机构无关的收入：从中国境内取得利息所得 20 万元；转让非专利技术取得特许权使用费 30 万元；为中国某公司提供工程作业取得劳务所得 100 万元。计算 A 国该公司应纳企业所得税税额。

3. 某企业为居民企业，2018 年发生的有关经营业务如下。

1）取得产品销售收入为 5 000 万元。

2）发生产品销售成本为 3 000 万元。

3）发生销售费用 1 000 万元，其中广告费 800 万元；管理费用 600 万元，其中业务招待费 100 万元，新技术的研发费用 50 万元，财务费用 50 万元。

4）销售税金 250 万元（不含增值税）。

5）营业外收入 100 万元，营业外支出 90 万元（公益性的社会捐赠为 70 万元）。

6）计入成本费用中的实发工资总额 300 万元，工会经费 8 万元，职工福利费 60 万元，职工教育经费 12 万元。

要求：计算该企业 2018 年度实际应缴纳的企业所得税税额。

阅 读 拓 展

卜彩银，2018. 新企业所得税税法下的企业税务筹划探究[J]. 纳税，12（25）：59.

陈刚，2018. 企业破产清算所得税处理解析[J]. 新会计，08：19-20.

王军，2018. 基于新发展理念的企业所得税优惠税制优化[J]. 国际经济合作，08：60-65.

闫海，2018. 我国创业投资企业所得税投资抵扣的法制发展与再发展[J]. 税务与经济，05：83-86.

第 12 章

个人所得税法

知识目标

理解个人所得税的概念及其特征;

掌握个人所得税纳税人、征税对象及税率的相关规定;

掌握个人所得税应纳税所得额的确定;

掌握个人所得税应纳税额的计算;

掌握个人所得税的税收优惠规定;

正确处理个人所得税的纳税申报与缴纳流程。

能力目标

有能力区分居民纳税人和非居民纳税人,明确其纳税义务,具有正确计算应纳税所得额的能力,准确掌握扣除标准和范围,正确计算个人所得税的应纳税额。具备正确运用税收优惠政策,依法缴纳个人所得税的能力。

素质目标

明确个人所得税的纳税人与征税范围。明确自行申报纳税代扣代缴税款两种纳税方式。明确纳税人要做到诚信治税、依法纳税,谴责违反税法行为,提高税收遵从度和税收道德水平。

关键术语

个人所得税　居民个人　非居民个人　综合所得　工资、薪金所得　劳务报酬所得　稿酬所得　特许权使用费所得　经营所得　利息股息红利所得　财产租赁所得　财产转让所得　偶然所得　汇算清缴　专项扣除　专项附加扣除

导入案例

王先生想买一套二手房,他看中了市中心的两套房子,一套(A房)是 80 平方米,原房主的购买价格是 120 万元,现在的卖价是 264 万元,获取房产证的时间为 2013 年,并且是该家庭的唯一生活用房;另一套(B房)也是 80 平方米,原房主的购买价格是 150 万元,现在卖价是 250 万元(卖方不负担交易过程中的税费,由买方负责),获取房产证的时间为 2017 年。王先生想买 B 房,因为总价 250 万元,比 A 房房价便宜 14 万元,契税(3%)也可以少交 4200 元。你会作出怎样的选择呢?

12.1　个人所得税基础知识

12.1.1　个人所得税的概念

个人所得税是对个人（自然人）取得的各项应税所得征收的一种所得税，是政府用来调节个人收入差距的手段之一。

从世界范围看，个人所得税的税制模式主要分为综合税制、分类税制、综合与分类相结合的税制三种类型。我国目前逐步实现个人所得税由分类税制向分类与综合相结合的模式转变，即将工资、薪金所得，劳务报酬所得，稿酬所得，特许权使用费所得四项劳动性所得（下称综合所得）纳入综合征税范围，实现对部分劳动性所得实行综合征税，但对利息、股息、红利所得、财产租赁所得、财产转让所得、偶然所得四项所得继续按照来源不同、性质各异的所得进行分类，分别扣除不同的费用，按照不同的税率课税。

12.1.2　个人所得税的特点

1. 实行分类与综合相结合的征收模式

自 2019 年 1 月 1 日起，我国实行分类与综合相结合的个人所得税税制模式。综合征收能够综合考量纳税人的能力，更能体现税收的公平原则。同时，分类征收可对不同来源的所得实行差别待遇，体现国家的政策。

2. 累进税率与比例税率并用

我国现行个人所得税采用累进税率与比例税率两种税率形式。采用累进税率，实行量能负担，体现税负公平，合理调节收入分配；采用透明度较高的比例税率，实行等比负担，便于源泉扣缴税款。

3. 实行源泉扣缴方式

《中华人民共和国个人所得税法》（以下简称《个人所得税法》）中，对个人所得税的扣缴义务人和代扣代缴的范围、扣缴义务人的义务及应承担的责任、代扣代缴期限等做了明确规定，目的是实行源泉扣缴，防止纳税人偷逃税款。这既有利于税务机构的征收管理，也使公民在纳税过程中逐步树立公民必须依法履行纳税义务的观念。

4. 划分为两类纳税人

我国现行的《个人所得税法》按照住所标准和居住时间标准把纳税人分为居民和非

居民，并明确了两类纳税人的纳税义务。税收居民负有无限纳税义务，就其来源于中国境内、境外的所得缴纳个人所得税；税收非居民负有限纳税义务，只就其来源于中国境内的所得缴纳个人所得税。两类纳税人的划分既保证了国家的权益，又不会增加纳税人的额外负担。

12.1.3　个人所得税的作用

1. 调节收入分配，体现社会公平

在经济和社会发展的一定时期内存在社会收入分配差距是不可避免的。在保证人民基本生活不受影响的前提下，本着高收入者多纳税、中等收入者少纳税、低收入者不纳税的原则，通过征收个人所得税来缓解社会收入分配不公的矛盾，有利于在不损害效率的前提下，体现社会公平，保持社会稳定。

2. 增强纳税意识，树立义务观念

通过宣传、申报、源泉扣缴、征收管理和对违反税法行为的处罚等措施，提高公民对个人所得税法的意识，自觉履行缴纳义务，为社会主义市场经济的发展创造良好的社会环境。

3. 扩大收入来源，增加财政收入

随着经济的进一步发展，我国居民的收入水平将逐步提高，个人所得税税源将不断扩大，个人所得税收入占国家税收总额的比重将逐年增加，个人所得税将成为更具有活力的一个主要税种。

阅读资料

我国个人所得税的发展历程

1950 年，政务院颁布了中华人民共和国税制建设的纲领性文件《全国税政实施要则》，其中涉及对个人所得征税的主要是薪金报酬所得税和存款利息所得税，但由于种种原因没有开征。

1980 年 9 月，《中华人民共和国个人所得税法》正式颁布，征税对象包括中国公民和中国境内的外籍人员。但由于规定的免征额较高（每月或每次 800 元），而国内居民工资收入普遍很低，因此绝大多数国内居民不在征税范围之内。为了有效调节社会成员收入水平的差距，1986 年 1 月，国务院颁布了《中华人民共和国城乡个体工商户所得税暂行条例》，同年 9 月颁布了《中华人民共和国个人收入调节税暂行条例》，此规定适用于本国居民。

1994 年，我国颁布实施了新的《中华人民共和国个人所得税法》，初步建立起内外统一的个人所得税制度。其后，随着经济社会形势的发展变化，国家对个人所得税制进行了几次重大调整。

2018 年 8 月 31 日，第十三届全国人民代表大会常务委员会第五次会议通过关于修改《中华人民共和国个人所得税法》的决定，修改内容主要体现以下几个方面的变化：增加了综合所得概念；将综合所得改为按年计算所得税；扩大了减除费用扣除范围；增加了公益捐赠的扣除；增加了反避税条款；加大了征收管理的力度等。新的个人所得税法自 2019 年 1 月 1 日起实施。

12.2 个人所得税法的基本内容

12.2.1 纳税义务人

个人所得税的纳税义务人是指在中国境内有住所，或者无住所而一个纳税年度内在中国境内居住累计满 183 天的个人，以及在中国境内无住所又不居住，或者无住所而一个纳税年度内在中国境内居住累计不满 183 天的个人。

我国个人所得税的纳税人，依据住所标准和居住时间标准，分为居民和非居民，分别承担不同的纳税义务。

1. 居民个人

（1）住所标准

在中国境内有住所，或者无住所而一个纳税年度内在中国境内居住累计满 183 天的个人，为居民个人。居民个人从中国境内和境外取得的所得，依法缴纳个人所得税。

在中国境内有住所，是指因户籍、家庭、经济利益关系而在中国境内习惯性居住；习惯性居住是判定纳税义务人是居民或非居民的一个法律意义上的标准，不是指实际居住或在某一个特定时期内的居住地。如果因学习、工作、探亲、旅游等而在中国境外居住的，在其原因消除之后，必须回到中国境内居住的个人，则中国即为该纳税人习惯性居住地。

（2）时间标准

在境内居住满 183 天是指在一个纳税年度中在中国境内居住 183 天。在中国境内无住所的居民个人，在境内居住累计满 183 天的年度连续不满 6 年的，经向主管税务机关备案，其来源于中国境外且由境外单位或者个人支付的所得，免予缴纳个人所得税；在中国境内居住累计满 183 天的任一年度中有一次离境超过 30 天的，其在中国境内居住累计满 183 天的年度的连续年限重新起算。

2. 非居民个人

在中国境内无住所又不居住，或者无住所而一个纳税年度内在中国境内居住累计不满 183 天的个人，为非居民个人。非居民个人从中国境内取得的所得，依法缴纳个人所得税。

1）在中国境内无住所的个人，在一个纳税年度内在中国境内居住累计不超过 90 天的，其来源于中国境内的所得，由境外雇主支付并且不由该雇主在中国境内的机构、场所负担的部分，免予缴纳个人所得税。

2）对于在中国境内无住所，但在一个纳税年度中在中国境内连续或累计工作超过 90 天，但不满 183 天的个人，其来源于中国境内的所得，无论是由中国境内企业或个人雇主支付，还是由境外企业或个人雇主支付，均应缴纳个人所得税。

从中国境内取得的所得是指来源于中国境内的所得，从中国境外取得的所得是指来源于中国境外的所得。除国务院财政、税务主管部门另有规定外，下列所得，不论支付地点是否在中国境内，均为来源于中国境内的所得。

① 因任职、受雇、履约等而在中国境内提供劳务取得的所得。
② 将财产出租给承租人在中国境内使用而取得的所得。
③ 许可各种特许权在中国境内使用而取得的所得。
④ 转让中国境内的不动产等财产或者在中国境内转让其他财产取得的所得。
⑤ 从中国境内企业、事业单位、其他组织以及居民个人取得的利息、股息、红利所得。

3. 扣缴义务人

我国个人所得税实行代扣代缴和个人自行申报纳税相结合的征收管理制度。税法规定，凡支付应纳税所得的单位或个人，都是个人所得税的扣缴义务人。扣缴义务人在向纳税人支付各项应纳税所得（经营所得除外）时，必须履行代扣代缴税款的义务。

12.2.2 征税范围

《个人所得税法》及《关于个人独资企业和合伙企业投资者征收个人所得税的规定》规定了个人所得税的征税范围。具体项目如下。

1. 工资、薪金所得

工资、薪金所得是指个人因任职或者受雇取得的工资、薪金、奖金、年终加薪、劳动分红、津贴、补贴以及与任职或者受雇有关的其他所得。对按照国务院规定发给的政府特殊津贴和国务院规定免纳个人所得税的补贴、津贴，免予征收个人所得税。其他各种补贴、津贴均应计入工资、薪金所得项目征税。下列不属于工资、薪金性质的补贴、津贴不属于纳税人本人工资、薪金所得项目的收入，不征税：独生子女补贴；执行公务员工资制度未纳入基本工资总额的补贴、津贴差额和家属成员的副食品补贴；托儿补助费；差旅费津贴、误餐补助。

（1）退休人员再任职的收入征税问题

退休人员再任职取得的收入，在减除按税法规定的费用扣除标准后，按照"工资、薪金所得"应税项目缴纳个人所得税。

（2）国有股权的劳动分红征税问题

公司职工取得的用于购买企业国有股权的劳动分红，按照"工资、薪金所得"项目计征个人所得税。

（3）个人公务交通、通信补贴收入征税问题

个人因公务用车和通信制度改革而取得的公务用车、通信补贴收入，扣除一定标准的公务费用后，按照"工资、薪金所得"项目计征个人所得税。按月发放的，并入当月"工资、薪金所得"计征个人所得税；不按月发放的，分解到所属月份并与该月份"工资、薪金所得"合并后计征个人所得税。

（4）离退休人员从原任职单位取得补贴收入征税问题

离退休人员除按照规定领取离退休工资或养老金外，另从原任职单位取得的各类补贴、奖金、实物，应按照"工资、薪金所得"项目计征个人所得税。

（5）保险金征税问题

企业为员工支付各项免税之外的保险金，应在企业向保险公司缴付时并入员工当期的工资收入，按照"工资、薪金所得"项目计征个人所得税。

（6）企业年金、职业年金征税问题

企业和事业单位超过国家有关政策规定的标准，为在本单位任职或者受雇的全体职工缴付的企业年金或职业年金（以下统称年金）单位缴费部分，应并入个人当期的"工资、薪金所得"，缴纳个人所得税。

个人根据国家有关政策规定缴付的年金个人缴费部分，超过本人缴费工资计税基数的4%的部分，应并入个人当期的"工资、薪金所得"，缴纳个人所得税。

个人达到国家规定的退休年龄之后按月领取的年金，全额按照"工资、薪金所得"项目适用的税率，计征个人所得税；按年或按季领取的年金，平均分摊计入各月，每月领取额全额按照"工资、薪金所得"项目适用的税率，计征个人所得税。

（7）出租车收入征税问题

出租汽车经营单位对出租车驾驶员采取单车承包或承租方式运营，出租车驾驶员从事客货营运取得的收入，按照"工资、薪金所得"项目缴纳个人所得税。

（8）以培训班、研讨会、工作考察等名义组织旅游活动征税问题

对商品营销活动中，企业和单位对营销业绩突出的雇员以培训班、研讨会、工作考察等名义组织旅游活动，通过免收差旅费、旅游费对个人实行的营销业绩奖励（包括实物、有价证券等），应根据所发生费用的全额并入营销人员当期的工资、薪金所得，按照"工资、薪金所得"项目征收个人所得税。

（9）个人在公司任职并兼任董事、监事征税问题

个人在公司（包括关联公司）任职、受雇，同时兼任董事、监事的，应将董事费、监事费与个人工资收入合并，统一按照"工资、薪金所得"项目缴纳个人所得税。

（10）兼职律师收入的征税问题

兼职律师从律师事务所取得工资、薪金性质的所得，律师事务所在代扣代缴其个人所得税时，不再减除税法规定的费用扣除标准，以收入全额（取得分成收入的为扣除办理案件支出费用后的余额）直接确定适用税率，计算扣缴个人所得税。

2. 劳务报酬所得

劳务报酬所得是指个人从事设计、装潢、安装、制图、化验、测试、医疗、法律、会计、咨询、讲学、新闻、广播、翻译、审稿、书画、雕刻、影视、录音、录像、演出、表演、广告、展览、技术服务、介绍服务、经纪服务、代办服务，以及其他劳务取得的所得。

1）个人兼职取得的收入，应按照"劳务报酬所得"项目缴纳个人所得税。

2）律师以个人名义再聘请其他人员为其工作而支付的报酬，应由该律师按照"劳务报酬所得"应税项目负责代扣代缴个人所得税。

3）保险营销员、证券经纪人取得的佣金收入，属于劳务报酬所得，以不含增值税的收入额减除20%的费用后的余额为收入额，收入额减去展业成本以及附加税费后，并入当年综合所得，计算缴纳个人所得税。保险营销员、证券经纪人展业成本按照收入额的25%计算。

4）对商品营销活动中，企业和单位对营销业绩突出的非雇员以培训班、研讨会、工作考察等名义组织旅游活动，通过免收差旅费、旅游费对个人实行的营销业绩奖励（包括实物、有价证券等），应根据所发生费用的全额作为该营销人员当期的劳务收入，按照"劳务报酬所得"项目征收个人所得税。

5）个人担任公司董事、监事，且不在公司任职、受雇的情形，属于劳务报酬性质，按照"劳务报酬所得"项目计征个人所得税。

3. 稿酬所得

稿酬所得是指个人因其作品以图书、报刊形式出版、发表而取得的所得。

1）任职、受雇于报纸、杂志等单位的记者、编辑的专业人员，因在本单位的报纸、杂志上发表作品取得的所得，属于因任职、受雇而取得的所得，应与其当月工资收入合并，并按照"工资、薪金所得"项目征收个人所得税。

除上述专业人员以外，其他人员在本单位的报纸、杂志上发表作品取得的所得，应按照"稿酬所得"项目征收个人所得税。

2）出版社的专业作者撰写、编写或翻译的作品，由本社以图书形式出版而取得的稿费收入，应按照"稿酬所得"项目计算缴纳个人所得税。

4. 特许权使用费所得

特许权使用费所得是指个人提供专利权、商标权、著作权、非专利技术及其他特许权的使用权取得的所得；提供著作权的使用权取得的所得，不包括稿酬所得。

1）根据税法规定，提供著作权的使用权取得的所得，不包括稿酬所得，对于作者将自己的文字作品手稿原件或复印件公开拍卖（竞价）取得的所得，属于提供著作权的使用所得，应按照"特许权使用费所得"项目征收个人所得税。

2）个人取得特许权的经济赔偿收入，应按照"特许权使用费所得"应税项目缴纳个人所得税，税款由支付赔款的单位或个人代扣代缴。

3）从 2002 年 5 月 1 日起，编剧从电视剧的制作单位取得的剧本使用费，不再区分剧本的使用方是否为其任职单位，统一按照"特许权使用费所得"项目计征个人所得税。

注：居民个人取得的综合所得（工资、薪金所得，劳务报酬所得，稿酬所得，特许权使用费所得），按照纳税年度合并计算个人所得税；非居民个人取得的综合所得按月或者按次分项计算个人所得税。

5. 经营所得

1）个体工商户从事生产、经营活动取得的所得，个人独资企业投资人、合伙企业的个人合伙人来源于境内注册的个人独资企业、合伙企业生产、经营的所得。

从事个体出租车运营的出租车驾驶员取得的收入，按照"个体工商户的生产、经营所得"项目缴纳个人所得税。

出租车属于个人所有，但挂靠出租汽车经营单位或企事业单位，驾驶员向挂靠单位缴纳管理费的，或出租汽车经营单位将出租车所有权转移给驾驶员的，出租车驾驶员从事客货运营取得的收入，比照"个体工商户的生产、经营所得"项目计征个人所得税。

个人因从事彩票代销业务而取得的所得，应按照"个体工商户的生产、经营所得"项目计征个人所得税。

个体工商户和从事生产、经营的个人，取得与生产、经营活动无关的其他各项应税所得，应分别按照有关规定，计算征收个人所得税。例如，对外投资取得的股息所得，应按照"利息、股息、红利所得"税目的规定单独计征个人所得税。

2）个人依法从事办学、医疗、咨询以及其他有偿服务活动取得的所得。

3）个人对企业、事业单位承包经营、承租经营以及转包、转租取得的所得。

对企事业单位的承包经营、承租经营所得是指个人承包经营、承租经营，以及转包、转租取得的所得。个人对企事业单位的承包经营、承租经营形式较多，分配方式也不尽相同，大体上可以分为两类。

① 个人对企事业单位承包、承租经营后，工商登记改为个体工商户的。这类承包、承租经营所得，实际上属于个体工商户的生产、经营所得，应按照"个体工商户的生产、经营所得"项目征收个人所得税，不再征收企业所得税。

② 个人对企事业单位承包、承租经营后，工商登记仍为企业的，不论其分配方式如何，均应先按照企业所得税的有关规定缴纳企业所得税，然后根据承包、承租经营者按合同（协议）约定取得的所得，依照《个人所得税法》的有关规定缴纳个人所得税。具体规定如下。

a. 承包、承租人对企业经营成果不拥有所有权，仅按照合同（协议）约定取得一定所得的，应按照"工资、薪金所得"项目征收个人所得税。

b. 承包、承租人按照合同（协议）约定只向发包方、出租人缴纳一定的费用，缴纳承包、承租费后的企业的经营成果归承包人、承租人所有的，其取得的所得，按照"对企事业单位的承包经营、承租经营所得"项目征收个人所得税。

4）个人从事其他生产、经营活动取得的所得。

6. 利息、股息、红利所得

利息、股息、红利所得是指个人拥有债权、股权而取得的利息、股息、红利所得。

1）自 2008 年 10 月 9 日起，对储蓄存款利息所得暂免征收个人所得税。

2）集体所有制企业在改制为股份合作制企业时，可以将有关资产量化给职工个人。对于职工个人取得的量化资产征税问题规定如下。

① 对职工个人以股份形式取得的仅作为分红依据、不拥有所有权的企业量化资产，不征收个人所得税。

② 对职工个人以股份形式取得的企业量化资产参与企业分配而获得的股息、红利，应按照"利息、股息、红利所得"项目征收个人所得税。

3）实施上市公司股息红利差别化个人所得税政策主要有以下规定。

① 个人从公开发行和转让市场取得的上市公司股票，持股期限超过 1 年的，股息红利所得暂免征收个人所得税。

② 个人从公开发行和转让市场取得的上市公司股票，持股期限在 1 个月以内（含 1

个月）的，其股息红利所得全额计入应纳税所得额；持股期限在 1 个月以上至 1 年（含 1 年）的，暂减按 50% 计入应纳税所得额；上述所得统一适用 20%的税率计征个人所得税。

③ 对个人持有的上市公司限售股，解禁后取得的股息、红利，按照规定计算纳税，持股时间自解禁日起计算；解禁前取得的股息、红利继续暂减按 50% 计入应纳税所得额，适用 20%的税率计征个人所得税。

7. 财产租赁所得

财产租赁所得是指个人出租不动产、机器设备、车船以及其他财产取得的所得。

1）个人取得的财产转租收入，属于"财产租赁所得"的征税范围。取得转租收入的个人向房屋出租方支付的租金，凭房屋租赁合同和合法支付凭据允许在计算个人所得税时，从该项转租收入中扣除。

2）房地产开发企业与商店购买者个人签订协议，以优惠价格出售其开发的商店给购买者个人，购买者个人在一定期限内必须将购买的商店无偿提供给房地产开发企业对外出租使用。该行为实质上是购买者个人以所购商店交由房地产开发企业出租而取得的房屋租赁收入支付了部分购房价款。根据《个人所得税法》的有关规定，对购买者个人少支出的购房价款，应视同个人财产租赁所得，按照"财产租赁所得"项目征收个人所得税。每次财产租赁所得的收入额，按照少支出的购房价款和协议规定的租赁月份数平均计算确定。

8. 财产转让所得

财产转让所得是指个人转让有价证券、股权、合伙企业中的财产份额、不动产、机器设备、车船以及其他财产取得的所得。

1）对股票转让所得征收个人所得税的办法，由国务院财政、税务主管部门另行制定，报国务院批准后施行。

2）集体所有制企业在改制为股份合作制企业时，对职工个人以股份形式取得的拥有所有权的企业量化资产，暂缓征收个人所得税；待个人将股份转让时，就其转让收入额，减除个人取得该股份时实际支付的费用支出和合理转让费用后的余额，按照"财产转让所得"项目计征个人所得税。

3）个人拍卖除文字作品原稿及复印件外的其他财产，按照"财产转让所得"项目计征个人所得税。

4）个人以非货币性资产投资，属于个人转让非货币性资产和投资同时发生。对个人转让非货币性资产的所得，应按照"财产转让所得"项目，依法计算缴纳个人所得税。

5）自 2010 年 1 月 1 日起，对个人转让限售股的所得，按照"财产转让所得"项目计征个人所得税。

个人转让限售股，以每次限售股转让收入，减除股票原值和合理费用后的余额为应纳税所得额，计算公式为

$$应纳税所得额＝限售股转让收入－（限售股原值＋合理税费）$$
$$应纳税额＝应纳税所得额×20\%$$

9. 偶然所得

偶然所得是指个人得奖、中奖、中彩及其他偶然性质的所得。

1）企业对累积消费达到一定额度的顾客，给予额外抽奖机会，个人的获奖所得，按照"偶然所得"项目，全额适用 20%的税率缴纳个人所得税。

2）对个人购买社会福利有奖募捐奖券一次中奖收入不超过 10 000 元的，暂免征收个人所得税，超过 10 000 元的，按照税法规定全额征税。

个人取得的所得，难以界定应纳税所得项目的，由国务院税务主管部门确定。

注：纳税人取得的经营所得，利息、股息、红利所得，财产租赁所得，财产转让所得，偶然所得，分别计算个人所得税。

12.2.3 税率

1. 综合所得

综合所得适用超额累进税率，税率为 3%～45%。综合所得税率表见表 12-1。

表 12-1 综合所得税率表

级数	全年应纳税所得额	税率/%
1	不超过 36 000 元的	3
2	超过 36 000 元至 144 000 元的部分	10
3	超过 144 000 元至 300 000 元的部分	20
4	超过 300 000 元至 420 000 元的部分	25
5	超过 420 000 元至 660 000 元的部分	30
6	超过 660 000 元至 960 000 元的部分	35
7	超过 960 000 元的部分	45

注：① 本表所称全年应纳税所得额是指依照《个人所得税法》的规定，居民个人取得综合所得以每一纳税年度收入额减除费用 60 000 元以及专项扣除、专项附加扣除和依法确定的其他扣除后的余额。

② 非居民个人取得工资、薪金所得，劳务报酬所得，稿酬所得和特许权使用费所得，依照本表按月换算后计算应纳税额。

2. 经营所得

个体工商户、个人独资企业、合伙企业的生产、经营所得和对企事业单位的承包经营、承租经营所得适用 5%～35%的超额累进税率，计算征收个人所得税。经营所得税率表见表 12-2。

表 12-2 经营所得税率表

级数	全年应纳税所得额	税率/%
1	不超过 30 000 元的	5
2	超过 30 000 元至 90 000 元的部分	10
3	超过 90 000 元至 300 000 元的部分	20
4	超过 300 000 元至 500 000 元的部分	30
5	超过 500 000 元的部分	35

注：本表所称全年应纳税所得额是指依照《个人所得税法》的规定，以每一纳税年度的收入总额减除成本、费用以及损失后的余额。

3. 利息、股息、红利所得，财产租赁所得，财产转让所得和偶然所得

利息、股息、红利所得，财产租赁所得，财产转让所得和偶然所得，适用比例税率，税率为 20%。

12.3 个人所得税的计算

12.3.1 计税依据的确定

个人所得税的计税依据是指纳税人取得的应纳税所得额，即纳税人取得的收入总额中扣除税法规定的费用后的余额。

1. 收入的形式

个人所得的形式，包括现金、实物、有价证券和其他形式的经济利益。所得为实物的，应当按照取得的凭证上注明的价格计算应纳税所得额；无凭证的实物或者凭证上注明的价格明显偏低的，参照市场价格核定应纳税所得额。所得为有价证券的，根据票面价格和市场价格核定应纳税所得额。所得为其他形式的经济利益的，参照市场价格核定应纳税所得额。

2. 费用扣除的方法

我国现行的个人所得税根据其所得的不同情况分别实行定额、定率、定额与定率相结合、会计核算等扣除办法。

1）居民个人的综合所得，采取定额与定率相结合的扣除办法。

2）非居民个人的工资、薪金所得，采取定额扣除办法或定额与定率相结合的扣除办法。

3）经营所得，涉及生产、经营有关成本或费用的支出，采取会计核算办法扣除有

关成本、费用或规定的必要费用。

4）对财产租赁所得，采取定额和定率两种扣除办法。

5）对财产转让所得，采取定额的扣除办法。

6）利息、股息、红利所得和偶然所得，因不涉及必要费用的支付，所以规定不得扣除任何费用。

3. 费用扣除其他规定

1）个人将其所得对教育、扶贫、济困等公益慈善事业进行捐赠，捐赠额未超过纳税人申报的应纳税所得额30%的部分，可以从其应纳税所得额中扣除；国务院规定对公益慈善事业捐赠实行全额税前扣除的，从其规定。

2）个人通过非营利性的社会团体和国家机关（包括中国红十字会）向红十字事业的捐赠，在计算个人所得税时准予全额扣除。

3）对个人通过非营利性的社会团体和政府部门向福利性、非营利性的老年服务机构的捐赠，在计算个人所得税时准予全额扣除。

4）对个人通过非营利性的社会团体和政府部门对公益性青少年活动场所（其中包括新建）的捐赠，在计算个人所得税时准予全额扣除。

5）对个人通过非营利的社会团体和国家机关向农村义务教育的捐赠，准予在计算个人所得税时全额扣除。

6）纳税人通过中国境内非营利的社会团体、国家机关向教育事业的捐赠，准予在计算个人所得税时全额扣除。

7）对个人通过宋庆龄基金会、中国福利会、中国残疾人福利基金会、中国扶贫基金会、中国煤矿尘肺病治疗基金会、中华环境保护基金会用于公益救助性的捐赠，准予在缴纳个人所得税前全额扣除。

8）个人通过中国医药卫生事业发展基金会用于公益救济性的捐赠，准予在缴纳个人所得税前全额扣除。

9）个人通过中国教育发展基金会用于公益救济性的捐赠，准予在缴纳个人所得税前全额扣除。

10）对个人购买符合规定的商业健康保险产品的支出，允许在当年（月）计算应纳税所得额时予以税前扣除，扣除限额为2 400元/年（200元/月）。单位统一为员工购买符合规定的商业健康保险产品的支出，应分别计入员工个人工资薪金，视同个人购买，按照上述限额予以扣除。2 400元/年（200元/月）的限额扣除为个人所得税法规定减除费用标准之外的扣除。

适用商业健康保险税收优惠政策的纳税人，是指取得工资薪金所得、连续性劳务报酬所得的个人，以及取得个体工商户生产经营所得、对企事业单位的承包承租经营所得的个体工商户业主、个人独资企业投资者、合伙企业合伙人和承包承租经营者。

12.3.2　应纳税额的计算

1. 综合所得应纳税额的计算

（1）居民个人的综合所得

居民个人的综合所得，以每一纳税年度的收入额减除费用 60 000 元以及专项扣除、专项附加扣除和依法确定的其他扣除后的余额，为应纳税所得额。

居民个人从境内和境外取得的综合所得应当合并计算应纳税额。

居民个人综合所得应纳个人所得税税额的计算公式为

$$应纳个人所得税所得额＝纳税年度收入－60\,000－专项扣除$$
$$－专项附加扣除－其他扣除$$
$$应纳税额＝应纳税所得额×适用税率$$

纳税年度收入：工资薪金所得以纳税人年工资薪金所得为收入额；劳务报酬所得、稿酬所得、特许权使用费所得以收入减除 20%的费用后的余额为收入额。稿酬所得的收入额减按 70%计算。

综合所得扣除项目标准如下。

1）专项扣除包括居民个人按照国家规定的范围和标准缴纳的基本养老保险、基本医疗保险、失业保险等社会保险费和住房公积金等。

2）专项附加扣除是指个人所得税法规定的子女教育、继续教育、大病医疗、住房贷款利息、住房租金和赡养老人 6 项专项附加扣除。

① 子女教育。纳税人的子女接受学前教育和学历教育的相关支出，按照每个子女每月 1 000 元的标准定额扣除。学前教育包括年满 3 岁至小学入学前教育。学历教育包括义务教育（小学和初中教育），高中阶段教育（普通高中、中等职业教育），高等教育（大学专科、大学本科、硕士研究生、博士研究生教育）。父母可以选择由其中一方按扣除标准的 100%扣除，也可以选择由双方分别按扣除标准的 50%扣除，具体扣除方式在一个纳税年度内不能变更。

纳税人子女在中国境外接受教育的，纳税人应当留存境外学校录取通知书、留学签证等相关教育的证明资料备查。

② 继续教育。纳税人在中国境内接受学历（学位）继续教育的支出，在学历（学位）教育期间按照每月 400 元定额扣除。同一学历（学位）继续教育的扣除期限不能超过 48 个月。个人接受本科及以下学历（学位）继续教育，符合扣除条件的，可以选择由其父母扣除，也可以选择由本人扣除。

纳税人接受技能人员职业资格继续教育、专业技术人员职业资格继续教育的支出，在取得相关证书的当年，按照 3 600 元定额扣除。纳税人接受技能人员职业资格继续教育、专业技术人员职业资格继续教育的，应当留存相关证书等资料备查。

③ 大病医疗。在一个纳税年度内，纳税人发生的与基本医保相关的医药费用支出，扣除医保报销后个人负担（指医保目录范围内的自付部分）累计超过 15 000 元的部分，由纳税人在办理年度汇算清缴时，在 80 000 元限额内据实扣除。纳税人发生的医药费用支出可以选择由本人或者其配偶扣除；未成年子女发生的医药费用支出可以选择由其父母一方扣除。

纳税人应当留存医药服务收费及医保报销相关票据原件（或者复印件）等资料备查。医疗保障部门应当向患者提供在医疗保障信息系统中记录的本人年度医药费用信息查询服务。

④ 住房贷款利息。纳税人本人或者配偶单独或者共同使用商业银行或者住房公积金个人住房贷款为本人或者其配偶购买中国境内住房，发生的首套住房贷款利息支出，在实际发生贷款利息的年度，按照每月 1 000 元的标准定额扣除，扣除期限最长不超过 240 个月。纳税人只能享受一次首套住房贷款的利息扣除。首套住房贷款是指购买住房享受首套住房贷款利率的住房贷款。经夫妻双方约定，可以选择由其中一方扣除。具体扣除方式在一个纳税年度内不能变更。

夫妻双方婚前分别购买住房发生的首套住房贷款，其贷款利息支出，婚后可以选择其中一套购买的住房，由购买方按照扣除标准的 100%扣除，也可以由夫妻双方对各自购买的住房分别按照扣除标准的 50%扣除。具体扣除方式在一个纳税年度内不能变更。

纳税人应当留存住房贷款合同、贷款还款支出凭证备查。

⑤ 住房租金。纳税人在主要工作城市没有自有住房而发生的住房租金支出，可以按照以下标准定额扣除：直辖市、省会（首府）城市、计划单列市以及国务院确定的其他城市，扣除标准为每月 1 500 元；其他城市市辖区户籍人口超过 100 万的城市，扣除标准为每月 1 100 元；市辖区户籍人口不超过 100 万的城市，扣除标准为每月 800 元。

纳税人的配偶在纳税人的主要工作城市有自有住房的，视同纳税人在主要工作城市有自有住房。纳税人及其配偶在一个纳税年度内不能同时分别享受住房贷款利息和住房租金专项附加扣除。夫妻双方主要工作城市相同的，只能由一方扣除住房租金支出。住房租金支出由签订租赁住房合同的承租人扣除。纳税人应当留存住房租赁合同、协议等有关资料备查。

⑥ 赡养老人。纳税人赡养一位及以上被赡养人的赡养支出，统一按照以下标准定额扣除：纳税人为独生子女的，按照每月 2 000 元的标准定额扣除；纳税人为非独生子女的，由其与兄弟姐妹分摊每月 2 000 元的扣除额度，每人分摊的额度不能超过每月 1 000 元。可以由赡养人均摊或者约定分摊，也可以由被赡养人指定分摊。约定或者指定分摊的须签订书面分摊协议，指定分摊优先于约定分摊。具体分摊方式和额度在一个纳税年度内不能变更。

享受子女教育、继续教育、住房贷款利息或者住房租金、赡养老人专项附加扣除的纳税人，自符合条件开始，可以向支付工资、薪金所得的扣缴义务人提供上述专项附加扣除有关信息，由扣缴义务人在预扣预缴税款时，按照其在本单位本年可享受的累计扣除额办理扣除；也可以在次年 3 月 1 日至 6 月 30 日内，向汇缴地主管税务机关办理汇算清缴申报时扣除。一个纳税年度内，纳税人在扣缴义务人预扣预缴税款环节未享受或未足额享受专项附加扣除的，可以在当年内向支付工资、薪金的扣缴义务人申请在剩余月份发放工资、薪金时补充扣除，也可以在次年 3 月 1 日至 6 月 30 日内，向汇缴地主管税务机关办理汇算清缴时申报扣除。

纳税人同时从两处以上取得工资、薪金所得，并由扣缴义务人办理上述专项附加扣除的，对同一专项附加扣除项目，一个纳税年度内，纳税人只能选择从其中一处扣除。

享受大病医疗专项附加扣除的纳税人，由其在次年 3 月 1 日至 6 月 30 日内，自行向汇缴地主管税务机关办理汇算清缴申报时扣除。

纳税人年度中间更换工作单位的，在原单位任职、受雇期间已享受的专项附加扣除金额，不得在新任职、受雇单位扣除。原扣缴义务人应当自纳税人离职不再发放工资薪金所得的当月起，停止为其办理专项附加扣除。

纳税人未取得工资、薪金所得，仅取得劳务报酬所得、稿酬所得、特许权使用费所得需要享受专项附加扣除的，应当在次年 3 月 1 日至 6 月 30 日内，自行向汇缴地主管税务机关报送"扣除信息表"，并在办理汇算清缴申报时扣除。

3）其他扣除，包括个人缴付符合国家规定的企业年金、职业年金，个人购买符合国家规定的商业健康保险、税收递延型商业养老保险的支出，以及国务院规定可以扣除的其他项目。

专项扣除、专项附加扣除和依法确定的其他扣除，以居民个人一个纳税年度的应纳税所得额为限额。一个纳税年度扣除不完的，不结转以后年度扣除。

（2）居民个人的综合所得应纳税额的计算

累计预扣法是通过各月累计收入减去对应扣除，对照综合所得税率表计算累计应缴税额，再减去已缴税额，确定本期应缴税额的一种方法。这种方法，一方面对于大部分只有一处工资薪金所得的纳税人，纳税年度终了时预扣预缴的税款基本上等于年度应纳税款，因此无须再办理自行纳税申报、汇算清缴；另一方面，对需要补退税的纳税人，预扣预缴的税款与年度应纳税款差额相对较小，不会占用纳税人的过多资金。

扣缴义务人向居民个人支付工资、薪金所得，劳务报酬所得，稿酬所得，特许权使用费所得时，预扣预缴个人所得税，年度预扣预缴税额与年度应纳税额不一致的，由居民个人于次年 3 月 1 日至 6 月 30 日向主管税务机关办理综合所得年度汇算清缴，税款多退少补。

1）工资、薪金所得。扣缴义务人向居民个人支付工资、薪金所得时，应当按照累计预扣法计算预扣税款，并按月办理全员全额扣缴申报。具体计算公式如下：

本期应预扣预缴税额＝（累计预扣预缴应纳税所得额×预扣率－速算扣除数）
　　　　　　　　－累计减免税额－累计已预扣预缴税额

累计预扣预缴应纳税所得额＝累计收入－累计免税收入－累计减除费用
　　　　　　　　－累计专项扣除－累计专项附加扣除
　　　　　　　　－累计依法确定的其他扣除

其中，累计减除费用，按照5 000元/月乘以纳税人当年截至本月在本单位的任职受雇月份数计算。

上述公式中，计算居民个人工资、薪金所得预扣预缴税额的预扣率、速算扣除数，按照个人所得税预扣率表12-3（居民个人工资、薪金所得预扣预缴适用）执行。

表12-3　个人所得预扣率表
（居民个人工资、薪金所得预扣预缴适用）

级数	全年应纳税所得额	税率/%	速算扣除数
1	不超过36 000元的	3	0
2	超过36 000元至144 000元的部分	10	2 520
3	超过144 000元至300 000元的部分	20	16 920
4	超过300 000元至420 000元的部分	25	31 920
5	超过420 000元至660 000元的部分	30	52 920
6	超过660 000元至960 000元的部分	35	85 920
7	超过960 000元的部分	45	181 920

【例12.1】计算题

居民李先生在一家公司任职，2019年1~6月每月工资18 000元，三险一金每月扣除3 200元，累计基本减除费用（按照5 000元/月乘以当前月份数计算），不考虑其他情况，子女教育费、赡养老人等专项附加扣除每月2 500元，李先生1~5月已预缴个人所得税1 130元。请采用累计预扣法计算李先生6月应预扣预缴的个人所得税额。

解析：

1~6月累计预缴应纳税所得额＝（18 000－3 200－5 000－2 500）×6＝43 800（元）

综合所得在36 000元到144 000元的部分，适用税率为10%，速算扣除数为2 520，故

6月应预扣预缴个人所得税税额＝（43 800×10%－2 520）－1 130＝730（元）

2）劳务报酬、稿酬、特许权使用费所得。扣缴义务人向居民个人支付劳务报酬所得、稿酬所得、特许权使用费所得时，按次或者按月预扣预缴个人所得税。具体预扣预缴税款计算方法如下。

劳务报酬所得、稿酬所得、特许权使用费所得以每次收入减除费用后的余额为收入额，稿酬所得的收入额减按70%计算。

减除费用：劳务报酬所得、稿酬所得、特许权使用费所得预扣预缴税款时，每次收入不超过 4 000 元的，减除费用按 800 元计算；每次收入 4 000 元以上的，减除费用按 20%计算。

应纳税所得额：劳务报酬所得、稿酬所得、特许权使用费所得，以每次收入额为预扣预缴应纳税所得额。劳务报酬所得适用 20%～40%的超额累进预扣率，稿酬所得、特许权使用费所得适用 20%的比例预扣率。

劳务报酬所得应预扣预缴税额＝预扣预缴应纳税所得额×预扣率－速算扣除数

个人所得税预扣率（居民个人劳务报酬所得预扣预缴适用）见表 12-4。

稿酬所得、特许权使用费所得应预扣预缴税额＝预扣预缴应纳税所得额×20%

表 12-4　个人所得税预扣率

（居民个人劳务报酬所得预扣预缴适用）

级数	预扣预缴应纳税所得额	预扣率/%	速算扣除数
1	不超过 20 000 元的	20	0
2	超过 20 000 元至 50 000 元的部分	30	2 000
3	超过 50 000 元的部分	40	7 000

3）居民个人取得全年一次性奖金。在 2021 年 12 月 31 日前，居民个人取得的全年一次性奖金不并入当年综合所得，以全年一次性奖金收入除以 12 个月得到的数额，按照表 12-5 确定适用税率和速算扣除数，单独计算纳税。具体计算公式如下：

应纳税额＝全年一次性奖金收入×适用税率－速算扣除数

自 2022 年 1 月 1 日起，居民个人取得全年一次性奖金，应并入当年综合所得计算缴纳个人所得税。

表 12-5　月度个人综合所得税率表

级数	全月应纳税所得额	税率/%	速算扣除数
1	不超过 3 000 元的	3	0
2	超过 3 000 元至 12 000 元的部分	10	210
3	超过 12 000 元至 25 000 元的部分	20	1 410
4	超过 25 000 元至 35 000 元的部分	25	2 660
5	超过 35 000 元至 55 000 元的部分	30	4 410
6	超过 55 000 元至 80 000 元的部分	35	7 160
7	超过 80 000 元的部分	45	15 160

（3）非居民个人的综合所得应纳税额的计算

非居民个人的工资、薪金所得，以每月收入额减除费用 5 000 元后的余额为应纳税所得额；劳务报酬所得、稿酬所得、特许权使用费所得，以每次收入额为应纳税所得额，适用按月换算后的非居民个人月度税率表（表 12-6）计算应纳税额。其中，劳务报酬所得、稿酬所得、特许权使用费所得以收入减除 20%的费用后的余额为收入额。稿酬所得的收入额减按 70%计算。非居民个人取得的劳务报酬所得、稿酬所得、特许权使用费所得，属于一次性收入的，以取得该项收入为一次；属于同一项目连续性收入的，以一个月内取得的收入为一次。具体计算公式如下：

$$应纳税额＝应纳税所得额×税率－速算扣除数$$

表 12-6　个人所得税税率
（非居民个人工资、薪金所得，劳务报酬所得，稿酬所得，特许权使用费所得适用）

级数	应纳税所得额	税率/%	速算扣除数
1	不超过 3 000 元的	3	0
2	超过 3 000 元至 12 000 元的部分	10	210
3	超过 12 000 元至 25 000 元的部分	20	1 410
4	超过 25 000 元至 35 000 元的部分	25	2 660
5	超过 35 000 元至 55 000 元的部分	30	4 410
6	超过 55 000 元至 80 000 元的部分	35	7 160
7	超过 80 000 元的部分	45	15 160

【例 12.2】计算题

在中国境内无住所的外教李斯特在某高校工作 1 个月，2019 年 2 月取得该大学发放的工资收入 10 000 元。请计算李斯特本月应纳个人所得税税额。

解析：

$$应纳税所得额＝10 000－5 000＝5 000（元）$$

月综合所得超过 3 000 元至 12 000 元的部分，适用税率为 10%，速算扣除数为 210，故

$$李斯特本月应纳个人所得税税额＝5 000×10%－210＝290（元）$$

2. 经营所得应纳税额的计算

经营所得以每一纳税年度的收入总额减除成本、费用以及损失后的余额为应纳税所得额。居民个人从境内和境外取得的经营所得，应当分别合并计算应纳税额。

1）收入总额是指从事生产经营，以及与生产经营有关的活动所取得的销售货物收入、提供劳务收入、转让财产收入、利息收入、租金收入、接受捐赠收入、其他收入。

其他收入包括资产溢余收入、逾期一年以上的未退包装物押金收入、确实无法偿付的应付款项、已作坏账损失处理后又收回的应收款项、债务重组收入、补贴收入、违约金收入、汇兑收益等。

2）成本、费用是指生产、经营活动中发生的各项直接支出和分配计入成本的间接费用以及销售费用、管理费用、财务费用。

3）损失是指生产、经营活动中发生的固定资产和存货的盘亏、毁损、报废损失，转让财产损失，坏账损失，自然灾害等不可抗力因素造成的损失以及其他损失。

取得经营所得的个人，没有综合所得的，计算其每一纳税年度的应纳税所得额时，应当减除费用60 000元、专项扣除、专项附加扣除以及依法确定的其他扣除。专项附加扣除在办理汇算清缴时减除。

从事生产、经营活动，未提供完整、准确的纳税资料，不能正确计算应纳税所得额的，由主管税务机关核定应纳税所得额或者应纳税额。

具体计算公式如下：

$$应纳税所得额＝收入总额－成本－费用－损失$$
$$应纳个人所得税税额＝应纳税所得额×适用税率$$

【例12.3】计算题

某市大华酒家系个体经营户，账证齐全。假定2019年12月取得营业额为120 000元，购进菜、肉、蛋、面粉、大米等原料费为60 000元，缴纳电费、水费、房租、煤气费等为15 000元，缴纳其他税费合计为6 600元。当月支付给4名雇员工资共4 800元，业主个人费用扣除标准为5 000元。1～11月累计应纳税所得额为55 600元，1～11月累计已预缴个人所得税税额为4 000元。计算该个体业户12月份应缴纳的个人所得税税额。

解析：

$$12月份应纳税所得额＝120 000－60 000－15 000－6 600－4 800－5 000$$
$$＝28 600（元）$$
$$全年累计应纳税所得额＝55 600＋28 600＝84 200（元）$$
$$12月份应缴纳个人所得税税额＝84 200×10\%－1 500－4 000＝2 920（元）$$

3. 财产租赁所得应纳税额的计算

财产租赁所得一般以个人每次取得的收入，定额或定率减除规定费用后的余额为应纳税所得额。每次收入不超过4 000元，减除费用800元；每次收入在4 000元以上，减除20%的费用。财产租赁所得以1个月内取得的收入为一次。

居民个人从境内和境外取得的财产租赁所得应当分别单独计算应纳税额。

在确定财产租赁的应纳税所得额时，纳税人在出租财产过程中缴纳的税金和教育费附加，可持完税（缴款）凭证，从其财产租赁收入中扣除的项目除了规定费用和有关税、费外，还准予扣除能够提供有效、准确凭证，证明由纳税人负担的该出租财产实际开支的修缮费用。允许扣除的修缮费用以每次 800 元为限。一次扣除不完的，准予在下一次继续扣除，直到扣完为止。

个人出租财产取得的财产租赁收入，在计算缴纳个人所得税时，应依次扣除以下费用：财产租赁过程中缴纳的税费；由纳税人负担的该出租财产实际开支的修缮费用；税法规定的费用扣除标准。

对个人按照市场价格出租的居民住房取得的所得，自 2001 年 1 月 1 日起暂减按 10% 的税率征收个人所得税。

应纳税所得额的计算公式如下。

每次（月）收入不超过 4 000 元的：

$$应纳税所得额＝每次（月）收入额－准予扣除项目－修缮费用（800 元为限）－800$$
$$应纳个人所得税税额＝应纳税所得额×适用税率$$

每次（月）收入超过 4 000 元的：

$$应纳税所得额＝[每次（月）收入额－准予扣除项目－修缮费用（800 元为限）]×（1－20\%）$$
$$应纳个人所得税税额＝应纳税所得额×适用税率$$

【例 12.4】计算题

王某于 2019 年 1 月将其自有的面积为 100 平方米的房屋出租，租期 1 年，王某每月取得租金收入 1 400 元，全年租金收入 16 800 元，当年 5 月份因下水道堵塞找人修理，发生修理费用 400 元，有维修部门的正式收据。计算刘某全年租金收入应缴纳的个人所得税税额。

解析：

财产租赁收入以每月内取得的收入为一次。因此，刘某每月及全年应纳个人所得税税额计算如下。

$$每月应纳个人所得税税额＝（1 400－800）×10\%＝60（元）$$
$$1 月份应纳个人所得税税额＝（1 400－400－800）×10\%＝20（元）$$
$$全年应纳个人所得税税额＝60×11＋20＝680（元）$$

4. 财产转让所得应纳税额的计算

财产转让所得以转让财产的收入额减除财产原值和合理费用后的余额为应纳税所得额。居民个人从境内和境外取得的财产转让所得应当分别单独计算应纳税额。

财产原值，按照下列方法计算。

1）有价证券，为买入价及买入时按照规定缴纳的有关费用。

2）建筑物，为建造费或者购进价格及其他有关费用。

3）土地使用权，为取得土地使用权所支付的金额、开发土地的费用及其他有关费用。

4）机器设备、车船，为购进价格、运输费、安装费及其他有关费用。

5）其他财产，参照以上方法确定。纳税义务人未提供完整、准确的财产原值凭证，不能正确计算财产原值的，由主管税务机关核定其财产原值。合理费用是指卖出财产时按照规定支付的有关费用。

财产转让所得应纳税额的计算公式为

$$应纳税所得额＝每次转让财产收入额－财产原值－合理费用$$
$$应纳个人所得税税额＝应纳税所得额×20\%$$

【例 12.5】计算题

刘某于 2019 年 2 月将其在某地的两套房中的一套转让给叶某，取得转让收入220 000 元。该套住房购进时的原价为 180 000 元，转让时支付有关税费为 15 000 元。计算刘某转让私房应缴纳的个人所得税税额。

解析：

$$应纳税所得额＝220\,000－180\,000－15\,000＝25\,000（元）$$
$$应纳个人所得税税额＝25\,000×20\%＝5\,000（元）$$

5. 利息、股息、红利所得，偶然所得应纳税额的计算

利息、股息、红利所得，偶然所得以每次收入额为应纳税所得额。利息、股息、红利所得，以支付利息、股息、红利时取得的收入为一次，偶然所得，以每次取得该项收入为一次。居民个人从境内和境外取得的利息、股息、红利所得，偶然所得应当分别单独计算应纳税额。

应纳税额的计算公式为

$$应纳个人所得税税额＝应纳税所得额×20\%＝每次收入额×20\%$$

【例 12.6】计算题

李先生购买福利彩票双色球，一次中奖 500 万元。计算他应缴纳的个人所得税税额。

解析：

$$应纳个人所得税税额＝500×20\%＝100（万元）$$

12.3.3　特殊计税方式应纳税额的计算

1. 境外缴纳税额抵免的计税方法

居民个人从中国境外取得的所得，可以从其应纳税额中抵免已在境外缴纳的个人所

得税税额，但抵免额不得超过该纳税人境外所得依照个人所得税法规定计算的应纳税额。已在境外缴纳的个人所得税税额，是指居民个人来源于中国境外的所得，依照该所得来源国家或者地区的法律应当缴纳并且实际已经缴纳的所得税税额；应纳税额是居民个人境外所得已缴境外个人所得税的抵免限额。

除国务院财政、税务主管部门另有规定外，来源于一国（地区）抵免限额为来源于该国的综合所得抵免限额、经营所得抵免限额、其他所得项目抵免限额之和。

1）来源于一国（地区）综合所得的抵免限额＝中国境内、境外综合所得依照个人所得税法的规定计算的综合所得应纳税总额×来源于该国（地区）的综合所得收入额÷中国境内、境外综合所得收入总额。

2）来源于一国（地区）经营所得抵免限额＝中国境内、境外经营所得依照个人所得税法的规定计算的经营所得应纳税总额×来源于该国（地区）的经营所得的应纳税所得额÷中国境内、境外经营所得的应纳税所得额。

3）来源于一国（地区）的其他所得项目抵免限额，为来源于该国（地区）的其他所得项目依照个人所得税法实施条例的规定计算的应纳税额。

居民个人在中国境外一个国家或者地区实际已经缴纳的个人所得税税额，低于依照前款规定计算出的该国家或者地区抵免限额的，应当在中国缴纳差额部分的税款；超过该国家或者地区抵免限额的，其超过部分不得在本纳税年度的应纳税额中扣除，但是可以在以后纳税年度的该国家或者地区抵免限额的余额中补扣。补扣期限最长不得超过5年。

居民个人申请抵免已在境外缴纳的个人所得税税额，应当提供境外税务机关出具的税款所属年度的有关纳税凭证。

个人独资企业、合伙企业及个人从事其他生产、经营活动在境外营业机构的亏损，不得抵减境内营业机构的盈利。

【例 12.7】计算题

美国籍来华人员史密斯已在中国境内居住 7 年。2019 年 2 月取得美国一家公司净支付的薪金所得 20 800 元（折合成人民币，下同），已被扣缴个人所得税税款 1 200 元。同月还从加拿大取得净股息所得 8 500 元，已被扣缴个人所得税税款 1 500 元。经核查，境外完税凭证无误。计算史密斯境外所得在我国境内应补缴的个人所得税税额。

解析：

该纳税人上述来源于两国的所得应分国计算抵免限额。

来自美国所得的抵免限额＝（20 800＋1 200－5 000）×20%－1 410＝1 990（元）

来自加拿大所得的抵免限额＝（8 500＋1 500）×20%＝2 000（元）

由于该纳税人在美国和加拿大已被扣缴的所得税额均不超过各自计算的抵免限额，

故来自美国和加拿大所得的允许抵免额分别为 1 200 元和 1 500 元，可全额抵扣，并需在中国补缴税款。

应补缴个人所得税税额＝（1 990－1 200）＋（2 000－1 500）＝1 290（元）

2．两人以上共同取得同一项目收入的计税方法

两个或两个以上的个人共同取得同一项目收入的，如编著一本书、参加同一场演出等，应当对每个人取得的收入分别按照税法规定减除费用后计算纳税，即实行"先分、后扣、再税"的办法。

【例 12.8】计算题

5 名非居民个人共同编写出版一本 50 万字的教材，共取得稿酬收入 21 000 元。其中主编 1 人得主编费 1 000 元，其余稿酬 5 人平分。计算各非居民个人应缴纳的个人所得税税额。

解析：

$$扣除主编费后所得额＝21 000－1 000＝20 000（元）$$
$$平均每人所得额＝20 000÷5＝4 000（元）$$
$$主编应纳个人所得税税额＝[（1 000＋4 000）×（1－20\%）×70\%]×3\%＝84（元）$$
$$其余 4 人每人应纳个人所得税税额＝（4 000×（1－20\%）×70\%）×3\%＝67.2（元）$$

3．扣除捐赠款的计税方法

个人将其所得对教育、扶贫、济困等公益慈善事业进行捐赠，捐赠额未超过纳税人申报的应纳税所得额 30\%的部分，可以从其应纳税所得额中扣除。计算公式为

$$捐赠扣除限额＝扣除捐赠额之前的应纳税所得额×30\%$$

即允许扣除的捐赠额为实际捐赠额和捐赠扣除限额较少者。

$$应纳个人所得税税额＝（应纳税所得额－允许扣除的捐赠额）×适用税率－速算扣除数$$

【例 12.9】计算题

歌星韩某（非居民个人）参加某单位举办的演唱会，取得出场费收入 80 000 元，将其中 30 000 元通过当地教育机构捐赠给某希望小学。计算该歌星取得的出场费收入应缴纳的个人所得税税额。

解析：

$$未扣除捐赠的应纳税所得额＝80 000×（1－20\%）＝64 000（元）$$

捐赠扣除限额＝64 000×30\%＝19 200（元），由于实际捐赠额大于扣除限额，税前只能按扣除限额扣除。

应缴纳的个人所得税税额＝（64 000－19 200）×30%－4410＝9 030（元）

4．纳税调整

有下列情形之一的，税务机关有权按照合理方法进行纳税调整。

1）个人与其关联方之间的业务往来不符合独立交易原则而减少本人或者其关联方应纳税额，且无正当理由。

2）居民个人控制的，或者居民个人和居民企业共同控制的设立在实际税负明显偏低的国家（地区）的企业，无合理经营需要，对应当归属于居民个人的利润不作分配或者减少分配。

3）个人实施其他不具有合理商业目的的安排而获取不当税收利益。

税务机关依照前款规定作出纳税调整，需要补征税款的，应当补征税款，并依法加收利息。利息应当按照税款所属纳税申报期最后一日中国人民银行公布的与补税期间同期的人民币贷款基准利率计算，自税款纳税申报期满次日起至补缴税款期限届满之日止按日加收。纳税人在补缴税款期限届满前补缴税款的，利息加收至补缴税款之日。

12.4　个人所得税的税收优惠

12.4.1　免征个人所得税

下列各项个人所得，"免征"个人所得税。

1）省级人民政府、国务院部委和中国人民解放军军以上单位，以及外国组织、国际组织颁发的科学、教育、技术、文化、卫生、体育、环境保护等方面的奖金。

2）国债和国家发行的金融债券利息。

3）按照国家统一规定发给的补贴、津贴。

4）福利费、抚恤金、救济金。

5）保险赔款。

6）军人的转业费、复员费、退役金。

7）按照国家统一规定发给干部、职工的安家费、退职费、基本养老金或者退休费、离休费、离休生活补助费。

8）依照有关法律规定应予免税的各国驻华使馆、领事馆的外交代表、领事官员和其他人员的所得。

9）中国政府参加的国际公约、签订的协议中规定免税的所得。

10）国务院规定的其他免税所得。

上述第10）项免税规定，由国务院报全国人民代表大会常务委员会备案。

12.4.2　减征个人所得税

有下列情形之一的，可以减征个人所得税，具体幅度和期限，由省、自治区、直辖市人民政府规定，并报同级人民代表大会常务委员会备案。

1）残疾、孤老人员和烈属的所得。

2）因自然灾害遭受重大损失的。

国务院可以规定其他减税情形，报全国人民代表大会常务委员会备案。

12.4.3　暂免征收个人所得税

根据《财政部　国家税务总局关于个人所得税若干政策问题的通知》的规定，下列所得，暂免征收个人所得税。

1）外籍个人以非现金形式或实报实销形式取得的住房补贴、伙食补贴、搬迁费、洗衣费。

2）外籍个人按合理标准取得的境内、外出差补贴。

3）外籍个人取得的探亲费、语言训练费、子女教育费等，经当地税务机关审核批准为合理的部分。

2019 年 1 月 1 日至 2021 年 12 月 31 日期间，外籍个人符合居民个人条件的，可以选择享受个人所得税专项附加扣除，也可享受住房补贴、语言训练费、子女教育费等津补贴免税优惠政策，但不得同时享受。外籍个人一经选择，在一个纳税年度内不得变更。

自 2022 年 1 月 1 日起，外籍个人不再享受住房补贴、语言训练费、子女教育费津补贴免税优惠政策，应按规定享受专项附加扣除。

4）外籍个人从外商投资企业取得的股息、红利所得。

5）凡符合下列条件之一的外籍专家取得的工资、薪金所得可免征个人所得税。

① 根据世界银行专项贷款协议由世界银行直接派往我国工作的外国专家。

② 联合国组织直接派往我国工作的专家。

③ 为联合国援助项目来华工作的专家。

④ 援助国派往我国专为该国无偿援助项目工作的专家。

⑤ 根据两国政府签订文化交流项目来华工作 2 年以内的文教专家，其工资、薪金所得由该国负担的。

⑥ 根据我国大专院校国际交流项目来华工作 2 年以内的文教专家，其工资、薪金所得由该国负担的。

⑦ 通过民间科研协定来华工作的专家，其工资、薪金所得由该国政府机构负担的。

6）个人举报、协查各种违法、犯罪行为而获得的奖金。

7）个人办理代扣代缴税款手续，按规定取得的扣缴手续费。

8）个人转让自用达 5 年以上，并且是唯一的家庭生活用房取得的所得。

9）对个人购买福利彩票、赈灾彩票、体育彩票，一次中奖收入在 10 000 元以下的（含 10 000 元）暂免征收个人所得税，超过 10 000 元的，全额征收个人所得税。

10）达到离休、退休年龄，但确因工作需要，适当延长离休、退休年龄的高级专家（指享受国家发放的政府特殊津贴的专家、学者），其在延长离休、退休期间的工资、薪金所得，视同离休、退休工资免征个人所得税。

11）个人领取原提存的住房公积金、医疗保险金、基本养老保险金、失业保险金，免予征收个人所得税。

12）按照国家或省级地方政府规定的比例缴付的住房公积金、医疗保险金、基本养老保险金、失业保险金存入银行个人账户所取得的利息所得，免予征收个人所得税。

13）自 2009 年 5 月 25 日起，以下情形的房屋产权无偿赠与，对当事双方不征收个人所得税。

① 房屋产权所有人将房屋产权无偿赠与配偶、父母、子女、祖父母、外祖父母、孙子女、外孙子女、兄弟姐妹。

② 房屋产权所有人将房屋产权无偿赠与对其承担直接抚养或者赡养义务的抚养人或者赡养人。

③ 房屋产权所有人死亡，依法取得房屋产权的法定继承人、遗嘱继承人或者受遗赠人。

14）个人取得单张有奖发票奖金所得不超过 800 元（含 800 元）的，暂免征收个人所得税。

15）对国有企业职工，因企业依照《中华人民共和国企业破产法（试行）》宣告破产，从破产企业取得的一次性安置费收入，免予征收个人所得税。

16）职工与用人单位解除劳动关系取得的一次性补偿收入（包括用人单位发放的经济补偿金、生活补助费和其他补助费用），在当地上年职工年平均工资 3 倍数额内的部分，可免征个人所得税。

17）企业和事业单位根据国家有关政策规定的办法和标准，为在本单位任职或者受雇的全体职工缴付的企业年金或职业年金单位缴费部分，在计入个人账户时，个人暂不缴纳个人所得税。

18）自 2015 年 9 月 8 日起，个人从公开发行和转让市场取得的上市公司股票，持股期限超过 1 年的，股息、红利所得暂免征收个人所得税。

19）个体工商户、个人独资企业和合伙企业或个人从事种植业、养殖业、饲养业、捕捞业取得的所得，暂不征收个人所得税。

20）企业在销售商品（产品）和提供服务过程中向个人赠送礼品，属于下列情形之一的，不征收个人所得税。

① 企业通过价格折扣、折让方式向个人销售商品（产品）和提供服务。

② 企业在向个人销售商品（产品）和提供服务的同时给予赠品，如通信企业对个

人购买手机赠话费、入网费，或者购话费赠手机等。

③ 企业对累积消费达到一定额度的个人按消费积分反馈礼品。

【例 12.10】多项选择题

根据个人所得税法律制度的规定，下列各项中，免征或暂免征收个人所得税的有（　　）。

A. 获得的保险赔款

B. 军人的转业费

C. 国家金融债券利息收入

D. 外籍个人以现金形式取得的住房补贴和伙食补贴

答案：ABC

解析：外籍个人以非现金形式或者实报实销形式取得的住房补贴、伙食补贴、搬迁费、洗衣费暂免征收个人所得税。

阅读资料

我国利息税的开征与停征

《个人所得税法》规定，利息、股息、红利都应缴纳个人所得税。其中的利息主要指对个人在中国境内储蓄人民币、外币而取得的利息所得征收的个人所得税。1950 年，我国颁布《利息所得税暂行条例》，规定对存款利息征收所得税。但当时国家实施低工资制度，人们的收入差距也很小，因而在 1959 年停征了存款利息所得税。1980 年通过的《个人所得税法》和 1993 年修订的《个人所得税法》，再次把利息所得列为征税项目。但随后对储蓄利息所得又作出免税规定。1999 年 11 月 1 日起开始施行的《对储蓄存款利息所得征收个人所得税的实施办法》规定，不论什么时间存入的储蓄存款，在 1999 年 11 月 1 日以后支取所产生的利息要按 20%征收所得税。国务院决定从 2007 年 8 月 15 日起将储蓄存款利息所得个人所得税的适用税率由现行的 20%调减为 5%，2008 年 10 月 8 日国家宣布，从次日开始取消利息税。

综上，我国的储蓄存款征收利息税的轨迹如下：储蓄存款在 1999 年 10 月 31 日前的利息所得，不征收个人所得税；在 1999 年 11 月 1 日～2007 年 8 月 14 日的利息所得，按照 20%的比例征收个人所得税；在 2007 年 8 月 15 日～2008 年 10 月 8 日的利息所得，按照 5%的比例征收个人所得税；储蓄存款在 2008 年 10 月 9 日后（含 10 月 9 日）的利息所得，暂免征收个人所得税。

12.5 个人所得税的缴纳

12.5.1 纳税人识别号

个人首次取得应税所得或者首次办理纳税申报时，应当向扣缴义务人或者税务机关如实提供纳税人识别号及与纳税有关的信息。个人上述信息发生变化的，应当报告扣缴义务人或者税务机关。

没有中国公民身份号码的个人，应当在首次发生纳税义务时，按照税务机关的规定报送与纳税有关的信息，由税务机关赋予其纳税人识别号。

国务院税务主管部门可以指定掌握所得信息并对所得取得过程有控制权的单位为扣缴义务人。

纳税人有中国公民身份号码的，以中国公民身份号码为纳税人识别号；纳税人没有中国公民身份号码的，由税务机关赋予其纳税人识别号。扣缴义务人扣缴税款时，纳税人应当向扣缴义务人提供纳税人识别号。

12.5.2 自行申报纳税

个人所得税的纳税申报分为两种方式，即自行申报纳税和代扣代缴税款。

自行申报纳税是指纳税人在税法规定的期限内，自己到税务机关填写纳税申报表并缴纳个人所得税的一种方式。

有下列情形之一的，纳税人应当依法办理纳税申报。

1）取得综合所得需要办理汇算清缴。

2）取得应税所得没有扣缴义务人。

3）取得应税所得，扣缴义务人未扣缴税款。

4）取得境外所得。

5）因移居境外注销中国户籍。

6）非居民个人在中国境内从两处以上取得工资、薪金所得。

7）国务院规定的其他情形。

取得综合所得需要办理汇算清缴的情形如下。

1）在两处或者两处以上取得综合所得，且综合所得年收入额减除专项扣除的余额超过 60 000 元。

2）取得劳务报酬所得、稿酬所得、特许权使用费所得中一项或者多项所得，且综合所得年收入额减除专项扣除的余额超过 60 000 元。

3）纳税年度内预缴税额低于应纳税额。

4）纳税人申请退税。

纳税人申请退税，应当提供本人在中国境内开设的银行账户，并在汇算清缴地办理税款退库。

汇算清缴的具体办法由国务院税务主管部门制定。

12.5.3 代扣代缴税款

个人所得税以所得人为纳税人，以支付所得的单位或者个人为扣缴义务人。扣缴义务人向个人支付应税款项时，应当依照个人所得税法的规定预扣或代扣税款，按时缴库，并专项记载备查。扣缴义务人应当按照国家规定办理全员全额扣缴申报，并向纳税人提供其个人所得和已扣缴税款等信息。全员全额扣缴申报是指扣缴义务人在扣缴税款的次月 15 日内，向主管税务机关报送支付所得个人的有关信息、支付所得数额、扣除事项和数额、扣缴税款的具体数额和总额以及其他相关涉税信息资料。

居民个人向扣缴义务人提供专项附加扣除信息的，扣缴义务人按月预扣预缴税款时应当按照规定予以扣除，不得拒绝。

对扣缴义务人按照所扣缴的税款，付给 2%的手续费。税务机关按照规定付给扣缴义务人手续费，应当按月填开退还书发给扣缴义务人。扣缴义务人凭退还书，按照国库管理有关规定办理退库手续。

纳税人发现扣缴义务人提供或者扣缴申报的个人信息、所得、扣缴税款等与实际情况不符的，有权要求扣缴义务人修改。扣缴义务人拒绝修改的，纳税人可以报告税务机关，税务机关应当及时处理。

扣缴义务人发现纳税人提供的信息与实际情况不符的，可以要求纳税人修改，纳税人拒绝修改的，扣缴义务人应当报告税务机关，税务机关应当及时处理。

12.5.4 纳税期限

《个人所得税法》对纳税期限的具体规定如下。

1）居民个人取得综合所得，按年计算个人所得税；有扣缴义务人的，由扣缴义务人按月或者按次预扣预缴税款；需要办理汇算清缴的，应当在取得所得的次年 3 月 1 日～6 月 30 日内办理汇算清缴。预扣预缴办法由国务院税务主管部门制定。

2）非居民个人取得工资、薪金所得，劳务报酬所得，稿酬所得和特许权使用费所得，有扣缴义务人的，由扣缴义务人按月或者按次代扣代缴税款，不办理汇算清缴。

3）纳税人取得经营所得，按年计算个人所得税，由纳税人在月度或者季度终了后15 日内向税务机关报送纳税申报表，并预缴税款；在取得所得的次年 3 月 31 日前办理汇算清缴。

4）纳税人取得利息、股息、红利所得，财产租赁所得，财产转让所得和偶然所得，按月或者按次计算个人所得税，有扣缴义务人的，由扣缴义务人按月或者按次代扣代缴税款。

5）纳税人取得应税所得没有扣缴义务人的，应当在取得所得的次月 15 日内向税务机关报送纳税申报表，并缴纳税款。

6）纳税人取得应税所得，扣缴义务人未扣缴税款的，纳税人应当在取得所得的次年6月30日前，缴纳税款；税务机关通知限期缴纳的，纳税人应当按照期限缴纳税款。

7）居民个人从中国境外取得所得的，应当在取得所得的次年3月1日～6月30日内申报纳税。

8）非居民个人在中国境内从两处以上取得工资、薪金所得的，应当在取得所得的次月15日内申报纳税。

9）纳税人因移居境外注销中国户籍的，应当在注销中国户籍前办理税款清算。

12.5.5 汇算清缴与退税

纳税人办理汇算清缴退税或者扣缴义务人为纳税人办理汇算清缴退税的，税务机关审核后，按照国库管理的有关规定办理退税。《个人所得税法》对汇算清缴与退税的具体规定如下。

1）纳税人可以委托扣缴义务人或者其他单位和个人办理汇算清缴。

2）暂不能确定纳税人为居民个人或者非居民个人的，应当按照非居民个人缴纳税款，年度终了确定纳税人为居民个人的，按照规定办理汇算清缴。

3）纳税人有下列情形之一的，税务机关可以不予办理退税。

① 纳税申报或者提供的汇算清缴信息，经税务机关核实为虚假信息，并拒不改正的。

② 法定汇算清缴期结束后申报退税的。

对不予办理退税的，税务机关应当及时告知纳税人。

纳税人申报退税，税务机关未收到税款，但经税务机关核实纳税人无过失的，税务机关应当为纳税人办理退税。具体办法由国务院财政、税务主管部门另行规定。

12.5.6 专项附加扣除信息核实与监督

（1）专项附加扣除信息的核实规定

1）公安、人民银行、金融监督管理等相关部门应当协助税务机关确认纳税人的身份、金融账户信息。教育、卫生、医疗保障、民政、人力资源社会保障、住房城乡建设、公安、人民银行、金融监督管理等相关部门应当向税务机关提供纳税人子女教育、继续教育、大病医疗、住房贷款利息、住房租金、赡养老人等专项附加扣除信息。

2）个人转让不动产的，税务机关应当根据不动产登记等相关信息核验应缴的个人所得税，登记机构办理转移登记时，应当查验与该不动产转让相关的个人所得税的完税凭证。个人转让股权办理变更登记的，市场主体登记机关应当查验与该股权交易相关的个人所得税的完税凭证。

（2）专项附加扣除信息的监督规定

1）税务机关可以按照一定比例对纳税人提供的专项附加扣除信息进行抽查。在汇算清缴期结束前发现纳税人报送信息不实的，税务机关责令纳税人予以纠正，并通知扣缴义务人；在当年汇算清缴期结束前再次发现上述问题的，依法对纳税人予以处罚，并根据情形纳入有关信用信息系统，按照国家有关规定实施联合惩戒。

2）有关部门依法将纳税人、扣缴义务人遵守本法的情况纳入信用信息系统，并实施联合激励或者惩戒。

12.5.7 纳税地点

1）年所得 12 万元以上的纳税人纳税申报地点规定如下。

① 在中国境内有任职、受雇单位的，向任职、受雇单位所在地主管税务机关申报。

② 在中国境内有两处或两处以上任职、受雇单位的，选择并固定向其中一处单位所在地主管税务机关申报。

③ 在中国境内无任职、受雇单位的，年所得项目中有经营所得的，向其中一处实际经营所在地主管税务机关申报。

④ 在中国境内无任职、受雇单位的，年所得项目中无生产、经营所得的，向户籍所在地主管税务机关申报。在中国境内有户籍，但户籍所在地与中国境内经营居住地不一致的，选择并固定向其中一地主管税务机关申报。在中国境内没有户籍的，向中国境内经常居住地主管税务机关申报。

2）从中国境内两处或两处以上取得工资、薪金所得的，以及取得应税所得，没有扣缴义务人的纳税申报地点规定如下。

① 从两处或两处以上取得工资、薪金所得的，选择并固定向其中一处主管税务机关申报。

② 从中国境外取得所得的，向中国境内户籍所在地主管税务机关申报。在中国境内有户籍，但户籍所在地与中国境内经常居住地不一致的，选择并固定向其中一地主管税务机关申报。在中国境内没有户籍的，向中国境内经常居住地主管税务机关申报。

3）个体工商户向实际经营所在地主管税务机关申报。

4）个人独资、合伙企业投资者兴办两个或两个以上企业的，区分不同情形确定纳税申报地点。

① 兴办的企业全部是个人独资性质，分别向各企业的实际经营管理所在地主管税务机关申报。

② 兴办的企业中含有合伙性质的，向经常居住地主管税务机关申报。

③ 兴办的企业中含有合伙性质的，个人投资者经常居住地与其兴办企业的经营管理所在地不一致的，选择并固定向其参与兴办的某合伙企业的经营管理所在地主管税务机关申报。

除以上情形外，纳税人应当向取得所得所在地主管税务机关申报。纳税人不得随意变更纳税申报地点，因特殊情况变更纳税申报地点的，须报原主管税务机关备案。

12.6　案例分析

案例1　工资、薪金所得应纳个人所得税

居民个人王明是某公司的技术骨干。假定 2019 年王明的全部工资收入情况见表 12-7。根据规定，企业职工的个人缴费基数以职工本人上年度本人月平均工资作为缴费基数，最高不超过本市上年在岗职工月平均工资的 300%，最低不低于本市上年在岗职工月平均工资的 60%。上年度王明本人月平均工资为 13 000 元，所在城市上年在岗职工月平均工资为 4 000 元，所以表中的"三费一金"的缴费基数是 4 000 元的 3 倍，为 12 000 元，其他费用均按个人所得税法的规定进行扣除。王明 1~6 月份已预扣预缴 386.4 元，另外，2019 年 12 月王明取得劳务报酬所得 30 000 元。

试计算：

1）王明在 2019 年 7~12 月预缴的个人所得税税额。

2）年终汇算清缴时，王明全年应纳个人所得税税额。

3）年终汇算清缴后，王明应补缴个人所得税税额还是向税务机关申请退还多缴的个人所得税税额。

表 12-7　王明的工资、薪金、奖金及个人所得税　　　　　　单位：元

项目 月份	应发工资①	子女教育专项扣除②	住房贷款利息专项扣除③	赡养老人专项扣除④	商业健康保险⑤	住房公积金⑥	基本养老保险费⑦	基本医疗保险费⑧	失业保险费⑨	应纳税所得额⑩	预缴个人所得税税额
1	14 200	1 000	1 000	2 000	200	1 200	960	240	120	7 480	74.4
2	15 200	1 000	1 000	2 000	200	1 200	960	240	120	8 480	138
3	13 200	1 000	1 000	2 000	200	1 200	960	240	120	6 480	44.4
4	13 200	1 000	1 000	2 000	200	1 200	960	240	120	6 480	44.4
5	14 200	1 000	1 000	2 000	200	1 200	960	240	120	7 480	74.4
6	13 200	1 000	1 000	2 000	200	1 200	960	240	120	6 480	44.4
7	13 200	1 000	1 000	2 000	200	1 200	960	240	120	6 480	44.4
8	13 200	1 000	1 000	2 000	200	1 200	960	240	120	6 480	44.4
9	14 200	1 000	1 000	2 000	200	1 200	960	240	120	7 480	74.4
10	14 200	1 000	1 000	2 000	200	1 200	960	240	120	7 480	74.4
11	13 200	1 000	1 000	2 000	200	1 200	960	240	120	6 480	44.4
12	13 200	1 000	1 000	2 000	200	1 200	960	240	120	6 480	288
合计	164 400	12 000	12 000	24 000	2 400	14 400	11 520	2 880	1 440	83 760	990

解析：

1）王明在 2019 年 7～12 月缴纳的个人所得税税额计算如下。

王明 7 月份的应预扣预缴税额＝（14 200×2＋15 200＋13 200×4－6 720×7－5 000×7）
　　　　　　　　　　　　　　×3%－386.4＝44.4（元）

王明 8 月份应预扣预缴税额＝（14 200×2＋15 200＋13 200×5－6 720×8－5 000×8）
　　　　　　　　　　　　　×3%－386.4－44.4＝44.4（元）

王明 9 月份应预扣预缴税额＝（14 200×3＋15 200＋13 200×5－6 720×9－5 000×9）
　　　　　　　　　　　　　×3%－386.4－44.4－44.4＝74.4（元）

王明 10 月份应预扣预缴税额＝（14 200×4＋15 200＋13 200×5－6 720×10－5 000
　　　　　　　　　　　　　×10）×3%－386.4－44.4－44.4－74.4＝74.4（元）

王明 11 月份应预扣预缴税额＝（14 200×4＋15 200＋13 200×6－6 720×11－5 000×11）
　　　　　　　　　　　　　×3%－386.4－44.4－44.4－74.4－74.4＝44.4（元）

王明 12 月份应预扣预缴税额＝（164 400－6 720×12－5 000×12）×3%－386.4－44.4
　　　　　　　　　　　　　－44.4－74.4－74.4－44.4＋｛30 000×（1－20%）
　　　　　　　　　　　　　×30%－2 000｝＝5 244.4（元）

2）王明全年应纳个人所得税税额计算如下。

全年的应纳税所得额＝｛14 200×4＋13 200×7＋15 200＋30 000×（1－20%）｝
　　　　　　　　　－12 000－12 000－24 000－2 400－14 400
　　　　　　　　　－11 520－2 880－1 440－60 000＝47 760（元）

全年应纳个人所得税税额＝47 760×10%－2 520＝2 256（元）

3）王明全年补缴的个人所得税税额计算如下。

1～12 月已预缴个人所得税税额＝386.4＋74.4×2＋44.4×3＋5 244.4＝5 912.8（元）

全年应退个人所得税税额＝2256－5912.8＝－3 656.8（元）

案例 2　工资、薪金以外的所得应纳个人所得税

假定案例 1 中的王明在 2019 年发生的其他收入如下。

① 5 月出售家庭非唯一住房，原值 500 000 元，取得转让收入 800 000 元，按规定缴纳其他税费 44 800 元。

② 将自有商铺出租给某公司，每月租金 3 500 元，共出租 9 个月，每月按国家规定缴纳的其他税费 200 元。

③ 7 月彩票中奖所得 60 000 元。

计算本年王明的以上收入应纳的个人所得税税额。

解析：

1）针对业务①：

　　　　　应纳税所得额＝800 000－500 000－44 800＝255 200（元）

$$应纳个人所得税税额＝255\ 200×20\%＝51\ 040（元）$$

财产转让所得以转让财产的收入额减除财产原值和合理费用后的余额，为应纳税所得额。财产原值是指建造费或者购进价格及其他有关费用，税率为20%。

2）针对业务②：

$$应纳税所得额＝（3\ 500－800－200）×9＝22\ 500（元）$$

$$应纳个人所得税税额＝2\ 500×20\%×9＝4\ 500（元）$$

3）针对业务③：

$$应纳税所得额＝60\ 000（元）$$

$$应纳个人所得税税额＝60\ 000×20\%＝12\ 000（元）$$

以上3项所得应纳个人所得税税额合计＝51 040＋4 500＋12 000＝67 540（元）。

案例 3　外籍人员应纳个人所得税

假定2019年6月外籍人员杰克来华工作。当月在中国境内取得工资收入20 000元，稿酬收入15 000元。计算杰克本月应纳的个人所得税税额。

解析：

$$工资的应纳税所得额＝20\ 000－5\ 000＝15\ 000（元）$$

$$工资应纳个人所得税税额＝15\ 000×20\%－1\ 410＝1\ 590（元）$$

$$稿酬的应纳税所得额＝15\ 000×70\%＝10\ 500（元）$$

$$稿酬应纳个人所得税税额＝10\ 500×10\%－210＝840（元）$$

$$应纳个人所得税税总额＝1\ 590＋840＝2\ 430（元）$$

回　　顾

《个人所得税法》自1980年9月10日实施以来，先后经历了六次修订，目前实施的是2019年1月1日实施的《个人所得税法》。个人所得税是以居民和非居民的各种应税所得为课税对象征收的一种税，属于所得税类。各种应税所得是指工资、薪金所得、劳务报酬所得，稿酬所得，特许权使用费所得，经营所得，利息、股息、红利所得，财产租赁所得，财产转让所得，偶然所得。在计算应纳税所得额时采取分类与综合相结合的征收模式，并采用累进税率与比例相结合的征收方式。为加强对个人所得税的征管，在纳税申报上采用自行申报和代扣代缴两种方法，实行源泉扣缴，防止税款流失。

复 习 题

一、速答题

扫描二维码，快速回答问题。

速答题

二、简答题

1. 简述个人所得税法中居民个人与非居民个人的划分标准。

2. 个人所得税应税所得项目有哪些？各项目税率是如何规定的？

3. 简述个人所得税各应税项目费用减除标准。

4. 《个人所得税法》规定了哪些减免优惠措施？

5. 怎样缴纳个人所得税？如何自行申报纳税？

三、能力应用题

1. 外籍非居民个人李在 2018 年 11 月取得的收入如下。

① 月工资总额为 6 800 元。

② 当月给某大学讲课税前收入 5 000 元。

③ 当月取得稿酬税前收入 12 000 元。计算李 2018 年 11 月应纳的个人所得税税额。

2. 李明是个体工商户，经营一家服装店。假设该服装店 2019 年全年营业收入 180 000 元，与经营有关的可在税前扣除的成本 60 000 元、费用 30 000 元、营业外支出 10 000 元，本年度已预缴个人所得税税款 2 500 元。计算 2019 年李明应缴纳的个人所得税税额。

阅 读 拓 展

木须虫，2018. 个税专项附加扣除 动态调整不可或缺[N]. 中国商报，10-24（P01）.

李思，2018. 新个税法影响几何[N]. 上海金融报，11-06（B04）.

第 13 章

税收征收管理法

知识目标

明确税收征收管理法的概念和适用范围；

掌握税务管理的知识；

掌握税款征收的内容；

了解税务检查相关内容；

掌握税收违法责任的规定。

能力目标

全面了解税收征收管理中征纳双方的权利和义务，熟练掌握纳税申报的相关内容、税款征收制度及征纳双方的法律责任，具有正确申报纳税、明确相应的征纳行为应承担的法律责任的能力。

素质目标

行使好各自的权利并履行好各自的义务是对征纳双方人员的素质要求。征税方人员即税务工作者要准确把握政策，熟练应用税法知识，以文明得体的国家公职人员形象和良好的工作作风维护国家利益；纳税方更要自觉履行纳税义务，文明守法，主动承担社会责任。

关键术语

税收征收管理法　税务登记　纳税申报　税款征收　税务检查　法律责任

导入案例

许丽是一名在校的大学生，她在大四实习期间了解到，她所实习的光明巅峰集团涉嫌采取虚开增值税专用发票，伪造支出费用票入账、假报出口等不法手段偷逃骗取税款，并且抗拒税务执法人员的检查，性质十分恶劣。为此，许丽重新拿出税法教材查阅，并向在企业做账务总监的表姐询问企业将要承担的法律责任。那么，你知道该企业的行为意味着什么吗？

13.1 税收征收管理法概述

13.1.1 税收征收管理法的概念及适用范围

春秋时代管仲曾言:"法律政令者,吏民规矩绳墨也。"税法对征纳双方具有普遍约束力,依法征税是国家税务机关应当遵循的原则。

1. 税收征收管理法的概念

税收征收管理法是调整税收征收及管理过程中发生的社会关系的相关法律规范的总称,包括国家权力机关制定的税收法律、国家权力授权行政机关制定的税收征管行政法规和有关税收征管的规章制度等。税收征收管理法属于税收程序法,是税法的有机组成部分。它不仅是纳税人全面履行纳税义务必须遵守的法律准则,也是税务机关履行征税职责的法律依据。

2. 税收征收管理法的适用范围

《税收征收管理法》第二条规定:"凡依法由税务机关征收的各种税收的征收管理,均适用本法。"

1)我国的税收征收机关有税务、海关、财政等部门,《税收征收管理法》只适用于由税务机关征收的各种税收。

2)农税征收机关负责征收的耕地占用税、契税征收管理的具体办法,由国务院另行规定;关税及海关代征税收的征收管理,依照法律、行政法规的有关规定执行。

3)目前还有一部分费由税务机关征收,如教育费附加。这些费不适用《税收征收管理法》,不能采取《税收征收管理法》规定的措施,其具体管理办法由各种费的条例和规章决定。

【例 13.1】单项选择题

不适用《税收征收管理法》的有(　　　)。

A. 城市维护建设税　　B. 海关代征的增值税　　　C. 消费税　　　　D. 房产税

答案:B

解析:《税收征收管理法》的适用范围是税务机关征收的各种税收,由财政部门征收或海关代征的税种,不属于《税收征收管理法》的适用范围。

阅读资料

我国税收征收管理法的发展历程

《税收征收管理法》于1992年9月4日第七届全国人民代表大会常务委员会第二十七次会议通过，1993年1月1日起施行，并先后于1995年2月、2001年4月、2013年6月及2015年4月进行了几次修正。另外，国务院颁布了《税收征收管理法实施细则》，国家税务总局颁布了《税务登记管理办法》《中华人民共和国发票管理办法实施细则》《税务行政复议规则》《国家税务总局关于纳税人权利与义务的公告》等。这些法律规范构成了我国税收征收管理法律制度的主要内容。

此外，自2015年5月1日起，国家税务总局在全国范围内开始实施《全国税收征管规范》（以下简称《税收征管规范》）。《税收征管规范》全面梳理了税收征管的所有具体业务事项，对每一个业务事项的流程、环节、操作要求做出详细规定，明确税收管理行政行为标准，压缩自由裁量的空间，限定税收行政行为的随意性，切实规范税务人，更好地服务纳税人。

13.1.2 征纳双方的权利和义务

1. 税收征收管理法的遵守主体

（1）征税主体——税务机关

《税收征收管理法》第五条规定："国务院税务主管部门主管全国税收征收管理工作。各地国家税务局和地方税务局应当按照国务院规定的税收征收管理范围分别进行征收管理。"《税收征收管理法》和《税收征收管理法实施细则》规定，税务机关是指各级税务局、税务分局、税务所和省以下税务局的稽查局。稽查局专司偷税、逃避追缴欠税、骗税、抗税案件的查处。国家税务总局应明确划分税务局和稽查局的职责。避免职责交叉。上述规定既明确了税收征收的行政主体（即执法主体），也明确了《税收征收管理法》的遵守主体。

（2）纳税主体——纳税人、扣缴义务人和其他有关单位

《税收征收管理法》第四条规定："法律、行政法规规定负有纳税义务的单位和个人为纳税人。法律、行政法规规定负有代扣代缴、代收代缴税款义务的单位和个人为扣缴义务人。纳税人、扣缴义务人必须依照法律、行政法规的规定缴纳税款，代扣代缴、代收代缴税款。"根据上述规定，纳税人、扣缴义务人和其他有关单位是税务行政管理相

对人，是《税收征收管理法》的遵守主体。必须按照《税收征收管理法》的有关规定接受税务管理，享受合法权益。

2. 征税主体的权利和义务

（1）征税主体的权利

1）税收征收权，主要包括税款核定和税款入库两个方面，是征税主体最基本的权利。

2）税收管理权，主要包括税务登记管理权、纳税申报管理权、账簿凭证管理等。

以上是征税主体两大主要权利，另外还包括税务稽查权、强制执行权、违法处罚权、代位权和撤销权等其他权利。

（2）征税主体的义务

1）宣传税收法律、行政法规，普及纳税知识，无偿地为纳税人提供纳税咨询服务。

2）加强队伍建设，提高税务人员的政治业务素质。

3）秉公执法、忠于职守、清正廉洁、礼貌待人、文明服务，尊重和保护纳税人、扣缴义务人的权利，依法接受监督。

4）税务人员不得索贿受贿、徇私舞弊、玩忽职守，不征或者少征应征税款；不得滥用职权多征税款或者故意刁难纳税人和扣缴义务人。

5）建立、健全内部制约和监督管理制度。上级税务机关应当对下级税务机关的执法活动依法进行监督。各级税务机关应当对其工作人员执行法律、行政法规和廉洁自律准则的情况进行监督检查。

6）税务机关负责征收、管理、稽查，行政复议人员的职责应当明确，并相互分离、相互制约。

7）税务机关应为检举人保密，并按照规定给予奖励。

8）税务人员在核定应纳税额、调整税收定额、进行税务检查、实施税务行政处罚、办理税务行政复议时，与纳税人、扣缴义务人或者其法定代表人、直接责任人有下列关系之一的，应当回避：夫妻关系；直系血亲关系；三代以内旁系血亲关系；近姻亲关系；可能影响公正执法的其他利益关系。

3. 纳税主体的权利和义务

（1）纳税主体的权利

1）纳税人、扣缴义务人有权向税务机关了解国家税收法律、行政法规的规定，以及与纳税程序有关的情况，即税收知情权。

2）纳税人、扣缴义务人有权要求税务机关为纳税人、扣缴义务人的情况保密，税务机关应当为纳税人、扣缴义务人的情况保密，即税收保密权。

3）纳税人依法享有申请减税、免税、退税的权利，即税收优惠权。

4）税务人员征收税款和查处税收违法案件，与纳税人、扣缴义务人或者税收违法案件有利害关系的，应当回避，即申请回避权。

5）纳税人、扣缴义务人有权控告和检举税务机关、税务人员的违法违纪行为，即检举控告权。

6）税务机关征收税款时，应当给纳税人开具完税凭证，扣缴义务人代扣、代收税款时，纳税人要求扣缴义务人开具代扣、代收税款凭证的，扣缴义务人应当开具，即取得凭证权。

7）纳税人、扣缴义务人对税务机关所做出的决定，享有陈述权、申辩权；依法享有申请行政复议、提起行政诉讼、请求国家赔偿等权利，即税收救济权。

8）纳税人、扣缴义务人可以委托税务代理人代为办理税务事宜，即委托代理权。

（2）纳税主体的义务

1）纳税人、扣缴义务人必须依照法律、行政法规的规定缴纳税款、代扣代缴、代收代缴税款，即依法纳税的义务。

2）纳税人、扣缴义务人和其他有关单位应当按照国家有关规定如实向税务机关提供与纳税和代扣代缴、代收代缴税款有关的信息，即如实提供信息的义务。

3）纳税人、扣缴义务人和其他有关单位应当接受税务机关依法进行的税务检查，即自觉接受检查的义务。

【例 13.2】多项选择题

属于税务机关税收权力的是（　　　）。

A. 缓期征税权　　　　　　　　B. 延期申报权

C. 行政复议权　　　　　　　　D. 税收强制执行权

答案：AD

解析：税务机关具有税收征收权、税收管理权、强制执行权、稽查权等，而延期申报权、行政复议权属于纳税人的权利。

13.2　税 务 管 理

税务管理是税收征收管理的重要内容，是税款征收的前提和基础，主要包括税务登记管理、账簿和凭证管理、发票管理、纳税申报管理等。

13.2.1　税务登记

税务登记是税务机关对纳税人的生产、经营活动进行登记并据此对纳税人实施税务管理的一种法定制度。税务登记是税务机关对纳税人实施税收管理的首要环节和基础工作,是纳税人与征税机关建立税务联系的基础,也是纳税人依法履行纳税义务的法定手续。

我国税务登记制度大体包括以下内容。

1. 设立税务登记

(1)税务登记申请人

企业在外地设立的分支机构和从事生产、经营的场所,个体工商户和从事生产、经营的事业单位(以下统称从事生产、经营的纳税人),向生产、经营所在地税务机关申报办理税务登记。

上述规定以外的纳税人,除国家机关、个人和无固定生产、经营场所的流动性农村小商贩外,也应当办理税务登记。根据税收法律、行政法规的规定负有扣缴税款义务的扣缴义务人(国家机关除外),应当办理扣缴税款登记。

(2)税务登记的期限

从事生产、经营的纳税人,应当自领取营业执照之日起 30 日内,向生产、经营地或者纳税义务发生地的主管税务机关申报办理税务登记,如实填写税务登记表并按照税务机关的要求提供有关证件、资料。

除上述以外的其他纳税人,除国家机关和个人外,应当自纳税义务发生之日起 30 日内,持有关证件向所在地主管税务机关申报办理税务登记。

(3)税务登记的内容

纳税人在申报办理税务登记时,应当如实填写税务登记表。

税务登记表的主要内容包括:单位名称、法定代表人或者业主姓名及其居民身份证、护照或者其他合法证件的号码;住所、经营地点;登记类型;核算方式;生产经营方式;生产经营范围;注册资金(资本)、投资总额;生产经营期限;财务负责人、联系电话;国家税务总局确定的其他有关事项。

【例 13.3】单项选择题

按照《税收征收管理法》及《税务登记管理办法》的规定,不承担税务登记义务的是( )。

A. 企业在外地设立的分支机构和从事生产、经营的场所

B. 临时从事生产经营活动的个体工商户

C. 只缴纳个人所得税和车船税的纳税人

D. 不从事生产、经营,但依法负有纳税义务的单位

答案:C

解析:按规定,临时取得应税收入或发生应税行为,如只缴纳个人所得税和车船税的纳税人,不需要办理税务登记。

2. 变更税务登记

变更税务登记，是从事生产、经营的纳税人税务登记内容发生重要变化时向税务机关申报办理的税务登记手续。

（1）变更税务登记的适用范围

变更税务登记的适用范围包括：改变名称；改变法定代表人；改变经济性质或经济类型；改变住所和经营地点；改变生产经营或经营方式；增减注册资金（资本）；改变隶属关系；改变生产经营期限；改变或增减银行账号；改变生产经营权属及改变其他税务登记内容的。

（2）变更税务登记的期限

1）纳税人税务登记内容发生变化的，应当自工商行政管理机关或者其他机关办理变更登记之日起 30 日内，持有关证件向原税务登记机关申报办理变更税务登记。

2）纳税人税务登记内容发生变化，不需要到工商行政管理机关或者其他机关办理变更登记的，应当自发生变化之日起 30 日内，持有关证件向原税务登记机关申报办理变更税务登记。

【例 13.4】多项选择题

纳税人应办理变更税务登记的项目有（　　　）。

A. 纳税人改变名称

B. 纳税人改变隶属关系

C. 纳税人银行账号改变

D. 纳税人改变经营地址而改变原主管税务机关的

答案：ABC

解析：选项 A、B、C 都应办理变更税务登记，选项 D 应在工商行政管理机关或其他机关申请办理变更或注销登记前，或者住所、经营地点变动前，向原税务机关申报办理注销税务登记。

3. 注销税务登记

注销税务登记是指从事生产、经营的纳税人税务登记内容发生了根本性变化，须终止履行纳税义务时向税务机关申报办理的税务登记手续。

纳税人发生解散、破产、撤销及其他情形，依法终止纳税义务的，应当在向工商行政管理机关办理注销登记前，持有关证件向原税务登记管理机关申报办理注销税务登记；按照规定不需要在工商管理机关办理注销登记的，应当自有关机关批准或者宣告终止之日起 15 日内，持有关证件向原税务登记管理机关申报办理注销税务登记；

纳税人被工商行政管理机关吊销营业执照或者被其他机关予以撤销登记的，应当自营业执照被吊销或者被撤销登记之日起 15 日内，向原税务登记机关申报办理注销税务登记。

纳税人办理注销税务登记前，应当向税务机关提交相关证明文件和资料，结清应纳税款、多退（免）税款、滞纳金和罚款，缴销发票、税务登记证件和其他税务证件，经税务机关核准后，办理注销税务登记手续。

【例 13.5】判断题

纳税人发生解散、破产、撤销及其他情形，依法终止纳税义务的，应当自工商行政管理机关办理注销之日起 30 日内，持有关证件向原税务登记管理机关申报办理注销税务登记。 （ ）

答案：×

解析：纳税人发生解散、破产、撤销及其他情形的，应当在工商行政管理机关申请办理注销登记前，先向税务机关办理注销税务登记。

4．其他情况下的登记

（1）停业、复业登记

实行定期定额征收方式的个体工商户需要停业的，应当在停业前向税务机关申报办理停业登记。纳税人的停业期限不得超过一年。

纳税人在申报办理停业登记时，应如实填写停业复业报告书，说明停业理由、停业期限、停业前的纳税情况和发票的领、用、存情况，并结清应纳税款、滞纳金、罚款。税务机关应收存其税务登记证件及副本、发票领购簿、未使用完的发票和其他税务证件。

（2）外出经营报验登记

纳税人到外县（市）临时从事生产经营活动的，应当在外出生产经营以前，持税务登记证向主管税务机关申请开具外出经营活动税收管理证明（以下简称外管证）。税务机关按照一地一证的原则，核发外管证；纳税人应当在外管证注明地进行生产经营前向当地税务机关报验登记；纳税人在外管证注明地销售货物的，除提交以上证件、资料外，应如实填写外出经营货物报验单，申报查验货物；纳税人外出经营活动结束，应当向经营地税务机关填报外出经营活动情况申报表，并结清税款、缴销发票；纳税人应当在外管证有效期届满后 10 日内，持外管证回原税务登记地税务机关办理外管证缴销手续。

外管证一般有效期限为 30 天，最长不得超过 180 天。

阅读资料

五证合一，一照一码

为深入贯彻落实国务院关于深化简政放权、放管结合、优化服务改革精神，深化商事制度改革、优化营商环境、推动大众创业万众创新，从 2016 年 10 月 1 日起，在全面实施"三证合一"（"三证"是指工商营业执照、组织机构代码证、税务登记证）登记制度改革的基础上，再整合社会保险登记证和统计登记证，正式实施"五证合一、一照一码"。

所谓"五证合一"是指工商营业执照、组织机构代码证、税务登记证、社会保险登记证和统计登记证五个证合一的登记制度。所谓"一照一码"就是通过"一口受理、并联审批、信息共享、结果互认"，将由五个部门（工商、质检、税务、社保、统计）分别核发不同证照，改为通过"一窗受理、互联互通、信息共享"，由工商部门直接核发加载法人和其他组织统一社会信用代码的营业执照，并将办理时限缩短至 3 天以内。

13.2.2　账簿与凭证管理

1. 账簿设置的范围

纳税人和扣缴义务人应当按照有关法律、行政法规和国务院财政、税务主管部门的规定设置账簿。

1）从事生产、经营的纳税人应当自领取营业执照或者发生纳税义务之日起 15 日内设置账簿。

2）扣缴义务人应当自税收法律、行政法规规定的扣缴义务发生之日起 10 日内，按照所代扣、代收的税种，分别设置代扣代缴、代收代缴税款账簿。

3）生产、经营规模小又确无建账能力的纳税人，可以聘请经批准从事会计代理记账业务的专业机构或者经税务机关认可的财会人员代为建账和办理账务；聘请上述机构或者人员有实际困难的，经县以上税务机关批准，可以按照税务机关的规定，建立收支凭证粘贴簿、进货销货登记簿或者使用税控装置。

2. 财务会计制度管理

凡从事生产、经营的纳税人必须将所采用的财务、会计制度和具体的财务、会计处理办法，按税务机关的规定，自领取税务登记证件之日起 15 日内，及时报送主管税务机关备案。

从事生产、经营的纳税人、扣缴义务人所使用的财务会计制度和具体的财务、会计处理办法与国务院和财政部、国家税务总局有关税收方面的规定相抵触时，纳税人、扣缴义务人必须按照国务院制定的税收法规的规定或者财政部、国家税务总局制定的有关税收的规定计缴税款。

3．账簿、凭证的保管

除另有规定外，账簿、记账凭证、报表、完税凭证、发票、出口凭证，以及其他有关涉税资料的保管期限，应当保存 10 年。

13.2.3　发票管理与税控管理

1．发票管理

《税收征收管理法》第二十一条规定："税务机关是发票的主管机关，负责发票印制、领购、开具、取得、保管、缴销的管理和监督。"

（1）发票印制管理机关

增值税专用发票由国务院税务主管部门指定的企业印制；其他发票按照国务院税务主管部门的规定，分别由省、自治区、直辖市国家税务局、地方税务局指定企业印制。禁止私自印制、伪造、变造发票。

（2）关于发票领购管理

1）需要领购发票的单位和个人，应当持税务登记证件、经办人身份证明、财务印章或发票专用章的印模，向主管税务机关申请领购发票。主管税务机关根据领购单位和个人的经营范围和规模，确认领购发票的种类、数量及领购方式，在 5 个工作日内发给发票领购簿。

2）需要临时使用发票的单位和个人，可以凭购销商品、提供或接受服务，以及从事其他经营活动的书面证明、经办人身份证明，直接向经营地税务机关申请代开发票。

3）临时到本省、自治区、直辖市以外从事生产经营活动的单位和个人，凭所在地税务机关开具的证明，向经营地所在税务机关申请领购经营地的发票。

（3）关于发票开具、使用、取得的管理

根据《税收征收管理法》第二十一条的规定，单位、个人在购销商品、提供或者接受经营服务及从事其他经营活动中，应当按照规定开具、使用、取得发票。

（4）关于发票保管管理

发票保管分为税务机关保管和用票单位、个人保管两个方面，都应当建立严格的发票保管制度。其中包括专人保管制度、专库保管制度、专账登记制度、保管交接制度和定期盘点制度。

（5）关于发票缴销管理

发票缴销包括发票收缴和发票销毁。发票收缴是指用票单位和个人按照规定向税务机关上缴已经使用或者未使用的发票；发票销毁是指由税务机关统一将自己或者他人已使用或者未使用的发票进行销毁；收缴的发票不一定都要销毁，但发票销毁首先必须收缴，然后按照法律法规保存一定时期后销毁。

2. 税控管理

税控管理是指税务机关利用税控装置对纳税人的生产经营情况进行监督和管理，以保障国家税收收入，防止税款流失，提高税收征管工作效率，降低征收成本的各项活动的总称。

《税收征收管理法》第二十三条规定："国家根据税收征收管理的需要，积极推广使用税控装置。纳税人应当按照规定安装、使用税控装置，不得损毁或者擅自改动税控装置。"同时还在第六十条中增加了一款规定："纳税人有下列行为之一的，由税务机关责令限期改正，可以处以二千元以下的罚款；情节严重的，处二千元以上一万元以下的罚款：……（五）未按照规定安装、使用税控装置，或者损毁或者擅自改动税控装置的。"

13.2.4 纳税申报

纳税申报是在纳税义务发生以后，纳税人按照税法规定的期限和内容，向税务机关提交有关纳税事项书面报告的一种法律制度。

1. 办理纳税申报的对象

纳税申报的对象为纳税人和扣缴义务人。纳税人在纳税期内没有应纳税款的，也应当按照规定办理纳税申报。纳税人享受减税、免税待遇的，在减税、免税期间应当按照规定办理纳税申报。

2. 纳税申报的期限

纳税人和扣缴义务人都必须按照法定的期限办理纳税申报。申报期限有两种：法律、行政法规明确规定的；税务机关按照法律、行政法规的原则规定，结合纳税人生产经营的实际情况及其所应缴纳的税种等相关问题予以确定的。两种期限具有同等的法律效力。

3. 纳税申报的内容

纳税申报的内容具体如下。

① 在各税种的纳税申报表和代扣代缴、代收代缴税款报告表中体现。

② 随纳税申报表附报的财务报表和有关纳税资料中体现，主要内容包括税种、税目；应纳税项目或者应代扣代缴、代收代缴税款项目；计税依据；扣除项目及标准；适

用税率或者单位税额；应退税项目及税额；应减免税项目及税额，应纳税额或者应代扣代缴；代收代缴税额；税款所属期限、延期缴纳税款、欠税、滞纳金等。

4. 纳税申报的材料

纳税人办理纳税申报时，应当如实填写纳税申报表，并根据不同的情况相应报送下列有关证件、资料。

1）财务会计报表及其说明材料。

2）与纳税有关的合同、协议书及凭证。

3）税控装置的电子报税资料。

4）外出经营活动税收管理证明和异地完税凭证。

5）境内或者境外公证机构出具的有关证明文件。

6）税务机关规定应当报送的其他有关证件、资料。

7）扣缴义务人办理代扣代缴、代收代缴税款报告时，应当如实填写代扣代缴、代收代缴税款报告表，并报送代扣代缴、代收代缴税款的合法凭证，以及税务机关规定的其他有关证件、资料。

5. 纳税申报的方式

目前，纳税申报的方式主要有以下三种。

1）直接申报，是纳税人、扣缴义务人在规定的期限内，直接到税务机关办理纳税申报或者报送代扣代缴、代收代缴税款报告表的申报方式，即纳税人上门申报。

2）邮寄申报，是经税务机关批准的纳税人使用统一规定的纳税申报特快专递专用信封，通过邮政部门办理交寄手续，并向邮政部门索取收据作为申报凭据的方式。

纳税人采取邮寄方式办理纳税申报的，应当使用统一的纳税申报专用信封，并以邮政部门开具的收据作为申报凭据。邮寄申报以寄出的邮戳日期为实际申报日期。

3）数据电文，是经税务机关确定的电话语音、电子数据交换和网络传输等电子方式。例如，目前纳税人的网上申报，就是数据电文申报方式的一种形式。

纳税人、扣缴义务人采取数据电文方式办理纳税申报的，其申报日期以税务机关计算机网络系统收到该数据电文的时间为准。

此外，纳税人还可以采取先预缴税款后申报，或者预储报缴、支票报缴、现金报缴等方式申报。实行定期定额缴纳税款的纳税人，可以实行简易申报、简并征期等纳税申报方式。

【例 13.6】单项选择题

实行定期定额缴纳税款的纳税人，在法律、行政法规规定的期限内或税务机关依据法规规定的期限内缴纳税款的，税务机关可以视同申报，这种方式称为（　　　）。

A. 直接申报　　　　B. 间接申报　　　　C. 简易申报　　　　D. 简并征期

答案：C

解析：简易申报是指实行定期定额缴纳税款的纳税人在法律、行政法规规定的期限内或税务机关依据法规规定的期限内缴纳税款的，税务机关可以视同申报。

13.3 税款征收制度

13.3.1 税款征收概述

1. 税款征收的概念

税款征收是税务机关按照税收相关法律的规定，将纳税人依法应当缴纳的税款组织征收并入库的一系列活动的总称，是税收征收管理工作中的中心环节，是实现税收征管工作目的的关键，在整个税收工作中占据非常重要的地位。

2. 税款征收的原则

（1）依法征税的原则

税务机关只能依照法律、行政法规的规定征收税款。税务机关代表国家向纳税人征收税款，不能随意征收，只能依法征收。

《税收征收管理法》第二十八条规定："税务机关依照法律、行政法规的规定征收税款，不得违反法律、行政法规的规定开征、停征、多征、少征、提前征收、延缓征收或者摊派税款。"

（2）征税主体法定的原则

《税收征收管理法》第二十九条规定："除税务机关、税务人员以及经税务机关依照法律、行政法规委托的单位和人员外，任何单位和个人不得进行税款征收活动。"

（3）开具书面文件的原则

《税收征收管理法》第三十四条规定："税务机关征收税款时，必须给纳税人开具完税凭证。"第四十七条规定："税务机关扣押商品、货物或者其他财产时，必须开付收据；查封商品、货物或者其他财产时，必须开付清单。"

（4）上缴国库的原则

《税收征收管理法》第五十三条规定："国家税务局和地方税务局应当按照国家规定的税收征收管理范围和税款入库预算级次，将征收的税款缴入国库。"

（5）税款优先的原则

1）税务机关征收税款，税收优先于无担保债权，法律另有规定的除外。

2）纳税人欠缴的税款发生在纳税人以其财产设定抵押、质押或者纳税人的财产被留置之前的，税收应当先于抵押权、质权、留置权执行。

3）税款优先于罚款、没收非法所得。

13.3.2　税款征收方式

税款征收方式是指税务机关根据各税种的不同特点、征纳双方的具体条件而确定的计算征收税款的方法和形式。

1. 查账征收

查账征收是指税务机关按照纳税人提供的账表所反映的经营情况，依照适用税率计算缴纳税款的方式。这种方式一般适用于财务会计制度较为健全，能够认真履行纳税义务的纳税单位。

2. 查定征收

查定征收是指税务机关根据纳税人的从业人员、生产设备、采用原材料等因素，对其产制的应税产品查实核定产量、销售额并据以征收税款的方式。这种方式一般适用于账册不够健全，但是能够控制原材料或进销货的纳税单位。

3. 查验征收

查验征收是由税务机关对某些零星、分散的高税率工业产品，通过查验数量，按市场一般销售单价计算其销售收入并据以征税的方式。这种方式一般适用于经营品种比较单一，经营地点、时间和商品来源不固定的纳税单位。

4. 定期定额征收

定期定额征收是指税务机关通过典型调查，逐户确定营业额和所得额并据以征税的方式。这种方式一般适用于生产、经营规模小，确实没有建账能力，经过主管税务机关审核，报经县级以上税务机关批准，可以不设置账簿或者暂缓建账的个体工商户。

5. 委托代征

委托代征是指税务机关委托代征人以税务机关的名义征收税款，并将税款缴入国库的方式。这种方式一般适用于小额、零散税源的征收。

6. 代扣代缴

代扣代缴是依照税法规定负有扣缴义务的法定义务人，从纳税人持有的收入中扣取应纳税款并向税务机关解缴的一种纳税方式。

7. 代收代缴

代收代缴是按照税法规定，负有收缴税款的法定义务人，负责对纳税人应纳的税款进行代收代缴。这种方式一般是指税收网络覆盖不到或者很难控管的领域，如消费税中的委托加工由受托方代收加工产品的税款。

8. 其他方式

如利用网络申报、用 IC 卡纳税等方式。

13.3.3 税款征收制度

1. 代扣代缴、代收代缴税款制度

1）扣缴义务人应当按照法律、行政法规的规定履行代扣、代收税款义务，对法律、行政法规没有规定负有代扣、代收税款义务的单位和个人，税务机关不得要求其履行代扣、代收税款义务。

2）扣缴义务人依法履行代扣、代收税款义务时，纳税人不得拒绝。纳税人拒绝的，扣缴义务人应当在一日之内报告主管税务机关处理，不及时向主管税务机关报告的，扣缴义务人应承担应扣未扣、应收未收税款的责任。

3）税法规定的扣缴义务人必须依法履行代扣、代收税款义务。如果不履行义务，就要承担法律责任。除按征管法及实施细则的规定给予处罚外，应当责成扣缴义务人限期将应扣未扣、应收未收的税款补扣或补收。

4）扣缴义务人代扣、代收税款，只限于法律、行政法规规定的范围，并依照法律、行政法规规定的征收标准执行。对法律、法规没有规定代扣、代收的，扣缴义务人不能超越范围代扣、代收税款，扣缴义务人也不得提高或降低标准代扣、代收税款。

5）税务机关按照规定付给扣缴义务人代扣、代收手续费。代扣、代收税款手续费只能由县（市）以上税务机关统一办理退库手续，不得在征收税款过程中坐支。

2. 延期缴纳税款制度

《税收征收管理法》第三十一条第二款规定："纳税人因有特殊困难，不能按期缴纳税款的，经省、自治区、直辖市国家税务局、地方税务局批准，可以延期缴纳税款，但是最长不得超过三个月。"

纳税人在申请延期缴纳税款时，应在规定期限内提出书面申请，税务机关自收到申请延期缴纳税款报告之日起 20 日内做出批准或者不批准的决定；不予批准的，从缴纳税款期限届满之日起加收滞纳金。同一笔税款不得滚动审批；批准延期内免予加收滞纳金；税款的延期缴纳，必须经省、自治区、直辖市国家税务局、地方税务局批准，方为有效。

3. 滞纳金征收制度

《税收征收管理法》第三十二条规定:"纳税人未按照规定期限缴纳税款的,扣缴义务人未按照规定期限解缴税款的,税务机关除责令限期缴纳外,从滞纳税款之日起,按日加收滞纳税款万分之五的滞纳金。"

加收滞纳金的起止时间为法律、行政法规规定或者税务机关依照法律、行政法规的规定确定的税款缴纳期限届满次日起至纳税人、扣缴义务人实际缴纳或者解缴税款之日止。如果纳税人拒绝缴纳滞纳金的,可以按不履行纳税义务实行强制执行措施,强行划拨或者强制征收。

【例 13.7】计算题

某企业 2015 年 3 月生产经营应纳增值税税额 10 000 元,该企业于 4 月 21 日实际缴纳税款,则应加收的滞纳金是多少?

解析: 按照增值税纳税期限和结算交款期限,该企业应于 4 月 15 日前缴纳税款,该企业滞纳 6 天,则应加收滞纳金＝10 000×0.5‰×6＝30(元)。

4. 减免税收制度

《税收征收管理法》第三十三条规定:"纳税人依照法律、行政法规的规定办理减税、免税。地方各级人民政府、各级人民政府主管部门、单位和个人违反法律、行政法规规定,擅自做出的减税、免税决定无效,税务机关不得执行,并向上级税务机关报告。"

1)纳税人同时从事减免项目和非减免项目的,应分别核算,独立计算减免项目的计税依据及减免税额度。不能分别核算的,不能享受减免税;核算不清的,由税务机关按合理方法核定。

2)纳税人已享受减免税的,应纳入正常申报,进行减免税申报。

3)享受减税、免税优惠的纳税人,减税、免税条件发生变化的,应当自发生变化之日起 15 日内向税务机关报告;不再符合减税、免税条件的,应当依法履行纳税义务;未依法纳税的,税务机关应当予以追缴。

4)纳税人享受减免税到期的,应当自期满次日起恢复纳税。

5. 税额核定制度

(1)核定征收的对象
纳税人有下列情形之一的,税务机关有权核定其应纳税额。
1)依照法律、行政法规的规定可以不设置账簿的。
2)依照法律、行政法规的规定应当设置但未设置账簿的。

3）擅自销毁账簿或者拒不提供纳税资料的。

4）虽设置账簿，但账目混乱或者成本资料、收入凭证、费用凭证残缺不全，难以查账的。

5）发生纳税义务，未按照规定的期限办理纳税申报，经税务机关责令限期申报，逾期仍不申报的。

6）纳税人申报的计税依据明显偏低，又无正当理由的。

（2）核定征收的方法

纳税人有以上所列情形之一的，税务机关有权采取下列任何一种方法核定其应纳税额。

1）参照当地同类行业或者类似行业中，经营规模和收入水平相近的纳税人的收入额和利润率核定。

2）按照成本加合理费用和利润的方法核定。

3）按照耗用的原材料、燃料、动力等推算或者测算核定。

4）按照其他合理的方法核定。

采用以上一种方法不足以正确核定应纳税额时，可以同时采用两种以上的方法核定。纳税人对税务机关采取上述所列方法核定的应纳税额有异议的，应提供相关证据，经税务机关认定后，调整应纳税额。

6. 税收保全措施

（1）税收保全措施的概念

税收保全措施是指税务机关对可能由于纳税人的行为或者某种客观原因，致使以后税款的征收不能保证或难以保证的情况下，于规定的纳税期限之前采取的限制纳税人处理或转移商品、货物或其他财产的强制性措施。

（2）税收保全的适用范围

仅限于未按照规定的期限缴纳或者解缴税款，经责令限期缴纳，逾期仍未缴纳的从事生产、经营的纳税人。

（3）税收保全措施的前提条件

采取税收保全措施时，应当符合下列两个条件。

1）纳税人有逃避纳税义务的行为。逃避纳税义务行为的最终目的是不缴或少缴税款，其采取的方法主要是转移、隐匿可以用来缴纳税款的资金或实物。没有逃避纳税义务行为的，不能采取税收保全措施。

2）应当在规定的纳税期限之前和责令限期缴纳应纳税款的限期内。如果纳税期和责令缴纳应纳税款的限期届满，纳税人又没有缴纳应纳税款的，税务机关可以按规定采取强制执行措施，就谈不上采取税收保全了。

（4）税收保全措施的程序

1）责令纳税人限期纳税在先。税务机关有根据认为从事生产、经营的纳税人有逃避纳税义务行为的，可以在规定的纳税期限之前，责令限期缴纳应纳税款。

2）责成纳税人提供纳税担保居中。在限期内，纳税人有明显转移、隐匿应纳税的商品、货物及其他财产或者应纳税的收入迹象的，税务机关可以责成纳税人提供纳税担保。

3）冻结纳税人的存款或扣押、查封在后。纳税人不能提供纳税担保的，经县以上税务局（分局）局长批准，书面通知纳税人开户银行或者其他金融机构冻结纳税人的金额相当于应纳税款的存款；扣押、查封纳税人商品、货物或者其他财产的价值相当于所欠的应纳税款。扣押查封商品、货物或者其他财产的价值，还应当包括滞纳金和扣押、查封、保管、拍卖、变卖的费用。

① 采取税收保全措施不当，或者纳税人在期限内已缴纳税款，税务机关未立即解除税收保全措施，使纳税人的合法利益遭受损失的，税务机关应当承担赔偿责任。

② 个人及其所扶养家属维持生活必需的住房和用品，不在税收保全措施的范围之内。

（5）税收保全措施的终止

税收保全的终止有以下两种情况。

1）纳税人在上款规定的限期内缴纳税款的，税务机关应当自收到税款或银行转回的完税凭证之日起 1 日内解除税收保全。

2）纳税人超过规定的期限仍不缴纳税款的，终止保全措施，转入强制执行措施。

【例 13.8】多项选择题

下列关于税务机关实施税收保全措施的表述中，正确的有（　　　）。

A. 税收保全措施仅限于从事生产、经营的纳税人

B. 只有在事实全部查清，取得充分证据的前提下才能进行

C. 冻结纳税人的存款时，其数额要以相当于纳税人应纳税款的数额为限

D. 个人及其扶养家属维持生活必需的住房和用品，不在税收保全措施的范围之内

答案： ACD

解析： 采取税收保全措施应符合两个条件：一是纳税人有逃避纳税义务的行为；二是应当在规定的纳税期限之前和责令限期缴纳应纳税款的期限内。故选项 B 不正确。

7. 税收强制执行措施

（1）税收强制执行的适用范围

不仅可以适用于从事生产经营的纳税人，而且可以适用于扣缴义务人和纳税担保人。

（2）采取税收强制执行措施的程序

1）责令限期缴纳。纳税人、扣缴义务人未按照规定的期限缴纳或者解缴税款，纳税担保人未按照规定的期限缴纳所担保的税款，由税务机关责令限期缴纳。

2）采取强制执行措施。逾期仍未缴纳的，经县以上税务局（分局）局长批准，税务机关可以采取下列强制执行措施。

① 书面通知其开户银行或者其他金融机构从其存款中扣缴税款。

② 拍卖、变卖所扣押、查封的商品、货物或其他财产，以拍卖或者变卖所得抵缴税款。

拍卖或者变卖所得抵缴税款、滞纳金、罚款，以及扣押、查封、保管、拍卖、变卖等费用后，剩余部分应当在 3 日内退还被执行人。

个人及其所扶养家属维持生活必须的住房和用品，不在强制执行措施的范围之内。

在扣缴税款的同时，主管税务机关应按照《税收征收管理法》第六十八条的规定，可以处以不缴或者少缴的税款 50% 以上 5 倍以下的罚款。

（3）滞纳金的强行划拨

采取税收强制执行措施时，对纳税人、扣缴义务人、纳税担保人未缴纳的滞纳金必须同时强制执行。对纳税人已缴纳税款，但拒不缴纳滞纳金的，税务机关可以单独对纳税人应缴未缴的滞纳金采取强制执行措施。

8. 欠税清缴制度

（1）欠缴税款审批权限

缓缴税款的审批权限集中在省、自治区、直辖市国家税务局、地方税务局。

（2）限期缴税时限

从事生产、经营的纳税人、扣缴义务人未按照规定的期限缴纳或者解缴税款的，纳税担保人未按照规定的期限缴纳所担保的税款的，由税务机关发出限期缴纳税款通知书，责令缴纳或者解缴税款的最长期限不得超过 15 日。

（3）离境清税

欠缴税款的纳税人及其法定代表需要出境的，应当在出境前向税务机关结清应纳税款或者提供担保。未结清税款，又不提供担保的，税务机关可以通知出境管理机关阻止其出境。

（4）税务机关对欠缴税款的纳税人代位权、撤销权的行使

对纳税人的到期债权等财产权利，税务机关可以依法向第三者追索以抵缴税款。税务机关代位权、撤销权的行使，《税收征收管理法》第五十条中有明确规定。

如果欠税的纳税人，怠于行使其到期的债权，怠于收回其到期的资产、款项等，税务机关可以向人民法院请求以自己的名义代为行使债权。

（5）合并、分立的清缴制度

1）纳税人有合并、分立情形的，应当向税务机关报告，并依法缴清税款。

2）纳税人合并时未缴清税款的，应当由合并后的纳税人继续履行未履行的纳税义务。

3）纳税人分立时未缴清税款的，分立后的纳税人对未履行的纳税义务应当承担连带责任。

（6）欠税公告与报告制度

1）税务机关应当对纳税人欠缴税款的情况，在办税场所或者广播、电视、报纸、期刊、网络等新闻媒体上定期予以公告。

2）欠缴税款数额在 5 万元以上的纳税人，在处分其不动产或者大额资产之前，应当向税务机关报告。

9.　税款的退还和追征制度

（1）税款的退还

1）纳税人超过应纳税额缴纳的税款，税务机关发现后应当立即退还；纳税人自结算缴纳税款之日起 3 年内发现的，可以向税务机关要求退还多缴的税款并加算银行同期存款利息，税务机关及时查实后应当立即退还；涉及从国库中退库的，依照法律、行政法规中有关国库管理的规定退还。

2）税务机关发现纳税人多缴税款的，应当自发现之日起 10 日内办理退还手续；纳税人发现多缴税款，要求退还的，税务机关应当自接到纳税人退还申请之日起 30 日内查实并办理退还手续。

（2）税款的追征

1）因税务机关责任，致使纳税人、扣缴义务人未缴或者少缴税款的，税务机关在 3 年内可要求纳税人、扣缴义务人补缴税款，但是不得加收滞纳金。

2）因纳税人、扣缴义务人计算等失误，未缴或者少缴税款的，税务机关在 3 年内可以追征税款、滞纳金；有特殊情况的追征期可以延长到 5 年。

所称特殊情况，是纳税人或者扣缴义务人因计算错误等失误，未缴或者少缴、未扣或者少扣、未收或者少收税款，累计数额在 10 万元以上的。

3）对偷税、抗税、骗税的，税务机关追征其未缴或者少缴的税款、滞纳金或者所骗取的税款，不受前款规定期限的限制。

【例 13.9】简答题

2016 年 9 月 12 日，芝华饮料厂的会计人员在翻阅 7 月份账簿时，发现该厂 7 月份多缴了税款 25 000 元，于是该厂向税务机关提出给予退还税款并加算银行同期存款利息的请求。税务机关是否应当给予退还，为什么？如果可以退还税款，应如何计算利息？

解析：税务机关应当退还。根据《税收征收管理法》的规定，纳税人超过应纳税额缴纳的税款，税务机关发现后应当立即退还，纳税人自结算缴纳税款之日起 3 年内发现的，可以向税务机关要求退还多缴的税款并加算银行同期存款利息，税务机关查实后应当立即退还。退还的利息按照退还税款当天，银行的同期活期存款利率计算利息。

13.4 税务检查

13.4.1 税务检查概述

1. 税务检查的概念

税务检查是征税机关根据税法及其他相关法律规定对纳税主体履行纳税义务的情况进行检验、核查的活动，是税务机关重要的工作内容，也是确保税收收入的有力手段。

2. 税务检查的方式

（1）重点检查

对公民举报、上级机关交办或有关部门转来的有偷税行为或偷税嫌疑的，纳税申报与实际生产经营情况有明显不符的纳税人及有普遍逃税行为的行业的检查。

（2）分类计划检查

根据纳税人历来纳税情况、纳税人的纳税规模及税务检查间隔时间的长短等综合因素，按事先确定的纳税人分类、计划检查时间及检查频率而进行的检查。

（3）集中检查

在一定时间、一定范围内，统一安排、统一组织的税务检查。

（4）专项检查

对某一税种或税收征收管理某一环节进行的检查。例如，增值税一般纳税专项检查、漏征漏管户专项检查等。

3. 税务检查的基本要求

（1）对纳税人、扣缴义务人的要求

纳税人、扣缴义务人必须接受税务机关依法进行的税务检查，如实反映情况，提供有关资料，不得拒绝、隐瞒。

（2）对税务机关的要求

税务人员进行税务检查时，应当出示税务检查证和税务检查通知书；无税务检查证和税务检查通知书的，纳税人、扣缴义务人及其他当事人有权拒绝检查。税务机关对集贸市场集中经营业户进行检查时，可以使用统一的税务检查通知书。

因检查需要时，经县以上税务局（分局）局长批准，可以将纳税人、扣缴义务人以前会计年度的账簿、记账凭证、报表和其他有关资料调回税务机关检查，但是税务机关必须向纳税人、扣缴义务人开付清单，并在 3 个月内完整退还；有特殊情况的，经设区的市、自治州以上税务局局长批准,税务机关可以将纳税人、扣缴义务人当年的账簿、记账凭证、报表和其他有关资料调回检查,但是税务机关必须在 30 日内退还。

13.4.2 税务检查职责

1)税务机关有权进行下列税务检查。

① 资料检查。检查纳税人的账簿、记账凭证、报表和有关资料,检查扣缴义务人代扣代缴、代收代缴税款账簿、记账凭证和有关资料。

② 实地检查。到纳税人的生产、经营场所和货物存放地检查纳税人应纳税的商品、货物或者其他财产,检查扣缴义务人与代扣代缴、代收代缴税款有关的经营情况。

③ 单证检查。责成纳税人、扣缴义务人提供与纳税或者代扣代缴、代收代缴税款有关的文件、证明材料和有关资料。到车站、码头、机场、邮政企业及其分支机构检查纳税人托运、邮寄、应税商品、货物或者其他财产的有关单据凭证和资料。

④ 存款检查。经县以上税务局(分局)局长批准,凭全国统一格式的检查存款账户许可证明,查询从事生产、经营的纳税人、扣缴义务人在银行或者其他金融机构的存款账户。

2)税务机关对纳税人以前纳税期的纳税情况依法进行税务检查时,发现纳税人有逃避纳税义务的行为,并有明显的转移、隐匿其应纳税的商品、货物、其他财产或者应纳税收入的迹象的,可以按照批准权限采取税收保全措施或者强制执行措施。

税务机关采取税收保全措施的期限一般不得超过 6 个月;重大案件需要延长的,应当报国家税务总局批准。

3)税务机关调查税务违法案件时,对与案件有关的情况和资料,可以记录、录音、录像、照相和复制。

4)税务机关对纳税人、扣缴义务人及其他当事人处以罚款或者没收违法所得时,应当开付罚没凭证;未开付罚没凭证的,纳税人、扣缴义务人及其他当事人有权拒绝给付。

对采用电算化会计系统的纳税人,税务机关有权对其会计电算化系统进行检查,并可复制与纳税有关的电子数据作为证据。

5)税务机关进入纳税人电算化系统进行检查时,有责任保证纳税人会计电算化系统的安全性,并保守纳税人的商业秘密。

13.5 法 律 责 任

13.5.1 纳税主体的法律责任

1. 违反税务管理基本规定的法律责任

1)纳税人有下列行为之一的,由税务机关责令限期改正,可以处 2 000 元以下的罚款；情节严重的，处 2 000 元以上 1 万元以下的罚款。

① 未按照规定的期限申报办理税务登记、变更或者注销登记的。

② 未按照规定设置、保管账簿或者保管记账凭证和有关资料的。

③ 未按照规定将财务、会计制度或者财务、会计处理办法和会计核算软件报送税务机关备查的。

④ 未按照规定将其全部银行账号向税务机关报告的。

⑤ 未按照规定安装、使用税控装置，或者损毁或擅自改动税控装置的。

⑥ 未按照规定办理税务登记证件验证或者换证手续的。

2）纳税人不办理税务登记的，由税务机关责令限期改正；逾期不改正的，由工商行政管理机关吊销其营业执照。

3）纳税人未按照规定使用税务登记证件，或者转借、涂改、损毁、买卖、伪造税务登记证件的，处 2 000 元以上 1 万元以下的罚款；情节严重的，处 1 万元以上 5 万元以下的罚款。

2. 扣缴义务人的法律责任

1）扣缴义务人未按照规定设置、保管代扣代缴、代收代缴税款账簿或者保管代扣代缴、代收代缴税款记账凭证及有关资料的，由税务机关责令限期改正，可以处 2 000 元以下的罚款；情节严重的，处 2 000 元以上 5 000 元以下的罚款。

2）扣缴义务人应扣未扣、应收而不收税款的，由税务机关向纳税人追缴税款，对扣缴义务人处应扣未扣、应收未收税款 50% 以上 3 倍以下的罚款。

3）扣缴义务人未按照规定的期限向税务机关报送代扣代缴、代收代缴税款报告表和有关资料的，由税务机关责令限期改正，可以处 2 000 元以下的罚款；情节严重的，可以处 2 000 元以上 1 万元以下的罚款。

3. 非法印制发票的法律责任

1）非法印制发票的，由税务机关销毁非法印制的发票，没收违法所得和作案工具，并处 1 万元以上 5 万元以下的罚款；构成犯罪的，依法追究刑事责任。

2）非法印制、转借、倒卖、变造或者伪造完税凭证的，由税务机关责令改正，处 2 000 元以上 1 万元以下的罚款；情节严重的，处 1 万元以上 5 万元以下的罚款；构成犯罪的，依法追究刑事责任。

3）伪造或者出售伪造的增值税专用发票的，处 3 年以下有期徒刑、拘役或者管制，并处 2 万元以上 20 万元以下罚金；数量较大或者有其他严重情节的，处 3 年以上 10 年以下有期徒刑，并处 5 万元以上 50 万元以下罚金；数量巨大或者有其他特别严重情节的，处 10 年以上有期徒刑或者无期徒刑，并处 5 万元以上 50 万元以下罚金或者没收财产。伪造并出售伪造的增值税专用发票，数量特别巨大，情节特别严重，严重破坏经济秩序的，处无期徒刑或者死刑，并处没收财产。

单位犯本条规定之罪的，对单位判处罚金，并对其直接负责的主管人员和其他直接责任人员，处 3 年以下有期徒刑、拘役或者管制；数量较大或者有其他严重情节的，处 3 年以上 10 年以下有期徒刑；数量巨大或者有其他特别严重情节的，处 10 年以上有期徒刑或者无期徒刑。

4）伪造、擅自制造或者出售伪造、擅自制造的可以用于骗取出口退税、抵扣税款的其他发票的，处 3 年以下有期徒刑、拘役或者管制，并处 2 万元以上 20 万元以下罚金；数量巨大的，处 3 年以上 7 年以下有期徒刑，并处 5 万元以上 50 万元以下罚金；数量特别巨大的，处 7 年以上有期徒刑，并处 5 万元以上 50 万元以下罚金或者没收财产。

5）伪造、擅自制造或者出售伪造、擅自制造的前款规定以外的其他发票的，处 2 年以下有期徒刑、拘役或者管制，并处或者单处 1 万元以上 5 万元以下罚金；情节严重的，处 2 年以上 7 年以下有期徒刑，并处 5 万元以上 50 万元以下罚金。

4．对偷税的认定及其法律责任

对纳税人偷税的、扣缴义务人不缴或者少缴已扣、已收税款，由税务机关追缴其不缴或者少缴的税款、滞纳金，并处不缴或者少缴的税款 50% 以上 5 倍以下的罚款；构成犯罪的，依法追究刑事责任。

纳税人采取伪造、变造、隐匿、擅自销毁账簿、记账凭证，在账簿上多列支出或者不列、少列收入，经税务机关通知申报而拒不申报或者进行虚假的纳税申报的手段，不缴或者少缴应纳税款，偷税数额占应纳税额的 10% 以上不满 30% 并且偷税数额在 1 万元以上不满 10 万元的，或者因偷税被税务机关给予二次行政处罚又偷税的，处 3 年以下有期徒刑或者拘役，并处偷税数额 1 倍以上 5 倍以下罚金；偷税数额占应纳税额的 30% 以上并且偷税数额在 10 万元以上的，处 3 年以上 7 年以下有期徒刑，并处偷税数额 1 倍以上 5 倍以下罚金。

5．对骗税的认定及处罚

以假报出口或者其他欺骗手段，骗取国家出口退税，由税务机关追缴其骗取的退税款，并处骗取税款 1 倍以上 5 倍以下罚款；构成犯罪的，依法追究刑事责任。对骗取国家出口退税款的，税务机关可以在规定期间内停止为其办理出口退税。

以假报出口或者其他欺骗手段，骗取国家出口退税款，数额较大的，处 5 年以下有期徒刑或者拘役，并处骗取税款 1 倍以上 5 倍以下罚金；数额特别巨大或者有其他特别严重情节的，处 10 年以上有期徒刑或者无期徒刑，并处骗取税款 1 倍以上 5 倍以下罚金或者没收财产。

6．对抗税的认定及处罚

以暴力、威胁方法拒不缴纳税款的是抗税，除由税务机关追缴其拒缴的税款、滞纳金外，依法追究刑事责任，情节轻微未构成犯罪的，由税务机关追缴其拒缴的税款、滞纳金，并处拒缴税款 1 倍以上 5 倍以下的罚款。

以暴力、威胁方法拒不缴纳税款的，处 3 年以下有期徒刑或者拘役，并处拒缴税款 1 倍以上 5 倍以下罚金；情节严重的，处 3 年以上 7 年以下有期徒刑，并处拒缴税款 1 倍以上 5 倍以下罚金。

7. 对逃避追缴欠税的处罚

纳税人欠缴应纳税款，采取转移或者隐匿财产的手段，妨碍税务机关追缴欠缴的税款的，由税务机关追缴欠缴的税款、滞纳金，并处欠缴税款 50% 以上 5 倍以下的罚款；构成犯罪的，依法追究刑事责任。

纳税人欠缴应纳税款，采取转移或者隐匿财产的手段，致使税务机关无法追缴欠缴的税款，数额在 1 万元以上不满 10 万元的，处 3 年以下有期徒刑或者拘役，并处或者单处欠缴税款 1 倍以上 5 倍以下罚金；数额在 10 万元以上的，处 3 年以上 7 年以下有期徒刑，并处欠缴税款 1 倍以上 5 倍以下罚金。

8. 违反税务代理的法律责任

税务代理人违反税收法律、行政法规，造成纳税人未缴或者少缴税款的，除由纳税人缴纳或者补缴应纳税款、滞纳金外，对税务代理人处纳税人未缴或者少缴税款 50% 以上 3 倍以下的罚款。

9. 在规定期限内不缴或者少缴税款的法律责任

纳税人、扣缴义务人在规定期限内不缴或者少缴应纳或者应解缴的税款，经税务机关责令限期缴纳，逾期仍未缴纳的，税务机关采取强制执行措施追缴其不缴或者少缴的税款外，可以处不缴或者少缴税款 50% 以上 5 倍以下的罚款。

10. 不配合税务机关依法检查的法律责任

1）纳税人、扣缴义务人逃避、拒绝或者以其他方式阻挠税务机关检查的，由税务机关责令改正，可以处 1 万元以下的罚款；情节严重的，处 1 万元以上 5 万元以下的罚款。逃避、拒绝或者以其他方式阻挠税务机关检查的情形包括以下方面。

① 提供虚假资料，不如实反映情况，或者拒绝提供有关资料的。
② 拒绝或者阻止税务机关记录、录音、录像、照相和复制与案件有关的情况和资料的。
③ 在检查期间，纳税人、扣缴义务人转移、隐匿、销毁有关资料的。
④ 有不依法接受税务检查的其他情形的。

2）税务机关依照《税收征收管理法》第五十四条第（五）项的规定，到车站、码头、机场、邮政企业及其分支机构检查纳税人有关情况时，有关单位拒绝的，由税务机关责令改正，可以处 1 万元以下的罚款；情节严重的，处 1 万元以上 5 万元以下的罚款。

3）纳税人、扣缴义务人的开户银行或者其他金融机构拒绝接受税务机关依法检查纳税人、扣缴义务人存款账户，或者拒绝执行税务机关做出的冻结存款或者扣缴税款的决定，或者在接到税务机关的书面通知后帮助纳税人、扣缴义务人转移存款，造成税款流失的，由税务机关处 10 万元以上 50 万元以下的罚款，对直接负责的主管人员和其他直接责任人员处 1 000 元以上 1 万元以下的罚款。

11. 其他法律责任

1）纳税人未按照规定的期限办理纳税申报和报送纳税资料的，由税务机关责令限期改正，可以处 2 000 元以下的罚款；情节严重的，可以处 2 000 元以上 1 万元以下的罚款。

2）银行和其他金融机构未按照《税收征收管理法》的规定在从事生产、经营的纳税人的账户中登录税务登记证件号码，或者未按规定在税务登记证件中登录从事生产、经营的纳税人的账户账号的，由税务机关责令其改正，处 2 000 元以上 2 万元以下的罚款；情节严重的，处 2 万元以上 5 万元以下的罚款。

为纳税人、扣缴义务人非法提供银行账户、发票、证明或者其他方便，导致未缴、少缴税款或者骗取国家出口退税款的，税务机关除没收其违法所得外，可以处未缴、少缴或者骗取的税款 1 倍以下的罚款。

【例 13.10】多项选择题

纳税人的下列行为中，由税务机关限期改正，并可以处 2 000 元以上的罚款；情节严重的，处 2 000 元以上 10 000 元以下罚款的有（　　　）。

A. 未按规定的期限申报办理税务登记、变更或者注销登记的
B. 未按规定设置、保管账簿或者保管记账凭证和有关资料的
C. 未按规定将财务、会计制度或者财务、会计处理办法、会计核算软件报送税务机关备查的
D. 未按规定安装、使用税控装置或擅自改动税控装置的

答案：ABCD

解析：按照《税收征收管理法》的规定，选项 A、B、C、D 四种情况都属于由税务机关限期改正，并处 2 000 元以上罚款，若情节严重的，处 2 000 元以上 10 000 元以下罚款的规定范围。

13.5.2　征税主体的法律责任

1. 税务人员不依法行政的法律责任

税务人员与纳税人、扣缴义务人勾结、唆使或者协助纳税人、扣缴义务人有《税收

征收管理法》第六十三条、第六十五条、第六十六条规定的行为，构成犯罪的，按照《刑法》关于共同犯罪的规定处罚；尚不构成犯罪的，依法给予行政处分。

税务人员私分扣押、查封的商品、货物或者其他财产，情节严重，构成犯罪的，依法追究刑事责任；尚不构成犯罪的，依法给予行政处分。

2. 税务人员不按规定征收税款的法律责任

1）违反法律、行政法规的规定提前征收、延缓征收或者摊派税款的，由其上级机关或者行政监察机关责令改正，对直接负责的主管人员和其他直接责任人员依法给予行政处分。

2）违反法律、行政法规的规定，擅自做出税收的开征、停征或者减税、免税、退税、补税及其他同税收法律、行政法规相抵触的决定的，除依照本法规定撤销其擅自做出的决定外，补征应征未征税款，退还不用征收而征收的税款，并由上级机关追究直接负责的主管人员和其他直接责任人员的行政责任；构成犯罪的，依法追究刑事责任。

3. 渎职行为的法律责任

1）税务人员利用职务上的便利，收受或者索取纳税人、扣缴义务人财物或者谋取其他不正当利益，构成犯罪的，依法追究刑事责任；尚不构成犯罪的，依法给予行政处分。

2）税务人员徇私舞弊或者玩忽职守，不征收或者少征应征税款，致使国家税收遭受重大损失，构成犯罪的，依法追究刑事责任，处5年以下有期徒刑或者拘役；造成特别重大损失的，处5年以上有期徒刑；尚不构成犯罪的，依法给予行政处分。

3）税务人员滥用职权，故意刁难纳税人、扣缴义务人的，调离税收工作岗位，并依法给予行政处分。

4）税务人员对控告、检举税收违法违纪行为的纳税人、扣缴义务人及其他检举人进行打击报复，依法给予行政处分；构成犯罪的，依法追究刑事责任。

5）税务机关的工作人员违反法律、行政法规的规定，在办理发售发票、抵扣税款、出口退税工作中，徇私舞弊，致使国家利益遭受重大损失的，处5年以下有期徒刑或者拘役；致使国家利益遭受特别重大损失的，处5年以上有期徒刑。

4. 对违法回避和保密制度的处罚

税务人员在征收税款或者查处税收违法案件时，未依法进行回避的，对直接负责的主管人员和其他直接责任人员，依法给予行政处分。

未依法为纳税人、扣缴义务人、检举人保密的，对直接负责的主管人员和其他直接责任人员，由所在单位或者有关单位依法给予行政处分。

5. 不移送的法律责任

税务人员徇私舞弊，对依法应当移送司法机关追究刑事责任的不移送，情节严重的，依法追究刑事责任。

13.6 案 例 分 析

2018 年 6 月，某市地税局开展税收检查工作，检查情况如下。

① 2018 年 6 月 20 日发现某个体工商户 2018 年 5 月 29 日领取营业执照后，未申请办理税务登记。当即做出责令该个体户必须在 2018 年 6 月 29 日前办理税务登记，逾期不办理的，将按《税收征收管理法》有关规定处以罚款的决定（当地尚未实行"三证合一"）。

② 辖区内某私营企业自 2018 年 1 月 10 日办理工商营业执照以来，一直没有办理税务登记证，也没有申报纳税。根据检查情况，该企业应纳未纳税款 1 500 元，税务局于 6 月 18 日做出如下处理决定。

第一，责令该企业于 6 月 22 日前申报办理税务登记并处以 500 元罚款。

第二，补缴税款、加收滞金，并处不缴税款 1 倍，即 1 500 元的罚款。

③ 税务检查过程中，发现某私营企业，已中途终止与某公司的《承包协议》，银行账号也已注销，准备于近日转移他县。该局立即派员对该企业进行了调查，核准了上述事实，于是检查人员对该企业当月已实现的应纳税额 5 263.13 元，做出责令其提前到 6 月 25 日前缴纳的决定。

④ 某服装厂逾期未缴纳税款，某区税务局征管科送达了催缴税款通知书进行催缴，服装厂依然未按期缴纳税款，于是经该征管科科长批准，扣押了服装厂价值相当于应纳税款的服装。

⑤ 某企业财务人员 2010 年 7 月采取虚假的纳税申报手段少缴营业税 5 万元。2018 年 6 月，税务人员在检查中发现了这一问题，要求追征这笔税款。该企业财务人员认为时间已过 3 年，超过了税务机关的追征期，不应再缴纳这笔税款。

⑥ 某政府机关按照税法规定为个人所得税扣缴义务人。该机关认为自己是国家机关，因此，虽经税务机关多次通知，还是未按照税务机关确定的申报期限报送代扣代缴税款报告表，被税务机关责令限期改正并处以罚款 1 000 元。对此，该机关负责人非常不理解，认为自己不是个人所得税的纳税义务人，而是替税务机关代扣税款，只要税款没有少扣，晚几天申报不应受到处罚。

针对上述业务，逐笔说明相关处理决定是否有效，并简要说明原因。

解析：

1）针对业务①：本处理决定无效。根据《税收征收管理法》第十五条规定：个体工商户和从事生产、经营的事业单位自领取营业执照之日起 30 日内，持有关证件，向税务机关申报办理税务登记，税务机关审核后发给税务登记证件的规定。

该企业自 2018 年 5 月 29 日领取营业执照到 2018 年 6 月 20 日还不到 30 日，尚未违反上述规定，因此，税务所对其做出责令限期改正的处理决定是错误的。

2）针对业务②：本处理决定是正确的。

① 根据《税收征收管理法》第六十条的有关规定："纳税人有下列行为之一的，由税务机关责令限期改正，可以处二千元以下的罚款；情节严重的，处二千元以上一万元以下的罚款：（一）未按照规定的期限申报办理税务登记、变更或者注销登记的。"

② 根据《税收征收管理法》第六十四条的有关规定："纳税人不进行纳税申报，不缴或者少缴应纳税款的，由税务机关追缴其不缴或者少缴的税款、滞纳金，并处不缴或者少缴的税款百分之五十以上五倍以下的罚款。"

③ 根据《税收征收管理法》第七十四条的有关规定："本法规定的行政处罚，罚款额在二千元以下的，可以由税务所决定。"

3）针对业务③：该地方税务局提前征收税款的行为合法。

根据《税收征收管理法》第三十八条规定："税务机关有根据认为从事生产、经营的纳税人有逃避纳税义务行为的，可以在规定的纳税期之前，责令限期缴纳应纳税款。"本案中，该私营企业已终止了承包协议，注销了银行账号，并准备于近日转移他县，却未依法向税务机关办理相关手续，可以认定为逃避纳税义务行为。该局采取提前征收税款的行为，是有法可依的。企业应按该地方税务局做出的决定提前缴纳应纳税款。

4）针对业务④：该征管分局的做法不合法。

根据《税收征收管理法》第四十条规定，税务机关采取强制执行措施时必须经县以上税务局（分局）局长批准。该征管科没有经县国税局局长批准，而是经征管科科长批准就决定对服装厂采取强制执行措施，显然是不符合法定程序的。

5）针对业务⑤：税务机关可以追征这笔税款。

《税收征收管理法》第五十二条规定，对偷税、抗税、骗税的，税务机关可以无限期追征其未缴或者少缴的税款、滞纳金或者所骗取的税款。从案情可以看出，该企业少缴税款并非是计算失误，而是违反税法，采取虚假纳税申报，其行为在性质上已构成偷税。因此，税务机关可以无限期追征。

6）针对业务⑥：税务机关的处罚决定是正确的。

《税收征收管理法》第二十五条规定："扣缴义务人必须依照法律、行政法规规定或者税务机关依照法律、行政法规的规定确定的申报期限、申报内容如实报送代扣代缴、代收代缴税款报告表以及税务机关根据实际需要要求扣缴义务人报送的其他有关资料。"因此，该机关作为扣缴义务人与纳税人一样，也应按照规定期限进行申报。

根据《税收征收管理法》第六十二条："扣缴义务人未按照规定的期限向税务机关报送代扣代缴、代收代缴税款报告表和有关资料的，由税务机关责令限期改正，可以处二千元以下的罚款；情节严重的，可以处二千元以上一万元以下的罚款。"因此税务机关做出的处罚是正确的。

回　顾

　　税收征收管理法是调整税收征纳及其管理方面的法律规范，它的立法目的主要是对征纳活动进行有效的管理和规范，保证征纳双方的权利义务，从而保障国家的税收收入。一方面，它以法律的形式确定了税款的征收方式、时间、内容等程序性问题，使得税款征收有法可依；另一方面也同时规定了征纳双方的权利义务。税收征收管理法的主体，包括各级税务部门、税务行政相对人，以及地方政府在内的其他有关单位和部门。税收征收管理法的内容主要是税务管理、税款征收、税务检查和法律责任等。

复 习 题

一、速答题

　　扫描二维码，快速回答问题。

速答题

二、简答题

　　1. 税收征收管理法的适用范围。
　　2. 简述我国的税务登记制度。
　　3. 简述纳税申报的对象及其申报方式。
　　4. 简述税款征收的原则及其征收的方式。
　　5. 简述税务检查的含义及其方式。
　　6. 作为纳税人应该具备哪些素质？
　　7. 基层税务工作者应该如何树立良好形象行使权利和履行义务？

三、能力应用题

　　1. 某集体工业企业主营机器配件加工业务，由于经营不善，在停止其主营业务时，把所承租的楼房转租给某企业经营，将收取的租金收入挂在往来科目，未结转收入及申报缴纳有关税费。该县地税局在日常检查时，发现了其偷税行为并依法做出补税、加收滞纳金和处以罚款的决定。对此，该企业未提出异议，却始终不缴纳税款、滞纳金和罚款。

　　税务局在多次催缴无效的情况下，一方面依法向人民法院申请对其罚款采取强制执行措施；另一方面将此案移送公安局进一步立案侦查，追究该企业的法律责任。税务局在与公安局配合调查期间，得知该企业的法定代表人李某已办理好出国、出境证件，有出国（境）的迹象。

该企业法定代表人李某是否可以出境？为什么？

2. 某企业 2018 年上半年应缴纳房产税税款 50 万元，由于资金周转困难，该单位决定向主管地税机关申报缴纳 30 万元税款。同年 10 月，税务部门在检查中发现了此问题。

1）该企业的行为是属于何种性质的税务违法行为，请简要说明理由。

2）根据相关法律对该企业及相关当事人应做如何处理？

阅 读 拓 展

敖玉芳，2016.《税收征收管理法修订草案（征求意见稿）》的总体评价及进阶路径[J]. 税务与经济，4:1-8.

国务院办公厅关于加快推进"五证合一、一照一码"登记制度改革的通知（国发办〔2016〕53 号）.

参 考 文 献

樊勇，2016．税收管理[M]．北京：清华大学出版社．

国家税务总局国际税务司，2012．非居民企业税收管理案例集[M]．北京：中国税务出版社．

国务院法制办公室，2016．中华人民共和国税法典[M]．北京：中国法制出版社．

全国税务师职业资格考试教材编写组，2018．税法Ⅰ[M]．北京：中国税务出版社．

全国税务师职业资格考试教材编写组，2018．税法Ⅱ[M]．北京：中国税务出版社．

中国注册会计师协会，2018．税法[M]．北京：经济科学出版社．